Fränkische Schweiz

Autoren

Dr. Hans-Peter Siebenhaar: Jahrgang 1962, Journalist und Politikwissenschaftler, Studium in Erlangen, Kalamazoo (USA) und Madrid. Zum vorliegenden Buch schrieb er neben der Einleitung die Beiträge zu Bamberg, Forchheim, Trubachtal, Walberla, Betzenstein, Hollfeld, Thurnau, Hiltpoltstein und Neunkirchen am Brand. Im Michael Müller Verlag sind von ihm außerdem Reisehandbücher zu Madrid, Bodensee und verschiedenen Zielen in Griechenland erschienen.

Michael Müller: Jahrgang 1953, Verleger und Journalist, aufgewachsen in der Fränkischen Schweiz. Von ihm stammen die Beiträge zu Ebermannstadt, Heiligenstadt, Aufseß, Gräfenberg, Wiesenttal, Gößweinstein, Waischenfeld, Pottenstein und Bayreuth. Der 1982 in erster Auflage erschienene Titel „Fränkische Schweiz" war eine der frühesten Veröffentlichungen des Verlags. Von Michael Müller sind außerdem noch die Reisehandbücher „Toscana", „Portugal", „Algarve" und „Chianti" erschienen.

Überarbeitung: Michael Wuttke
Lektorat: Christine Beil, Jana Müller
Redaktion und Layout: Susanne Beigott, Sebastian Sabors
Illustrationen: Peter Göschel
Karten: Judit Ladik, Hana Gundel, Petra Rost, David Wendler
Cover: Karl Serwotka
Titelfotos: Bernd Böhner
Fotonachweis: siehe S. 6

Herzlichen Dank für Anregungen und Tipps an Martin Bald, Sabine Becht, Philipp Bernhardt, Waltraud Bullinger, Heinrich Burdack Thomas Cartus, Heike und Heribert Eichler, Karin Hackbarth-Herrmann, Adolf Riechelmann, Stephan Schäff, Hannelore Sandner, Maria Sarmiento, Elke Klee und Karlheiz Pflock,

ISBN 978-3-89953-443-6

 Druck: Wilhelm & Adam, Heusenstamm.

9. komplett aktualisierte und überarbeitete Auflage 2010

Allgemeines
Geschichte

Bamberg

Forchheim

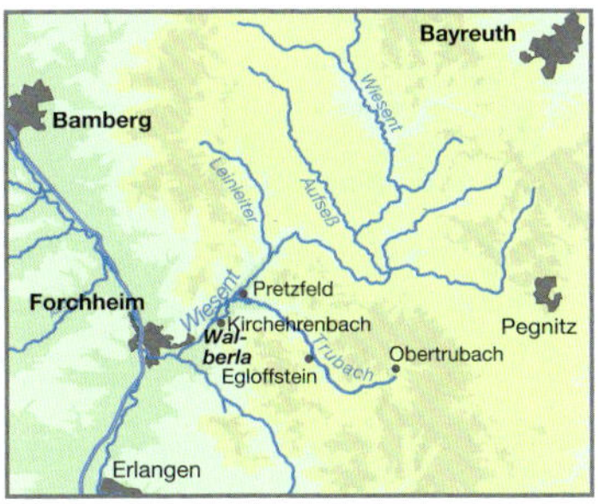

Rund ums Walberla

Trubachtal

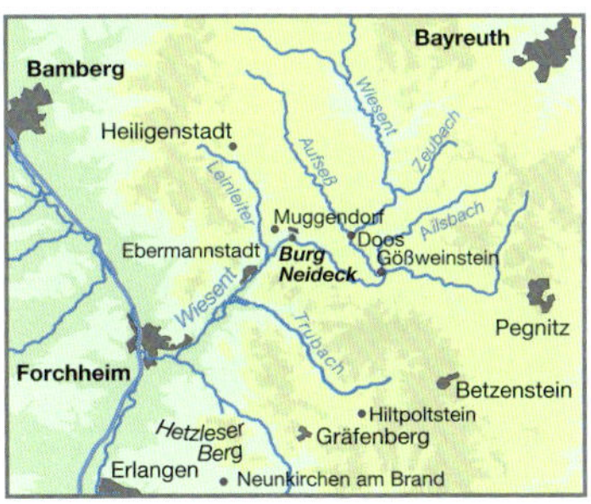

Rund um Betzenstein
Rund um Gräfenberg
Rund um den Hetzleser Berg

Unteres Wiesenttal
Heiligenstadt mit Leinleitertal
Aufseßtal

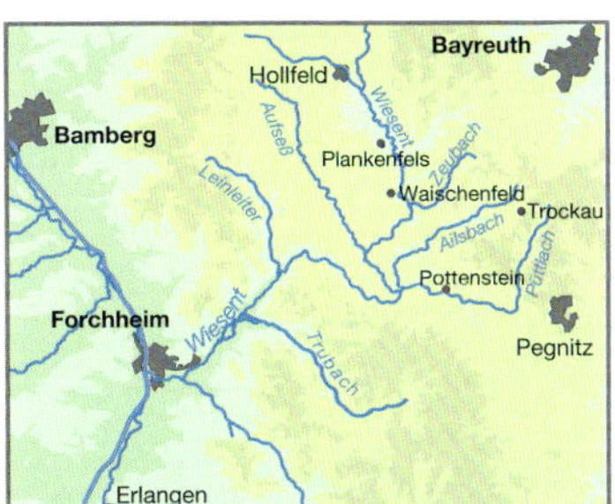

Oberes Wiesenttal
Ailsbach-/Ahorntal
Püttlachtal

Bayreuth

INHALT

Kartenverzeichnis

Zeichenerklärung für die Karten und Pläne

Autobahn
Hauptstraße
Nebenstraße
Fußgängerzone
Wanderweg
Gewässer
Park/Grünanlage

Bergipfel
Höhle
Felsen
Turm
Burg/Schloss
Burgruine
Sehenswürdigkeit

Kirche
Museum
Information
Krankenhaus
Bushaltestelle
Parkplatz
Flugplatz

Fotonachweis

Böhner, Bernd: 130, 163
Müller, Jana: 286
Müller, Michael: 14, 37, 87, 155, 173, 177, 183, 185, 188, 191, 196, 198, 202, 204, 212, 221, 242, 251, 258, 263, 264, 271
Nestmeyer, Ralf: 12
Siebenhaar, Hans-Peter: 8/9, 16, 24, 30, 32, 35, 49, 54, 56, 62, 65, 68, 69, 72, 74, 80, 95, 101, 111, 114, 124, 126, 135, 141, 144, 149, 157, 160, 166, 167, 168, 171, 172, 222, 233, 237, 266, 269, 275
Talaron, Sven: 13, 21, 77, 78, 85, 90, 93, 108, 109, 133, 170, 201, 205, 209
Thomsen, Dirk: 7, 22, 243
Wuttke, Michael: 10, 11, 38, 40, 52/53, 61, 91, 119, 138, 165, 192, 211, 223, 227, 253

Was haben Sie entdeckt?

Haben Sie in einem netten Restaurant gegessen? Sind Sie einem schönen Wanderweg gefolgt? In welchem Hotel haben Sie sich wohl gefühlt?

Wenn Sie Anregungen, Empfehlungen oder Verbesserungsvorschläge haben, dann schreiben Sie uns.

Wir freuen uns über jeden Brief! Schreiben Sie an:

Hans-Peter Siebenhaar – Michael Müller
Michael-Müller-Verlag
Stichwort: Fränkische Schweiz
Gerberei 19
91054 Erlangen
mmv@michael-mueller-verlag.de

▲ Im Hofgarten des Neuen Schlosses in Bayreuth

Die Fränkische Schweiz entdecken

Kirschblüte vor St. Jakobus in Niedermirsberg

Die Fränkische Schweiz entdecken

Die Fränkische Schweiz liegt zwischen Nürnberg, Bamberg und Bayreuth und damit im Herzen Frankens. Seit mehr als zweihundert Jahren zieht dieses kleinräumige, aber abwechslungsreiche Gebiet mit seinen lieblichen Tälern, duftenden Obstwiesen, geheimnisvollen Höhlen, teils verfallenen Ritterburgen und mächtigen Felstürmen nun schon Reisende an.

„Entdeckt" wurde die Fränkische Schweiz 1793 von *Ludwig Tieck* und *Wilhelm Heinrich Wackenroder*, zwei damals noch unbekannten Jurastudenten aus Berlin, die es für ein Semester nach Erlangen verschlagen hatte. An Pfingsten machten sie sich auf den Weg, um die Umgebung ihres Studienortes zu erkunden. Die Eindrücke, die sie auf der einwöchigen Reise sammelten, hielten sie in Briefen und in ihren Tagebüchern fest. Das Urteil fiel enthusiastisch aus: „Das Rauschen eines Waldes, ein Bach, der vom Felsen fließt, eine Klippe, die im Tal aufspringt – es kann mich in einen Taumel versetzen, der fast an Wahnsinn grenzt", schrieb Ludwig Tieck begeistert.

Die berühmte Pfingstreise markiert den Beginn der romantischen Bewegung in Deutschland, die damals in sehr unterschiedlichen nationalen Ausprägungen ganz Europa ergriff und in deren Verlauf auch die Alpen für den Tourismus entdeckt wurden. Bis dato hatte es die deutschen Bildungsreisenden vorrangig nach Italien gezogen, um dort den Ursprüngen der klassischen griechisch-römischen Kultur

Typische Fachwerkfassade in Hollfeld

nachzuspüren. Plötzlich berauschte man sich an einem kleinen Fleckchen Erde, das gewissermaßen vor der eigenen Haustüre lag und das so gar nichts mit dem klassischen Ideal einer von der Antike geprägten Kulturlandschaft zu tun hatte. Die Fränkische Schweiz wurde zu einer Art romantischer Musterlandschaft, die geradezu schwärmerisch-religiöse Empfindungen hervorrief und die Ich-Erfahrung des Einzelnen beflügelte. Tieck und Wackenroder hatten damit eine Bewegung in Gang gesetzt, die in der Folgezeit immer weitere Kreise zog und vor allem die Bildungseliten der Großstädte erfasste, die sich von einem Streifzug durch die Fränkische Schweiz fast so etwas wie eine „spirituelle Reinigung" erhofften.

Die Bezeichnung „Fränkische Schweiz" freilich stammt nicht von *Tieck* und *Wackenroder* selbst; für sie war das Gebiet schlicht das „Gebürg", wie es seit Jahrhunderten genannt worden war. Geprägt wurde der Begriff vom Bamberger Privatgelehrten *Josef Heller*, der ihn in seiner Reisebeschreibung von 1829 das erstemal verwendete und dabei die Schweiz als Urbild einer vielfältigen, urwüchsigen und wilden Naturlandschaft im Auge hatte: „Was die Schweiz im Großen gibt, findet man hier im verjüngten Maßstab, und oft für das Auge angenehmer, indem man es überschauen und als ein Bild auffassen kann."

Seit dieser Zeit ist der Reiz der Fränkischen Schweiz ungebrochen, auch wenn sich die Motive der Reisenden im Laufe der letzten zwei Jahrhunderte naturgemäß gewandelt haben. Geblieben ist das landschaftliche Faszinosum, das mittlerweile Touristen aus aller Welt anlockt: ob im Frühjahr zur Zeit der Kirschblüte, wenn die Täler in weißer Blütenpracht stehen, oder im Spätherbst, wenn der Nebel Berge und Täler undurchdringlich einschließt und in dicken Schwaden zu den Türmen der Ritterburgen hochsteigt.

Im Felsendorf Tüchersfeld

Highlights der Fränkischen Schweiz

Die folgende Liste dient zur ersten Orientierung über die landschaftlichen, städtebaulichen und kulturellen Highlights der Region. Natürlich kann die Auswahl nur sehr subjektiv sein.

Die schönsten Orte

Bamberg
Gößweinstein
Pottenstein
Tüchersfeld
Streitberg
Egloffstein
Bayreuth
Forchheim
Hollfeld
Waischenfeld

Landschaftliche Highlights

Wiesenttal
Walberla
Aufseßtal
Teufelshöhle (bei Pottenstein)
Binghöhle (bei Streitberg)
Püttlachtal (bei Pottenstein)
Veldensteiner Forst
Trubachtal
Quackenschloss bei Muggendorf
Lillachquelle bei Weißenohe
Leinleitertal im zeitigen Frühjahr mit sprudelnden Tummlern

Burgen und Schlösser

Sanspareil (Morgenländischer Bau, Felsengarten, Burg Zwernitz)
Ruine Neideck
Burg Rabeneck
Eremitage Bayreuth
Schloss Seehof in Memmelsdorf bei Bamberg
Burg Gößweinstein
Schloss Fantaisie in Donndorf bei Bayreuth

Burg Egloffstein
Neue Residenz Bamberg
Schloss Greifenstein
Burg Pottenstein

Museen

Fränkische-Schweiz-Museum in Tüchersfeld
Gartenmuseum im Schloss Fantaisie in Donndorf bei Bayreuth
Fränkisches Brauereimuseum in Bamberg
Sammlung Curt Herrmann im Schloss Pretzfeld
Wallfahrtsmuseum Gössweinstein
Spielzeugmuseum Gössweinstein
Felix-Müller-Museum in Neunkirchen am Brand
Levi-Strauss-Museum in Buttenheim
Modelleisenbahnmuseum in Muggendorf
Töpfermuseum Thurnau
Krügemuseum in Creußen
Meerrettichmuseum in Baiersdorf
E.T.A.-Hoffmann-Museum in Bamberg
Diözesanmuseum Bamberg

Außergewöhnliche Sehenswürdigkeiten

Druidenhain bei Wohlmannsgesees
„Katakomben" in Bamberg
Erscheinungshügel in Heroldsbach
Kellerwald in Forchheim
Wildpark Hundshaupten
Osterbrunnen von Bieberbach (nur im Frühjahr)
Dorflinde von Effeltrich
Wildgehege Veldensteiner Forst
Töpferdorf Thurnau

Kirchen

Wallfahrtsbasilika von Gößweinstein
Dom in Bamberg
Kirche St. Michael in Bamberg
Kirchenburg in Effeltrich
Marienkapelle in Ebermannstadt
Vexierkapelle in Reifenberg
Kirche St. Martin in Forchheim
Kirche St. Michael in Neunkirchen am Brand
Salvatorkirche in Hollfeld
Kirche St. Kilian in Pretzfeld
Klaussteinkapelle bei Rabenstein

Feste

Lichterfest in Pottenstein
Karfreitagsprozession in Neunkirchen
Walberlafest bei Schlaifhausen/Kirchehrenbach
Annafest in Forchheim
Sandkerwa in Bamberg
Kirschenfest in Pretzfeld
Fosaleggen am Faschingssonntag in Effeltrich
Eremitage-Fest in Bayreuth
Kürbisfest in Muggendorf
Georgi-Ritte Ostern in Effeltrich und zu St. Georg (April) in Gunzendorf
Starkbieranstich in Bamberg

Die Höhlen

Mit den Höhlen fing alles an. Schon im ausgehenden 18. Jahrhundert wurde das „alte Gebürg" nach geheimnisvollen Grotten durchforscht. Vor allem die Höhlen waren es, die die Reisenden früherer Zeiten faszinierten.

Mehr als 350 gibt es davon, und im Höhlenkataster für die Fränkische und Hersbrucker Schweiz sind sogar über 800 Höhlen, Halbhöhlen und Höhlenruinen verzeichnet. Die Fränkische Schweiz ist damit das größte zusammenhängende Höhlengebiet Deutschlands.

Die erste urkundlich erwähnte Höhle war das **Ahornloch**, die heutige **Sophienhöhle**. Im Jahre 1490 versuchte ein gewisser *Hans Breu* aus Bayreuth, aus Ablagerungen im Höhleninneren den begehrten Salpeter zu gewinnen. Höhlensedimente wurden damals von den Einheimischen oftmals als Heilerde oder „terra sigillata" (Siegelerde) verkauft.

Über hundert Jahre später wurden die hiesigen Höhlen in einer Publikation des 1602 in Irland geborenen Magisters *Johannes Bonius* erwähnt. Insbesondere die **Zoolithenhöhle** bei Burggaillenreuth war es, die das wissenschaftliche Interesse auf sich zog – zum Beispiel in dem 1748 erschienenen Werk „Descriptio antri subterranei prope Galgenreuth" des Bambergers *Petrus Zweidler* (die Zoolithenhöhle wird übrigens noch heute erforscht und ist für die Öffentlichkeit nicht frei zugänglich).

Richtig populär wurden die Höhlen der Fränkischen Schweiz aber erst durch den Geistlichen *Johann Friedrich Esper* (1732–1781), der zehn Jahre vor seinem Tod eine Exkursion in die unberührte Höhlenwelt der Fränkischen Schweiz unternahm. Drei Jahre später erschien sein berühmt gewordenes Werk mit dem barocken Titel: „Ausführliche Nachricht von neuentdeckten Zoolithen unbekannter vierfüssiger Thiere und denen sie enthaltenden, sowie verschiedenen anderen denkwürdigen Grüften der Obergebürgischen Lande des Markgrafthums Bayreuth".

Quackenschloss – ein Höhlenschlund mit doppeltem „Durchblick"

Vom Beruf des Höhleninspektors

Als durch die aufkeimende Romantik plötzlich die Höhlen um Streitberg und Muggendorf en vogue waren, schuf der Markgraf 1784 die Stelle eines Höhleninspektors, um dem Ansturm der Gelehrten und Dichter Herr zu werden. Johann Georg Wunder war „zur Aufsuchung und Einlieferung der vorhandenen Petrefakten und seltenen Pflanzen gnädigst angestellt und besoldet“. Der junge Mann, der es verstand, spannend zu erzählen, war seiner Aufgabe bestens gewachsen, wie der Schriftsteller Fürst Pückler-Muskau bestätigt: „Ehemals war der von der Regierung bestellte Höhlenmeister ein schöner junger Mann und dazu ein wahrer ‚Lovelace below stairs', seine Schwester aber noch wilder und schöner als er. Beide hatten artig das Führergeschäft geteilt. Der Bruder weihte seine Sorgen den Damen, die Schwester den Männern die ihrige, und die Erlanger Studenten sollen damals die Naturgeschichte der Höhlen so eifrig studiert haben, dass manche Individuen den Besuch wohl zwanzigmal wiederholten. Indessen raffte ein früher Tod beide geniale Geschwister hin, und seitdem geht alles wieder ganz prosaisch vonstatten, unter wie über der Erde ...“

Der Pfarrer aus Uttenreuth bei Erlangen schilderte darin die „fränkische Unterwelt“ in den schillerndsten Farben: „Die Naturspiele aber an den Wänden beschäftigen das Auge noch mehr. Ein wahnwitziger Bildhauer scheint hier seine Werkstätte gehabt zu haben: mit so verworrenen Figuren sind die Wände geziert. So fallen hunderterlei Dessins, welche angefangen sind, in die Augen, von denen nicht eines ausgeführt ist. Hier steht die Concole, wie mit Löwenfüßen unterstützt an der Wand; dort scheint ein Engel mit dem Rücken aus den Wolken sich niederzulassen; da ist der Anfang zu einer Säule gemacht.“ Diese bildreiche Beschreibung der legendären **Schönsteinhöhle** bei Muggendorf begeisterte die Zeitgenossen.
In seinem Buch berichtete Esper auch über die bereits erwähnte Zoolithenhöhle bei Burggaillenreuth und andere Höhlen, in denen fossile Überreste von Säugetieren gefunden worden waren. Vor allem dies hatte die Naturforscher ganz Europas elektrisiert und eigentlich erst die wissenschaftliche Höhlenforschung in der Fränkischen Schweiz begründet.

In der Folgezeit nahm das wissenschaftliche Interesse an den Höhlen stetig zu. Bereits Ende des 18. Jh. stellte der Leipziger Anatomieprofessor *Johann Christian Rosenmüller* (nach ihm ist eine bis 1964 öffentlich zugängliche, mittlerweile jedoch ziemlich zerstörte Höhle bei Muggendorf benannt) anhand von Skelettfunden fest, dass das rätselhafte Tier in den Höhlen der Fränkischen Schweiz ein längst ausgestorbener Höhlenbär war, der nach ihm *Ursus spelaeus Rosenmüller* genannt wurde. Sogar *John Hunter* von der Royal Society of London und der legendäre „Katastrophen-Theoretiker“ in Sachen Evolution, *Baron de Cuvier*, beschäftigten sich mit den Funden aus der Fränkischen Schweiz und forschten selbst in der Zoolithenhöhle. Aus dieser gewann übrigens auch *Alexander von Humboldt*, in jungen Jahren ein unbekannter Bergwerksinspektor in Creußen (Landkreis Bayreuth), wichtige Erkenntnisse für seine Abhandlung über die „Grubenwetter“.

Auch menschliche Skelettteile wurden gefunden, zum Beispiel beim **Großen Hasenloch** (bei Pottenstein), wo man Knochen von Neandertalern entdeckte. Außerdem fand man heraus, dass die **Jungfernhöhle** bei Tiefenellern eine steinzeitliche Opferstätte war und dass in einer Höhle bei Oberailsfeld im Mittelalter Pesttote beerdigt wurden.

Tipp: Grundsätzlich ist zu empfehlen, eine Höhle nur in Begleitung eines erfahrenen Höhlenführers zu begehen. Einige Höhlen wie die Binghöhle, die Teufelshöhle und die Maximiliansgrotte sind nur im Rahmen von Führungen zu besichtigen. Weitere Informationen gibt es beim Naturpark Fränkische Schweiz (www.fsvf.de) und bei den örtlichen Tourismusbüros.

Brauchtum

In der Fränkischen Schweiz haben sich über die Jahrhunderte zahlreiche Bräuche erhalten. Neben Kirchweihen in jedem Dorf bestimmen noch immer Krippen- und Dreikönigssingen, Palmfeier, Karfreitagsratschen (fränkisch „kleppern"), Prozessionen, Wallfahrten, Bierfeste (Walberla- und Annafest), Jahrmärkte und Hochzeitsbräuche den Jahreskreis. Eine kleine Auswahl:

Osterbrunnen: Die in der ersten Hälfte des 19. Jahrhunderts entstandene Dankesgeste lockt jedes Frühjahr Tausende von Besuchern in die Fränkische Schweiz. In mühevoller Kleinarbeit färben und bemalen die Frauen des Dorfes die ausgeblasenen Eier, verzieren sie bisweilen mit Binsen und Borten und flechten sie zu Kronen und Girlanden. Rund 100 Orte sind es inzwischen, die ihre Brunnen schmücken. Der größte Osterbrunnen weltweit steht in Bieberbach bei Egloffstein. Dort schmückt der „Club 22" den Weiher mit etwa 10.000 bunt bemalten Eiern.

Farbenfroh: Osterbrunnen in der Fränkischen Schweiz

Betzenaustanzen: Zu einer fränkischen Kirchweih („Kerwa") gehört am Montag (in Ebermannstadt-Breitenbach am Sonntag) das „Betzenaustanzen". Um den Maibaum wird das Schaf („Betz") ausgetanzt. Zu Blasmusikklängen drehen sich die Paare, und ein mit Bändern geschmücktes Bäumlein wird von Paar zu Paar weitergegeben. Früher war am Stamm eine alte Pistole angebracht, von der eine brennende Lunte herabhing. Der Schuss krachte, wenn die Lunte abgebrannt war. Heutzutage ersetzt meistens ein Wecker das Schießwerkzeug. Wenn der (abgedeckte) Zeitmesser ertönt, gewinnt das Paar den „Betz", das das Bäumlein in den Händen hält. „Kerwaburschen", die mit der Zeit gehen, legen auch schon mal ein Handy mit Weckfunktion unter das Tuch.

Fosaleggen: Am Faschingssonntag dröhnt das Peitschenknallen durch Effeltrichs Straßen, weiß gekleidete Männer mit buntem Kopfschmuck aus immergrünem Buchs schlendern an den vielen Zuschauern vorüber, Mädchen in farbenfrohen Trachten tanzen – die *Fosaleggen* sind los! Sinn des Brauchs ist die Austreibung des Winters. Der Lärm soll die Wachstumsgötter auf den Feldern wecken. Außerdem treiben die Dorfburschen den Winter, verkörpert durch den Strohbären (*Struhbään*), vor sich her. Anschließend geht es zum Nachbarort Baiersdorf. Dort gibt es Volkstänze, und zu guter Letzt werden die Strohbären verbrannt.

Georgi-Ritt: Jeden Ostermontag lockt in Effeltrich der christliche Brauch des Georgi-Ritts zu Ehren des Kirchenpatrons der Wehrkirche Tausende in das Trachtendorf. Die Pferdewallfahrt geht auf eine Legende zurück. Einst soll der heilige Georg, einer der 14 Nothelfer, einen gefährlichen Drachen getötet haben. Sehenswert ist auch der Georgi-Ritt in Gunzendorf. Die Prozession der Reiter bewegt sich am Sonntag nach dem St.-Georgs-Tag (23. April) einen steilen Berg hinauf zur Georgs-Kapelle auf den Senftenberg.

Lindenkerwa: Eine Besonderheit des Thurnauer Landes ist die Tanzlinde in der südlich von Thurnau gelegenen Ortschaft Limmersdorf. In der Krone des rund 300 Jahre alten Baumes, zu der an den Kerwatagen eigens eine Holztreppe hinaufführt, wird Jahr für Jahr Ende August zur Lindenkerwa getanzt (an den Tagen um Bartholomäus am 24. August oder dem Sonntag danach).

Wirtshaussingen: Das gemeinsame Singen von Volksliedern in gemütlichen Wirtsstuben erfreut sich bei Einheimischen wie bei Gästen zunehmender Beliebtheit. Ein Musiker bringt die „Quetsch'n" und Liedtexte mit und los gehts. Diese Art von Kultur wird z. B. in Weingarts und in Leutenbach gepflegt.

Kunst

Die Fränkische Schweiz entwickelt sich mehr und mehr zum Zentrum regionaler Künstler. Diese Entwicklung kommt auch dem Fremdenverkehr zu Gute.

Die Kombination von Kunst- und Naturerlebnis ist einer von vielen Schritten auf dem Weg zum sanften Tourismus und hat den neuen Typus des „Kulturtouristen" entstehen lassen. Dieser kann gemeinsam mit Künstlern die herrliche Natur der Fränkischen Schweiz als geeigneten Entstehungsraum für Kunstwerke entdecken. Dabei werden viele Projekte wie die „Fränkische Straße der Skulpturen" im Ellertal bei Litzendorf oder der Künstlerweg „Rund um Hollfeld" unmittelbar in die Natur eingebunden. Künstlern kann man zudem häufig bei ihrer Arbeit über die Schulter schauen. In Hollfeld laden beispielsweise Kunstwerkstätten zum Besuch ein, in Thurnau haben sich viele Keramikkünstler angesiedelt und in der Marktgemeinde Egloffstein öffnet ein Künstlerkreis regelmäßig seine Ateliertüren.

Information www.kulturatlas-oberfranken.de

Einige Highlights

„NaturKunstRaum Neubürg": Die Landart-Ausstellung auf der 587 Meter hohen Neubürg verbindet in einmaliger Weise **Natur- und Kunsterlebnis**: Zehn Skulpturen stehen verteilt an den Hängen des Hochplateaus der Neubürg. Ein Rundwanderweg führt an kunstvollen Säulen, Pfählen und Installationen vorbei. Für die Werke haben viele Künstler heimische Materialien und die regionale Infrastruktur genutzt. So stammen beispielsweise die Kalksteine für die „Milchstraße" und den „Zeitmesser" aus einem Steinbruch in Hollfeld. Auf diese Weise integrieren sich gegenständliche Kunstwerke in die Natur, werden von ihr verändert und kehren in ihren Kreislauf zurück. Ausgangspunkt des Rundweges ist der Parkplatz Neubürg/Wohnsgehaig mit den Zufahrtsstraßen aus der Richtung Bayreuth-Mistelgau-Obernsees oder Hollfeld bzw. Pottenstein-Waischenfeld. Geführte Wanderungen für Gruppen unter 09274/947595 anmelden. Weitere Informationen: www.neubuerg.de.

Künstlerweg „Rund um Hollfeld": Auf äußerst vielfältige Weise präsentieren sich 30 Künstler und Kunsthandwerker, die sich in der Gegend um Hollfeld zusammengetan haben. Ob Keramik, Holzdesign, Textil- und Webkunst oder Aquarellzeichnungen: In den Ateliers ist für jeden Kunstgeschmack gesorgt. Die verschiedenen Ateliers (u. a. in Treppendorf, Muggendorf, Thurnau und Oberailsfeld) kann man auch auf Wanderungen oder Radtouren erreichen. Viele Künstler lassen sich gerne bei der Arbeit zusehen, man sollte sich aber anmelden. Ausgangspunkte für den Weg: Museumsscheune Fränkische Schweiz in Hollfeld, Fränkische-Schweiz-Museum in Tüchersfeld, Galerieforum auf der Burg Waischenfeld, Töpfermuseum Thurnau und der „NaturKunstRaum Neubürg". Weitere *Information:* www.atelier-pietschmann.de.

„Kunst und Genuss rund ums Walberla": Kunstgemälde im Wirtshaus? Seit der ersten Initiative des Tourismusvereins „Rund ums Walberla" im Jahr 2005 hängen in einigen Gasthöfen rund ums Walberla immer wieder Bilder regionaler Künstler an den Wänden. 12 Wirte haben sich zu dieser einzigartigen Aktion zusammengeschlossen und bringen im wahrsten Sinne des Wortes „Kultur unters Volk". Weitere Auskünfte unter: www.kunstgenuss.walberla.de.

Kunst in der „Fränkischen Toskana" rund um Litzendorf. Die 1994 vom akademischen Bildhauer Ad Freundorfer begründete „Fränkische Straße der Skulpturen", eingebettet in die lieblich-hügelige Landschaft des Ellertales, hat Zuwachs bekommen. Der freischaffende Künstler Robert Hoffmann hat auf einem 3,3 km langen Naturrundweg einen „Kunst- und Besinnungsweg" initiiert. „Flur und Kunst" nennt sich ein Projekt, das zum Abschluss der Dorf- und Flurerneuerung in dieser Region entstanden ist. Fünf Flurdenkmale aus Stein sollen die Brücke zu den beiden Kunstwegen herstellen. „Jüngstes Kind" dieser Art von Kunst, die einen unmittelbaren Bezug zur Landschaft herstellt, ist eine „Europaachse der Kunst", die aus einem internationalen Bildhauersymposium im Augst 2009 heraus entstanden ist. Am 5 km langen Radweg zwischen Memmelsdorf/Schloss Seehof und dem Kunstraum Litzendorf haben die Künstler sieben Skulpturen in Stein aufgereiht. Zentrale Information über die Gemeinde, www.litzendorf.de, über den Link Tourismus „Prospekte/Broschüren" anwählen.

KunstRaum Weißenohe. Seit 2004 ist die Gemeinde Weißenohe zu einem Treffpunkt vieler Kunstinteressierter aus dem Großraum Nürnberg sowie aus der näheren Umgebung geworden und zieht von Juli bis September namhafte Künstler aus ganz Europa an. In der alten Mälzerei der Klosterbrauerei finden Ausstellungen und Installationen zu einem vorgegebenen zeitkritischen Thema statt. Zu den ideellen Trägern gehören neben Künstlern die Inhaber der Klosterbrauerei, Urban und Katharina Winkler. Informationen unter www.klosterbrauerei-weissenohe.de.

Kunsthandwerkermarkt in Forchheim. Einmal im Jahr wird Forchheim zum Mittelpunkt des Kunsthandwerks unter dem Motto „ausgefallen – ausgezeichnet". Der Markt findet vor oder nach Pfingsten an einem Wochenende rund um die historische Kaiserpfalz statt (jeweils von 10 bis 18 Uhr, Eintritt 2 Euro). In der jährlich wechselnden Auswahl präsentieren rund 80 Aussteller aus dem gesamten Bundesgebiet bunte Keramik in schrillen Formen, lustige Metallobjekte für den Garten, Schmuck aus Filz oder Emaille, außergewöhnliche Handtaschen, Klangobjekte und Windspiele oder Hüte aus edlen Materialien. Das Rahmenprogramm bietet Musik und kulinarische Leckereien.

Kunstabenteuer in der Fränkischen Schweiz

Die Konzeptkünstlerin Ute Baumann verbindet in ihrem Atelier in Hubenberg bei Waischenfeld auf ganz besondere Weise Kunst und Natur. Mit ARTventure entwickelte sie die Idee, kunstabenteuerliche Projekte für Gruppen jeden Alters anzubieten. Kurse finden in Form von Workshops, Ferienfreizeiten, Bildungsurlauben und Projekttagen auch im eigenen Atelier statt. Übernachtungsmöglichkeiten bieten die umliegenden Gasthöfe. Die Kunstpädagogin führt auch in kreative Fototechniken, „Malerküche" (Herstellung von Farben), Schwarzlichttheater (mit Schwarzlichtgalerie), Buchkunst oder das Thema Skulpturen ein. Dahinter steht die Idee, dass Kunst ein stetiger Prozess der Selbsterfahrung und Eigenergründung ist, der in jedem geweckt werden kann: Wer sich für die Arbeit interessiert, kann im Atelier vorbeischauen, das sich, aus Waischenfeld kommend, am Ortseingang links befindet.

Informationen Ute Baumann, Hubenberg 15, 91344 Waischenfeld, ✆ 09202/970942, www.sitefabrik.de.

Literatur

Vor allem im 19. Jh. brachen die Romantiker auf, das bis dahin abgeschiedene Mittelgebirge im Dreieck Bamberg, Bayreuth, Nürnberg zu entdecken. Als an Pfingsten 1793 die beiden jungen Dichter Ludwig Tieck und Wilhelm Heinrich Wackenroder die Fränkische Schweiz durchwanderten, lösten sie eine Begeisterung aus, die bis heute nicht erloschen ist.

Ludwig Tieck und Wilhelm Heinrich Wackenroder: Zwei Berliner Freunde, die an der Universität Erlangen Jura studierten, unternahmen 1793 die später so berühmt gewordene Pfingstreise. *Wilhelm Heinrich Wackenroder* (1773–1798) und *Ludwig Tieck* (1773–1853) brachten mit ihren Berichten über das „Muggendorfer Gebürg", wie die Fränkische Schweiz damals hieß, die Mittelgebirgslandschaft in Dichterkreisen in Mode. Von ihrem Studienort Erlangen brachen die beiden mit gemieteten Pferden von Forchheim über Ebermannstadt, Muggendorf, Streitberg nach Sanspareil auf; später zogen sie in den Frankenwald und das Fichtelgebirge. Ihre lebendigen, schwärmerischen Schilderungen von den großartigen Naturschönheiten faszinierten die Zeitgenossen. Ganz im Stil der gefühlsbetonten Frühromantik schreibt Tieck: „Hinter Ebermannstadt reitet man immer noch durch ein äußerst romantisches Tal, durch das sich die Wiesent in vielen Krümmungen schlängelt, zu beiden Seiten ziemlich hohe Berge, geradeaus ebenfalls Berg vor sich; ich habe noch wenig so schöne Tage als diesen genossen, es ist eine Gegend, die zu tausend Schwärmereien einladet. O, die Natur ist doch an Schönheit unerschöpflich!"

Ernst Moritz Arndt: Arndt (1769–1860) war einer der ersten Literaten der „Fränkischen", kam aber eher zufällig auf dem Weg von Erlangen nach Bayreuth durch das Wiesenttal. Der Dichter, der sich gegen den Feudalismus und für die sozialen

Rechte der Bauern einsetzte, machte im Sommer 1798 in Streitberg Station. Dort diskutierte er mit Amtsschreibern und Posthaltern über die politische Lage. Sein Aufenthalt im „Muggendorfer Gebürg" begeisterte ihn. Er stieg hinauf zur Burgruine Neideck, besuchte Waischenfeld, war auf dem Adlerstein und erkundete u. a. die Höhlen Quackenschloss und Riesenburg. Im Waischenfelder Gasthof *Rotes Roß* nahm er Quartier. Der Gästebucheintrag belegt noch heute den Besuch. Innerhalb weniger Tage hatte er die bekanntesten Sehenswürdigkeiten ausgemacht und schilderte sie ausführlich in seinen „Bruchstücken aus einer Reise von Bayreuth bis Wien im Sommer 1798". Auch von den Frauen der Fränkischen Schweiz war der Poet angetan: „Die Weiber sind hier meist besser gebaut als die Männer, die in der Regel zu dürr sind, obgleich viele gewaltig dicke Beine haben."

August Graf von Platen: Von Platen kam 1820 aus Erlangen und unternahm am Walberla eine botanische Exkursion. Überhaupt hatte es ihm der Hausberg der Fränkischen Schweiz angetan. Als Student nutzte der junge Graf den Aufenthalt in Erlangen, um möglichst oft das Walberla-Fest zu besuchen, auch wenn er auf „schlechtem Strohlager" nächtigen musste.

Fürst Pückler-Muskau: Dieser Lebenskünstler, Literat und Reisende unternahm 1834 ebenfalls eine Exkursion in die Fränkische Schweiz. Vor allem Streitberg, Pottenstein, Tüchersfeld und Gößweinstein sah er sich an. Dabei bezog er durchaus auch reisepraktische Gesichtspunkte in seine Bewertung mit ein. Anerkennend schreibt er: „Da diese Thäler sehr viel von Fremden besucht werden, so ist die Billigkeit der Preise wirklich bemerkenswert. Für Abendessen, Nachtlager und Frühstück, nebst einer Menge frischer Wäsche und vielem Embarras (franz. für *Schwierigkeiten, Umstände*), den ich im Hause gemacht, betrug die Rechnung noch nicht ganz drei Gulden." Und vom guten Bier der kleinen Brauereien berichtet er ebenfalls ausführlich: „Nie kann man genug den Nektar Baierns, das vortreffliche Bier, rühmen, was man überall, frisch vom Fasse im Felsenkeller abgezapft, kalt wie Eis erhält, und dessen kräftige, aromatische Bitterkeit dem Magen eben so sehr zusagt, als sein geringer Alkoholgehalt verhindert, daß es zu Kopfe steigt."

Karl Immermann: Im damals üblichen Plauderstil mit kritischen Zwischentönen berichtet der Dichter von seiner „Fränkischen Reise im Herbst 1837". Dabei spart er nicht mit Komplimenten. In Muggendorf, dem damaligen Zentrum des Tourismus, notiert er: „Franken ist wie ein Zauberschrank; immer neue Schubfächer thun sich auf und zeigen bunte, glänzende Kleinodien, und das hat kein Ende. Wer Deutschlands geheimste jungfräuliche Reize genießen will, muß nach Franken reisen."
Begeistert erzählt er auch von Besuchen in der Rosenmüller- und der Burggaillenreuther Zoolithenhöhle, der Riesenburg und Burg Rabeneck. Dass die Fränkische Schweiz schon damals als Reisegebiet kein unbeschriebenes Blatt mehr war, bekennt er ebenfalls: „Ich habe so viel von diesem Bergländchen und seinen Höhlen, von seinen Felsgruppen und Raubritter-Schloßruinen, seinen eigenthümlichen Leuten und Trachten gehört."

Joseph Victor von Scheffel: Er war für seine gemütshafte Idyllenpoesie bekannt. Da kam der Dichter freilich in der Fränkischen Schweiz auf seine Kosten! In einem Brief an seine Mutter vom Sommer 1859 berichtet er begeistert von dem „Kalkgebirg mit abenteuerlich ausgewitterten Dolomitfelsnadeln und Felsspitzen". Bei seiner ersten Reise lässt der 33-Jährige keine Sehenswürdigkeit aus. Im Jahre 1883 ist er nochmals Kurgast in Streitberg und bleibt noch für einige Tage in einem Gasthof in Gößweinstein, der seit vielen Jahrzehnten nach ihm benannt ist.

Benediktiner-Brevier, zu sehen auf der Burg Gößweinstein

Gruppe 47: Im 20. Jh. stand die Fränkische Schweiz noch einmal für wenige Tage im Brennpunkt der deutschen Literaturszene: Vom 5. bis 9. Oktober 1967 fand in der Pulvermühle bei Waischenfeld die 29. und letzte Tagung der legendären *Gruppe 47* statt. Nach dem viel beachteten und konfliktträchtigen Literaturspektakel in Princeton (USA) suchte man die Ruhe der Fränkischen Schweiz, um ungestört diskutieren zu können. Über 80 Schriftsteller, Publizisten und Kritiker kamen zu der Tagung ins Wiesenttal (von *Günter Grass* über *Erich Fried* und *Günter Eich* bis hin zu *Rudolf Augstein* und *Marcel Reich-Ranicki*). Der romantisch gelegene Landgasthof von Kaspar Bezold war umlagert von Kamerateams, Journalisten und Neugierigen, denen schließlich *Hans Werner Richter* verbot, im Konferenzsaal zu filmen oder zu fotografieren. Insgesamt gab es 25 Lesungen, und der Newcomer *Jürgen Becker* bekam für seinen Text „Ränder" den Preis der *Gruppe 47*. Sogar der damalige Wirtschaftsminister Karl Schiller kam vorbei, um dem Preisträger zu gratulieren.

Doch die Tagung in der Pulvermühle stand unter keinem guten Omen. Man stritt über die APO und die Kampagne gegen die Springer-Presse, und als die Teilnehmer dann noch von Erlanger SDS-Studenten als „unpolitische Dichter" beschimpft wurden und einige Demonstranten die Vietcong-Fahne hissten, spaltete sich die versammelte Autorenschaft in zwei Lager. Erst nach dem offiziellen Ende und bei manchem Schoppen Frankenwein kehrte Harmonie ein. Günter Eich schrieb ins Gästebuch: „Die Pulvermühle hat nur einen Nachteil: daß man sie nicht mitnehmen kann". Die nächste Tagung, die in Prag stattfinden sollte, wurde wegen der politischen Ereignisse in der Tschechoslowakei hinfällig. Das Treffen in der Pulvermühle blieb die letzte Tagung der Gruppe 47.

Mundartliteratur: In Franken gibt es eine lange Tradition von Heimat- und Mundartdichtung. Gerade in der Fränkischen Schweiz und entlang ihrer Ränder findet sich eine breite Literaturszene, die sich des fränkischen Dialekts bedient. Vor allem ist da natürlich der Nürnberger *Fitzgerald Kusz,* der mit seinem Theaterstück „Schweig Bub“ über die Grenzen der Region hinaus bekannt wurde. Hinzu treten aus Bamberg *Gerhard C. Krischker,* aus Bayreuth *Jochen Lobe* und *Eberhard Wagner* sowie aus Erlangen *Helmut Haberkam* („Frankn lichd nedd am Meer“). Weitere Dichter aus der Fränkischen Schweiz, die dem modernen Leben mit spitzer „fränkischer“ Zunge begegnen, sind *Martin Barth* aus Baiersdorf, *Reinhold Schmitt* aus Forchheim und aus Pegnitz *Walter Tausendpfund* („Es kenned soo ... odde soo sai“).

Reinhold Schmitt bringt den fränkischen Dialekt so auf den Punkt:

Wos für a Sprooch

O Heilichäs, is des a Hetz!
Allmächdigs Lebm, wos mach mä'n etz?
O lägg, doo driffd mich doch der Schlooch!
Wos mannsd, wos is des für a Sprooch?

Für Sportinteressierte

Wandern

Die Fränkische Schweiz ist zu jeder Jahreszeit ein Wanderparadies. Was die Strecken und die Dauer der Touren betrifft, sind der Fantasie keine Grenzen gesetzt. Unter dem Stichwort „Wandern“ finden Sie bei den einzelnen Ortsbeschreibungen weitere Tourenvorschläge, die zum Laufen anregen sollen.

Der „Frankenweg“: Einer der zehn schönsten Wanderwege Deutschlands führt durch die Fränkische Schweiz. Der „Frankenweg“ hat als erster Weitwanderweg das Zertifikat „Qualitätsweg Wanderbares Deutschland“ erhalten. Er wurde im September 2004 eingeweiht und hat sich schnell etabliert. Der Weg führt über 520 km von

Vielfältig und gut ausgeschildert: Wanderwege durch die Fränkische Schweiz

Blankenstein in der Nähe von Hof bis nach Harburg im Donau-Ries-Kreis. Bei Heiligenstadt erreicht die Wanderstrecke, die ausdrücklich als „Premiumweg" gestaltet wurde, die Fränkische Schweiz. Der 120 km lange Teilabschnitt geht weiter von Gößweinstein über Tüchersfeld und Pottenstein bis Obertrubach und Weißenohe.

Das große Interesse der Wanderer gilt nicht nur der Natur, sondern dem Gesamtkonzept dieses „Premiumwegs", bei dem vor allem die Qualität zählt. Die Route spricht den modernen Wanderer an, der Komfort bei der Übernachtung und Verpflegung sucht. Auch auf die Markierung der Strecke und den guten Zustand der Wege wurde besonderer Wert gelegt. Dazu kommt eine sehr gute Erschließung durch öffentliche Verkehrsmittel: Zwei Drittel des Wegs liegen im Einzugsbereich des Verkehrsverbunds Großraum Nürnberg (VGN). Sieben Bahnhöfe liegen direkt an der Wanderstrecke, 14 Frankenweg-Orte haben Busanschluss.

Ein weiteres attraktives Wanderangebot ist der **Fränkische Gebirgsweg**. Er beginnt im Frankenwald und endet nach 415 km in der Frankenalb. Die 187 km lange Teilstrecke durch die Fränkische Schweiz hat ihren Startpunkt an der Rotmainquelle im Lindenhardter Forst bei Creußen und mündet vom Ahorntal bei Pegnitz in die Frankenalb.

Informationen bei der Tourismuszentrale Fränkische Schweiz oder unter: www.frankenweg.de und www.fraenkischer-gebirgsweg.de.

Unser Frankenweg-Tipp: Eine Mehrtageswanderung über 68,5 Kilometer von Heiligenstadt bis Egloffstein. Der Ausgangspunkt ist mit dem Pkw über die A70 Ausfahrt Roßdorf, weiter über Landstraßen nach Heiligenstadt zu erreichen. Anreise ist mit der Bahn über Ebermannstadt möglich. Unterwegs Busverbindungen mit Omnibusverkehr Franken GmbH (OVF). Die Route lässt sich in vier Etappen schaffen und führt direkt am Rand des Naturschutzgebiets „Leidingshofer Tal" nach Veilbronn. Danach geht es weiter nach Unterleinleiter und zum Hummerstein, einem markanten Aussichtsfelsen beim Zusammenfluss von Wiesent und Leinleiter. Im Luftkurort Streitberg endet die erste Etappe. Am dritten Tag stehen die herrliche Schottersmühle und der Vier-Täler Ort Behringersmühle auf dem Programm. Endstation dieser Etappe ist der Luftkurort Gößweinstein. Am letzten Tag durchquert der Wanderer Tüchersfeld und Pottenstein, kommt nach Obertrubach und zum bekannten Signalstein, der einen herrlichen Blick auf die Höhen des Trubachtals bietet. Letzte Station ist Eggloffstein. Hier kann man (wie in allen anderen genannten Orten) noch einmal übernachten oder mit dem OVF-Bus (Linie 8199) zu den Bahnhöfen Ebermannstadt oder Pretzfeld fahren.

Ein weiterer Tipp ist **Wandern ohne Gepäck**. Hier werden drei Routen angeboten: Eine 7-Tage-Wanderung durchs Herz der Fränkischen Schweiz, mit Start und Ziel in Ebermannstadt; eine 6-Tage-Wanderung im nördlichen Teil mit Start und Ziel in Forchheim (oder Streitberg) und eine 5-Tage Wanderung durch die südöstliche Fränkische Schweiz mit Start und Ziel in Pegnitz. Auch hier gibt die Tourismuszentrale Fränkische Schweiz (Oberes Tor 1, 91320 Ebermannstadt. ✆ 09194/797 779, ✆ 797776, info@fraenkische-schweiz.com) Auskunft.

• *Wanderkarten* **Kompass Wander- und Radtourenkarte Fränkische Schweiz**, 1:50.000, aktuell und zuverlässig (auf der Karte fehlen allerdings Hollfeld und Neuhaus an der Pegnitz).

Fritsch Wanderkarte Blatt Nord und Blatt Süd, Naturpark Fränkische Schweiz, 1:50.000. 2 Karten.

Fritsch Umgebungskarte (Markt Wiesenttal) Nr. 124, 1:35.000.

Sehr detailliert sind außerdem die topographischen Karten im Maßstab 1:50.000 des **Landesvermessungsamtes München**. Erhältlich sind die Blätter Scheßlitz L 6132, Forchheim L 6332, Pegnitz L 6334 und Bayreuth L 6134.

Nordic Walking

Die Trendsportart hat auch in der Fränkischen Schweiz Einzug gehalten. Das Nordic-Walking-Zentrum Trubachtal gehört mit elf Strecken auf insgesamt 85 Kilometern Länge zu den größten Nordic-Walking-Zentren Deutschlands. Der Sportler kann in den Gemeinden Obertrubach und Egloffstein an fünf Startpunkten einsteigen und, wenn er will, auf weitere Strecken wechseln. Die Wege sind in drei Schwierigkeitsstufen eingeteilt; Pulstafeln sind vorhanden. Näheres bei den Touristinformationen Obertrubach, ✆ 09245/988/13, www.trubachtal.com und Egloffstein, ✆ 09197/202, www.egloffstein.de.

Als ideales Gebiet für Nordic Walking wurde der Kellerwald in Forchheim erschlossen. Drei Strecken sind zwischen 3,1 und 9,9 km lang. Eine Technik-Route hilft Anfängern beim Erlernen dieses Sports.

Zwischen den Gemeinden Markt Wiesenttal und Ebermannstadt laden sechs Strecken auf insgesamt 37 Kilometern Länge zu Nordic Walking ein. Nähere Infos bei den Touristinformationen Ebermannstadt, ✆ 09194/50640, www.ebermannstadt.de und Markt Wiesenttal, ✆ 09196/19433.

33 Strecken zwischen zwei und elf Kilometer auf insgesamt 215 Kilometern bietet die Laufregion „Rund um die Neubürg – Fränkische Schweiz“. Ein Prospekt mit ausführlichem Streckenverlauf ist kostenlos erhältlich bei der Regionalen Entwicklungsgesellschaft „Rund um die Neubürg – Fränkische Schweiz (GbR)“, Bahnhofstr. 35, 95490 Mistelgau, ✆ 09279/923241, 📠 09279/923244, www.neubuerg.de oder im Infoshop Obernsees, ✆ 09206/992375.

Radfahren

Als in den 1990er-Jahren das „Radfahrfieber“ ausbrach, waren die Behörden fast etwas überfordert, so dass so mancher Fahrradweg damals wegen Kompetenzgerangels an einer Landkreisgrenze endete. Doch diese Zeiten sind längst vorüber. Heute gibt es in den Tälern der Fränkischen Schweiz neben den vielen von Autos nur wenig befahrenen kleinen Asphaltstraßen ein ausgebautes Netz von Radwegen, und die Verkehrsämter halten eine Menge Tourenvorschläge bereit. Auch Mountainbiker kommen mittlerweile auf ihre Kosten.

Einige Radtouren

Ab Ebermannstadt das Wiesenttal hinauf bis Behringersmühle

Für den Rückweg bietet es sich an, die Räder in der Museumsbahn mit zurückzunehmen. Tourenlänge ca. 24 km, Höhenunterschiede ca. 250 m.

Routenbeschreibung: Ebermannstadt auf der Straße nach Gößweinstein verlassen. Kurz nach dem Ortsrand, zwischen Wiesent und dem Bahnübergang, führt ein schmaler Weg am Fluss entlang Richtung Schwimmbad Rothenbühl. Durch Rothenbühl hindurch weiter in Richtung Niederfellendorf. Ca. 500 m nach Rothenbühl zweigt rechts ein mit einem roten Kreuz markierter Weg zur Burgruine Neideck ab. Von der Ruine den Berg hinunter Richtung Haag. Weiter bis zur Straße Trainmeusel–Muggendorf. Links den Berg hinunter zum Bahnhof Muggendorf. Dort weiter Richtung Wohlmannsgesees (auf der rechten Wiesentseite bleiben). Nach ca. 1 km links in den Schotterweg einbiegen. Nach ungefähr 5 km hat man die Gaststätte Sachsenmühle erreicht, nach weiteren 2 km die Stempfermühle. Von hier ist es nur noch 1 km bis nach Behringersmühle.

Thurnau–Hollfeld–Sanspareil

Rund 38 km ist die Strecke lang, die von Thurnau über Limmersdorf durch das obere Lochautal ins Städtchen Hollfeld führt. Von dort geht es durch das malerische Kainachtal nach Kainach und Wonsees. Dann führt der Weg hinaus nach Sanspareil mit seinem kühlen Felsengarten und der markanten Burg Zwernitz. Danach geht es über die Ortschaften Großenhüll, Leesau, Menchau und Berndorf zurück in den Töpferort Thurnau. Die Strecke ist mit Ausnahme von 5 km asphaltiert und in einem halben Tag zu schaffen.

Forchheim–Hausen–Heroldsbach

Eine kleine Fahrradtour von rund 20 km führt von der sehenswerten Forchheimer Altstadt über Hausen (Besuch im Dorfmuseum vorher telefonisch vereinbaren) nach Heroldsbach und zurück. Im Zentrum von Forchheim nimmt man die Nürnberger Straße stadtauswärts. Am südlichen Stadtrand (Siemens-Werk) geht es rechts ab. Eine Eisenbahnbrücke führt über den RMD-Kanal nach Hausen. Hier nimmt man die Thurner Straße, die in den gleichnamigen Ortsteil von Heroldsbach führt: sehenswertes Wasserschloss Thurn, umgeben vom Erlebnispark. Rund 500 m weiter in westlicher Richtung (bei der Volksschule) trifft man auf den „Heiligen Berg", den Erscheinungshügel, Ziel vieler Marienverehrer. Zurück geht es wieder über Hausen. Am RMD-Kanal fährt man auf einem geschotterten Weg Richtung Norden bis zum Forchheimer Stadtteil Burk. Dort überquert eine Fußgängerbrücke den Kanal. In wenigen Minuten ist man am Rathausplatz mit seinem eindrucksvollen Fachwerkensemble angelangt.

„Spielend radeln"

Eine 17 Kilometer lange Radstrecke, die von Ebermannstadt durch das Wiesent- und das Leinleitertal bis Tiefenpölz führt, ist wie geschaffen für Familien mit kleinen Kindern. Auf gut ausgebauten Radwege können die Kleinen leicht mithalten. Einkehrmöglichkeiten mit kinderfreundlicher Ausstattung gibt es beispielsweise in Ebermannstadt und Heiligenstadt. Auch auf Spiel- und Freizeitmöglichkeiten wurde bei dieser Strecke geachtet: Am Ausgangsort Ebermannstadt wartet ein Freibad, in Heiligenstadt gibt es einen Natursee und entlang der Strecke befinden sich zahlreiche Kinderspielplätze, u.a. in Gasseldorf, Veilbronn, Heiligenstadt, Traindorf, Zoggendorf, Oberleinleiter und Tiefenpölz.

Mountainbiking

Mountainbiker kommen in der Fränkischen Schweiz ebenfalls auf ihre Kosten. Tourismuszentrale und einzelne Gemeinden haben in den letzten Jahren immer mehr Routen speziell für Mountainbiker ausgezeichnet. Hier zwei Beispiele:

Rundweg Wolfsberg: Der etwa 10 km lange Rundkurs beginnt mit einem schmalen Weg gegenüber dem Sportplatz in Wolfsberg. Über einen langen, teils steilen Anstieg gelangt man auf die Hochfläche nach Sorg. Auf Schotterwegen führt der Weg weiter in das schmale Hochtal zwischen Geschwand und Wolfsberg. Ein längerer Anstieg auf Feld- und Waldwegen führt zur Straße Herzogwind-Geschwand. Auf einem kurzen Teilstück auf der Teerstraße kommt man nach Hundsdorf. Ab Hundsdorf verläuft die Route auf Feld- und Waldwegen über die Hochfläche zurück zum Ausgangspunkt in Wolfsberg.

Touristinformation Obertrubach Teichstr. 5, 91286 Obertrubach, ✆ 09245/98813, www.trubachtal.com

Rundweg Heiligenstadt: Für besonders sportlich ambitionierte Mountainbiker bietet sich der idyllische Rundweg Heiligenstadt an. Die 48,5 km lange Strecke mit einem Höhenunterschied von insgesamt 991 m beginnt am Parkplatz am „Heiligenstädter See" und führt auf einem Singletrail bergan Richtung Burggrub. In Burggrub quert man das Leinleitertal. Erst auf Asphalt, später auf geschotterten Forstwegen geht es auf den bewaldeten Altenberg mit seinen für die Fränkische Schweiz typischen Felsen. Anschließend geht es rechts ab auf eine kurze Trail-Abfahrt. Nach einem Anstieg bis Oberngrub gelangt man durch eine typische Feldlandschaft der Hochebenen. Nach zwei kurzen Anstiegen hoch auf den Wachknock (Sendemast) geht es nach Kälberberg. Es folgt die Abfahrt hinunter nach Frankendorf. Danach durchquert man die für seine Bierkeller bekannten Ortschaften Senftenberg und Buttenheim. Über Dreuschendorf, Stackendorf und Kalteneggolfsfeld gelangt man schließlich zum Ausgangspunkt zurück. Bei diesem Rundkurs besteht die Möglichkeit abzukürzen, die Strecke ist markiert.

Touristinformation Markt Heiligenstadt ✆ 09198/929924, www.markt-heiligenstadt.de oder Tourismuszentrale Ebermannstadt, ✆ 09194/797779, www.fraenkische-schweiz.com

Mountainbikeführer von Thomas Arnold im mad-media-works Verlag veröffentlicht. Den Routenplänen beigelegt ist eine CD-Rom, auf der die GPS-Pfade der Touren gespeichert sind. Erhältlich im lokalen Buchhandel oder über www.madmediaworks.de.

Klettern

Mit über 5000 Kletterrouten ist die Fränkische Schweiz eines der größten Klettergebiete in Mitteleuropa. Die Mittelgebirgslandschaft mit ihren unzähligen Dolomitfelsen bietet alle Schwierigkeitsgrade und genießt auch international einen guten Ruf.

Die Kletterfelsen der Fränkischen Schweiz sind nicht im geringsten mit alpinen Massiven zu vergleichen. Vielmehr handelt es sich um relativ niedrige Dolomitfelsen, die früher als Vorbereitung für große Touren in den Alpen genutzt wurden, den Kletterer aber durchaus extrem beanspruchen.

In jedem größeren Ort gibt es eine Sektion des **Deutschen Alpenvereins**, der sich vornehmlich dem konventionellen Klettern verpflichtet fühlt. Auf der anderen Seite gewinnt die Sportkletterei immer mehr Anhänger; viele ihrer Verfechter sind in der **Interessengemeinschaft Klettern** (IG Klettern) organisiert. Ausgerüstet mit extrem leichten, griffigen Schuhen und legerer Kleidung werden scheinbar völlig glatte Wände und außerordentlich schwierige Partien (Schwierigkeitsgrade bis 11+) bezwungen.

Das beliebteste Klettergebiet ist zweifellos die **Ehrenbürg**. Insbesondere die Walberla-Ostseite und die Rodenstein-Westseite werden bereits seit den 1920er Jahren regelmäßig beklettert. Allerdings sind mittlerweile viele Felsen gesperrt (Naturschutzgebiet). Kaum weniger stark frequentiert ist der **Röthelfels** im Urspringtal (einige Routen vom 1. Februar bis 30. Juni gesperrt). Was diese beiden Felsmassive so attraktiv macht, ist die große Bandbreite der Schwierigkeitsgrade: Von leichten und mittleren Routen bis zur extremen Kletterei, die nur Erfahrene sicher bewältigen können, ist hier alles möglich.

Zahlreiche Felsen mit allen Schwierigkeitsgraden, umgeben von einer einmalig schönen Natur, locken inzwischen Kletterer aus aller Welt nach Obertrubach und in das Trubachtal. Auch Schnupperkurse für Einsteiger werden angeboten.

Beliebt sind auch der **Napoleon**, eine mehrere hundert Meter lange Südwand bei Behringersmühle, sowie die Felsen um Egloffstein (Pfarrfelsen oder im Kletterjargon „Gemsenwand") und das **Todsfeld** bei Thuisbrunn.

Die hiesige Bergwacht ist übrigens weit weniger mit der Rettung von Unfallopfern befasst als mit der ökologischen Pflege des Klettergebietes. So muss sie immer noch darauf hinweisen, dass die ausgeschilderten Wege zu benutzen sind und man keine Abkürzungen durch den Wald nehmen sollte, um das Niederwild und brütende Vögel nicht noch mehr zu stören (vor allem am Walberla bei Schlaifhausen). Allerdings hat auch bei den Kletterorganisationen in den letzten Jahren ein Umdenken in Sachen Ökologie eingesetzt. Welche Routen derzeit aus ökologischen Gründen gesperrt sind, darüber informiert der DAV und die IG Klettern (auch im Internet unter www.fraenkische-schweiz.com/sport/klettern.html).

• *Klettern* Gut geführte **Kletterkurse** veranstaltet regelmäßig der **Deutsche Alpenverein** (DAV). Er besitzt große Klettergruppen in Forchheim, Erlangen, Nürnberg und Bamberg. Auskunft über Kletterkurse und jeweilige Sektionen gibt es beim DAV. Informationen auch bei der **Tourismuszentrale Fränkische Schweiz**, Oberes Tor 1, 91320 Ebermannstadt, ✆ 09194/1433.

Klettern für Neueinsteiger und ideale Trainingsmöglichkeiten für Sportkletterer sowie Abenteuer im Hochseilgarten bietet der **Erlebnispark Magnesia** im ehemaligen Kesselhaus der Spinnerei Forchheim, Wiesentcenter, Bayreuther Straße 8, ✆ 09191/616594.1.Mai–Mitte September 14 bis 22 Uhr, Fr bis 23 Uhr, Sa 16–23 Uhr, So 16–22 Uhr.

• *Bergwachthütten* Es gibt insgesamt fünf Bergwachthütten: am Walberla (unterhalb des Rodensteins), in Veilbronn (Leinleitertal), Behringersmühle (Stempfermühle), Pottenstein, Untertrubach und beim Frankendorfer Klettergarten.

Kanufahren

Die Wiesent ist der einzige Fluss in der Fränkischen Schweiz, auf dem das Kanufahren noch erlaubt ist, allerdings aus Rücksicht auf die Tierwelt inzwischen mit deutlichen Beschränkungen. Dafür ist die Diskussion, den Fluss aus ökologischen Gründen ganz zu sperren, wieder verebbt.

Schwierigkeitsgrade von 1 bis 2 lassen die Strecke auch etwas geübte Anfänger meistern. Erlaubt ist das Einsetzen von Booten bereits bei Plankenfels, aber wegen des niedrigen Wasserstandes in diesem Bereich ist davon abzuraten. Viele lassen ihr Boot beim Campingplatz Waischenfeld unterhalb des Wehres zu Wasser. Bei Behringersmühle muss ein 500 m langes Teilstück entlang der viel befahrenen Straße umtragen werden (der dortige Müller hat sein Grundstück großräumig abgezäunt). Das ist auch der Grund, weshalb viele die Strecke Beringersmühle/Bahnhof bis Ebermannstadt hinunterfahren. Mit einer Länge von 17 km ist es eine bequeme Tagesetappe, und nur an 2 bis 5 Stellen (je nach Können) muss umtragen werden.

Informationen www.dfs.ebermannstadt.de, www.fraenkische-schweiz.com/sport/kanu.
Fahrtbeschränkungen für Kanus

- Pro Tag dürfen maximal 200 Boote auf das Wasser.
- Für den Oberlauf der Wiesent bis zur Staatsstraße bei Plankenfels und für alle Nebenflüsse gilt ein generelles Kanu-Verbot. Vom 1. Oktober bis 30. April existiert auch flussabwärts von Plankenfels bis zur Einmündung des Leinleiterbachs bei Gasseldorf ein Paddelverbot.
- Vom 1. Mai bis 30. September darf die Wiesent bis zur Sachsenmühle und von der Sachsenmühle bis Gasseldorf von 18 bis 9 Uhr nicht befahren werden.
- Flussaufwärts paddeln verboten.
- Unterhalb der Leinleitermündung ist eine Weiterfahrt nur bis zum Forchheimer Stadtteil Reuth möglich.
- Ein- und Aussetzen der Boote sowie das Umtragen sind nur an den gekennzeichneten Stellen erlaubt.

Für Feinschmecker

Bier

Kein anderer Landstrich Europas besitzt eine solche Dichte an Brauereien und eine solche Biersortenvielfalt wie die Fränkische Schweiz zusammen mit Bamberg und Bayreuth. In einem Umkreis von gut 50 km um Bamberg existieren noch heute 300 Brauereien, die meisten sind Familienunternehmen. Es sind vor allem die kleineren Brauereien, die für den exzellenten Ruf „Bierfrankens" sorgen.

Bei vielen Brauereien handelt es sich um Kleinstanlagen, die vor allem für den Bedarf der eigenen Wirtschaft produzieren und kein aufwändiges Marketing betreiben. Daher sind die Preise für das „Seidla" Bier (halber Liter) in den Familienbetrieben unschlagbar günstig.

In Franken sitzt der Gast nicht nur im Biergarten, sondern auch „auf (!) den Kellern". Warum? In vielen Dörfern wurden Keller in den Sandstein–Berghang getrieben. Dort lagert das Bier in schweren Holzfässern. Was liegt näher, als über diesen Gewölben einfache Bänke und Tische aufzustellen und das wohltemperierte Bier an heißen Sommertagen unter den schattigen Kronen von Kastanienbäumen, Eichen und Linden frisch zu servieren. Die Kenner kommen nur wegen des Bieres, denn Brotzeit samt Tischtuch wird oft selbst mitgebracht. Die ursprünglichsten und reizvollsten Keller sind bis heute in und um Bamberg und Forchheim zu finden.

Im Gegensatz zu Altbayern werden in Franken nur kleine Mengen gebraut. Selbst bekannte Brauereien wie das Klosterbräu in Bamberg produzieren jährlich lediglich 5000 Hektoliter, ihre Kollegen in München schaffen das an einem Tag. Begünstigt wurde die Kleinbrauerkultur durch die Sandsteinlagen des Fränkischen Juras. Dadurch wurde der Bau ausgedehnter Lagerkeller erst ermöglicht. Das im Winter gebraute Bier war so bis zum Frühjahr haltbar. Verlängern konnte man die Periode durch im Winter geschlagenes Eis, das unter einem Haufen Sägespäne konserviert wurde. Im Frühjahr wurde dann das sog. *Märzenbier* gebraut, das durch einen höheren Hopfen- und Alkoholgehalt trotz der gestiegenen Temperaturen haltbar war.

Wegen der kurzen Wege zum Verbraucher braucht das Bier auch nicht keimfrei, sprich hefefrei gefiltert zu werden. Dadurch bleiben nicht nur viele Aromastoffe und Vitamine erhalten, sondern das Getränk wird auch nicht mit Schwermetallen und Arsen angereichert, mit dem der benutzte Filterstoff Kieselgur verunreinigt ist. So kommt auf den Kellern der edle Gerstensaft naturtrüb aus dem Zapfhahn. Kleinbrauereien, die über genügend Lagerkapazität verfügen, lagern das Bier sogar bis zu sechs Monaten. Durch diese lange Reifung wird das Bier fast so klar wie ein gefiltertes.

Eine besondere Bamberger Spezialität ist das braunschwarze Rauchbier, das für Nicht-Franken gewöhnungsbedürftig ist. Die Methode, das zum Bierbrauen benötigte Malz vor der Vermaischung mit Buchenholz zu räuchern, hat nur in der Domstadt Tradition. Das bekannteste ist das seit 1678 gebraute „Schlenkerla". Für Kenner, die Hochprozentiges lieben: Von Oktober bis Dezember gibt es das Urbock mit einer Stammwürze von 19 Prozent. Die renommierte Brauerei Spezial braut bereits seit 1536 und gilt als der älteste Rauchbierproduzent der Welt.

Wer in kürzester Zeit möglichst viele Biersorten kennenlernen will, sollte an einer Bierwanderung teilnehmen, wie sie etwa in Forchheim, Pottenstein, Waischenfeld, Aufseß oder in Gräfenberg angeboten werden.

Eine Übersicht über Bierkeller gibt es bei der Tourist-Information Forchheim (www.forchheim.de).

Eine kleine Auswahl fränkischer Biersorten

Kellerbier: Unfiltriert, naturtrüb, untergärig und mit sehr niedrigem Anteil an Kohlensäure. Der Stammwürzegehalt beträgt zwischen 12 und 13 Prozent. Es schmeckt hopfenbetont, vollmundig und hat eine dunkle Farbe. Am besten trinkt man es im kühlen Krug unter freiem Himmel.

Rauchbier: Dunkel, rauchig, malzig, niedrig gehopft. Es ist eine Bamberger Spezialität (Schlenkerla, Spezial) und nicht unbedingt jedermanns Geschmack. Das Malz wird über dem Buchenholzfeuer gedarrt. Dabei entsteht der rauchige Geschmack. Rauchbier wird untergärig gebraut und hat als Lagerbier einen Stammwürzegehalt von mindestens elf Prozent.

Starkbier: Das Bockbier besitzt mindestens eine Stammwürze von 16 Prozent, Doppelbock von mehr als 18 Prozent Stammwürze (Bambergator). Der Starkbieranstich in Bamberg hat Kultcharakter. Das Bockbier schmeckt malzig und vollmundig. Man trinkt es während der kalten Jahreszeit oder zur Fastenzeit.

Märzenbier: Goldfarbener bis leicht dunkler Gerstensaft für die warme Jahreszeit. Märzen (oftmals auch Festbier) ist leicht hopfenbitter und vollmundig. Früher wurde es nur im März gebraut. Ein Bier zum Feiern.

Weizenbier oder Weißbier: Franken hat gegenüber den Südbayern längst aufgeholt. Auch kleinere Brauereien stellen das erfrischende obergärige Bier her, z. B. in Bamberg, Forchheim Buttenheim oder Aufseß.

Eine Institution für Liebhaber von Bier und fränkischer Küche – das Schlenkerla in Bamberg

Fränkische Küche

Die Küche der Fränkischen Schweiz ist meist nichts für Kalorienbewusste, denn es wird gern deftig, schwer und reichlich gegessen. Nicht selten macht die Größe der Portionen die Popularität einer Gastwirtschaft aus. Ein Klassiker ist „Schäuferla" bzw. „Schäufele" – Schweineschulterbraten, der mit Klößen, Sauerkraut oder Wirsing serviert wird.

Daneben gibt es eine ganze Reihe kleiner, unkomplizierter Speisen, die für die hiesige Küche charakteristisch sind. Dazu zählen z. B. der *Ziebeleskäs* (Quark mit Salz, Pfeffer, Zwiebeln, Schnittlauch oder Kümmel) oder die hausgemachte *Stadtwurst* mit besonders viel Majoran. Im Dorfwirtshaus heißt es bei der Bestellung: *Stadtwurst mit Musik*. Und die Musik? Das sind feingeschnittene Zwiebeln in Essig. Und wer *Blaue Zipfel* bestellt, bekommt gesiedete Bratwürste, die ebenfalls in einer Essig-Zwiebel-Sauce eingelegt sind.

Seit jeher sind die Franken auch Kartoffelesser: Die Kartoffeln (bzw. die *Potackn*) werden in allen möglichen Formen zubereitet. Beliebt sind *Baggers*, auf gut Hochdeutsch Reibekuchen. Die geriebenen Kartoffeln, am besten in Schweineschmalz gebacken, werden meist mit Apfelmus oder anderem konservierten Obst serviert. Freilich, von der Speisekarte sind die *Baggers* oftmals schon verschwunden. Sie sind eben kein Nobelgericht.

Aus Kartoffeln werden aber auch *Potackn-Suppn*, *Grösta* und natürlich *Klöß* zubereitet; Letztere werden zu allen möglichen Arten von Braten und Wildbret serviert.

Bei so vielen Bächen und Flüssen ist die *Forelle* vom Speisezettel nicht wegzudenken. Meist nicht einmal teuer, wird sie grundsätzlich auf zwei Arten serviert: entweder *blau* oder *gebacken*. Zu den regionalen Spezialitäten zählt auch das hochwertige Jura-Lamm, das von örtlichen Schäfern direkt an die Gastwirtschaften geliefert wird.

Brot: Nur noch in wenigen Orten, wie beispielsweise im kleinen *Großenohe* (Trubachtal), backt das Dorf gemeinsam in Öfen, die meist an der Hauptstraße stehen. Doch die Nachfrage nach Holzofenbrot steigt. Immer mehr Bäcker greifen auf alte Rezepte zurück, und auch die Töchter und Söhne lassen sich von der Großmutter wieder das Brotbacken beibringen.

In vielen Dörfern kann man das leckere Holzofenbrot auch wieder kaufen, zum Beispiel in Regensberg, Kohlstein (bei Gößweinstein), Kohlmühle (bei Pottenstein), Betzenstein, Unterzaunsbach, Unterailsfeld, Eichenbirkig, Thurnau oder Albertshof.

Obst: Die Fränkische Schweiz ist eines der größten Süßkirschenanbaugebiete Mitteleuropas. Auf einer relativ kleinen Fläche findet man außerdem unzählige Obstgärten. Vor allem rund um Effeltrich, aber auch im Oberland ist Obst wie Kirschen, Pflaumen, Äpfel und Birnen zu wirklich niedrigen Preisen zu bekommen. Dementsprechend beliebt ist der Obstkuchen vom ganzen Blech.

Was Ihnen vielleicht bei den Gaststättentipps auffallen wird: Es gibt noch unzählige Gasthöfe mit eigener Metzgerei. Meist genügt ein Gastronomiebetrieb nicht zum Lebensunterhalt – die Saison ist kurz, das Jahr aber lang, und so hilft man sich eben mit Fleischverarbeitung und -verkauf. Das kann nur zum Vorteil des Gastes sein! Insbesondere wenn eine schwarze Tafel mit der Aufschrift **Schlachtschüssel** vor der Türe steht, lohnt sich eine Einkehr. Dann gibt es die beinahe legendäre **Metzelsuppn** mit dem unverwechselbaren Geruch frischer Leber- und Blutwurst und selbstverständlich auch **Kesselfleisch**. Nur mit Salz, Pfeffer und ein paar Scheiben Bauernbrot schmeckt es am besten! Wer es noch rustikaler mag, wählt die „**Stechbrüh**", die mit Blut aufgerührt wird. Aber auch wenn gerade kein Schlachttag ist, sind Gasthöfe mit eigener Metzgerei fast immer ein verlässlicher Hinweis darauf, dass es frisches und gutes Essen gibt – und meistens auch noch billiger als bei der Konkurrenz.

„Scharfe Wochen" in der Fränkischen Schweiz

Der Meerrettich hat insbesondere am westlichen Rand der Fränkischen Schweiz eine große Tradition. Über Jahrzehnte waren die in ihrer fränkischen Tracht gekleideten Kree-Händlerinnen aus Heroldsbach, Hausen oder Effeltrich in ganz Deutschland unterwegs, um die Spezialität zu verkaufen. Noch heute sind sie manchmal in Großstädten wie München zu sehen. Was man aus Meerrettich alles kochen kann, zeigen im Oktober zahlreiche ambitionierte Landgasthöfe. Unter dem Titel „Scharfe Wochen" gibt es eine spezielle Speisekarte mit Meerrettichgerichten. Eine Liste der beteiligten Restaurants kann im Internet unter *www.fraenkische-schweiz.com* oder bei der Tourismuszentrale in Ebermannstadt bestellt werden. Fränkisch bunt geht es beim Krenmarkt Baiersdorf zu am dritten Sonntag im September. Hier gibt sich auch die bayerische Meerrettichkönigin die Ehre.

Obstbrände

Die Destillationskunst erlebt in der Fränkischen Schweiz einen neuen Boom. Obstbrände haben in der Mittelgebirgslandschaft eine sehr lange Tradition. Die Streuobstwiesen in den Tälern, die Heckenfrüchte auf der Jura-Höhe und die Beeren aus den Mischwäldern liefern den Rohstoff für die Destillate.

Norbert Engelhard sorgt in Kunreuth für Nachschub an feinen Obstbränden

Vor allem rund um das Walberla und im Trubachtal gibt es noch zahlreiche Streuobstwiesen mit Kirsch-, Apfel-, Zwetschgen- und Birnenbäumen. Neben dem traditionellen Obstverkauf wurde seit jeher in dieser Gegend gebrannt. Wie viele Brennrechte es in der Fränkischen Schweiz gibt, weiß niemand so genau. Schätzungen gehen von rund 300 aus. Früher wurde vor allem für den Eigenbedarf gebrannt, heute werden die Produkte in erster Linie für den Verkauf hergestellt. Dabei hat sich in den letzten Jahren eine Generation junger Brenner herausgebildet, die qualitativ äußerst hochwertige Schnäpse und Geiste anbietet.

Brände sind die reinste Form von Destillaten, denn sie dürfen nur den aus fruchteigenem Zucker gewonnenen Alkohol enthalten.

Die meisten Hausbrennereien setzen auf traditionelle Herstellung. Die Edelobstbrände und -geiste reifen im Glasballon oder manchmal auch in Eichenfässern. Das Ergebnis eines sorgfältigen Produktionsprozesses sind Obstbrände mit vollem Aroma, angenehmer Milde und fruchtigem Geschmack.

Dieses Buch führt unter den jeweiligen Orten eine Auswahl von ambitionierten Brennereien auf, deren Früchte oft von der eigenen Wiese oder aus der näheren Umgebung stammen. Zu den bekannten Brennereien der Fränkischen Schweiz gehören beispielsweise Norbert Engelhardt (Schnapsbartel) in Kunreuth, Haas in Pretzfeld, Held in Wannbach, Siebenhaar in Dietzhof oder Fränkische Edelbrennerei Theiler in Ebermannstadt. In Weingarts findet man eine überaus große Brennereidichte. Zu den Klassikern zählt die Alte Kurhausbrennerei Hans Hertlein in Streitberg, die neben dem bekannten „Streitberger Bitter" auch Kurioses wie Spargel- und Steinpilzspirituosen herstellt, sowie die Adlerbrennerei M. Pircher, deren Schnäpse und Liköre man in der Streitberger Probierstube „Höhlenklause" testen kann.

Brennen ist noch immer Handarbeit. Daher können die Hausbrennereien in der Fränkischen Schweiz nicht mit den billigen Industrieschnäpsen konkurrieren. Doch ein paar Mark für die Flasche eines individuellen Destillats auszugeben lohnt sich in der Regel. Der Gaumen wird's danken. Die Preise sind so unterschiedlich wie die Produkte der jeweiligen Brennereien. Sie reichen von 10 Euro für Zwetschgenwasser (0,5 Liter) bis hin zu 40 Euro für Brände aus seltenen Früchten. Übrigens besitzen die Brände einen Alkoholgehalt um 40 Prozent. Um das volle Aroma genießen zu können, muss die Nase tief in das bauchige Glas mit schlankem Hals gesteckt werden. Anschließend lässt man sich wenige Tropfen auf Zunge und Gaumen zergehen, um Duft- und Geschmacksstoffe des Brandes in ihrer ganzen Komplexität entdecken zu können. Schnäpse genießt man am besten bei einer Trinktemperatur zwischen 15 und 17 Grad Celsius.

Einmal im Jahr, am dritten Sonntag im Oktober, ist der „Tag der offenen Brennereien und Brauereien“. 16 Brennereien und drei Brauereien rund ums Walberla laden dazu ein. Jeden Mittwoch im Jahr kann von 15.30 bis 18 Uhr eine Brennerei oder Brauerei besichtigt werden. Info: www.schnaps-brennerei.com.

Umwelt

Ist die Fränkische Schweiz heute eine heile, unverbrauchte Naturlandschaft? Diese Frage kann trotz romantischer Täler, sauberer Flüsse und beschaulicher Dörfer längst nicht mehr mit einem eindeutigen Ja beantwortet werden. Doch die Bedrohung vor allem durch den zunehmenden Straßenverkehr, für den das nach Osten erweiterte Europa, Wirtschaft sowie Tages- und Wochenendausflügler sorgen, ist wiederum auch nicht so schlimm wie noch vor wenigen Jahren zu befürchten war.

Bis auf das Aufseßtal und das untere Püttlachtal hinter Pottenstein gibt es heute so gut wie kein Tal mehr, das nicht durch breite Asphaltstraßen erschlossen wäre. Eine ausgebaute Infrastruktur muss schon wegen des Tourismus sein, doch mit dem Lineal gezogene Straßen wie im **Wiesenttal** bei Muggendorf und Gasseldorf oder im **Leinleitertal** zwischen Gasseldorf und Heiligenstadt schlagen Schneisen durch die Landschaft.

Auch im 21. Jh. ist die Fränkische Schweiz durch Straßenbauprojekte bedroht. Ein derartiges Projekt ist schon seit Längerem für die Südumgehung von Forchheim geplant, um die B 470, die „Hauptstraße“ der Fränkischen Schweiz, großzügig mitten durch die Talaue von Wiesent und Trubach mit der Autobahn Nürnberg-Bamberg zu verbinden. Der Spatenstich erfolgte im Sommer 2009. Im Osten hat sich der Ausbau der Autobahn Nürnberg – Berlin tiefer in die Landschaft gefressen. Neue Vogelschutzgebiete sollen die Folgen etwas abmildern.

Auf der anderen Seite gibt es erfreuliche Verbesserungen beim öffentlichen Nahverkehr. Der Verkehrsverbund Großraum Nürnberg (VGN) hat sein Angebot auf die Fränkische Schweiz ausgedehnt und Freizeitbuslinien wie den Trubachtal- und den Wildparkexpress eingerichtet. Die Strecken werden an Wochenenden und Feiertagen verstärkt im Zweistunden- und Stundentakt bedient und haben Anschluss an die Bahnverbindungen Forchheim–Ebermannstadt sowie die Gräfenbergbahn, die mit modernen Zügen zwischen Nürnberg und Gräfenberg im Stundentakt verkehrt. Ab 2010 wird das Angebot noch interessanter, nachdem die Landkreise Bamberg und Bayreuth dem Verkehrsverbund Großraum Nürnberg beigetreten sind (Fahrpläne liegen in den Tourist-Informationen aus, Infos auch im Internet unter www.vgn.de).

Natürlich hat auch eine rege Wohnungsbautätigkeit der Region zugesetzt, kein Wunder angesichts der landschaftlichen Schönheit und der noch erschwinglichen Grundstückspreise sowie der Nähe zu den Städten.

Mit der ungezügelten Ausweisung von Bauland sind an den Talhängen monotone Einfamilienhaussiedlungen entstanden. Wenn auch der Bau von Wochenendhäusern längst eingestellt werden konnte, so hält der Bauboom nach wie vor an und damit natürlich auch die Landschaftszersiedelung. Ursprünglich als Maßnahme gegen die Zersiedlung gedacht, verkehrte sich die zu Grunde liegende Bebauungsplanung oft unter dem Ehrgeiz einzelner Bürgermeister ins Gegenteil: Der Ortskern verödete, am Ortsrand entstanden neue Siedlungen, um Städter (und ihre Steuergelder) anzulocken. Dadurch stieg auch die Zahl der motorisierten Pendler. Erfreulicherweise ist aber in nicht wenigen Gemeinden eine Rückbesinnung auf alte, gewachsene Ortsstrukturen spürbar geworden. Das Zauberwort heißt Lebensqualität, um der Landflucht jüngerer Generationen vorzubeugen. Und die Urlauber freut's. Als positives Beispiel dafür ist Kunreuth zu nennen.

Einen Wettstreit gibt es immer noch um Industrie- und Gewerbeansiedlungen. Oft wird, lange bevor sich der erste Investor meldet, schon vorsorglich eine Gemeindefläche großzügig planiert und zubetoniert. Und auch in Freizeitparks sehen Umweltschützer ein Problem für den sanften Tourismus, der ihrer Ansicht nach ideal für die Fränkische Schweiz ist.

Regelrecht Front macht der Fränkische-Schweiz-Verein gegen Windkraftanlagen im Kerngebiet der „Fränkischen" und gegen den politischen Willen, diese aus energiepolitischen Gründen zu fördern. Windmühlen mit einer Nabenhöhe von über 130 Metern auf den Hochflächen würden das Landschaftsbild mit seinen Baudenkmälern und Naturschönheiten negativ verändern.

Streuobstwiesen – blühender Lebensraum mit Premiummarke

An einem Apfelbaum leben bis zu tausend Tierarten. Auf einem Quadratmeter Boden unter dem Blätterdach wurden 8000 Insekten gezählt. Der Obstbaum versorgt Bienen mit Pollen, bietet Käuzen einen Brutplatz, ist Wendehälsen ein Rückzugsgebiet – eine Streuobstwiese ist ein unverzichtbarer Lebensraum in der Fränkischen Schweiz. Seinen Höhepunkt hatte der Obstbau in Bayern im 19. Jh. Obstgärten umgaben die Dörfer mit einem blühenden Ring. Baugebiete, Straßenbau und Flurbereinigung nach dem Zweiten Weltkrieg verkleinerten die Streuobstwiesen Stück um Stück. Um 40 Prozent ging das Streuobst bis zur Jahrtausendwende zurück. Dann haben Naturfreunde, Bauern und Konsumenten damit begonnen, sich gemeinsam um den Erhalt dieses Lebensraumes zu kümmern – und auch gleich mit der Kreierung des **„Charlemagner"**, eines Edel-Schaumweines aus der Fränkischen Schweiz, eine Premiummarke geschaffen. Viele alte Apfelsorten verleihen dem Apfelwein, der in der Flasche noch einmal zur Gärung gebracht wird, seinen einzigartigen erfrischenden Geschmack. Durch die Beigabe von Zucker und speziellen Hefen entsteht die Kohlensäure, die dem Charlemagner die fein prickelnde Note verleiht. In sorgfältiger Handarbeit reift so in neun Monaten ein wahrer „Champagner" der Fränkischen Schweiz in den Sorten Trocken und Halbtrocken sowie „Royal" (aus Äpfeln mit rötlichem Fruchtfleisch) heran. Kontakt: Charlemagner Manufaktur, Untere Bayerische Gasse 19, 91320 Ebermannstadt, ✆ 09194/9153, www.charlemagner-online.de.

Der Naturpark

Wo seltene Raubvögel brüten, herrscht Kletterverbot

Doch andererseits tut sich auch im Naturschutz sehr viel. Der „Naturpark Fränkische Schweiz – Veldensteiner Forst" wurde oft als Alibi-Veranstaltung belächelt, weil die Aktivitäten sich darauf beschränkten, Brotzeitbänke aufzustellen und Wege zu pflegen, also Ordnung in die Natur zu bringen. Für den BN dagegen ist der Naturpark „eine gute Sache". Da ist zum Beispiel die Fels- Freilegung. Bäume und Büsche zu kappen, um Felsspitzen wieder sichtbar zu machen, ist kein bloßes Zugeständnis an Romantiker. Es dient nicht nur dazu, das Typische der Landschaft zu unterstreichen, sondern gibt den dort heimischen kleinen Pflanzen und Vögeln, etwa dem Wanderfalken, der freie Felsen braucht, neue Lebensräume.

Im Naturpark wird auch versucht, eine Vorbildlandschaft zu schaffen, die einerseits Schutzgebiete nach europäischen Richtlinien (Flora-Fauna-Habitat, kurz FFH, und Natura 2000) schafft und andererseits naturnahes Wirtschaften wieder heimisch macht. Dazu gibt es inzwischen ein Entwicklungskonzept.

Unter den rechtswirksam ausgewiesenen Naturschutzgebieten ist das „Walberla" mit das größte. Das „Naturschutzgebiet Ehrenbürg", so der offizielle Name, ist 155 ha groß. Hier sind Freizeitaktivitäten erheblich eingeschränkt und den Landwirten ist der Einsatz von Pflanzenschutzmitteln verboten. Da war es wie ein Ritterschlag für den Naturschutz, als die beiden Hobby-Botaniker Adolf Riechelmann und Adolf Zirnsack nach zehn Jahren Forschung am Walberla und im nahen Umfeld eine bislang unbekannte Unterart der Orchidee „Breitblättrige Stendelwurz" nachgewiesen haben. Mit 42 Arten und Unterarten gilt diese Region ohnehin als eine Orchideen-Hochburg.

Doch generell ist eine nicht genutzte, für den Tourismus zum Idyll herausgeputzte Landschaft genauso unsinnig wie die bis vor wenigen Jahren praktizierte Flurbereinigung, die Böden auf Kosten der Natur ausbeutete. Die Folgen dieser „Bereinigung" kann man stellenweise noch erkennen, etwa bei Moggast.

Umweltschützer sprechen von einem Dreiklang ökologischer, ökonomischer und sozialer Aspekte: Um die Landschaft erhalten zu können, brauchen die dort lebenden Menschen ein Einkommen aus Landwirtschaft und Tourismus. Und bei beiden soll es nicht die Masse machen, sondern die Qualität.

Immer häufiger sieht man wieder die Streuobstwiesen, einst das Markenzeichen der Landschaft, dann durch Flurbereinigungsprojekte fast ausgerottet. Die hochstämmigen Bäume haben eine wichtige Bedeutung für den Natur- und Artenschutz sowie für das Landschaftsbild. Und sie sind auch ein Wirtschaftsfaktor. Je nach Saison gibt es frisches Obst – und das ganze Jahr über ausgezeichnete Obstbrände. In Stierberg bei Betzenstein gibt es sogar einen 6 km langen Streuobst-Wanderweg, auf dem alle Besonderheiten dieser Landschaft erklärt werden.

Qualität soll sich auch in der Landwirtschaft durchsetzen. Immer mehr Bauern in der Fränkischen Schweiz setzen auf „Bio". Nahziel ist 20 Prozent der Fläche ökologisch zu bewirtschaften. Aber auch konventionelle Betriebe liefern hochwertige Produkte. Ob „Bio" oder nicht, vermarktet wird überwiegend regional. Es gibt kaum mehr einen Ort ohne Hofladen. (siehe „Einkaufen", S. 40), und vor allem an Wochenenden bieten Bauern am Straßenrand Obst und Obstwässer an.

Das Wiesenttal nur noch für Spaziergänger und Skater?

Am Sonntag, den 11. September 2000, geschah in der Fränkischen Schweiz etwas Ungeheuerliches. Feuerwehrleute versperrten den Autofahrern den Weg mit den Worten: „Das Wiesenttal ist bis zum Abend gesperrt." Währenddessen starteten 1800 Läufer und Skater zur 42 km langen Marathonstrecke von Forchheim bis zum Wendepunkt Sachsenmühle bei Gößweinstein. Rund 30.000 Zuschauer jubelten entlang der von Autos befreiten Bundesstraße 470. Einheimische und Touristen nutzten die Chance für einen Spaziergang über den ansonsten viel befahrenen Asphalt. Der Erfolg im Jahr 2000 war überwältigend. Aus dem ersten Fränkische-Schweiz-Marathon, der jetzt immer in Forchheim startet und in Ebermannstadt den Zieleinlauf sieht, hat sich ein echter Breitensport-Event mit Bambini- und Schüler-Läufen, Team-Wettbewerb, 16-km-Strecke und Nordic Walking entwickelt. Natur und Ruhe werden so von Tausenden im Wiesenttal neu entdeckt. Entlang der Strecke öffnen Biergärten, spielen Blaskapellen und Bands, feuern Samba-Tänzerinnen die Läufer an, es gibt Straßenfeste und es fährt die Dampfbahn. Kurzum: ein großes Volksfest! Wer einmal mitlaufen möchte: www.fs-marathon.de.

Die Rettung des Trockenrasens

Seit Mitte der 1990er Jahre versuchen Naturschützer und Regionalpolitiker, die für die Fränkische Schweiz typischen Trockenrasenflächen zu retten. Diese artenreichen Lebensräume beherbergen rund 30 Prozent aller geschützten Pflanzen- und Tierarten Bayerns, darunter Küchenschelle, Silberdistel, Schwalbenschwanz und Bienenragwurz. Vor allem durch die Intensivierung der Landwirtschaft, die Aufforstungen und die Aufgabe der Wanderschäferei sind diese Refugien stark gefährdet. Ökologen fordern deshalb, Wanderschäfern ausreichend große und zusammenhängende Flächen zur Verfügung zu stellen, damit das einzigartige Landschaftsbild der Fränkischen Schweiz, das durch die jahrhundertelange Schafbeweidung entstand, erhalten bleiben kann. Die Initiativen hatten Erfolg. Heute beherrscht das typische Mosaik aus lichten Kiefernwäldern, Acker- und Wiesenflächen sowie wertvollen Trocken- und Magerrasenflächen wieder mehrere Täler. Wacholderheiden, sprich Magerrasen, Rückzugsraum für bedrohte Tier- und Pflanzenarten, bestimmen zusammen mit Felspartien das Bild der Landschaft, zum Beispiel bei Hollfeld oder Großenohe (bei Hiltpoltstein).

Echte Handarbeit: Kartoffelernte bei Gosberg

Die Regierung von Oberfranken hat erfolgreich das Direktvermarktungs-Konzept „Jura-Lamm, Qualität aus der Wacholderheide" initiiert, das im Sinn des genannten Dreiklangs ist: die Wacholderheiden werden geschützt und auf natürliche Weise erhalten, was zugleich den Schäfern das Überleben sichert.

Eine weitere Initiative ist die **„SandAchse Franken"**, die Erhaltung eines typischen Lebensraums, der von Weißenburg im Süden bis Bamberg reicht und gewissermaßen die „Westgrenze" der Fränkischen Schweiz bildet. Schon Albrecht Dürer hat ihn in Aquarellen verewigt. Hier wächst Spargel, gibt es rosa Blütenmeere und violette Heideflächen sowie die Grasländer für die Schafhaltung. Von hier kommt der Sandstein, der weltliche und kirchliche Bauten in Franken prägt. Die Initiative SandAchse will diesen Lebensraum erhalten und für Wanderer und Radfahrer erfahrbar machen.

Tourismus

Waren die Reisenden früherer Zeiten anfangs vor allem von den Höhlen fasziniert, entdeckten sie nicht zuletzt durch die euphorischen Briefe der Romantiker Wilhelm Heinrich Wackenroder und Ludwig Tieck die Fränkische Schweiz zunehmend auch als eine einmalige Landschaft der Felsen und Täler, der Burgen, Mühlen und beschaulichen Dörfer. Als schließlich 1774 der Uttenreuther Pfarrer Johann Friedrich Esper ein Buch über die unterirdischen Labyrinthe um Muggendorf veröffentlichte, war der Grundstein für den Tourismus gelegt.

Heutzutage ist für die Fränkische Schweiz, traditionell arm an Industrie, der Tourismus neben der kriselnden Landwirtschaft zum zweiten Standbein geworden. Es werden jährlich gut 190 Millionen Euro umgesetzt. Rund 2000 Menschen bietet der

Fremdenverkehr einen festen Job, etwa 6000 haben ein zusätzliches Einkommen in dem ansonsten strukturschwachen Gebiet.

Konzentrierten sich vor 30 und 40 Jahren die Urlauber auf die Hauptorte Streitberg, Muggendorf, Pottenstein, Gößweinstein und Waischenfeld, so sind heute in fast jedem Dorf und Weiler Gasthöfe und Pensionen zu finden, die Übernachtungsmöglichkeiten anbieten. In der gesamten Region stehen rund 13.000 Betten zur Verfügung. Hauptreisemonate sind Mai bis Oktober.

Hoch im Kurs stehen bei Individualtouristen auch Reisen nach Bayreuth und Bamberg. Besonders die Domstadt an der Regnitz erlebte in den letzten Jahren einen langsamen, aber kontinuierlichen Aufschwung. In Bamberg lockt neben den drei klassischen Säulen des Weltkulturerbes – Domberg, Altes Rathaus, Altstadt – ein äußerst vielfältiges Veranstaltungsangebot, das von den Konzerten der Bamberger Symphoniker bis hin zu den Antiquitätentagen reicht.

Gewandelt hat sich auch das Bild des Tourimus. Neue Urlauber aus Baden-Württemberg, Norddeutschland und den neuen Bundesländern kamen hinzu, allerdings bekam die Fränkische Schweiz durch das neue Fränkische Seenland auch starke Konkurrenz.

Rosa Schmidt bietet in Birkenreuth Kräuterexkursionen an

Was die Aufenthaltsdauer betrifft, hat sich das Reiseverhalten in den letzten Jahren ebenfalls stark verändert. Die Fränkische Schweiz entwickelte sich in den 1990er Jahren vom Haupturlaubsgebiet hin zur klassischen Zweit- oder Dritturlaubsregion mit einer durchschnittlichen Aufenthaltsdauer von knapp fünf Tagen. Um einen längeren Aufenthalt attraktiver zu machen, gewähren viele Vermieter ab vier Übernachtungen Ermäßigungen.

Zeitweise entwickelte sich auch eine Art Konkurrenz zwischen dem Aufenthalts- und dem Naherholungstourismus: Tagesausflügler aus den nahen Ballungsräumen steuerten am Wochenende in erster Linie auf der Hauptstrecke, der B 470, die wenigen Zielorte an, was zu verstopften Straßen führte und Dauergäste abschreckte. Von den negativen Folgen des Massentourismus ist die Region bis heute glücklicherweise verschont geblieben. Die kleinen Pensionen, Gasthöfe und Privatvermieter haben 5, 10, 20, vielleicht 30 Betten. Vor allem die Zahl der Ferienwohnungen – vom Bauernhof bis zum Barockpalais – ist kontinuierlich gewachsen. Aber Massenquartiere oder Betonburgen sind nicht entstanden.

Zusätzlich hat inzwischen ein Umdenken stattgefunden: Die Zahl der Orte, die attraktive Programme anbieten, wächst so, dass sich der Touristenstrom räumlich entzerrt. Das Angebot ist ebenfalls vielfältiger geworden: Weg vom passiven Konsum, hin zur aktiven Freizeitgestaltung. Man setzt auf Kanuwanderungen, Nordic Walking, Radtouren, Mountainbiking sowie Reiter- und Familienferien. Immer bedeutender wird auch das Angebot, Kunst und Kultur mit dem Wandern zu verbinden. Von bedeutenden Baumeistern und von der Natur selbst geschaffene Schätze zeigen sich nicht nur im Vorübergehen, sondern werden bewusst genossen. Dabei hilft ein Wanderführer „Kulturerlebnis Fränkische Schweiz" mit elf Themen- und sechs Rundwegen, der 2008 vom Kulturamt des Landkreises Forchheim herausgegeben worden ist (www.kulturerlebnis-fraenkische-schweiz.de).

Leitbild ist bei allem, die regionale Identität der Fränkischen Schweiz als Lebensraum mit einer unverwechselbaren Kulturlandschaft zu erhalten und für einen sanften Tourismus zu nutzen. Zur Identität gehören das einmalige Landschaftsbild ebenso wie deren naturnahe Bewirtschaftung, Traditionen und Bräuche, das unvergleichliche Preis-Leistungs-Verhältnis, die regionale Küche und die Vielzahl der Brauereien und Brennereien.

Reiseregeln für die Fränkische Schweiz anno 1856

Wie man sich die Fränkische Schweiz „erobert", erzählte Dr. Friedrich Mayer in seinem 1856 in Nürnberg erschienenen *Praktischen Führer durch die Fränkische Schweiz.* Er schreibt: „Da die Reise in die Fränkische Schweiz eine Fußtour ist, so darf man keine großen Bedürfnisse und Ansprüche haben. Leichte, bequeme Kleidung, gute, für die Füße genau passende Bundschuhe, nur die nötigste Leibwäsche (die ja an jedem Ort schnell gewaschen wird), um die Reisetasche nicht zu beschweren, Messer, Schere, Nadel und Faden, um sich losgerissene Knöpfe usw. selbst anzunähen, die nötigsten Reinigungswerkzeuge, Kamm, Haar-, Zahn- und Kleiderbürste, Zungenschaber, Rasieretui, dann Feuerzeug, einige Hausmittel, im Falle des Befallenwerdens von Unwohlsein, als da sind etwas Rhabarberpulver, gedörrte Orangenblüten, Brausepulver, Hoffmännische Tropfen; nicht zu vergessen ein Stück Hirschunschlitt, um die Füße vor dem Schlafengehen nach dem Einreiben von Fruchtbranntwein damit einzutalgen und am anderen Morgen wieder sorgfältig davon zu reinigen. Ein fester Reisestock darf auf keinen Fall fehlen, und nun wollen wir zuletzt noch das nötigste Requisit auf einer Reise, das Geld, nennen."

Dem Leitbild widersprechen auch nach Ansicht von Natürschützern neue sportliche Angebote wie etwa Mountainbike-Strecken nicht: Wer auf ihnen unterwegs ist, fährt nicht quer durch die Landschaft und düst vielleicht auch nicht bis nach Norditalien, um dort seinem Sport zu frönen.

Allgemeine touristische Informationen über Unterkünfte, sportliche Aktivitäten usw. gibt die Tourismuszentrale Fränkische Schweiz, Oberes Tor 1, 91320 Ebermannstadt, ✆ 09194/799979 und www.fraenkische-schweiz.com, detaillierte Auskünfte erteilen die Touristikbüros der einzelnen Orte.

Und noch ein nützlicher Hinweis: Die angegeben Übernachtungspreise sind in der Regel die für einen kürzeren Aufenthalt bis zu drei Übernachtungen, also ohne Ermäßigung.

Bayreuths noch eigenständige Porzellanmanufaktur „Walküre"

Einkaufen

Die Fränkische Schweiz zählt nicht nur zu den preiswertesten Ferienregionen Süddeutschlands, sondern ist auch ein kleines, weithin unbekanntes Einkaufsparadies. Unter dem Motto „Aus der Region – für die Region" verkauft eine zunehmende Zahl von Landwirten ihre frischen und qualitativ hochwertigen Produkte ohne Zwischenhändler direkt an den Kunden, entweder gleich ab Hof, im Straßenverkauf oder auf Bauernmärkten.

Viele Verbraucher haben bemerkt, dass sich bei Regionalprodukten nicht nur der Transportweg der Lebensmittel erheblich verringert, sondern auch Frische garantiert ist. Dies gilt insbesondere für Obst und Gemüse, aber vielerorts auch für Fleisch und Wurst. Und immer mehr Erzeuger sind auf Bio umgestiegen oder gehören sogar einem der anerkannten Öko-Landbauverbände an. Verschiedene Gütesiegel geben darüber Auskunft, darunter neben „Bio", „Bioland" und „Demeter" auch „Frische Ernte – Bäuerliche Qualitätsprodukte aus der Fränkischen Schweiz" (Auskünfte bei Maria Schwegel, 09196/1424, Infos im Internet unter www.frische-ernte.com). Neben Straßen- und Ab-Hof-Verkäufen haben sich zahlreiche Wochenmärkte etabliert, auf denen Bauern aus der Fränkischen Schweiz ihre Waren anbieten. Einer der besten ist der Bamberger Bauernmarkt, der jeden Samstag zwischen 8 und 13 Uhr auf dem Maxplatz stattfindet. Hier kann man nicht nur fränkische Holzofenprodukte, Obst und Gemüse kaufen, sondern auch die begehrten Wurst- und Fleischwaren. Auch in Ebermannstadt (jeden Samstag 8–11 Uhr, Winterpause Januar bis März), Gräfenberg (jeden Samstag 8–11 Uhr, Winterpause Januar/Februar), Forchheim (jeden 2. Freitag im Monat von 13 – 18 Uhr, Paradeplatz), – Pegnitz, Behringersmühle und Egloffstein gibt es Bauernmärkte.

Gerade die Fränkische Schweiz als kleinstrukturierte Kulturlandschaft ist von der Dauerkrise der Landwirtschaft besonders stark betroffen. Die meisten Höfe werden heute nur noch im Zu- oder Nebenerwerb bewirtschaftet. Die Zahl der Bauern im Städtedreieck Bamberg, Bayreuth, Nürnberg geht seit Jahrzehnten zurück. In diesem Buch sind bei den jeweiligen Orten zahlreiche Direktvermarkter aufgeführt – von Gemüsebauern über Forellenzüchter bis hin zu Obstbrennereien, wobei auch hier die Liste nicht vollzählig sein kann.

Geschichte

Die Fränkische Schweiz ist eine Landschaft voller Geschichte und Geschichten: Skelette in schaurigen Höhlen, verfallene Burgen über den Tälern oder barocke Lebensfreude in Palästen und Kirchen. Wer gerne auf den Spuren der Vergangenheit wandelt, wird schnell feststellen: Die Vielfalt der Fränkischen Schweiz ist faszinierend.

Spuren menschlichen Lebens lassen sich bis in die Steinzeit zurückverfolgen. In der letzten Eiszeit lag das Gebiet der heutigen Fränkischen Schweiz in einer eisfreien Zone und bot in zweierlei Hinsicht Vorteile für die Bewohner: ausreichend Nahrung durch fischreiche Gewässer und Wohnmöglichkeiten in Höhlen oder unter Felsdächern. In frühgeschichtlicher Zeit war die Region von den Kelten besiedelt, die hier mächtige Ringwälle errichteten, wie sie beispielsweise das Walberla bei Forchheim aufweist.

Später, im Mittelalter und bis weit in die Neuzeit, war die Mittelgebirgslandschaft politisch und wirtschaftlich nie eine Einheit. Die mächtigen Städte an der Peripherie, allen voran Bamberg, Bayreuth und Nürnberg, bestimmten die Geschichte in diesem Landstrich. Erst mit dem Wiener Kongress und der Einverleibung fränkischer Gebiete in das Königreich Bayern ändert sich das.

Frühes Mittelalter

Im 7. Jh. drängten die Franken von Westen an die Rednitz vor und errichteten in der Nähe von Forchheim ein Kastell. Unter Karl Martell entstand später in Forchheim ein Königshof. Geschichtlich bestimmend für die Fränkische Schweiz wurde die Gründung des Bistums Bamberg im Jahr 1007 durch *Kaiser Heinrich II.* Der Kaiser stattete das Bistum materiell äußerst großzügig aus: Es erhielt u. a. die Königshöfe in Forchheim, Hersbruck und Velden samt den dazugehörigen Ländereien. Der Bischof von Bamberg wurde zum größten Grundherren im fränkischen Radenzgau und somit zu einem wesentlichen politischen Faktor. Ebermannstadt, Hollfeld, Pottenstein und Waischenfeld wurden Amtssitze bischöflicher Dienstmänner.

Der Bamberger Bischof war jedoch nicht der einzige relevante politische Faktor in der Region. Seit der zweiten Hälfte des 10. Jh. wurden von edelfreien Herren oder niederen Adligen Ritterburgen in der Fränkischen Schweiz errichtet – sie alle strebten nach einer Erweiterung ihres Machtbereiches. So ließ Pfalzgraf Botho von Kärnten die Burg von Pottenstein und Graf Goswin die von Gößweinstein erbauen.

Bischof Otto I. von Bamberg erweiterte sogleich nach Gründung des Bistums die weltliche Macht durch den Kauf von Burgen in Burggaillenreuth, Leupoldstein und Betzenstein. Da in jener Zeit

die Herrschaftsbereiche von Bischöfen, Markgrafen und Edelfreien machtpolitischen Flickenteppichen glichen, war es das Bestreben aller Mächtigen, ein geschlossenes Territorium zu formieren, in dem sich alle Rechte (Münz-, Markt-, Gerichts- und Zollrecht) in ihren Händen befinden sollten. Rodung, Kauf, Tausch, Heirat und Waffengewalt waren dabei die häufigsten Mittel, die man einsetzte, um dieses Ziel zu erreichen.

Edelherren von Schlüsselberg

Im 14. Jh. erwuchs den Bambergern in Konrad von Schlüsselberg ein Gegner. Er konnte wegen seiner guten Beziehungen zum deutschen Kaiser sein ererbtes fränkisches Territorium erheblich vergrößern – mit dem Ziel, ein geschlossenes Herrschaftsgebiet aufzubauen.

Erstmals erwähnt werden die Schlüsselberger im Jahre 981. Im 13. Jh. hatten die Edelfreien von Schlüsselberg bereits so hohes Ansehen erlangt, dass sie mehrfach zu Schiedsrichtern bei Streitigkeiten zwischen Adeligen ernannt wurden. Ihre Macht basierte vor allem auf ihrem großen Landbesitz, den sie durch Rodung gewannen. Gerodetes Land gehörte nämlich demjenigen, der es roden ließ. Der Besitz der Schlüsselberger zentrierte sich in der Fränkischen Schweiz, erstreckte sich aber auch vom Aischgrund bis in die Oberpfalz. Mehr als 45 Schlösser, Burgen und Landgüter nannten die von Schlüsselberg ihr Eigen. Durch ihre beiden Burgen Streitberg und Neideck beherrschten sie die Wiesent, die Verkehrsader der Fränkischen Schweiz.

Sogar als Geldgeber der Bamberger Bischöfe traten sie auf, die ihnen Dörfer und Burgen im Wert von mehreren tausend Mark Silber verpfändeten. Zudem unterstützten sie die Bischöfe militärisch.

Konrad von Schlüsselberg, der sich in der ersten Hälfte des 14. Jh. als Alleinerbe des gesamten Besitzes sah, versuchte, seine einzelnen Besitztümer zu einem zusammenhängenden Territorium zusammenzuschweißen. Natürlich beobachteten die Bamberger Bischöfe und die Nürnberger Burggrafen diese Politik mit größtem Argwohn. Obgleich *Konrad* mit *Kaiser Ludwig dem Baiern* in bestem Einvernehmen stand – er erhob 1323 die schlüsselbergschen Dörfer Ebermannstadt und Schlüsselfeld zu Städten –, konnte er der vereinigten Macht der Bamberger und Würzburger Bischöfe sowie der Nürnberger Grafen nicht standhalten.

Schließlich wurde die Region Machtgebiet der Bischöfe von Nürnberg und der Burggrafen von Nürnberg. Bis zur Säkularisation 1803 hatte diese Machtverteilung Bestand. Was nicht bambergisch wurde, kam später zum Herrschaftsbereich der Markgrafen von Brandenburg-Kulmbach-Bayreuth, den Nachfolgern der Nürnberger Burggrafen. Die heute noch vorwiegend katholischen Ortschaften der Fränkischen Schweiz waren einst fürstbischöflich bambergisch, die vorwiegend evangelischen Orte markgräflich bayreuthisch.

Die Burgen Neideck und Streitberg fielen an den Bischof, wurden im Markgrafenkrieg zerstört und nie wieder aufgebaut.

Die Nürnberger Burggrafen

Der gescheiterte Versuch Konrads von Schlüsselberg, ein eigenes Territorium aufzubauen, führte dazu, dass nun die Machtinteressen der Nürnberger Burggrafen mit denen des Bischofs von Bamberg in Konflikt gerieten.

Zunächst einiges zur Geschichte der Burggrafen: Um 1190 wurde *Friedrich I. von Zollern* mit der Nürnberger Burggrafschaft belehnt. Seine Aufgaben bestanden darin, die königliche Burg militärisch zu schützen und zu verwalten und das Amt des obersten Richters im Stadtgebiet zu bekleiden. Wenn der deutsche König oder Kaiser, der ja keine feste Residenz besaß, sondern von Pfalz zu Pfalz zog, in Nürnberg weilte, musste der Burggraf ihn auf der Kaiserburg unterbringen und den gesamten Hofstaat aus Mitteln verköstigen und versorgen, die die Königshöfe der Umgegend zur Verfügung zu stellen hatten. Von hoher Bedeutung für die Besiedlung gerodeten Landes erwies sich das *Städte- und Marktgründungsprivileg* der Burggrafen von Nürnberg. Diese Gründungen zahlten sich für sie in barer Münze aus: Florierende Märkte stellten durch das Steueraufkommen eine stete Einnahmequelle dar.

Auch Eheschließungen standen im Dienst der Politik. Die Burggrafen heirateten bevorzugt in Fürstengeschlechter ohne männliche Nachkommenschaft ein. So beerbten die Zollern 1248 das Haus Andechs-Meranien und heirateten später in das Haus Bayreuth und 1340 in das Haus Kulmbach ein. 1331 fassten sie in Ansbach Fuß, indem sie es einfach aufkauften.

Unter *Johann II.* konnten die Burggrafen ihre Macht weiterhin erheblich ausdehnen, so dass er den Beinamen „Erwerber“ bekam. 1347 erhielten die Zollern Teile der Schlüsselberger Reichslehen. 1363 wurde *Friedrich V.* wegen treuer Dienste in den Reichsfürstenstand erhoben. Als wichtigstes Recht wurde ihm die ausschließliche Gerichtsbarkeit in seinem Land übertragen. *Friedrich V.* gab dem Burggrafentum bzw. den späteren Markgrafentümern Ansbach und Bayreuth die Gestalt, die bis zur Übergabe an Bayern erhalten blieb. Er verfügte zudem, dass die Burggrafschaft nie in mehr als zwei Teile geteilt werden dürfe.

Gegen Ende des 14. Jh. war *Friedrich V. von Zollern* alleiniger Regent im Unter- und Oberland des burggräflichen Territoriums. Noch zu Lebzeiten wurde das

Gebiet unter seinen beiden Söhnen aufgeteilt. *Johann III.* erhielt das Oberland mit Kulmbach, Bayreuth, dem Egerland und dem Vogtland, *Friedrich VI.* das Unterland, die spätere Markgrafschaft Ansbach. Seit 1415 war er zugleich Kurfürst von Brandenburg, da ihm auch die Markgrafschaft von Brandenburg übertragen wurde.

Brandenburger Amtmänner und Vögte regierten daher den Osten des heutigen Landkreises Pegnitz, seit 1507 auch Muggendorf und Streitberg sowie das Hinterland mit seinen Burgen und Dörfern. Somit standen sich mit dem Bischof von Bamberg (Gebiet von Forchheim bis Hollfeld), der Reichsstadt Nürnberg (Gebiet um Gräfenberg, Hiltpoltstein, Betzenstein und Stierberg) und dem Markgrafen die Kontrahenten des Dreißigjährigen Krieges bereits gegenüber: katholisches Bamberg gegen lutherisches Nürnberg, Bayreuth und Ansbach. Die 1517 mit dem Thesenanschlag *Luthers* beginnende Reformation wurde unter *Markgraf Georg dem Frommen*, der in persönlichem Kontakt mit dem Reformator stand, in seinen Gebieten durchgesetzt.

Hussitenkriege

1415 wird der Theologe Jan Hus als Ketzer auf dem Konzil in Konstanz verbrannt. In der Folge kommt es zu Aufständen in Böhmen.

1430 wird ein Kreuzzug gegen die *Hussiten* unternommen. Als Reaktion fallen sie in die an Böhmen angrenzenden Gebiete ein und richten schwere Verwüstungen an. Viele Orte werden ausgeplündert und in Schutt und Asche gelegt, u. a. Hof, Kulmbach, Bayreuth, Waischenfeld, Ebermannstadt und Creußen. Lediglich reiche Städte wie Nürnberg oder Bamberg können sich durch immense Geldsummen freikaufen. So zahlen die Burggrafen 12.000 Gulden, um unbehelligt zu bleiben. Bamberg bringt die gleiche Summe auf. Der Bischof treibt sie dann noch Jahre danach als sog. *Hussitensteuer* von der Bevölkerung wieder ein. Nach Ende ihrer Feldzüge durch die Fränkische Schweiz sollen die Hussiten mit 3000 Wagen voller Raubgut wieder nach Böhmen zurückgekehrt sein.

Erster Markgrafenkrieg

Die beiden Markgrafenkriege, die weite Teile Frankens in Schutt und Asche legten, wurden aus dem ehrgeizigen Bestreben der Markgrafen geführt, ein geschlossenes Territorium, ein fränkisches Herzogtum, zu schaffen.

Markgraf A. Achilles betrachtete das Gebiet zwischen Eger und Uffenheim als sein Land, in dem er nach Gutdünken schalten und walten konnte, ungeachtet der Rechte und Besitzungen, die vor allem die Stadt Nürnberg hier besaß.

Achilles, der Markgraf *mit dem krummen Maule*, war ein Mann von überaus großer Körpergestalt. Sein Beiname rührt von einer Verletzung her, die er sich in einer blutigen Auseinandersetzung mit den Nürnbergern holte.

Obgleich er Burggraf von Nürnberg war, gehörte die Stadt selbst nicht zu seiner Herrschaft. So kam es zwischen dem Markgrafen, der das Landgericht innehatte und es als Hebel zur Machterweiterung benutzte, und der Stadt Nürnberg zu endlosen Querelen. *Achilles* forderte die Nürnberger u. a. dazu auf, die Einrichtung eines Bergwerks zu unterlassen. Die Nürnberger ihrerseits verboten die markgräflichen Münzen als Zahlungsmittel in Nürnberg. Da beide Seiten heftig über die gerichtliche Zuständigkeit stritten – der Markgraf beanspruchte sie ausschließlich für sich –, war es keine Seltenheit, dass die Nürnberger die von den Richtern des Markgrafen Verurteilten wieder freiließen. Ein weiterer Streitpunkt war die Forderung des Markgrafen an die Stadt, ihren Beitrag zu den Kriegskosten zu leisten, die er in den Hussitenkriegen aufzuwenden hatte. 120.000 Gulden forderte er, die ihm die Nürnberger verweigerten. Da alle Vermittlungsversuche scheiterten, sandte der Markgraf 1449 Nürnberg einen Fehdebrief. Nürnberg verbündete sich mit ca. 30 Städten, der Markgraf mit 30 anderen Fürsten. Drei Jahre lang wurde Franken im ersten Markgrafenkrieg von Tod und Verderben heimgesucht.

Achilles versuchte, die Nürnberger aus ihrer festen Stellung zu locken, indem er rings um Nürnberg die zur Stadt gehörigen Dörfer, Höfe und Mühlen ansteckte oder plünderte. Über 500 Besitzungen verloren die Nürnberger dadurch bei Kriegsbeginn. Doch auch sie waren nicht untätig: 1449 äscherten sie binnen eines Monats ca. 50 markgräfliche Dörfer ein und raubten 4000 Stück Vieh. Im Verlauf dieser Auseinandersetzungen gingen u. a. Gräfenberg, Kalchreuth, Hiltpoltstein, Kersbach und Effeltrich in Flammen auf.

Die damalige Kriegsstrategie lief darauf hinaus, den Feind wirtschaftlich zu treffen, d. h. seine Landwirtschaft zu zerstören. Es fanden keine Entscheidungsschlachten auf offenem Feld statt; der Feind sollte vielmehr durch schnelle militärische Schläge gegen Dörfer zermürbt werden. Das Großmachtstreben auszubaden hatten die Bauern. Da Mauerbau Privileg der Städte war, mussten die Bauern schutzlos und ohnmächtig der Zerstörung von Haus und Hof, der Vernichtung der Ernte und der Verwüstung von Äckern und Weinbergen zusehen.

Aufgrund dieser fürstlichen Fehden griffen nun die Bauern von Effeltrich zur Selbsthilfe: Sie bauten ihre Kirche zur Wehrkirche aus. Lediglich durch Verstärkung der einzigen Mauern im Dorf, der Friedhofsmauern, konnten sie sich eine Art Gegenstück zur Stadtmauer schaffen. Durch Ausbau der Kirchen zu Wehrkirchen schufen sich auch die Bauern anderer Dörfer Befestigungen. Konnte der Feind die Friedhofsmauer einnehmen, blieb den Dorfbe-

... und brachten ihrer 11 Gefangene ein und mehr als 250 Stück Vieh

Ein Nürnberger Feldhauptmann beschreibt beispielsweise 1449 einen überraschenden Angriff der Nürnberger auf Effeltrich, das zwar zum Bistum Bamberg gehörte, jedoch mit Achilles verbündet gewesen war: „Am Montag 2 Uhr früh zogen aus Nürnberg etliche Berittene und Fußvolk nach Effeltrich und fielen dort über das Vieh her. Die Bauern liefen heraus und wollten ihnen das Vieh wieder eilends wegnehmen. Sie wussten nichts von unserer Nachhut. So kamen unsere Berittene dazu. Da schossen die Bauern in sie hinein und wehrten sich gar sehr, so daß sie einen Teil der unsrigen verwundeten und ihnen etliche Pferde erschossen. Doch rannten die unsrigen gegen sie und schossen in die Bauern hinein, daß ihrer mehr als 14 tot lagen und brachten ihrer 11 Gefangene ein und mehr als 250 Stück Vieh“.

Derselbe Hauptmann berichtet ein Jahr später: „Am selben Dienstag waren etliche unserer Berittenen von hier ausgezogen und steckten Häuser in Brand zu Langensendelbach und Effeltrich, und sie brachten an die 50 Kühe und Schweine herein.“

wohnern noch immer die wehrhafte Kirche als allerletzter Zufluchtsort.

Weil schließlich die Dörfer der Kontrahenten niedergebrannt, die Bauern erschlagen waren und es an Geld und Lebensmitteln fehlte, endete der Markgrafenkrieg ohne eindeutigen Sieger.

Bauernkrieg

Die wachsende Erbitterung der Bauern über die immer drückender werdenden Abgaben und Fronleistungen, über die schreiende soziale Ungerechtigkeit – Adel und Klerus zahlten keine Steuern – und über die voranschreitende Einführung des römischen Rechts entlud sich zuerst im Südwesten des Reichs in Gewalttätigkeiten.

Die revolutionäre Unruhe wanderte weiter nach Norden, und bereits 1524 forderten die Forchheimer die Abschaffung des Zehnten (Abgabe an die Kirche), die Besteuerung von Adel und Klerus und das Recht, in den Gewässern fischen und im Wald jagen zu dürfen. Obgleich der Forchheimer Aufstand durch kurfürstliche Söldner schnell im Keim erstickt war, führte das Gerücht, der Bischof wolle die Anhänger Luthers mit einer Strafaktion verfolgen, zu einem neuerlichen Aufstand. Über 8000 Bauern aus der Umgegend errichteten bei Hallstadt vor Bamberg ein Lager. Es kam zur Plünderung des Klosters Michelsberg, und Häuser von Geistlichen und Adeligen wurden ausgeraubt. Unter dem Eindruck dieser Vorkommnisse verzichtete der Bischof nach Verhandlungen auf alle Zehnten. Diese Abmachung hielt nicht lange: Die vor Hallstadt lagernden Bauern beschlossen, alle Schlösser des Hochstiftes zu zerstören. Mehr als 100 Schlösser, Burgen und Herrensitze in der Fränkischen Schweiz wurden gestürmt, geplündert, ausgebrannt.

Im fränkischen Raum wurden vor allem die beiden Bistümer Würzburg und Bamberg von den rebellierenden Bauern heimgesucht. Amtshäuser, Klöster, Burgen wurden gestürmt, geplündert und gingen in Flammen auf. Archive und Bibliotheken wurden wegen der darin vermuteten Steuerlisten und Zinsbücher verwüstet und angesteckt. Bemerkenswerterweise wurden die Territorien des Markgrafentums Kulmbach und der Stadt Nürnberg nicht von den Aufständen erfasst. Im Falle der Nürnberger Besitzungen geschah das natürlich nicht zufällig. Die Stadt zeigte sich nämlich zu wenn auch kleinen, so doch offensichtlich wirksamen Zugeständnissen bereit. Zehnter und Marktgeld wurden z. B. im nürnbergischen Gräfenberg reduziert.

Militärisch erfahrene Söldnertruppen machten noch 1525 den unorganisierten *Bauernheeren* den Garaus: „... und gar ein weidlich Gehetz mit ihnen gehabt, gleich wie ein Schweinehatz". Danach bekamen die Scharfrichter viel zu tun, ihnen wurden die Anführer der Bauern überantwortet. Nicht nur, dass alle den Aufständischen eingeräumten Zugeständnisse wieder rückgängig gemacht wurden, noch schmachvoller wird es wohl gewesen sein, dass sie vielerorts gezwungen wurden, die zerstörten Symbole ihrer Unterdrückung, die Burgen und Herrensitze, in harter Fron wieder aufzubauen. In Gößweinstein hatte eine 70 Mann umfassende Gruppe die Burg instand zu setzen, was sieben Jahre in Anspruch nahm. Da die Bauern für die im Krieg entstandenen Schäden voll zur Verantwortung gezogen wurden, bürdete man ihnen noch höhere Fron- und Abgabenlasten auf, so dass sich ihre Lage nach 1525 im Allgemeinen eher verschlechtert als gebessert hatte.

Zweiter Markgrafenkrieg

Da es Achilles nicht gelungen war, Nürnberg in die Knie zu zwingen, unternahm Markgraf Alcibiades im zweiten Markgrafenkrieg (1541–1553) erneut einen blutigen Versuch und stürzte Franken wiederum in heillose Zerstörung, ohne dass die Narben, die der Bauernkrieg hinterlassen hatte, verheilt gewesen wären.

Hans Sachs jubelte folglich auch über den Tod des „tollen Markgrafen": „Man leut die Glocken vor grossen Freuden und Frolocken das er nun hin ist auf der Erdt." Zunächst belagerte der Markgraf das mächtige Nürnberg, für ihn die „Grundsuppe alles Bösen", sodann überfiel er Bamberg, und der Bischof musste zusehen, wie mehr als die Hälfte seines Territoriums – darunter Gößweinstein, Waischenfeld, Neideck und Forchheim – in die Hände des Markgrafen fiel. Insgesamt 20 Ämter verlor der Bischof. Weil der Kaiser auf die militärische Hilfe des Markgrafen angewiesen war, segnete er dessen widerrechtliche Eroberungen zunächst ab. Später hob er jedoch die erpressten Verträge auf, so dass der Bischof wieder seine Ämter in Besitz nehmen konnte. Nicht nur das Bistum Bamberg verlockte Alcibiades, er streckte seine Hände auch nach Würzburg aus. Ihm galten beide Bischöfe als „zwayhendig pfäffisch ungeziefer". Die Soldaten des Markgrafen plünderten, brandschatzten und mordeten, wo sie sich gerade befanden. Würzburg verlor das Kloster Ebrach; es hatte zusammen mit dem Bischof von Bamberg 650.000 Gulden zu entrichten. Doch auch Nürnberg blieb nicht ungeschoren: Die Stadt musste 600.000 Gulden Entschädigung zahlen. Nur wegen seiner massiven Stadtbefestigung entging Nürnberg der Einnahme durch den Markgrafen.

1553 belagerte Markgraf Alcibiades Ebermannstadt, die umliegenden Dörfer waren der Ausplünderung schutzlos preisgegeben. Das Schloss Kunreuth ging in Flammen auf, 40 Bauern samt ihrem Pfarrer wurden gehenkt, die Gattin des ortsansässigen Adeligen wurde gefangen genommen. Burg Neideck ging durch Verrat verloren, wurde niedergebrannt und geschleift. Bevor 1553 Markgraf Alcibiades geächtet wurde, setzte die Rückeroberung von Streitberg und Muggendorf ein. Erneut lodern die Flammen. Die auf Nürnberger Gebiet liegenden Burgen Betzenstein, Hiltpoltstein, Stierberg, Wildenfels und Hohenstein trifft das gleiche Los.

Hätte Alcibiades den territorialen Zugewinn behalten, so hätte die Möglichkeit bestanden, einen großen politischen Block zu schmieden. Doch er dachte nicht politisch, sondern zog plündernd durch weite Teile des Reiches und konnte somit das Eroberte nicht konsolidieren. Endlich erlitt er 1553 eine entscheidende Niederlage und floh nach Frankreich, wo er 1557 im Alter von 35 Jahren völlig besitzlos starb. In Franken hinterließ er einen Trümmerhaufen: Die weitaus meisten Rathäuser der Fränkischen Schweiz gingen nicht im Bauernkrieg, sondern im zweiten Markgrafenkrieg in Flammen auf.

Dreißigjähriger Krieg (1618–1648)

„Zu dieser Zeit ging Jammer und Not an in unserem Land, da man bald nichts anderes hörte als Rauben, Morden und Brennen. Die armen Leute wurden niedergehauen, vielen die Augen ausgestochen, Arme und Beine entzweigeschlagen, Ohren und Nasen abgeschnitten, etliche beim Feuer gebraten, im Rauchschlot aufgehängt, in den brennenden Backofen gestoßen, Kien und Schwefel unter die Nägel gesteckt und angezündet, die Daumen geschraubt, den ganzen Leib durch den Mund mit Mistwasser gefüllt (Schwedentrunk), die Fußsohlen aufgeschnitten, hernach Salz hineingestreut und Riemen aus den Leibern geschnitten. Da wurde weder alt noch jung geschont, achtjährige Mägdelein und achtzigjährige Weibspersonen zu Tode gemartert, hernach in den Teich geworfen oder auf der Straße liegen gelassen.

Auch in den Wäldern, im Morast oder in Steinklüften war niemand sicher."

Mit diesen Worten schilderte ein oberfränkischer Bürgermeister das Kriegselend der Zivilbevölkerung während des Dreißigjährigen Kriegs, der als Religionskampf zwischen Protestanten und Katholiken begann, schließlich jedoch als gesamteuropäische Auseinandersetzung endete. Tausende von Söldnern aus Europa und den verschiedensten Teilen des Reiches durchzogen in seinem Verlauf die Fränkische Schweiz. Der Aufforderung der jeweiligen Kriegsherren an ihre Soldateska, sich am Hab und Gut der zumeist bäuerlichen Bevölkerung schadlos zu halten, kam jede der Parteien umstandslos nach, war dies doch die gängige Form, in der sie ihren Lohn ausgezahlt bekamen. Wie die Folgen für die Bewohner aussahen, das schildert ein Bericht aus Pegnitz:

„Aller Haber und alles Geströh war also dermaßen aufgegangen, und alles an Schmalz, Vieh, alten und jungen Hühnern, Gänsen, Schafen und Lämmern und anderer Küchenspeis aufgebraucht und verzehrt, dass künftig bald gar nichts mehr zu bekommen war und alles um das doppelte Geld und darüber bezahlt werden musste. „Wer die Massaker der Soldateska überstand, wurde zumeist von der im Gefolge der Kriegswirren sich rasch ausbreitenden Pest oder anderen Seuchen hinweggerafft.

Vom „Gebürg" zur „Fränkischen Schweiz"

Die Bezeichnung „Fränkische Schweiz" ist über 180 Jahre alt. Vorher sprach man vom Gebiet um die Wiesent und ihrer Zuflüsse nur unter der Bezeichnung „Gebürg". 1829 änderte sich das, als J. Hellers Buch „Muggendorf und seine Umgebungen oder die Fränkische Schweiz" erschien.

Romantische Landschaft, das ist ursprünglich die fränkische Landschaft. Die Entdeckung der Fränkischen Schweiz als *der* romantischen Landschaft schlechthin ist untrennbar verbunden mit den Namen *Ludwig Tieck* und *Heinrich Wilhelm Wackenroder*, zweier befreundeter Studenten. Eigentlich kamen beide aus Berlin zum Studieren nach Erlangen. Doch bald schon ließen sie das Jurastudium links liegen und erforschten die Umgebung Erlangens zu Pferd und zu Fuß. Sie unternahmen immer wieder Bildungsreisen in die weitere Umgebung Erlangens. Sie fertigten genaue Aufzeichnungen über den Reiseweg an, beschrieben Landschaften und Dörfer, beobachteten Sitten und Gebräuche, stellten Vergleiche an. Dies alles hielten Tieck und Wackenroder in einem Reisetagebuch fest oder in Reisebriefen, die sie an Eltern und Freunde schrieben.

Doch die Fränkische Schweiz widersetzte sich einer Beschreibung. So schrieb Wackenroder seinen Eltern: „Leider werd ich immer mehr überzeugt, daß es unmöglich ist, durch Worte einem anderen die getreue Darstellung einer Gegend mitzuteilen, wie man sie beim eigenen Anblick und zum Teil noch nachher hat ... Das Charakteristische, das Kolorit der Gegend errät der andere nie."

Nationalsozialismus

Bis zum Dritten Reich überwog in der Fränkischen Schweiz die Land- und Forstwirtschaft. An Bedeutung gewann seit Beginn des 20. Jh. der Tourismus, der sich zunächst noch um die Orte Muggendorf und Streitberg konzentrierte. Industrie gab es kaum.

Die Auswirkungen der ökonomischen Krise der frühen 1930er Jahre äußerten sich für die Bauern in einer Absatzflaute und in einem rapiden Preisverfall. Nur indirekt wurde die Landbevölkerung mit der Arbeitslosigkeit konfrontiert: „Besonders unangenehm wird empfunden, daß viele Erwerbslose aus den Städten Forchheim, Erlangen usw. aufs Land zum Betteln kommen. Auch wird darüber lebhaft geklagt, daß Erwerbslose an Zahltagen sich betrinken und groben Unfug verüben. Bei der Bevölkerung löst dieses Verhalten der Erwerbslosen die größte Erregung aus, nachdem sie es nicht verstehen kann, daß öffentliche Gelder eine solche Verschwendung finden" (Wiesent-Bote 1930).

Diese wirtschaftliche Rückständigkeit des Gebietes begünstigte die Erhaltung traditioneller Werte hinsichtlich Familie,

Ort der Erinnerung – der jüdische Friedhof in Ermreuth

Kirche, Erziehung und Sitten. Politisch entsprachen dieser Grundhaltung überkommene Herrschafts- und Autoritätsvorstellungen. Der „Wiesent-Bote“ sprach das 1930 im Zusammenhang mit der Bildung eines der Präsidialkabinette Brünings aus. Diese Regierung sei „ein Beweis dafür, daß wir uns auf dem Wege einer Abkehr von den Parteien befinden. Der letzte entscheidende Schritt muß aber noch getan werden“.

Die politisch konservative Grundhaltung kam den Nationalsozialisten zugute, die in den kleinen, von den anderen Parteien vernachlässigten Provinzorten eine beispiellose Propagandaaktivität entfalteten. Die in nahezu allen Orten existierenden Kriegervereine dienten der NSDAP und der SA als Basis für ihre Tätigkeiten. Da die Nazis auf die in der Bevölkerung tief verwurzelte Religiosität Rücksicht zu nehmen hatten, versuchten sie, sich dem gesellig-religiösen Brauchtum anzupassen. So lud 1932 die NSDAP-Ortsgruppe Streitberg für den Heiligedreikönigstag zu einer Weihnachtsfeier ein. Immer wieder wurde von seiten der Nationalsozialisten das „positive Christentum“ betont, wurden SA-Märsche mit Gottesdiensten verbunden, wurde gegen den Atheismus von Kommunisten und Sozialisten gegeifert und die sittliche und religiöse Erneuerung – neben der nationalen – gefordert.

Bei den letzten noch relativ freien Wahlen vom März 1933 kam im Bezirk Ebermannstadt, die NSDAP auf 51 %, die Bayerische Volkspartei auf 44 % der Stimmen. Dabei erzielten die Nationalsozialisten in evangelischen Gemeinden ihre besten Ergebnisse.

Gewaltmaßnahmen gegen die Opposition im Zuge der nach der Machtergreifung einsetzenden Gleichschaltung richteten sich gegen Kommunisten, Sozialdemokraten und in der Fränkischen Schweiz vor allem gegen den politischen Katholizismus. Als in der Nacht zum Ostersonntag 1933 in Ebermannstadt eine kurz zuvor gepflanzte „Hitler-Linde“ umgehauen wurde, verhaftete man umgehend ehemalige Mitglieder der „Bayernwacht“, der militärischen Schutzorganisation der Bayerischen Volkspartei.

Die Nachkriegszeit

Der Strom von Flüchtlingen nach dem Ende des Zweiten Weltkrieges veränderte die Fränkische Schweiz und die Städte in der Peripherie. Nach 1945 mussten erst einmal die Heimatvertriebenen untergebracht werden. Zahlreiche neue Siedlungen entstanden für die Kriegsflüchtlinge, wie z. B. in Forchheim, Bamberg oder Bayreuth.

Die vielen Tausend Neubürger trugen jedoch als Existenzgründer und Arbeitnehmer stark zum schnellen wirtschaftlichen Aufschwung der Region bei. Vor allem in den 1950er und 1960er Jahren florierte die Industrie, allen voran die Textilindustrie. Erst in den 1970er und 1980er Jahren begannen traditionelle Produktionsbetriebe in die Krise zu geraten. Manche Fabrik musste geschlossen werden. Durch die Verbesserung der Verkehrsinfrastruktur wie z. B. dem Bau des Frankenschnellweges (A 73) waren die Städte im Westen der Fränkischen Schweiz leichter für Pendler vom Land zu erreichen. Vor allem die Kommunen in der Nähe der Zentren wie Bamberg, Bayreuth, Forchheim oder Erlangen wuchsen durch Zuzüge überdurchschnittlich.

Die Bedeutung der Landwirtschaft nahm ab. Gewinn und Aufwand standen für immer mehr Bauern in keinem gesunden Verhältnis mehr. Der internationale Wettbewerbsdruck, die geringen Betriebsflächen und schwierige klimatische Bedingungen bewegten viele Landwirte zum endgültigen Aufgeben. Der tiefgreifende Strukturwandel nach dem Zweiten Weltkrieg veränderte die Fränkische Schweiz: Zahllose Gasthäuser, Lebensmittelgeschäfte, Bäckereien und Metzgereien schlossen vor allem in den kleineren Orten. Mittlerweile gibt es zahlreiche Orte, die über keinerlei Einkaufsmöglichkeiten mehr verfügen. Die Einwohner sind auf das private Auto angewiesen. Das ist gerade für Jugendliche, Alte und sozial Schwache ein gravierender Nachteil.

Die außerparlamentarische Bewegung ging auch an der Fränkischen Schweiz nicht spurlos vorüber. In Bamberg und vor allem in der benachbarten Universitätsstadt Erlangen entlud sich 1968 der Protest gegen Notstandsgesetze und Spießertum mit fantasievollen Aktionen. Kurze Zeit später, zu Beginn der 1970er Jahre, entstanden in der Fränkischen Schweiz die ersten Landkommunen – Wohngemeinschaften von Aussteigern, die von den Einheimischen oftmals nicht gerne gesehen wurden. Zu Unrecht, denn es waren gerade die Studenten, die für eine Renaissance der Fränkischen Schweiz sorgten.

Die Fränkische Schweiz wählt traditionell konservativ, auch wenn die CSU längst nicht mehr in allen Kommunen den Bürgermeister stellt. Die wirtschaftliche Situation dieser Region ist auf Grund der Nähe zum Ballungsraum Nürnberg-Fürth-Erlangen relativ gut. Neue Industrien wie die Medizintechnik schufen in Forchheim und Erlangen viele neue Jobs. Bamberg und Bayreuth, die in den 1970er und 1980er Jahren durch die Universitätsgründungen neuen kulturellen und wirtschaftlichen Auftrieb erhielten, stellen heute viele Arbeitsplätze für die nördliche Fränkische Schweiz. Auch wenn große Industriebetriebe komplett fehlen, so gibt es doch eine ganze Reihe Betriebe aus den Bereichen Holzverarbeitung, Brauereien und Obstverarbeitung .

Durch die Öffnung der Grenzen nach dem Ende des Kalten Krieges 1989 waren die Hoffnungen auf einen wirtschaftlichen Boom groß. Diese hoch gesteckten Erwartungen erfüllten sich jedoch nicht. Die Fränkische Schweiz – von ihrer früheren Randlage zu Zeiten der Bonner Republik längst befreit – drohte zum Transitland und zum reinen Ziel für Tagesausflügler statt zum boomenden Investitionsziel zu werden. Doch inzwischen besinnt man sich der eigenen Stärken und nimmt den großen Wettbewerbsdruck offensiv an.

In den neunziger Jahren blieb die Fränkische Schweiz wie andere Regionen der Bundesrepublik nicht von Fremdenfeindlichkeit und Antisemitismus verschont. So wurde in den neunziger Jahren der Jüdische Friedhof von Pretzfeld geschändet. Die Täter wurden nie gestellt. Im Jahr 2000 gab es in Bamberg einen versuchten Bombenanschlag auf die Familie des früheren Vorsitzenden der Jüdischen Kultusgemeinde.

Andererseits entdecken mehr Orte ihre jüdischen Traditionen und haben wie etwa Ermreuth Synagogen wieder entstehen lassen. Und die rechtsextremistischen Parteien bekamen bei den letzten Wahlen, von wenigen Ausnahmen abgesehen, nur noch geringe Stimmenanteile.

▲ Weltkulturerbe Bamberg auf einen Blick (v. l. n. r.): Dom, Residenz, Michelsberg, Altes Rathaus und Klein Venedig

Fränkische Schweiz – die Reiseziele

Am Alten Kranen mit Blick auf den Michelsberg

Bamberg

Der Bischofs- und ehemalige Kaisersitz, in einer weiten Talmulde der Regnitz gelegen, zählt bereits mehr als tausend Jahre. Die verwinkelten, kopfsteingepflasterten Gassen und prächtigen barocken Fassaden lassen das „fränkische Rom“ fast mediterran anmuten. Eine katholische Stadt auf sieben Hügeln, eine Stadt zum Bummeln, aufregend schön und lebensfroh. Ein Besuch der größten intakten mittelalterlichen Altstadt Deutschlands lohnt sich immer.

Der tiefkonservative Geist der Einwohner und die abgeschiedene Grenzlage während des Kalten Kriegs haben eine übermäßige Modernisierung verhindert. Von hässlichen Neubauprojekten blieb das historische Zentrum daher verschont. Im Gegenteil, viele Häuser der romantischen Altstadt wurden nicht zuletzt durch die katholische Kirche, die Universität und private Investoren behutsam saniert. Bereits 1993 wurde die Stadt von der Unesco in die „Liste des Weltkultur- und Naturerbes der Menschheit“ aufgenommen.

Der „heilige Bezirk“ der Stadt zieht sich am westlichen Ufer der Regnitz den Hang hoch. Hier konzentrieren sich Klosterbauten, prunkvolle Bischofsresidenzen, Paläste des Geldadels und der mächtige Dom – eine steinerne Machtdemonstration der absolutistischen Fürstbischöfe. Aus vielen Ecken, Winkeln und Eingängen blicken Madonnen hervor, 200 allein im historischen Stadtzentrum. Im Dom ruht Papst Clemens II. in einer Gruft – das einzige Grab eines Pontifex maximus nördlich der Alpen. Nebenan der schönste aller Bamberger Höfe: die Alte Hofhaltung – holpriges Kopfsteinpflaster, Stein, Holz und Fachwerk unter einem gotischen Steildach. Mittelpunkt Bambergs ist heute die Fußgängerzone um den Grünen Markt und den Maxplatz. Auch wenn die Innenstadt in den letzten Jahren als Einkaufsort angesichts der prekären Parksituation gelitten hat, lohnt sich ein Bummel. Der *Maxplatz* wurde zwar stark modernisiert, doch steht hier das Neue Rathaus mit seiner barocken Fassade. Wochentags drängen sich die Menschen zwischen den dicht an dicht stehenden Ständen der Obst- und Gemüsebauern. Gleich daneben, in Richtung des linken Regnitzarmes, liegt der *Grüne Markt* mit der 1693 erbauten barocken *St.-Martins-Kirche*. Am Platz steht auch das originelle Wahrzeichen der Stadt, der *Neptunsbrunnen Goblmo* (Gabelmann) – im Sommer der Jugendtreff.

„Fischerstechen" auf der Regnitz

Die Fischerstecher, bewaffnet mit 4 m langen Holzstangen, balancieren auf dem Bug der langen, schmalen Kähne. Der Fahrer des Bootes muss sich dabei möglichst ruhig fortbewegen, nicht ruckartig, denn sonst wird sein Kompagnon eine leichte Beute für den Gegner und prompt in den Fluss gestoßen. Alljährlich Ende August zur **Sandkerwa**, dem größten Volksfest der Region, treten die Besten zum Wettbewerb an. Die Sandstraße verwandelt sich während der Kirchweih in eine kilometerlange Theke. Die Kerwa ist übrigens kein von oben verordnetes Fest, sondern wurde von den Bürgern im Jahr 1950 selbst aus der Taufe gehoben. Vielleicht erklärt das ihre Beliebtheit. Jeweils am Montag gegen 22 Uhr wird ein prächtiges Feuerwerk veranstaltet, das Zehntausende von Besuchern in die Altstadt und an das Regnitzufer lockt.

Die rund 71.000 Einwohner große Stadt wird heute durch die *Universität* mit ihren knapp 9000 Studenten geprägt. Die Neugründung der Hochschule 1979 war sozusagen eine Wiedergutmachung des bayerischen Staates, der die alte Universität 1803 während der Säkularisation geschlossen hatte. Es waren vor allem die Studenten, die aus dem verschlafenen, konservativen Bamberg in den letzten drei Jahrzehnten ein quicklebendiges, weltoffenes Städtchen gemacht haben. Durch die zahlreichen internationalen Austauschprogramme genießt die Bamberger Universität auch im Ausland einen guten Ruf.

Bamberg zählt mit seinen zahlreichen Läden rund um die Karolinenstraße zu den Zentren des süddeutschen Antiquitätenhandels. Die Bamberger Antiquitätenwochen im Juli und August locken Interessierte aus ganz Deutschland an.

Auch heute noch ist Bamberg eine Bierstadt, um die herum sich Dutzende von Brauereien konzentrieren. Die Stadt selbst hat noch neun. Der statistische Bierdurst eines jeden Bambergers liegt rund doppelt so hoch wie der Bundesdurchschnitt. Kein Wunder, denn Bamberg hat eine fast tausendjährige Brautradition. Der erste Brauereiausschank ist bereits im Jahre 1093 belegt. Die fränkischen Eigenbrötler schätzen aber nur den Gerstensaft aus den vielen Kleinbrauereien. Das industrielle Bier von Großbrauereien aus dem fernen München gilt als Tabubruch.

Bamberg blickt aber auch auf eine alte Weinbautradition seiner Häcker (Gärtner) zurück. Diese wird nun wiederbelebt. Mit Blick auf die Landesgartenschau im Jahr 2012 hat die Bürgerspitalstiftung ein Grundstück der ehemaligen Benediktinerabtei Michelsberg am Südhang unterhalb der Kirche in einen Weinberg verwandelt. Der erste Wein soll bei der Landesgartenschau kredenzt werden.

Bamberg
Karte Umschlagklappe hinten

Geschichte

Bambergs Urzelle war das *Castrum Babenberg* im Bereich des heutigen Doms. Die Anfänge dieser karolingischen Siedlung reichen bis ins 8. Jh. zurück. 997 begann der spätere deutsche König *Heinrich II.* (ab 1002) mit dem Ausbau der Burg. 1007 wurde sie zum Sitz eines neu gegründeten Bistums erhoben, dem die älteren Diözesen Würzburg und Eichstätt Gebiete abtreten mussten. Bevor er 1046 zum Papst gewählt wurde, war *Clemens II.* hier Bischof. Bamberg stieg in dieser Zeit zu einer der wichtigsten Städte des Heiligen Römischen Reichs auf. Wiederholt fanden an der Regnitz Reichstage statt.

Vermutlich zu Beginn des 13. Jh. wurde auf den Fundamenten der beiden vorausgegangenen (abgebrannten) Dombauten der Grundstein für das noch heute erhaltene Bauwerk gelegt; die Einweihungsfeierlichkeiten fanden im Mai 1237 statt.

Kaiserin Kunigunde, Frau von Heinrich II., in voller Pracht auf der Rathausbrücke

Die Bürgerschaft siedelte zuerst auf dem schmalen Streifen zwischen dem linken Regnitzarm und dem Berggebiet. Anfang des 12. Jh. wuchs die Stadt in den Bereich der heutigen Innenstadt hinein. Höhepunkt der städtischen Entwicklung war der Bau des Rathauses im 14. Jh. In den folgenden Jahrhunderten kam es ständig zu Auseinandersetzungen zwischen der Geistlichkeit und der Bürgerschaft, denn die Privilegierten des „heiligen Bezirks" wollten sich nicht an den Baukosten für eine sichere Wehranlage beteiligen.

Von 1612 bis 1630 regierte der Hexenwahn die Stadt. Bischof *Georg Fuchs von Dornheim* und sein Weihbischof *Friedrich Förner* ließen in besonders eingerichteten Kammern 600 Menschen foltern und anschließend umbringen, darunter auch den Bürgermeister.

Die Wende kam Anfang des 18. Jh. mit den bauwütigen Bischöfen *von Schönborn*. Unter ihrer Herrschaft erhielt die Stadt das heute noch sichtbare barocke Gewand. Es wurde viel abgerissen, renoviert, umgestaltet. Bamberg erlebte seine große kulturelle Blütezeit.

1796 wurde die Stadt, wie ganz Süddeutschland, von der französischen Revolutionsarmee erobert. Ein folgenreiches Ereignis, denn 1803 ging Bamberg mit seinem Bistum als Entschädigung an Bayern.

Zu Beginn des 20. Jh. wurde Bamberg dann kurzzeitig sogar zu dessen Hauptstadt, denn die 1919 aus München vor der Rätebewegung geflüchtete bayerische Regierung mit ihrem ersten demokratisch gewählten Ministerpräsidenten Hoffmann fand in der Domstadt Zuflucht. Die Neue Residenz wurde zum Regierungssitz umfunktioniert, im Gerichtsgebäude das Justizministerium

Lehr- und Marterjahre

Bambergs prominente Bürger hatten stets ein kritisches Verhältnis zur Stadt. *E. T. A. Hoffmann*, der ein fünf-jähriges Intermezzo an der Regnitz gab, schrieb am Tag seiner Abreise, dem 21. April 1813: „Meine Lehr- und Marterjahre sind nun in Bamberg abgebüßt." Ein Jahr vor Hoffmann war der Philosoph *Georg Wilhelm Friedrich Hegel* nach Bamberg gekommen, der als Redakteur der „Bamberger Zeitung" einen kritischen Journalismus begründen wollte und an der Zensur scheiterte.

und im Bahnhof das Verkehrsministerium untergebracht. Seine Sitzungen hielt der Landtag in den Harmoniesälen am Schillerplatz ab. Am 12. August 1919 wurde dort die sog. Bamberger Verfassung verabschiedet, die bis zur Machtübernahme der Nazis in Kraft blieb. Das 95 Artikel umfassende Werk war die erste demokratische Verfassung Bayerns. Sie gilt noch heute in vielerlei Hinsicht als modern. So sah sie Volksbegehren und Volksentscheide vor und gestand jedem Bürger den „Anspruch auf eine angemessene Wohnung" zu.

Im Zweiten Weltkrieg blieb die Stadt – anders als seine bedeutenden Nachbarn Würzburg und Nürnberg – vom Bombenhagel der Alliierten weitgehend verschont. Viel schlechter erging es der seit dem 11. Jh. bestehenden jüdischen Gemeinde, deren Mitglieder während der nationalsozialistischen Diktatur systematisch in Konzentrationslager verschleppt und getötet wurden. Nur zwei der insgesamt 270 Gemeindemitglieder, die nicht vorher emigriert waren, überlebten die Schreckensherrschaft.

Heute präsentiert sich Bamberg als ein kulturelles Zentrum der Region. Dafür sorgen u. a. das ambitionierte ETA-Hoffmann-Theater, das nach langer Restaurierung 2003 wiedereröffnet wurde, und besonders die Bamberger Symphoniker, ein Spitzenorchester, das schon lange Weltruf genießt. 1993 ging für das Orchester ein jahrzehntelang gehegter Wunsch in Erfüllung: eine eigene Konzerthalle in der Heimatstadt. Diese architektonisch gelungene „Sinfonie an der Regnitz" löste den viel zu engen Dominikanerbau ab. 2005 haben sich die Symphoniker neu organisiert. Sie nennen sich nun *Stiftung Bamberger Symphoniker – Bayerische Staatsphilharmonie*. Chefdirigent ist seit 2000 Jonathan Nott.

Information/Verbindungen

- *Vorwahl* ✆ 0951
- *Information* **Tourist-Information**, Geyerswörthstr. 5, 96047 Bamberg, ✆ 2976200, 📠 2976222, www.bamberg.info, info@bamberg.info. Mo–Fr 9.30–18 Uhr, Sa/So und feiertags 9 bis 14.30 Uhr.

2-stündige Stadtführungen mit Besuch des Doms, der Alten Hofhaltung, des Alten Rathauses, Klein Venedigs und weiterer historischer Bauten unter kundiger Leitung tägl. um 14 Uhr, von Apr.–Okt. zusätzlich um 10.30 Uhr. Preis:6 €, erm.4 €. Außerdem werden verschiedene Spezialführungen angeboten, z. B. „Auf E.T.A. Hoffmanns Spuren" oder „Bamberg und sein flüssiges Brot", sowie einige spezielle Abendführungen. Anmeldung bei der Tourist-Information. An

Die **Bamberg Card** enthält den Eintritt zu fast allen wichtigen Museen der Stadt, die Benutzung sämtlicher kommunaler Busse, eine Stadtführung und ein Gratisexemplar der Lokalzeitung „Fränkischer Tag". Erhältlich für 9 € pro Person bei der Tourist-Information. Sie gilt am Tag der Ausstellung und an den beiden folgenden Tagen.

Parken – Jagdszenen in Bamberg

Viele Einheimische und Touristen beklagen sich seit Jahren bitter über die kommunalen Parküberwacher, kurz Püd genannt. Für Falschparker gibt es kein Entrinnen, da das gesamte Stadtgebiet, insbesondere die Altstadt mit ihren Hotels und Restaurants, auch in den frühen Morgenstunden und an Wochenenden kontrolliert wird. Auch kleinste Regelverstöße wie Reifen über der Begrenzungslinie der Parkboxen werden ohne Pardon geahndet. Vor allem die Straßen um die Bamberger Bierkeller werden im Sommer in kurzen Abständen überprüft. Besucher sollten daher eine der Garagen in der Innenstadt benutzen oder mit öffentlichen Verkehrsmitteln anreisen. Vom Bahnhof sind es rund 15 Minuten Fußweg bis zum historischen Zentrum.

der Tourist-Information werden auch Audio-Guides für den „Stadtrundgang auf eigene Faust" ausgeliehen (8,50 €).

Außergewöhnliche Stadtführungen und Touren in die Fränkische Schweiz bietet Christian Erik Berkenkamp an. ✆ 01708336032, www.BamBerk.de.

Sams-Führung für Kinder und Erwachsene auf den Spuren des frechen Kobolds, den der Bamberger Kinderbuchautor Paul Maar geschaffen hat. „Das Sams" und „Sams in Gefahr" wurden verfilmt, davon wird an Originalschauplätzen erzählt. April–Sept. 16.16 Uhr, Okt/Nov. 15.15 Uhr, Alte Hofhaltung am Domberg. Karten in der Tourist-Info. www.sams-fuehrung-bamberg.de

6-Hügel-Tour mit der Bamberger Bahn, nostalgisch unterwegs von 10 bis 20 Uhr, Unterbrechungen nach Belieben. Tagesticket Erw. 7,50 €, Kinder 3 €, Familie 15 €.

Bamberg per Pedale – zu den schönsten Ecken auf 18 km. Von Mai bis Sept. jeden Samstag um 15 Uhr ab Tourist-Information.

• *Verbindungen* Bamberg ist per **Zug** gut mit seinen Nachbarstädten verbunden. Zahlreiche Züge nach Haßfurt, Schweinfurt, Würzburg und Nürnberg. Reisezentrum im Bhf., Mo–Fr 6.45–19.15, Sa 7.30–16.15, So 9.30–18.15 Uhr. ✆ Servicenummer 01805996633.

Der **zentrale Omnibusbahnhof** (ZOB) befindet sich nahe dem Grünen Markt/Maxplatz im Zentrum. Verbindungen nach Seehof, Altenburg, Gaustadt etc. Es wird ein *Touristenticket* für 6,60 € angeboten, das 48 Std. gilt. Auskunft gibt das Servicezentrum am ZOB (www.verkehrsbetriebe.de).

Außerdem werden **Schifffahrten** auf dem Main angeboten, kürzere Touren via Klein Venedig zum Hafen ab Mai im Stundentakt.. Erw. 6 €. Anlegestelle Am Kranen, ✆ 26679, www.personenschiffahrt-bamberg.de.

Theater

E.T.A.-Hoffmann-Theater: Das 1802 gegründete städtische Theater erfuhr 2003 einen umfassenden Um- und Neubau und bietet mit drei Spielstätten ein Programm aus Schauspiel, Komödie, Tragödie, Märchen, Musical etc. ETA-Hoffmann-Platz 1, ✆ 873030, www.theater.bamberg.de.

Chapeau Claque Kindertheater: Als Verein organisiert, neben Kindertheateraufführungen in der Stadt auch bayernweite Kinderkulturprojekte. Grafensteinstr.16, ✆ 39333 ✆ 31555, www.chapeau-claque-bamberg.de.

Bamberger Marionettentheater: Eine Rarität und ein Kleinod ist das Theater im Staub'schen Haus, einem bürgerlichen Stadtpalais von 1795 in der Altstadt. Bühne, Figuren und Dekorationsfundus stammen aus dem Baujahr 1821. Vorgeführt werden Opern und Schauspiele, allesamt Klassiker wie „Das Käthchen von Heilbronn", „Don Juan" oder „Dr. Faust". Der Zuschauerraum mit nur 31 Sitzplätzen ist ganz im Stil dieser Zeit ausgestattet. Untere Sandstr. 30, ✆ 67600, www.bamberger-marionettentheater.de.

Übernachten/Essen (siehe Karte Umschlagklappe hinten)

• *Hotels* **Villa Geyerswörth (27)**, eine der stilvollsten Übernachtungsmöglichkeiten Bambergs ist eine auf mehrere Häuser verteilte Nobelherberge direkt an der Regnitz. 40 Zimmer für gehobene Ansprüche (in verschiedenen Ausführungen); alle Sehenswürdigkeiten sind von hier leicht zu Fuß zu erreichen, diverse Konferenzräume und das empfehlenswerte Bistrorant „La Villa" im Erdgeschoss (oberes Preissegment, mit sonniger Terrasse). Allerdings trauen sich nicht viele Besucher dorthin. EZ 120–145 €, DZ 155–179 €, Frühstücksbuffet inkl. Geyerswörthstr. 15–21a, ☎ 0951/91740, 📠 0951/917 4500, www.villageyerswoerth.de.

Palais Schrottenberg (16), das malerische Barockpalais aus dem Jahr 1710, früher Residenz der fränkischen Adelsfamilie Schrottenberg, ist heute ein stilvolles Hotel im Herzen der Altstadt. Dank einer umfassenden Renovierung wurde ein architektonisches Schmuckstück wiedererweckt. Die Zimmer sind aufwändig ausgestattet (Marmorbäder). Zum Hotel gehören eine Bar mit Blick zum malerischen Patio des Hauses und ein Restaurant im eleganten Barocksalon (mit Stuckdecken). EZ 85–110 €, DZ 100–150 €, auch Appartements. Kasernstr. 1, ☎ 0951/955880, 📠 0951/9558810, www.palais-schrottenberg.de.

Domherrenhof, gehört seit einiger Zeit auch zum Palais Schrottenberg, das Gästehaus in Bestlage zwischen Domplatz und Sandstraße, der Kneipenmeile Bambergs. Der architektonisch wenig gelungene, kubische Hotelanbau verfügt über 17 modern eingerichtete DZ (teilweise mit schönem Blick). Rezeption im Palais Schrottenberg. EZ 80 €, DZ 98 €. Karolinenstr. 24, ☎ 0951/955990, 📠 0951/9558810.

Hotel Residenzschloss (4), 1990 eröffnete das mondäne 4-Sterne-Hotel zu Füßen des Michelsbergs seine Pforten. Ursprünglich war das Gebäude ein Krankenhaus, das Fürstbischof Franz Ludwig von Erthal 1789 erbauen ließ. Die Herberge am Ufer der Regnitz (gegenüber der Konzerthalle) bietet allen Komfort, den anspruchsvollen Gast erwarten Sauna, Solarium, Dampfbad, Fitnessraum, Fahrradverleih etc. sowie 2 Restaurants im EG. Hinzu kommen 185 gut ausgestattete Zimmer und Suiten. Es gibt auch Familienzimmer. Promis und Stars, die in Bamberg auftreten, nehmen im „Resi" bevorzugt Quartier. EZ 139–159 €, DZ 174–194 €. Untere Sandstr. 30–32, ☎ 0951/60910, 📠 0951/6091701, www.welcome-hotels.com.

Hotel am Hain (26), Haus in ruhiger, aber zentraler Lage nahe dem Schönleinsplatz. Großzügige Appartements, modern und komfortabel eingerichtet, sehr ansprechend und z. T. mit Wintergarten. Frühstück wird auf dem Zimmer serviert. Freundlicher Service. Für das Gebotene günstig: Appartements für 2 Personen 113–140 €, für 4 Personen 182–242 €. Tiefgarage 5–6 €/Tag. Da es nur 5 Appartements gibt, sollte man möglichst frühzeitig buchen. Schützenstr. 10, ☎ 0951/208690, 📠 0951/2086920, www.hotel-am-hain.de.

Messerschmitt (15), das Restaurant und Hotel (3 Sterne) am Schönleinsplatz ist eine Institution in Bamberg. Bereits seit seiner

„Ein Platz für die leisen Töne" – das Brentano-Theater von Martin Neubauer

Maximal 32 Zuschauer passen in das Theater, die Bühne ist nicht einmal zwei Quadratmeter groß, mehr als fünf Schauspieler haben darauf kaum Platz. Aber genau die Nähe von Publikum und Akteuren und die intime Atmosphäre sind auch das Besondere am Bamberger Brentano-Theater. Im zum „Theatersaal" umfunktionierten Wohnzimmer werden unter Leitung des Schauspielers und Rezitators Martin Neubauer u. a. Stücke der Romantik und des Jugendstils aufgeführt. Das Ausgraben vergessener und vernachlässigter Dichter/innen ist dabei ein Herzensanliegen, Überraschungen sind zu erwarten. Die Höhe des Eintritts bestimmt der Besucher selbst. Einen „Platz für die leisen Töne" nennt der Prinzipal seine kleine Bühne. Im Sommer veranstaltet das Brentano seit Jahren einen „Literarischen Spaziergang", zum Beispiel im Bamberger Hain. Martin Neubauer verwirklicht in der kleinen Erkerbühne seinen Traum eines stillen und nicht kommerziellen Literaturtheaters. ☎ 54528 (Kartenbestellung und Information), Gartenstr. 7 (Anfahrt über den Unteren Kaulberg, beim Karmelitenplatz rechts abbiegen, dann durch die Ziegelgasse in die Gartenstraße).

Gründung im Jahr 1832 zählt es zu den bevorzugten Adressen der Stadt. Selbst Willy Brandt wusste schon die vorzügliche fränkische Küche zu schätzen. In den gemütlichen Gasträumen (gediegen eingerichtet, Holzvertäfelung) werden Spezialitäten aufgetischt: viele frische Fischgerichte, je nach Saison z. B. Mainaal, Hecht und Zander. An warmen Sommertagen speist man im Brunnengärtchen. Das Messerschmitt hat keinen Ruhetag und verfügt über 65 komfortable Zimmer. EZ 89–100 €, DZ 137–170 €. Außerdem gibt es Appartements (200 €) und Suiten (250 €). Lange Straße 41, ✆ 0951/297800, ✆ 0951/2978029, www.hotel-messerschmitt.de.

Hotel Alt-Ringlein (20), bereits um 1300 wird das Altstadthaus als Glockengießer- und Münzwerkstatt erwähnt, ab 1545 dient es als Gast- und Brauhaus. Seit 1987 beherbergt es eines der schönsten Mittelklassehotels (3 Sterne) Bambergs, das v. a. auch bei ausländischen Gästen beliebt ist. Das Gebäude verbindet alte und moderne Architektur. Zimmer in gediegen-rustikalem Stil. Fränkisch-derbes Restaurant, elegant-barocker Frühstücksraum und großer Biergarten. Tiefgarage direkt unter dem Hotel. Reichhaltiges Frühstücksbuffet. EZ 65 €, DZ 90–100 €. Für die Hochsaison ist eine frühzeitige Buchung ratsam. Dominikanerstr. 9, ✆ 0951/95320, ✆ 0951/9532500, www.alt-ringlein.com.

Brudermühle (23), bis in die Mitte des 19. Jh. drehten sich hier die Mühlräder, später entstand daraus das erste Wasserwerk Bambergs. Heute ist die Brudermühle eines der behaglichsten Hotels der Altstadt. Nur einen Katzensprung vom Alten Rathaus entfernt, bietet das Restaurant mit rustikalem Ambiente auf zwei Etagen fränkische Spezialitäten mit saisonalen Höhepunkten, u. a. Spargel, Pilze, Forellen und Wild aus eigener Zucht bzw. Jagd. Dazu kredenzen Erna und Georg Vogler fränkische Weine – offen oder im Bocksbeutel. Die meisten Besucher lockt im Sommer die schöne Terrasse. Das Hotel (3 Sterne) bietet 16 Zimmer (alle mit Bad). Auch Fahrradverleih. An der Hausecke eine prächtige barocke Himmelfahrt Mariens. Mo Ruhetag. EZ ab 85 €, DZ ab 120–130 €. Schranne 1, ✆ 0951/955220, ✆ 0951/9552255, www.brudermuehle.de.

Hotel-Gasthof Wilde Rose (10), ein traditionsreiches Haus inmitten der Fußgängerzone (nahe Gabelmann-Brunnen). In dem gemütlichen Restaurant, einem ehemaligen Brauhaus, kommen fränkische Spezialitäten auf den Tisch. Viele saisonbedingte Gerichte. Gesetztes Publikum. Komfortable Zimmer mit Bad. Auch Fahrradverleih. EZ ab 65 €, DZ ab 98 € inklusive Frühstücksbuffet. Keßlerstr. 7, ✆ 0951/981820, ✆ 0951/22071, www.hotel-wilde-rose.de.

Bamberger Hof Bellevue (19), das komfortable Hotel am Schönleinsplatz (gegenüber dem ETA-Hoffmann-Theater) ist ein Klassiker unter den Bamberger Herbergen. Schon in der Empfangshalle spürt man noch die Belle-Époque-Atmosphäre. Gehobene Ausstattung, zahlreiche Stammgäste. Im Erdgeschoss das Café Luitpold (s. unter Cafés). EZ 115 €, DZ 165 €, Frühstück inkl., Garage 8 €/Tag. Schönleinsplatz 4, ✆ 0951/98550, ✆ 0951/985562, www.bambergerhof.de.

St. Nepomuk (30), die oberen Mühlen, traumhaft in die Regnitz gebaut, haben längst ausgedient. Heute beherbergt das wie ineinandergeschoben wirkende Fachwerkhaus auf der Pfahlinsel, das nur über eine Brücke zu erreichen ist, einen Hotel- und Restaurantbetrieb. Renovierte, sehr modern ausgestattete Zimmer im Haupthaus (teilweise toller Blick). Stilvolles Restaurant direkt über dem Fluss, Schwerpunkt Fisch, oberes Preissegment (Hauptgerichte um 20 €, von Mo–Fr 12–14 Uhr Business Lunch für 18 oder 22 €). EZ 80 €, DZ 138–145 €,. Obere Mühlbrücke 9, ✆ 0951/98420, ✆ 0951/9482100, www.hotel-nepomuk.de.

Best Western Hotel Bamberg (3), Neu eröffnetes Hotel verkehrsgünstig zwischen Bahnhof und historischer Altstadt gelegen. Komfortabel und elegant, freundlich helle Zimmer und Suiten. Hotelbar „Luitpoldeck“ und Rezeption 24 Stunden geöffnet. Frühstücksraum mit Außenterrasse. Tiefgarage direkt am Hotel. EZ 95 €, DZ 120 € ca (je nach Verfügbarkeit). Luitpoldstraße 7/Ecke Obere Königstraße, ✆ 510900, ✆ 51090590, www.bwhotel-bamberg.de.

Tandem (7), neu eröffnetes modernes und familiengeführtes Hotel an der Regnitz direkt in der Altstadt. Besonders Fahrradfahrer der Main-Regnitz-Route fühlen sich hier angesprochen. Von jedem Fenster aus hat man den einzigartigen Blick auf Klein Venedig. Im Café gibt es selbst gebackenen Kuchen. Mit Fahrradraum und Raum zum Trocknen der Kleidung. 51935855, 51935854, de. EZ und DZ 89 bzw. 98 €. Untere Sandstraße 20, ✆ 51935855, ✆ 51935854, www.tandem-hotel.

• *Ferienwohnungen* In den letzten Jahren hat die Zahl der Ferienwohnungen stark zugenommen. Die Tourist-Info verfügt über

Bamberg zaubert: am dritten Juli-Wochenende ein Publikumsmagnet

ein komplettes Verzeichnis. Empfehlenswerte Wohnungen sind:

Domblick, eine Jugendstilvilla am Michelsberg, großzügige Wohnung im 1. Stock mit kleinem Garten, schöner Blick. 60–80 € pro Tag. Familie Keilholz, Michelsberg 8c, ✆ 0951/53112, ✆ 0951/9570191.

Exklusiv-Appartements-Hofmann, mitten in der barocken Altstadt. Drei bequeme Appartements (50, 70 und 75 qm) mit Fachwerkwänden, historischen Möbeln, kompletter Küche und modernem Bad. Preise je nach Saison zwischen 47 und 87 €. Obere Sandstr. 18, ✆ 09547/1460, www.exclusiv-appartements.de.

Zum Alten Häusla, barockes Haus aus dem Jahr 1730 mit 4 verschiedenen Appartements. Gemütliche Atmosphäre mit niedriger Decke. Rustikale Einrichtung aus Eiche. Malerischer Garten hinterm Haus. Fahrradverleih. 70 €, ab zwei Nächten 59 € pro Nacht. Sabine Stier, Michelsberg 9, ✆ 0951/57639, www.gaestehaus-bamberg.de.

• *Jugendherberge/Camping* **Jugendherberge Wolfsschlucht**, romantisch und abgelegen an der Regnitz im Stadtteil Bug (15 Min. zu Fuß am Regnitzufer entlang in die Altstadt; Busverbindung). Das Haus hat 70 Betten, aufgeteilt in 2-, 4-, 6- und 8-Bett-Zimmer. Übernachtung mit Frühstück (und inkl. Bettzeug) 20,20 € Hauptsaison, 18,20 € NS. DJH-Ausweis erforderlich. Oberer Leinritt 70, ✆ 0951/56002, ✆ 0951/55211, www.bamberg-jugendherberge.de.

Campingplatz Insel, ganz im Süden der Stadt (Stadtteil Bug) befindet sich in idyllischer Lage die sympathische Anlage. Sie bietet rund 170 Stellplätze und verfügt über Waschmaschinen und Wäschetrockner. Man kann auch Boot fahren und angeln. Person/Nacht 3,50/5 €, Zelt 4–8 €, Auto 4 €, Caravan/Womo 8 €. . Am Campingplatz 1, ✆ 0951/56320, ✆ 0951/56321, www.campinginsel.de.

Wohnmobile, 10 Stellplätze am Heinrichsdamm „Alter Plärrer". Aufenthaltsdauer auf 24 Stunden begrenzt. Mit Entsorgungseinrichtung. Einen weiteren Standplatz mit ebenfalls 10 Plätzen gibt es an der Breitenau. Heinrichsdamm und Breitenau P&R-Platz, ✆ 774900 (Stadtwerke Kundencenter), www.bamberg-info.de.

Restaurants (siehe Karte Umschlagklappe hinten)

Weitere Restaurant-Adressen finden Sie oben unter der Rubrik Hotels.

Bolero (28), hier geht es spanisch zu. Im rustikal-stilvoll eingerichteten Bolero werden Tapas und klassische Gerichte von der Iberischen Halbinsel serviert. Gute Weine

Café Bassanese – dolce vita am Alten Rathaus

(Rioja, Navarra, Ribera del Duero etc.) zu vernünftigen Preisen. Schicker Treff für den Abend. Nicht nur bei Studenten beliebt. Netter Service. Im Sommer schöner Garten. Sonntags Brunch für 11,80 €. Judenstr. 7, ✆ 5090290, www.calimeros.de.

Restaurant Altenburg (32), genießen auf Bambergs höchstem Hügel. Ob fränkischer Mittagstisch, Candle-Light-Dinner zu zweit oder festliches Tafeln im Ritter-Saal – in stilvollem Ambiente wird man bestens bedient. Den Altenburger Foltertopf (natürlich Geschnetzeltes) sollte man sich nicht entgehen lassen. Menüs ab 31, Bufetts ab 30 €. Di–So 12–14 und 18–21 Uhr geöffnet, Mo Ruhetag. ✆ 56828, www.restaurant-altenburg.de.

Hofbräu (22), beliebtes Lokal zwischen Altem Rathaus und Zufahrt zum Dom. Die ehemalige Münzpräge ist im Jugendstil eingerichtet, aber bei schönem Wetter sitzen die Gäste gerne draußen. Fränkische Küche, sechs Biersorten vom Fass und eine große Weinkarte lassen keine Wünsche offen. Karolinenstraße 7, ✆ 53321, www.hofbraeu-bamberg.de.

Cafés (siehe Karte Umschlagklappe hinten)

Café Müller (11), das Studentencafé schlechthin in der Innenstadt, was u. a. auch mit der Nähe zur Universität zusammenhängt. Eine Mischung aus traditionellem Kaffeehaus und Wartesaal, immer bestens besucht, auch abends sehr beliebt. Wechselnde Tagesgerichte, relativ günstig. Austraße 23/Ecke Fischstraße, wenige Schritte vom Grünen Markt.

Café Bassanese (18), die Lage des Cafés direkt am Alten Rathaus ist unübertreffbar. Der richtige Platz für einen Cappuccino für zwischendurch. Nicht nur der Kaffee ist lecker, sondern auch die Eisspezialitäten. Netter Service. Karolinenstraße 2.

Café Luitpold (21), der Wintergarten des schicken Cafés im Hotel Bamberger Hof ist wie ein Aquarium: sehen und gesehen werden. An Wochenenden ist in dem populären Café mit seiner rustikal-nostalgischen Einrichtung kaum ein Stehplatz zu bekommen. Die Terrasse mit Blick in einen kleinen Park ist im Sommer Publikumsmagnet. Sonntags Brunch. Schönleinsplatz 4, ✆ 25700.

Café Beckstein (13), 1887 wurde die Bäckerei in der Langen Straße gegründet. Sie zählt noch heute zu den besten der Stadt, glaubt man kundigen Bambergern. Das Café ist wie Bamberg: gemütlich, rustikal und ein bisschen grob. Ein Kachelofen wärmt an kalten Wintertagen, und auf den Sofas lässt es sich stundenlang aushalten. Von der Wand blickt unverdrossen der Bamberger Reiter die Gäste an. Wer einmal die leckeren Bamberger Hörnchen probieren möchte, sollte das im Beckstein tun. Im Sommer verwandelt es sich durch die zu öffnende Fensterwand beinahe in ein Straßencafé. Schüler fühlen sich in dem rustikalen Ambiente genauso wohl wie ältere Damen. Preiswert. Lange Straße 9, ✆ 25435.

Café Graupner (14), das Graupner ist Bambergs feinste Patisserie. Die Kuchen sind vom Feinsten, etwa hausgemachter Baumkuchen. Auf bequemen Sesseln lässt sich bei einer Tasse Kaffee das Straßenleben beobachten. Gesetztes, konservatives Publikum. Das Hotel: DZ mit Dusche und WC 67–110 €, Backpacker nächtigen für 38 € (Etagen-WC). Frühst. inkl., Lange Str. 5, ✆ 980400, www.hotel-graupner.de.

Hofcafe (9), macht in einem begrünten Innenhof dem Namen alle Ehre. Frühstück gibt es bis 18 Uhr, außerdem Brunchteller und kleine Gerichte, alles zu angenehmen Preisen, viel Ökoprodukte, z. B. Getreidekaffee. Auch glutenfreie Gerichte. Austraße 14, ✆ 25447, www.hofcafe-bamberg.de.

Teegießerei (24), die Antwort auf die in Franken unterentwickelte Teekultur! Unterhalb von Dom und Kaulberg betreiben Andreas und Doris Ulich eine ambitionierte wie gemütliche Teestube. Über 60 Teesorten und italienische Kaffee-Spezialitäten, dazu hausgebackene Kuchen und herzhafte Snacks, machen den Aufenthalt zum wahren Genuss. Am Pfahlplätzchen 2, ✆ 297 2595, www.teegießerei.de.

Cafe Villa Remeis (12), der angesehene Bürger Karl Remeis vermachte die 1811 erbaute Villa auf dem Rothenberg oberhalb von St. Getreu der Stadt, damit sie als Kaffeehaus diene, weil er sich auf diesem schönen Fleckchen Erde so wohlgefühlt habe. In der Tat: Bamberg liegt den Gästen zu Füßen, wenn sie in den gemütlichen Stuben oder auf der Terrasse die köstlichen Torten genießen. Betrieben wird das Kleinod vom Sozialdienst kath. Frauen als Therapieangebot für seelisch behinderte Menschen. Di–So von 12–18 Uhr, ✆ 57912.

Kneipen (siehe Karte Umschlagklappe hinten)

Pelikan (8), schlichtweg *die* Studentenkneipe. Der Pelikan überlebte alle Moden und blieb bis heute unverändert. Noch immer ist er Abend für Abend brechend voll. Im Sommer wird der kleine Innenhof als Biergarten genutzt. Große Auswahl an Bieren, viele regionale Marken, man kann auch preiswert essen. Untere Sandstraße 45, ✆ 603410, www.pelikan-bamberg.de.

Bischofsmühle (25), in der historischen Mühle am Rande der Altstadt kommen Weintrinker auf ihre Kosten. Hier werden nicht nur sorgfältig ausgesuchte fränkische Tropfen kredenzt, sondern auch Gewächse aus Frankreich, Italien und Spanien bis hin zu Kalifornien, Chile und Südafrika ausgeschenkt. Insbesondere Flaschenweine sind preiswert. Viele Gäste schätzen auch die leckeren kleinen Speisen. Liebenswerte Bedienung. Geyerswörthstr. 4. Tägl. ab 17 Uhr. ✆ 27570.

Galerie am Stephansberg (31), das unscheinbare historische Haus am Unteren Stephansberg, dem Pilgerweg zu den Bamberger Kellern, gilt als Institution. Das 1971 eröffnete Haus ist Weinstube und Künstlertreffpunkt. In der urgemütlichen Weinstube kommen Weine vor allem aus Steigerwaldlagen zum Ausschank. Im Sommer genießt man auf der Steintreppe das nächtliche Bamberg. Der Tipp: Currywurst vom Chef Wolfgang Müller. Unterer Stephansberg 5. Ab 19 Uhr geöffnet, Mo Ruhetag. ✆ 56000.

Brauereigaststätten (siehe Karte Umschlagklappe hinten)

Da hocken sie, die Alteingesessenen, jederzeit bereit, mit dem fremden Tischnachbarn einen Schwatz anzufangen, aber lieber nicht über Politik reden ... Wenn, dann höchstens über den Oberbürgermeister; aber Bier, Brotzeit und Wetter bieten ausreichend Gesprächsstoff. Auswahl an Brauereigaststätten hat man genug, es gibt neun Brauereien in der Stadt, die meisten haben ihre eigene Wirtschaft direkt neben dem Sudhaus. Wer hier zu Mittag isst, wird auf keinen Fall enttäuscht, auch nicht vom Preis. Außerhalb der normalen Essenszeiten kann auch die mitgebrachte Brotzeit auf den blank gescheuerten Ahorntischen ausgepackt werden. Ein Privileg, das sich die Bamberger nicht nehmen lassen. Die lokale Bierspezialität ist das Rauchbier.

Schlenkerla (17), die bekannteste Brauereigaststätte. Nicht wegen ihrer Lage unterhalb des Dombergs, sondern vor allem wegen des Rauchbiers hocken hier Touristen und Einheimische harmonisch beisammen – fränkische Gemütlichkeit hinter Fachwerkfassade und Butzenscheiben. Das Mekka der Rauchbierfans verdankt seinen Namen einem Brauer, der hier im 17. Jh. lebte und durch seinen schlenkernden Gang auffiel. Es gibt deftige Gerichte („Bamberger Zwiebel"), gute Brotzeiten und ein Bier mit extra starkem Rauchgeschmack (eigene Mälzerei). Tägl. ab 9.30 Uhr geöffnet. Dominikanerstr. 6, ✆ 56060. Die Website wird in 20 Sprachen angeboten, das sagt alles über die Popularität. www.schlenkerla.de.

Klosterbräu (29), liegt in einer ruhigen Altstadtgasse und zählt zu den schönsten und ältesten Brauereigaststätten. Das 1533 als fürstbischöfliches Braunbierhaus gegründete Klosterbräu produziert eines der besten Biere Bambergs. Im Hinterhof befindet sich die Braustätte, die jährlich rund 5000 hl Bier produziert. Zu den Spezialitäten unter acht Sorten zählen Schwärzla, Braunbier und saisonal der Schwärzla-Bock. Fränkische Küche. Lauschiger Biergarten an der Regnitz. Obere Mühlbrücke 1–3. ✆ 52265, www.klosterbraeu.de.

Spezial (2), fast immer voll, vormittags, nachmittags – erstaunlich, denn Touristen verschlägt es weniger hierher. Hauptsächlich sind es Handwerker, Kraftfahrer und Bauern aus dem Umland sowie Alteingesessene und auch Studenten. Der Name „Spezial" – so vermutet man – ist von den „Spezeln" (Freunde) abgeleitet, die in der Wirtschaft zusammenkamen. Die Brauerei Spezial wurde erstmals 1536 urkundlich erwähnt. Die Spezialität ist das Rauchbier. In einer eigenen Mälzerei trocknet das Malz auf einer Darre über offenem Buchenholzfeuer. So wird der charakteristische Rauchgeschmack erzielt. Einfache fränkische Küche (Bratwürste, Schweinsknöchla, Spießbraten etc.). Geöffnet 9–23 Uhr, Sa ab 14 Uhr geschlossen. Obere Königstr. 10, ✆ 24304, www.Brauerei-spezial.de.

Fässla (1), gleich gegenüber vom Spezial – ein Stück Ur-Bamberg. In dem mit dunklem Holz verkleideten Gastzimmer werden bodenständige Gerichte und deftige Brotzeiten serviert. Fässer als Bar im Eingangsbereich, der noch bis in die 1950er-Jahre mit Pferdefuhrwerken durchfahren wurde. Spezialität der Privatbrauerei, die noch Wasser aus eigenem Tiefbrunnen benutzt: Zwerglas Märzen mit einem Stammwürzegehalt von 13,8 %. An heißen Sommertagen lädt ein Biergarten zum Verweilen ein. So ab 13 Uhr geschlossen. Obere Königstr. 19, ✆ 22998 od. 26516, www.faessla.de.

Mahr's Bräu (5), traditionsreiche Brauerei (seit 1670). Seit 100 Jahren hat sich ihr originelles Erscheinungsbild kaum verändert. Zum Ausschank kommt ungespundetes Bier aus dem Eichenholzfass von der Privatbrauerei Gebrüder Michel. Gute, preiswerte Küche aus Franken. Vorm Haus stehen Holztische unter Kastanienbäumen Wunderburg 10, ✆ 9151719, www.mahrsbraeu.de.

Keesmann Bräu (6), etwas moderner, bürgerlicher. Gute Auswahl an fränkischen Gerichten und Brotzeiten. Zu den Spezialitäten gehören Knöchla mit Kraut und Erbsen sowie Karpfen blau. Mitte Oktober der populäre Bockbieranstich. Schattiger Wirtschaftsgarten. Auf Anfrage gibt es für Gruppen Führungen durch die Brauerei. Wunderburg 5, ✆ 981980. Sa ab 15 Uhr und So Ruhetag.

Greifenklau (37), oben am Kaulberg, mit Biergarten hinterm historischen Zehnthaus. Lager-, Fest- und Bockbier der kleinen Brauerei werden sehr geschätzt. Fränkische Bratenküche, und (selten) Innereien lecker zubereitet. Gründer der Brauerei war 1719 der Domherr Graf von Greifenclau. So ab 14 Uhr und Mo Ruhetag. Laurenziplatz 20 ✆ 53219, www.greifenklau.de.

Bierkeller (siehe Karte Umschlagklappe hinten)

An warmen Sommerabenden ist Bambergs Innenstadt fast ausgestorben. Wenn die Schatten länger werden, spazieren seit Jahrzehnten die Bamberger hoch zum Stephans- und zum Kaulberg. „Auf dem Keller" wird das saubere Tischtuch ausgebreitet, die fränkische Brotzeit ausgepackt und ein kühles Fassbier bestellt. Geöffnet sind die Bierkeller von Anfang Mai bis Ende September.

Spezial-Keller (34), die „demokratisierende Kraft des Bieres" (Gerhard C. Krischker) spürt man auf dem **Spezi-Keller**, wie er von Einheimischen genannt wird, am besten: Hier diskutieren Studenten mit Professoren, Leser mit Journalisten, Bürger mit Stadträten. Der Bierkeller auf dem Stephansberg (neben der Sternwarte) bietet einen malerischen Blick aufs Domviertel und vorzügliches Rauchbier. Der Schriftsteller Günter Eich ver-

Am Ufer der Regnitz: „Klein Venedig“

ewigte vor Jahrzehnten Keller, Bier und Blick in seinem Gedicht „Aussicht vom Spezial-Keller“. Während des Sommersemesters ist der Spezial-Keller der Wallfahrtsort für Bambergs Studenten. Leckere fränkische Brotzeiten wie Ziebeleskäs (Quark mit Salz, Pfeffer, Schnittlauch oder Kümmel) und Bratwürste. Nette Bedienung. Kinderspielplatz vorhanden. Di–Do ab 16 Uhr, Fr–Sa ab 15 Uhr, So und feiertags ab 10 Uhr (mit Mittagstisch), Mo Ruhetag. Oberer Sternwartstraße 8, ✆ 54887, www.spezial-keller.de.

Mahrs-Bräu-Keller (33), idyllischer Biergarten mit sehr gutem Essen, der Chef und Koch hat u. a. bei Witzigmann gearbeitet. Bei aufziehenden Gewittern kann man in die gemütliche Gaststube im Haupthaus flüchten. Zahlreiche fränkische Spezialitäten. Oberer Stephansberg 36. Mo Ruhetag. Die bekannt gute Küche (etwas gehobenes Preisniveau) kann man auch im Winter genießen. Tägl. ab 17 Uhr geöffnet, So und feiertags Mittagstisch, Mo Ruhetag. ✆ 53486, www.mahrsbraeu-keller.de.

Wilde Rose (35), weitläufiger Keller am Stephansberg, viel Schatten durch alten Baumbestand, kein Ausblick. Im Sommer bisweilen Konzerte im Musikpavillon. Selbstbedienung: beliebt Knöchla. Geöffnet Mai–Sept. (bei schönem Wetter) ab 16 Uhr, Sa/So und feiertags ab 15 Uhr. Oberer Stephansberg 49, ✆ 57691, www.wilde-rose-keller.de.

Greifenklau (37), siehe Brauereigaststätten.

Baden/Rudern

• *Baden* Das originellste Freibad Bambergs ist das Licht-, Luft- und Sonnenbad im Hain am Rand des gleichnamigen Stadtviertels (10 Min. von der Altstadt). Es liegt direkt an einem der schönsten Abschnitte der alten Regnitz. Auf großen Holzplanken kann man sich sonnen und relaxen. Ab Sommer 2010 kann man hier auch wieder offiziell Abkühlung im ziemlich kalten Fluss suchen, denn bis dahin will der Stadtrat das Badeverbot aufheben. Die bislang von den Hainbadbesuchern und -besucherinnen ohnehin ausgeübte Praxis des Badens auf eigene Gefahr und ohne Aufsicht wird dann „legal“ sein und das Kinderplanschbecken soll wieder aktiviert werden. Das Bad, das auch über einen Spielplatz verfügt, öffnet in der Regel am 15. Mai. Direkt neben dem Bad hat der Bamberger Ruderverein sein Domizil. Im gleichen Haus gibt es eine idyllische Gartenwirtschaft, das **Bootshaus (36)**, von dessen Biergarten man bei einer kühlen Halben die Sportler auf der Regnitz beobachten kann.

• *Rudern* Am Leinritt im pittoresk-dörflichen Stadtteil Bug, dort wo sich die Regnitz in einen linken und rechten Flussarm teilt, werden Tret- und Ruderboote verliehen. Man kann sich aber auch ganz romantisch rudern lassen, nämlich vom **Bamberger Gondoliere** Jürgen „Luigi" Riedel. In einer echten venezianischen Gondel sieht man Klein Venedig (!), das Alte Rathaus, die Denkmal-Schleuse 100 des Ludwig-Kanals und den Hain aus ungewöhnlicher Perspektive. Karten in der Tourist-Information. Gondeltelefon 0951/1206327, www.gondelfahrt.info.

Sehenswertes

Dom: Zusammen mit den Kaiserdomen in Speyer, Mainz und Worms ist der Bamberger Dom eines der imposantesten deutschen Bauwerke des Mittelalters. Seine vier schlanken Türme beherrschen seit Jahrhunderten das Bild der Stadt. Der Bau entstand in der Zeit des Übergangs von der Romanik zur Gotik, die wuchtigen Tonnengewölbe zeigen schon eine gewisse Leichtigkeit. 1237 erhielt der heutige Dom St. Peter und Georg unter Bischof *Eckbert von Andechs-Meranien* seine feierliche Weihe. Er steht an der Stelle einer von Heinrich II. errichteten Kathedrale, die 1012 geweiht wurde. Nach dem Dreißigjährigen Krieg wurde der Dom vollständig modernisiert und erhielt eine barocke Innenausstattung. In der Romantik wurde der gesamte barocke Zierrat wieder entfernt. „Stilreinigung" nannte man das 1836 unter König Ludwig I. Das bekannteste Kunstwerk im Dom ist das Standbild des *Bamberger Reiters*, die älteste erhaltene lebensechte Reiterplastik des Mittelalters. Dieses Werk eines unbekannten Bildhauers, entstanden um 1235, wurde als Idealbild des mittelalterlichen Königs- und Rittertums von den Nationalsozialisten propagandistisch missbraucht.

Zwischen den Treppen zum Georgenchor befindet sich das vom Würzburger Bildhauer Tilman Riemenschneider zwischen 1499 und 1513 in Juramarmor geschaffene **Hochgrab für Kaiser Heinrich II. und seine Gemahlin Kunigunde**. Lohnenswert die Betrachtung der Reliefs, die die Legenden der beiden heiligen Bistumsgründer erzählen: die Feuerprobe der Kaiserin, bei der Kunigunde über glühende Pflugscharen (Zeichen der Fruchtbarkeit) gehen musste, um ihre Unschuld zu beweisen, da sie des Ehebruchs angeklagt war; ihre Entlohnung der unzufriedenen Bauarbeiter von St. Stephan; die Sterbeszene Heinrichs II.; die Wägung der Seele durch den Erzengel Michael und die Heilung eines Steinleidens Kaiser Heinrichs durch den hl. Benedikt.

Marienaltar von Veit Stoß (1523) im südlichen Querschiff. Im Zentrum des Altars aus Lindenholz steht die Geburt Christi. Das ursprünglich für Nürnberg bestimmte Meisterwerk kam dort nur für kurze Zeit zur Geltung (in der Karmelitenkirche) und wurde, nachdem sich Nürnberg zur Reformation bekannt hatte, nach Bamberg gebracht.

Papstgrab (nicht zugänglich): Papst Clemens II. (ehemaliger Bischof von Bamberg) war nur neun Monate lang das höchste Kirchenamt vergönnt. Er wurde 1047 vermutlich von seinem abgesetzten Vorgänger vergiftet!

Ecclesia und Synagoge: An den südlichen Chorschranken stehen die beiden berühmten Plastiken aus der ersten Hälfte des 13. Jh. Während die Synagoge mit verbundenen Augen und gebrochenem Stab als Besiegte dargestellt wird, soll Ecclesia, die Verkörperung der Kirche, durch ihre Krone als Herrscherin wirken.

Die beiden Domkühe (-esel) am nordwestlichen Turm wurden aus Dankbarkeit für die fleißigen Dombauhelfer angebracht. Das Original kann aus nächster Nähe im Dommuseum besichtigt werden. Die jetzt an der Fassade angebrachten Kopien wurden zwar erst nach dem Zweiten Weltkrieg der Witterung ausgesetzt, sind aber heute schon stark angegriffen.

Ostchor-Krypta: Die dreischiffige Hallenkrypta beherbergt das Grab des Bischofs Gunther von Bamberg. Hier ist auch König Konrad III. begraben, der 1152 starb und die Krone an Friedrich Barbarossa weitergab.

Fürstenportal: Haupttür des Doms (um 1230) am nördlichen Seitenschiff mit einer Darstellung des Jüngsten Gerichts.

Gnadenpforte: Die romanische Pforte (am Ostchor) zeigt den hl. Georg (links) als Ritter, Petrus mit dem Buch, die thronende Maria sowie das heilig gesprochene Königspaar Heinrich und Kunigunde (rechts).

• Öffnungszeiten/Eintritt Apr.–Okt. 8–18 Uhr, Nov.–März 8–17 Uhr. Eintritt frei. Eine Besichtigung während der Gottesdienste ist nicht möglich. Regelmäßige Führungen.

Diözesanmuseum: Das Museum links neben dem Dom war ursprünglich das gemeinsame Haus der St.-Georgen-Brüder. Aus dem ursprünglichen Domkapitel entwickelte sich das sog. Metropolitan-Kapitel, die Verwaltungsgemeinschaft des Bistums. Das heutige Kapitelhaus wurde 1773 nach den Plänen von Balthasar Neumann fertig gestellt. Herzstück der Sammlung (im Obergeschoss) sind die prächtigen mittelalterlichen Textilien, darunter der *Sternenmantel* Kaiser Heinrichs II. und der Mantel seiner Gattin Kunigunde. Der um 1020 aus blauem Seidendamast gefertigte Mantel des Bistumsgründers Heinrich beschreibt mit seinen Goldstickereien die gesamte Himmelssphäre mit vielen Sternbildern und religiösen Symbolen. Der Durchmesser des eindrucksvollen Gewands beträgt fast drei Meter. Der mit aufwendigen Goldstickereien geschmückte *Kunigundenmantel* zeigt Darstellungen aus der Weihnachtsgeschichte und dem Leben von Petrus und Paulus. Beachtenswert auch die teilweise erhaltene Tunika Kaiser Heinrichs II. (11. Jh.), der Chormantel der hl. Kunigunde (um 1000) und das Grabtuch des Bamberger Bischofs Gunther (11. Jh.).

Öffnungszeiten/Eintritt Di–So 10–17 Uhr, Mo geschl.; Eintritt 3 €, erm. 2,50 €, unter 15 Jahren frei. Domführung 10.30 Uhr plus Museum 4,50 €. Domplatz 5, Eingang links neben dem Eingang zum Dom. ✆ 502316. www.dioezesanmuseum-bamberg.de.

Die Katakomben des „fränkischen Roms"

Das Bamberger Berggebiet wurde im 17. und 18. Jh. durchlöchert wie ein Schweizer Käse. In den feinkörnigen Keupersandstein ließen sich spielend Stollen treiben. Die Gewölbe waren sozusagen der überdimensionale Kühlschrank Bambergs. Denn die gleichmäßig niedrigen Temperaturen waren optimal für die Lagerung von Bier, Wein und Nahrungsmitteln. Lange schlummerte danach die Unterwelt Bambergs im Dunkel der Zeit, ehe sie von den Nazis als Bunker entdeckt wurde. 1944 bezogen noch zwei Bamberger Rüstungszulieferbetriebe Stollen unter dem Stephans- und Kaulberg. Am 22. Februar kamen bei der Bombardierung des Stephansbergbunkers 54 Menschen um, darunter auch Zwangsarbeiter. In dieser Zeit wurden unterirdische Versorgungslager angelegt, die die Stadt nach Kriegsende kurzzeitig in ein Schlaraffenland verwandelten: Wein, Schokolade, Zigaretten in Hülle und Fülle. Wochenlang soll der würzige Geruch des Weines über dem Stephansberg gelegen haben. Die „Katakomben" des „fränkischen Roms" können heute im Rahmen einer Gruppenbesichtigung begangen werden. Anmeldungen bei der städtischen Volkshochschule, ✆ 871108, Informationen und Termine auch bei der Tourist-Info. Taschenlampe für jeden Teilnehmer ist Pflicht, warme Kleidung und feste Schuhe werden empfohlen.

Die **Alte Hofhaltung** am Domplatz steht an der Stelle der ehemaligen königlichen Pfalz, die bei der Gründung des Bistums (1007) in den Besitz des Bischofs überging. Die meisten Gebäude, die heute zu sehen sind, stammen jedoch aus dem 15. und 16. Jh. Die Front zum Domplatz wird vom **Kanzleibau** (1568) bestimmt. Den schönsten Teil der Alten Hofhaltung, den Innenhof, betritt man durch die *Schöne*

Bamberg
Karte Umschlagklappe hinten

Pforte, die ein Relief mit Maria, flankiert von Kaiser Heinrich II. und Kunigunde, schmückt. Der Innenhof wird durch hohe spätgotische Fachwerkgebäude (häufig auch als deutsche Renaissance bezeichnet) mit malerischen Galerien bestimmt, die in der zweiten Hälfte des 15. Jh. entstanden sind. Im Sommer dient das Ensemble als Kulisse für die Freilichtinszenierungen der *Calderón-Festspiele*. Gegen Ende des 16. Jh. hatte die Alte Hofhaltung als Fürstensitz weitgehend ausgedient. Beamte und Diener zogen ein, Stallungen und Wirtschaftsräume entstanden. Im Renaissancebau der Alten Hofhaltung (am Eingang links) und in weiteren Gebäuden um den Hof ist das stimmungsvolle **Historische Museum** untergebracht. Derzeit werden weitere Flügel der früheren Bischofs- und Kaiserpfalz saniert und für Museumszwecke hergerichtet. Nach Fertigstellung des Ausbaus werden dem Museum künftig etwa 4000 m² Ausstellungsfläche zur Verfügung stehen. Das Museum zeigt Exponate von der vorgeschichtlichen Zeit bis ins 20.Jh. Zur Sammlung gehören Skulpturen aus 1000 Jahren (z. B. die „Bamberger Götzen") sowie Gemälde vom Mittelalter bis zur Gegenwart. Hinzu kommen u. a. handwerkliches Gerät sowie wissenschaftliche Instrumente und Uhren aus dem 16.–19. Jh. Wertvolle Tafelgemälde des Barock befinden sich als Leihgaben in der Bamberger Staatsgalerie der Neuen Residenz.

Öffnungszeiten Mai–Okt. Di–So 9–17 Uhr (Nov.–April nur bei Sonderausstellungen). Eintritt 3,50 €, erm. 2,50 €. Domplatz 7, ✆ 5190746 (Kasse). Infos zur Alten Hofhaltung und Residenz: Schloss- und Gartenbauverwaltung, Domplatz 8, ✆ 519390.

Neue Residenz: Mit dem Bau des fürstbischöflichen Barockpalastes wurde 1695 begonnen. Auftraggeber war *Lothar Franz von Schönborn*, der Fürstbischof von Bamberg und Kurfürst von Mainz, der als großer Barockbauherr in die Geschichte einging, obwohl vom Domkapitel ein Bauverbot ausgegeben wurde, um Geld zu sparen. Doch 1697 hob der Papst dieses Verbot auf, und Schönborns Architekt Johann Leonhard Dientzenhofer bekam den Auftrag für die Neue Residenz. Schon 1704 war alles in Rekordzeit fix und fertig. Bis heute ist der prächtige Barockbau unverändert geblieben. Frühere großzügigere Planungen, unter anderem von Balthasar Neumann, zu deren Verwirklichung ein Teil der Alten Hofhaltung hätte abgerissen werden müssen, sind aus Geldmangel verworfen worden. Ein Teil des riesigen Palasts kann im Rahmen einer 45-minütigen Führung besichtigt werden: viel Stuck, fränkische und französische Möbel, Porzellan und Fayencen aus China und Holland – an nichts wurde in den fürstbischöflichen Wohn- und Repräsentationsräumen gespart. Höhepunkt jeder Führung ist zweifellos der *Kaisersaal* mit seiner plastischen Deckenbemalung (1707–09) – Zentralperspektive von der Mitte des Raumes. Durch die Fresken versuchte Hofmaler Melchior Steidl, den niedrigen Raum höher wirken zu lassen. Die Säle wurden mit aus Wien importierten Fayenceöfen beheizt; die Befeuerung erfolgte durch

Neue Residenz: Der fürstbischöfliche Barockpalast lohnt einen Besuch

separate Bedienstetengänge. In den Räumen lebte *König Otto I.* von Griechenland bis zu seinem Tod 1867 mit seiner Gemahlin Amalie, nachdem der Wittelsbacher fünf Jahre zuvor aus Hellas vertrieben worden war.
Im ersten Stock des Gebsattelhauses (westlicher Flügel) ist die **Staatsgalerie** der Bayerischen Staatsgemäldesammlung mit dem Schwerpunkt Spätgotik und Barock untergebracht. Es gibt zahlreiche Bilder berühmter Künstler aus der Dürerzeit zu sehen, wie zum Beispiel Michael Wolgemut, Hans Baldung Grien oder Hans Wolf. Wichtigstes Exponat ist die *Lucretia* von Lukas Cranach d. Ä. Ein Flügel der Neuen Residenz wird auch von der Bayerischen Staatsbibliothek genutzt.

• *Öffnungszeiten/Eintritt* Tägl. 9–18 Uhr (Okt.–März 10–16 Uhr); Eintritt 3 €, erm. 2 €. Domplatz 8. Führungen durch die Prunkräume der Neuen Residenz finden ca. alle 15 Min. statt. An der Kasse auch Infos und Tickets zu Dombergführungen, die Neue Residenz, Alte Hofhaltung und den Dom umfassen, 4 €, erm. 3 € pro Person.

Rosengarten mit Blick auf den Michelsberg

Rosengarten: Die von der Residenz eingerahmte Terrasse, voll vom Duft der tausend Rosenbüsche, bietet einen malerischen Blick zum Michelsberg und über die Stadt. Um den Springbrunnen sind Rosenbeete mit Rokokofigürchen (antike Götter und Jahreszeiten) von Ferdinand Tietz symmetrisch angeordnet. Im Rosengarten stehen allerdings nur Kopien, die Originale werden im Historischen Museum aufbewahrt. Der pittoreske Pavillon wurde als Teehaus mit chinesischem Rokokodach erbaut und dient heute tagsüber als Café (nur im Sommer). Bei den abendlichen Kammermusik-Serenaden von Juni bis September kann man sich kaum einen schöneren Rahmen vorstellen (www.rosengarten-serenaden.com).

Karmelitenkloster: Hinter einer barocken Eingangsfassade wartet ein wunderschöner romanischer Kreuzgang (1392) mit schönen Kapitellmotiven auf seine Entdeckung. Sehenswert ist auch die *Karmelitenkirche*, die von Leonhard Dientzenhofer zwischen 1692 und 1701 barock umgestaltet wurde.

Öffnungszeiten/Eintritt Die Klosterpforte ist tägl. 8.30–11.30 Uhr und 14.30–17.30 Uhr geöffnet. Karmelitenplatz (Kaulberg).

Obere Pfarre: Der hohe Turm mit der ehemaligen Türmerwohnung prägt die Kulisse der Bamberger Altstadt. Die Obere Pfarre – Bauprojekt des 14. Jh. – ist die größte gotische Kirche Bambergs. Beachtenswert sind die Brautpforte an der Nordseite und das Gnadenbild der thronenden Muttergottes im Zentrum des Hochaltars. Unterer Kaulberg.

Synagoge: Die jüdische Gemeinde in Bamberg hat sich durch den Zuzug von Bürgern aus Osteuropa stark vergrößert. Das neue Gemeindezentrum mit Synagoge, Mikwe und Gemeinschaftsräumen an der Willy-Lessing-Straße (Nähe Schönleinsplatz)

Der Himmelsgarten von St. Michael – ein gemaltes Kräuter- und Blumenbuch

Die Katastrophe ereignete sich am 27. April 1610 abends gegen 10 Uhr. Die Michelskirche, wie die Bamberger das Gotteshaus nennen, brannte lichterloh ab. Nur die Fundamente blieben stehen. Als das eingestürzte Gewölbe und das Dach vier Jahre später völlig neu errichtet waren, ging der Abt daran, sich für die Ausstattung des gotischen Deckengewölbes etwas ganz Besonderes einfallen zu lassen. Ein Himmelsgarten zum Lob Gottes sollte daraus werden. Versierte Freskenmaler pinselten im frühen 17. Jh. 580 Pflanzen botanisch genau an die Decke – kurzum ein gemaltes Blumen-, Früchte und Kräuterbuch: Maiglöckchen, Enzian, Tabak, Seifenkraut, Kamille, Jasmin, Tomate, Ananas, Granatapfel, Tabak und so fort. Manchmal allerdings irrten die Künstler: So ist die Bohnenblüte gelb statt weiß und die Tomatenblüte rot statt gelb gemalt. Zart und leicht wirkt die Deckenmalerei am Kreuzrippengewölbe der ehemaligen Klosterkirche. Die natürlichen Farben der Kräuter und Gräser, Bäume und Sträucher, Blüten und Früchte sind auch 400 Jahre nach ihrer Entstehung so leuchtend wie am ersten Tag.

konnte 2005 eingeweiht werden. Besucher müssen sich 3 bis 4 Wochen vorher anmelden und einen Personalausweis für die Gruppenführungen mitbringen. ✆ 0951/297870, www.ikg-bamberg.de.

Michelsberg: Auf Ausläufern des Steigerwalds thront das ehemalige Benediktinerkloster St. Michael über der Stadt. Nicht nur wegen der schönen Aussicht, sondern auch wegen der außergewöhnlichen Deckenmalerei in der einstigen Klosterkirche lohnt sich ein Besuch. Gegründet wurde St. Michael schon unter Heinrich II., als die Gegend noch nicht vollständig christianisiert war. Als mächtiger Streiter gegen das Heidentum erhielt der Erzengel Michael die Patenschaft. Im 12. Jh. erlebte das Kloster seinen geistigen und ökonomischen Höhepunkt. Nach Brandkatastrophen und starker Beschädigung während des Bauernkriegs machten Leonhard und Johann Dientzenhofer aus der mittelalterlichen Klosterburg zwischen 1696 und 1725 eine weitgehend barocke Anlage. Davon zeugt auch das Innere der *Klosterkirche*. Kurios ist am Ende des rechten Seitenschiffs die Heilig-Grab-Kapelle: An der Decke ein bildreicher Totenspiegel. Die Stuckreliefs sind ungewöhnlich konzipiert. Da holt der Tod Arme und Reiche, Kinder und Alte, aber er bläst auch Seifenblasen und denkt, einen Totenschädel betrachtend, über sich selbst nach. Heute befinden sich im ehemaligen Benediktinerkloster ein Altersheim und das Biermuseum (siehe Museen, S. 68). Die Kirche ist ganztägig geöffnet.

• *Tipp* Auf der Rückseite der Klosteranlage befindet sich in den mittelalterlichen Gemäuern ein Café/Restaurant. Im Sommer Gartenbetrieb, toller Blick, eigene Konditorei, diverse Tages- bzw. Touristenmenüs. ✆ 59078. – An der Terrassennordseite des Klosterhofes haben zwei Brüder aus Sizilien einem Lokal neues Leben eingehaucht. Man kann in Bamberg kaum schöner speisen als im „Ristorante da Francesco" mit seinem Jugendstil-Wintergarten. Hoch über der Stadt und umgeben vom Raunen ehrwürdigen Gemäuers. Der Sinn für Ästhetik paart sich mit Klassikern der italienischen Küche, saisonalen Köstlichkeiten und exquisiten Weinen. Mo. Ruhetag, ✆ 2085777.

Altes Rathaus: Das Gebäude besticht durch seine einmalige Lage auf einer künstlichen Insel inmitten der Regnitz. Eine Brücke „durch" das Rathaus verbindet hier die Ober- mit der Unterstadt. Die Ursprünge des Gebäudes gehen auf das 11. Jh. zurück, im Kern ist es gotisch. Nach einer Explosion im Jahr 1440 wurde das Alte Rathaus neu gebaut, 1668 wurde ihm ein originelles Fachwerkgebäude, das *Rottmeisterhaus*, angefügt. Heute dominieren barocke Elemente, denn der gotische Bau wurde Mitte des 18. Jh. von dem Bamberger Architekten Michael Küchel umgestaltet. Die Außenfassade ist über und über mit Fresken bemalt, die Allegorien von Herrschertugenden darstellen. Das Mittelbild auf der Ostseite zeigt die bischöfliche Regierungsführung. Prächtige Rokokobalkone mit dem Wappen der Stadt und des Bischofs hat der Brückenturm aufzuweisen. Im Inneren befindet sich der Rokokositzungssaal (1. Stock), den die Stadt für Repräsentationszwecke nutzt. In zwei Geschossen des Gebäudes ist seit 1995 die weltbekannte Porzellan- und Fayencen-Sammlung „Glanz des Barock" des inzwischen verstorbenen Kölner Kunstmäzens Peter Ludwig untergebracht. Unter den 450 Exponaten befinden sich Straßburger Fayencen und Porzellan aus der Manufaktur in Meißen. Bamberg genießt einen überragenden Ruf als Krippenstadt – ein Glanzlicht des Krippenweges befindet sich im Alten Rathaus mit der **Barock-Krippe** aus der Sammlung Ludwig (28.11.09–10.01.10).

Öffnungszeiten/Eintritt Sammlung Ludwig: Di–So 9.30–16.30 Uhr, Mo geschlossen; Eintritt 3,50 €, erm. 2,50 €. ✆ 871871.

Klein Venedig: Kleine, schiefe Fachwerkhäuser mit Balkonen und winzigen Vorgärten am Ufer, davor nostalgische Fischerkähne – das typische Bamberger Postkartenmotiv! Der Flussabschnitt von der Unteren Brücke bis zur Markusbrücke ist im August Mittelpunkt der Sandkirchweih mit Fischerstechen und Feuerwerk.

Poetische Spurensuche

Um 1800 zählte Bamberg neben Heidelberg, Jena und Berlin zu einem Zentrum der romantischen Bewegung. Wilhelm Heinrich Wackenroder, Friedrich Wilhelm Joseph von Schelling, Ludwig Tieck, Achim von Arnim, E. T. A. Hoffmann und Jean Paul gaben sich im „fränkischen Rom" ein Stelldichein. Noch heute besitzt die Stadt ein reges literarisches Leben. Dafür stehen Namen wie *Hans Wollschläger* (gest. 2007), *Karlheinz Deschner* (Religions- und Kirchenkritiker), *Gerhard C. Krischker*, *Paul Maar* und *Tankred Dorst*, der zusammen mit seiner Frau und Mitarbeiterin *Ursula Ehler* in Bamberg eine Wohnung besitzt. Aus Bamberg stammen übrigens auch die junge Erfolgsautorin *Tanja Kinkel* (geb. 1969), die mit Historienromanen („Der Puppenspieler") Millionenauflagen erzielte, und der Publzist, freie Journalist, Rundfunk- und TV-Autor Peter Braun (geb. 1960), der mit zahlreichen Veröffentlichungen, insbesondere auch zu E. T. A. Hoffmann, auf sich aufmerksam macht. In Bamberg lebt und arbeitet ferner der Historiker, Literaturwissenschaftler und Dozent Dr. Rolf-Bernhard Essig (geb. 1963), der in seinen Büchern und Lesungen von Kühen auf dem Eis, pfeifenden Schweinen und seltsamen Bärendiensten erzählt – kurzum über alles, was hinter unseren Redensarten und Sprichwörtern steckt.

Mit Stolz verweist die Stadt darauf, dass der Abt Gerhard von Seeon Bamberg bereits im Jahr 1012 als „Buchstadt" bezeichnete. Bistumsgründer Heinrich II. versah die Stadt mit großzügiger Starthilfe, wozu auch die berühmte Miniaturhandschrift, die sog. Bamberger Apokalypse, zählte. Das Scriptorium der Benediktinermönche auf dem Michelsberg und später der Autor Hugo von Trimberg machten Bamberg im Mittelalter zu einer der bekanntesten Schreib- und Illuminatorenwerkstätten.

Bamberg
Karte Umschlagklappe hinten

Schloss Concordia dient heute als internationales Künstlerhaus

Schloss Geyerswörth: In der Nachbarschaft des Alten Rathauses, über eine Holzbrücke erreichbar, liegt das Ende des 16. Jh. errichtete fürstbischöfliche Stadtschloss, dessen prächtig ausgemalter Renaissancesaal der Stadt für repräsentative Zwecke dient. Geyerswörthstraße. Außerdem sind hier Verwaltungsräume untergebracht. Der Turm des Schlosses bietet einen der schönsten Blicke auf die Stadt. Der Schlüssel ist bei der Tourist-Information erhältlich.

Böttingerhaus: Den wohl schönsten Bürgerpalast in der Altstadt ließ sich der hohe Beamte Ignaz Tobias Böttinger, Berater des Fürstbischofs Lothar Franz von Schönborn, von 1706 bis 1713 nach dem Vorbild italienischer Palazzi erbauen. Das karamellfarbene Gebäude findet man in der Judenstraße 14.

Concordia-Schloss: Nur 200 m von seinem Barockpalais entfernt ließ sich Ignaz Tobias Böttinger wenige Jahre später (1716–22) von Johann Dientzenhofer ein romantisch an der Regnitz gelegenes Wasserschloss bauen. Heute ist die Concordia der Sitz des Internationalen Künstlerhauses Bambergs – eine Art Villa Massimo in Franken. Hier finden Konzerte, Ausstellungen und andere Veranstaltungen statt. Concordiastraße (schönster Blick auf den Palast vom Mühlwörth).

Grünes Paradies – der Hain

Eine grüne Oase am Rande der Altstadt. Schon E. T. A. Hoffmann genoss ausgedehnte Spaziergänge durch den malerischen Hain zwischen den beiden Regnitzarmen. Im Mittelalter stand hier noch ein wilder Auwald, der 1803 von *Stephan Freiherr von Stengel* auf Wunsch des bayerischen Königs nach dem Vorbild des Englischen Gartens in München gestaltet wurde. Mit seinen Pavillons, Denkmälern, Tempelchen und seinem botanischen Garten ist der Hain ein lohnenswerter zentrumsnaher Ort der Ruhe und Erholung.

St. Martin: Jesuitenkirche der Gebrüder Dientzenhofer am Grünen Markt. Da sich der arme Orden keine Kuppel leisten konnte, malte Giovanni Francesco Marchini 1714 eine originelle Illusion. Beachtenswert ist die Pietà im rechten Seitenaltar aus dem frühen 14. Jh.

Jakobskirche: Die Säulenbasilika mit ihrem hellgelben Sandstein auf dem Domberg liegt an der Wallfahrtsstrecke ins nordspanische Santiago de Compostela und ist Anlaufpunkt für den Fränkischen Jakobsweg von Kronach nach Nürnberg. Beachtenswert sind das große barocke Deckenfresko im Tiepolo-Stil des Würzburgers Christoph Fesel und die kleinen spätgotischen Wandfresken.

Altenburg: Der 33 m hohe Burgturm auf dem höchsten der sieben Hügel der Stadt ist von überall zu sehen. Die markante Lage wurde sogar einst für eine schnellere Kommunikation genutzt: Der am Turm hängende Eisenkorb diente der Übermittlung von Feuersignalen an die 20 km entfernte Giechburg bei Scheßlitz. Die wuchtige Burg mit ihrer hohen Ringmauer wurde bereits 1108 urkundlich erwähnt und diente knapp 150 Jahre später als Wohnsitz der Bischöfe. 1553 wurde sie im sog. Markgrafenkrieg schwer zerstört. Restaurierungsarbeiten wurden im 19. und 20. Jh. durchgeführt; dabei entstanden auch eine Kapelle (1843) und ein weiteres Gebäude, in dem heute ein Restaurant untergebracht ist.

Die Altenburg ist mit dem Bus vom ZOB (Promenadenstr.) in 15 Min. erreichbar. Unterhalb der Burg befindet sich ein großer Parkplatz. Infos zu Besichtigungen unter ✆ 53387.

Museen

E.T.A.-Hoffmann-Haus: Nach zweijähriger Arbeitslosigkeit trat Ernst Theodor Amadeus Hoffmann (1776–1822) eine Stelle als Theaterkapellmeister in Bamberg an. Der Jurist aus Königsberg wurde allerdings das Opfer einer Intrige missgünstiger Ensemblemitglieder, so dass er Bamberg nach fünfjährigem Aufenthalt im Jahr 1813 wieder verließ. Bis dahin wirkte er als Musikkritiker, Bühnenbildner, Regisseur und nicht zuletzt als Komponist. In Bamberg entstanden u. a. die romantische Oper „Aurora", das „Misere" und die „Duetti" für die Musikschülerin Julia Mark. Der Bamberger Wein- und Buchhändler Friedrich Karl Kunz wurde schließlich der erste Verleger Hoffmanns. Am Schillerplatz (!) steht das kleine, schmalbrüstige Häuschen, in dem der Künstler mit seiner Frau lebte. Die Räume seiner ehemaligen Wohnung in dem 1762 erbauten Haus können besichtigt werden. Im Erdgeschoss wurde ein phantasievoll-verwirrendes „Spiegelkabinett" eingerichtet, wie es Hoffmann wohl selbst geliebt hätte. Hier kann der Besucher in Lichtkästen das Multitalent Hoffmann kennen lernen: Manuskripte, Partituren, Tagebücher etc. Im Obergeschoss sind u. a. Bücher ausgestellt. Neuerdings kann man sich Hoffmann hier auch interaktiv am Computer nähern. Übrigens hat auch die Stadt dem Dichter ihre Referenz erwiesen, indem sie ihn zusammen mit dem Kater Murr in Bronze gießen ließ. Das Denkmal steht schräg gegenüber vom Museum.

Öffnungszeiten/Eintritt Mai–Okt. Di–Fr 15–17 Uhr, Sa/So und feiertags 10–12 Uhr; Eintritt 2 €, Schüler/Stud. 1 €. Schillerplatz 26. Führungen können unter ✆ 2976230 vereinbart werden.

Gärtner- und Häckermuseum: Bamberg war einst eine bedeutende Gärtnerstadt mit bis zu 550 Meistern. Im 16. Jh. notierte ein Chronist: „Keine Landschaft Deutschlands erzeugt mehr und größere Zwiebeln, keine größeren Rüben und Kohlköpfe. Füg hierzu die Süßwurzel, die im Bamberger Land in solcher Menge ausgegraben wird, dass man hochgetürmte Wagen damit beladen sieht." Dieses Süßholz, besonders wichtig für die Lakritzproduktion, wurde bis nach Prag, Wien und Ungarn exportiert. Das 1979 als Museum eröffnete Gärtnerhaus mit einem Garten im Stil der vorigen Jahrhundertwende dokumentiert diese Tradition. Ausgestellt sind Werkzeuge und Möbel, die einen Einblick in die Lebens- und Arbeitswelt um 1900 geben.

Öffnungszeiten/Eintritt Mai–Okt. Mi und So 14–17 Uhr; Eintritt 1 €, erm. 0,50 €. Mittelstraße 34. ✆ 31477.

Bamberg
Karte Umschlagklappe hinten

Das E.T.A Hoffmann-Museum ... ... und das Denkmal auf dem Schillerplatz (!)

Naturkundemuseum: Schon allein das Gebäude des ehemaligen *Jesuitenkollegs*, das auf Pläne von Leonhard Dientzenhofer zurückgeht, ist eine Sehenswürdigkeit. Im Westflügel ließ 1795 Fürstbischof Franz Ludwig von Erthal den „Vogelsaal" einrichten. Dieser frühklassizistische Museumsraum erfüllt noch heute seine Dienste. Die Wandvertäfelungen, die umlaufende Galerie und die reich verzierten Vitrinen machen den Saal selbst zum Ausstellungsstück. Das Museum vermittelt in erster Linie naturkundliche Kenntnisse mit oftmals regionalem Bezug. Die interessant aufbereitete Dauerausstellung erzählt die Geschichte der Erde und des Lebens mit Hilfe moderner Medien.

Öffnungszeiten/Eintritt Apr.–Sept. Di–So 9–17 Uhr, Okt.–März 10–16 Uhr; Eintritt 2 €, erm. 1,50 €, unter 18 Jahren 1 €, unter 6 Jahren frei. Fleischstraße 2. ✆ 8631249.

Fränkisches Brauereimuseum: „Das Bier hier ist gut", lobte schon der Philosoph Hegel vor fast 200 Jahren. Daran hat sich bis heute nicht viel geändert. Die Verarbeitung von Hopfen und Malz hat in Bamberg eine lange Tradition. 1979 gründete sich ein Förderverein, der in den historischen Gewölben der ehemaligen Benediktinerbraustätte auf dem Michelsberg das kleine Museum mit 600 Exponaten einrichtete. Historische Geräte dokumentieren den Produktionsprozess von der Herstellung des Malzes bis zum fertigen Bier.

Öffnungszeiten/Eintritt Apr.–Okt. Mi–So 13–17 Uhr; Eintritt 2 €, Schüler/Stud. 1 €. Michelsberg 10. Besichtigungen können unter ✆ 53016 vereinbart werden.

Staatsbibliothek: Allein schon wegen des prachtvollen Lesesaals lohnt sich ein Besuch der Staatsbibliothek in der Neuen Residenz. Die Bestände stammen aus den 1803 säkularisierten Klöstern des Bistums. Heute verwahrt die Forschungsbibliothek

370.000 Bände, darunter 5500 Handschriften und 3400 Bücher aus der Frühzeit des Buchdrucks. Zu den Glanzlichtern gehören die sog. „Bamberger Apokalypse" aus dem 11. Jh. und der „Bamberger Psalter" (1230/40). Wechselausstellungen geben Einblicke in die Schätze. www-staatsbibliothek-bamberg.de.

Öffnungszeiten/Eintritt Mo–Fr 9–17 Uhr, Sa 9–12 Uhr, im August nur Mo–Fr 9–12 Uhr; Eintritt frei. Neue Residenz, Domplatz 8.

Spaziergang vom Alten Rathaus zur Altenburg

Der rund einstündige Spaziergang beginnt beim Alten Rathaus. Gehen Sie in Richtung Dom, nach 150 m biegt rechts die Lugbank ab, die zum Pfahlplätzchen, dem Wohnhaus Hegels, führt; von dort zieht sich die breite Straße Unterer Kaulberg steil den Berg hoch. Auf Höhe der Oberen Pfarre mit ihrem originellen Turm (lohnende Besichtigung) biegen Sie rechts in das Gässlein Hinterer Bach (Treppe) ab. Nach wenigen Metern treffen Sie auf den Fuß- und Radweg im Domgrund, der zwischen dem Kaul- und Domberg durch malerische Gärten führt. Er endet an einer kleinen Kreuzung (Sutte). Von dort gibt es zwei Möglichkeiten. Die kürzere Variante: Geradeaus beginnt die Altenburger Straße. Die bequeme Asphaltstraße (wenig befahren) führt direkt nach 1,5 km zum Ziel. Die romantische Variante: An der Kreuzung biegen Sie in die kurze Ziegelgasse ab und dort nach wenigen Schritten in die Gartenstraße, die nach 100 m einen scharfen Knick (bei der Villa) macht und sich jetzt wie das Tal Teufelsgraben nennt. Die dichte Wohnbebauung endet hier. Nach 300 m macht der Weg eine Rechtskurve, Sie halten sich links und folgen der Bezeichnung Teufelsgraben. Von fern sieht man bereits den Bergfried der Altenburg. Der Weg führt vorbei an Hausgärten und Wochenendhäuschen. Das Tal wird immer enger. Am Ende des Weges, etwa 700 m nach der Biegung, halten Sie sich links. Der steile Pfad mündet in den Rübezahlweg, der das letzte Stück durch den Wald der Bergkuppe nach oben führt.

Bamberger Schöpfungsweg. Besinnlich, meditativ, erholsam – das war die Intention für den 5 km langen Rundweg, der zum 1000-jährigen Bistumsjubiläum 2007 angelegt worden ist. Naturschönheiten sollen den Spaziergängern die Schöpfung Gottes bewusst machen. An zwölf Stationen gibt es dazu vertiefende Texte. Von der Klosteranlage St. Michael geht es zum Ottobrunnen im Michelsberger Wald, zu den historischen Steinbrüchen des Rhätsandsteins und über den Kunigundenweg zurück zum Michelsberg. Besonders erlebnisreich im Kreislauf des Jahres ist das Lavendellabyrinth aus 3450 Sträuchern.

Bamberger Schleichwegla

Wer die Stadt abseits der Touristenpfade kennenlernen möchte, den lädt der Verein „Geschichte für Alle" zu kulturgeschichtlichen Spaziergängen ein. Die spannenden thematischen Rundgänge beleuchten zum Beispiel die Hexenverfolgungen, eines der dunkelsten Kapitel der Stadt, führen durch das literarische Bamberg bzw. durch das Gärtnerviertel oder widmen sich dem fränkischen Wein. Unbekannte Ecken, vergessene Persönlichkeiten und unscheinbare Straßen gewinnen eine ganz neue Bedeutung. „Geschichte für Alle" ist über das Institut für Regionalgeschichte ✆ 0911/307360, 📠 0911/3073616 in Nürnberg erreichbar. Bürozeiten: Mo–Do 9–12 und 13–17 Uhr, Fr 9–15 Uhr. Wiesentalstr. 32, 90419 Nürnberg, www.geschichte-fuer-alle.de.

Bamberger Skulpturenweg. Einer Weltkulturstadt steht es gut „zu Gesicht", wenn sich die internationale Kunstwelt ein Stelldichein gibt. Das Internationale Künstlerhaus Villa Concordia hat 1998 damit begonnen, einen Zyklus „Moderne Plastiken" in der Innenstadt zu installieren. Der Start mit den aufgeblähten Bronze-Skulpturen von Fernando Botero aus Kolumbien sorgte für erhitzte Diskussionen und Leserbriefe, und das ist über den Schweizer Luginbühl bis zuletzt zum Neoimpressionisten Markus Lüpertz so geblieben. Bisher haben acht Künstler ihre Plastiken gezeigt, sechs haben alle eine „Visitenkarte" (mit großem finanziellen Engagement weiter Kreise) hinterlassen (www.bamberg-info).

Bamberg/Umgebung

Schloss Seehof: Der Park mit seiner sprudelnden Kaskade, den blendend weißen Plastiken und dem alten Baumbestand ist ein beliebtes Ausflugsziel. Das Schloss, eine quadratische, vierflügelige Anlage mit haubenbekrönten Eckpavillons, wurde von dem italienischen Architekten Antonio Petrini zwischen 1686 und 1696 geschaffen. Der auf einer kleinen Anhöhe gelegene Bau, der leider nur in Teilen zugänglich ist, sollte der Macht und Würde des absolutistischen Bauherrn, Fürstbischof Marquard Sebastian Schenk von Stauffenberg, Ausdruck verleihen. Im 18. Jh. wurde das Schloss von so berühmten Baumeistern wie Johann und Heinrich Dientzenhofer, Balthasar Neumann und Johann Michael Küchel verändert und erweitert. Der wuchtige Komplex besitzt auch reizvolle Innenräume wie den im Stil des Rokoko ausgestatteten Hauptsaal, das Treppenhaus und die Kapelle mit einem Altar von Antonio Bossi. In der Orangerie der Schlossanlage ist heute ein Café/Restaurant untergebracht, im Sommer mit netter Terrasse.

• *Öffnungszeiten/Eintritt* **Schloss**: April–Okt. 9–18 Uhr, Mo geschlossen, Nov.–März ganz geschlossen. Besichtigung nur mit Führung. Eintritt 3,50 €, erm. 2,50 €.

Schlosspark: ganzjährig geöffnet. Eintr. frei.

Wasserspiele: 1. Mai bis 7. Oktober täglich 10–17 Uhr zu jeder vollen Stunde. ÖPNV: Bus Nr. 7 ab Bamberg, Info unter ✆ 0951/519390.

Restaurant-Café: Ostern bis 31. Okt. Mo–Sa 10–18 Uhr, So und feiertags 9–19 Uhr, im Winterhalbjahr bis 17 Uhr. ✆ 0951/4071640.

• *Übernachten/Essen & Trinken* **Drei Kronen**, der Brauereigasthof, im Ortszentrum von Memmelsdorf (1 km von Schloss Seehof) wird seit vielen Jahren von Bierkennern geschätzt. Hier kommt das dunkle Kellerrauchbier „Stöffla" zum Ausschank. Das Essen ist eher durchschnittlich. Gemütliche Gästezimmer, nette Atmosphäre. Wirtsgarten. So-Abend und Mo-Mittag geschlossen. EZ ab 46 €, DZ ab 72 €, Frühstücksbüffet. Hauptstr. 19, ✆ 0951/944330, ✆ 0951/9443366, www.drei-kronen.de.

Buttenheim

Auf halbem Weg zwischen Bamberg und Forchheim gelegen, war Buttenheim vor der Erfindung von Eisen- und Autobahn wichtige Durchgangsstation an der Verkehrsader Regnitztal. Heute gestaltet sich der Alltag in der hübschen Marktgemeinde eher beschaulich.

Als Ausgangsstation zur Erkundung der Fränkischen Schweiz ist der Ort bei Touristen beliebt, Tagesausflügler kommen aus der näheren Umgebung, um sich auf den Kellern zu entspannen. Brauereien mit Tradition gleich gegenüber einer Barockkirche und ein Schloss, Buttenheim könnte als *die* typische fränkische Ortschaft gelten, wäre da nicht ein berühmter Sohn (siehe Kasten S. 77).

Jede Menge Nieten und ein Selfmademan – das Levi-Strauss-Geburtshaus

Sein Erfolgsrezept war denkbar einfach: Arbeitskleidung muss halten. Als Levi Strauss und Jacob Davis 1873 ein Patent zur Verstärkung von Hosen durch Nieten anmeldeten, konnten sie schwerlich ahnen, dass sie die Mode des kommenden Jahrhunderts entscheidend prägen sollten: Die Jeans kam auf den Markt, fand sofort bei Goldgräbern und Cowboys reißenden Absatz und ist heute aus den Kleiderschränken kaum noch wegzudenken.

Löb Strauss wurde am 26. Februar 1829 in Buttenheim geboren. Nach dem Tod des Vaters sah sich Mutter Rebecca genötigt mit den drei jüngsten Strauss-Kindern 1847 nach Amerika auszuwandern. Der junge Löb nannte sich in New York angekommen Levi und lernte bei seinen beiden älteren Stiefbrüdern, die bereits Jahre zuvor nach Amerika gekommen waren, den Beruf des Händlers. 1853 folgte er wie so viele Neu-Amerikaner dem Ruf des Goldes und zog nach San Francisco. Der *goldrush* sollte ihn reich machen, aber nicht weil er selbst nach dem Edelmetall schürfte, sondern weil er den Diggern vom Anzug bis zur Zahnbürste all das verkaufte, was sie benötigten, und schließlich auch die vernieteten „waist-overalls", die (so das *branding* von 1886), nicht einmal zwei Pferde zerreißen könnten.

Im Geburtshaus Löb Strauss', das gleichzeitig das älteste Haus Buttenheims ist, ehrt seit 2000 ein Museum den berühmtesten Sohn des Ortes. Die prämierte Ausstellung erzählt vom Leben Levi Strauss' und von der Geschichte der Jeans, auch einige historische Hosen, Leihstücke von Sammlern, die am Aufbau des Museums beteiligt waren, sind zu sehen. Im Museumsshop zu kaufen gibt es die neueste Kollektion ebenso wie Reproduktionen aus den Archiven und den Jeansklassiker 501.

Öffnungszeiten/Eintritt Di und Do 14–18 Uhr, Sa/So und feiertags 11–17 Uhr, Gruppen nach Vereinbarung Eintritt 2,60 €, erm. 1,30 €, Marktstr.33, ✆ 442602 oder 4409936 (Büro), ✆ 1878, www.levi-strauss-museum.de, levi-strauss-museum@web.de

Wahrscheinlich schon im 6. Jh. besiedelt, wird Buttenheim im Jahr 1017 erstmals urkundlich als „Heim von Botho" erwähnt. Seit dem 12. Jh. sind die Herren von Stiebar belegt, deren Familie bis heute mit Buttenheim eng verbunden ist. Seit 1351 verfügte der Ort mit Teilung der Besitztümer unter zwei Stiebar-Brüdern über zwei Schlösser, dem Oberen und dem Unteren Schloss. Ersteres fiel, wie nahezu alle Häuser des Ortes, 1525 einem Brand während des Bauernaufstands zum Opfer. Der Nachfolgebau des Unteren Schlosses wurde 1774 errichtet, sehenswert: die schöne Freitreppe.

Die Freitreppe des Buttenheimer Schlosses

Zentrum Buttenheims ist die kath. Pfarrkirche **St. Bartholomäus**. Ob deren Ursprung zurückgeht auf die Kapelle einer karolingischen Burganlage, oder ob die erste Kirche Buttenheims einer der 14 Slawenkirchen war, die Karl der Große Ende des 8. Jh. erbauen ließ, ist umstritten. 1213 wurde der Nachfolgebau eingeweiht, der 1709 modernisiert, also barockisiert, dann aber doch als zu finster empfunden wurde. Bis auf Turm und Sakristei wurde die alte Kirche abgerissen, an ihrer Stelle entstand 1754–1757 die Barockkirche nach den Plänen des Bamberger Hofbaumeisters Michael Küchel, einem Schüler Balthasar Neumanns. Die prächtige Rokokoausstattung wurde bis 1770 fertiggestellt. Die Fassade schmücken lebensgroße Statuen des hl. Heinrich II. (links), des Schutzheiligen der Kirche Bartolomäus (über dem Portal) und der hl. Kunigunde (rechts). Im Innern sind unter anderem der prächtige Hochaltar von 1785, die Kanzel (1758) und im Turm der frühbarocke Altar der alten Kirche zu bewundern.

Mitten im Ort befindet sich auch das **Kleine Haus der Kunst**. Im alten Benefiziatenhaus gibt es ständig wechselnde Ausstellungen mittelosteuropäischer moderner Malerei, Grafik, Bildhauerei und Fotografie, außerdem finden Autorenlesungen, Kabarettveranstaltungen, Konzerte und Workshops statt (geöffnet nach Vereinbarung unter ✆ 09545/322337 oder 0172/8549135). www-romtendenzline.de.

• *Vorwahl* 09545

• *Information* Rathaus Markt Buttenheim, Hauptstr. 15, 96155 Buttenheim, ✆ 9222-0, 📠 922244, www.buttenheim.de. Mo–Fr 8–12 Uhr, außerdem Di 13–15.30 Uhr und Do 13–18.30 Uhr.

• *Übernachten/Essen* **Landhotel Schloss Buttenheim**, dem Schloss gegenüber befindet sich im ehemaligen Forsthaus das ca. 1750 erbaute und 1990 renovierte Haus. Es verfügt über acht individuell eingerichtete, stilvolle Zimmer. Im Sommer (wenn das Wetter mitspielt) gibt es im Schlosshof Gartenbetrieb mit leichter mediterraner Küche und guten Weinen. Außerdem eine Golf Driving Range mit 230 m Länge. DZ 84 €, EZ 57 €. Schloss-Straße 16, ✆ 9447-0, 📠 5314, www.landhotel-buttenheim.de.

Brauereigasthof Löwenbräu, der traditionsreiche Gasthof lädt zu fränkischer Küche (z. B. Bonakern mit Klöß) und einem hausgebrauten ungespundeten Bier ein. Im Herbst und Winter auch leckere Karpfen aus dem nahe gelegenen Aischgrund. Der freundliche Familienbetrieb bietet 11 modern-rustikale Zimmer an. Der Gasthof hat Mo Ruhetag (Übernachtungen natürlich möglich). DZ 45 €, EZ 29 €. Marktstr. 8, ✆ 09545/332, ✆ 70789, www.loewenbraeu-buttenheim.de.

Brauereigasthof St. Georgen Bräu, gleich nebenan vom Löwenbräu. Im rustikalen „Bräustübla" werden fränkische Brotzeiten und Spezialitäten serviert. Tägl. ab 11.30 Uhr geöffnet. Gegenüber befindet sich das angeschlossene moderne Gästehaus. DZ Altbau 52 €, Neubau 59 €, EZ 32/39 €. Marktstr. 12, ✆ 09545/950160 (Bräustübla), Zimmerreservierung Gästehaus unter ✆ 1554, Brauereiführungen unter ✆ 446-0, ✆ 446-46, www.kellerbier.de.

• *Keller* Beide Brauereien betreiben am Hang des südlich von Buttenheim gelegenen Hügels Kellerbetriebe. Der **Löwenbräu-Keller** öffnet im Sommer um 11 Uhr, mittags und abends warme Küche, ab September Di–Do Ruhetag, ✆ 509346. Der **St.-Georgenbräukeller** hat während der Saison ab 15 Uhr geöffnet, ✆ 950165.

Bamberg/Umgebung

Buttenheim/Umgebung

Senftenberg

Schon von weitem grüßt das kleine Georgskirchlein vom Hügel oberhalb von Stackendorf herunter. Es wurde 1668 an der Stelle einer im Bauernkrieg zerstörten Burg errichtet. In der Kirche ein Gemälde der Georgslegende aus dem 17. Jh. Ein farbenprächtiger Höhepunkt ist die alljährlich zu Pfingsten wieder aufgenommene Tradition des **Sankt-Georgi-Ritts** auf den Berg. Der Senftenberg ist ein Synonym für die typisch oberfränkische Verbindung von Biergenuss und Naturerlebnis. Auf Holzbänken unter großen Linden und Buchen sitzend, gleitet der Blick über die Hügel des Vorlandes der Fränkischen Schweiz bis ins Regnitztal. Trotz der immensen Größe ist es hier auch an Wochenenden beschaulich. Wer Oberfranken „aufs Maul schauen" möchte, ist hier richtig. Zum Ausschank kommt das süffige Vollbier der Brauerei Sauer aus dem nahen Gunzendorf. Umfangreiche Auswahl an Brotzeiten, am Wochenende auch kleine warme Mahlzeiten, ungeschlagen sind das Paar „Bratwärschd" mit Kraut und Brot.

Wandern um den Senftenberg (Markierung roter Querbalken)

Eine sehr lohnende Tour führt vom Senftenberg zur *Friesener Warte*. Zunächst geht es vom Senftenberg an den alten Kellern durch Hohlwege im Sandstein bergan Richtung Norden. Auf der Hochfläche erreicht man den kleinen Ort Hochstall, hier ist ein Abstecher zu dem rechter Hand im Buchenwald liegenden *Klettergarten* lohnenswert. Von *Hochstall*, das vom nahen Fernmeldeturm bei Kälberberg überragt wird, geht es aussichtsreich auf die Friesener Warte. Preiswerte Stärkung holt man sich in *Friesen* bei Familie Brütting.

Frankendorf

Etwa 1 Kilometer nördlich von Stackendorf liegt das malerische Örtchen Frankendorf. Entlang des Deichselbaches, der neben der Straße plätschert, hat sich ein Ensemble aus 31 eingeschossigen Bauernhäusern erhalten. Nahezu alle Fachwerkbauten sind schön restauriert und haben dem Ort mehrmals Wettbewerbspreise eingetragen.

Essen & Trinken **Gasthaus Saffer**, ebenso „vorbildlich" fränkisch wie der Ort: reichlich Brotzeit, die Halbe Huppendorfer Bier 1,70 €. Geöffnet Mi–Do-Fr ab 17, Sa ab 15 Uhr (ein warmes Gericht), So ab 10 Uhr, Mittagstisch. Frankendorf Nr. 28, ✆ 8845.

Forchheims Fußgängerzone mit fließendem Kaltwasser – genannt „Bächla"

Forchheim

„Fränkisch modern mit altem Kern" – so lautet der Slogan Forchheims. Das katholische 31.000-Einwohner-Städtchen, das das westliche Eingangstor zur Fränkischen Schweiz bildet, hat viel von seiner mittelalterlichen Bausubstanz erhalten können. Haus um Haus wurde die schmucke Altstadt saniert und die Hauptstraße mit einem originellen „Bächla" versehen. Tatsächlich ist Forchheim eine Flüssestadt: Hier münden die Wiesent und die Trubbach in die Regnitz.

Trotz vieler baulicher Veränderungen blieb der ursprüngliche Charakter der Innenstadt erhalten. Markantes Wahrzeichen ist der von hübschen farbig gestalteten Fachwerkbauten und schmucken Barockhäusern eingerahmte Rathausplatz mit der äußerlich schlichten Stadtpfarrkirche St. Martin gleich nebenan, um die sich das mittelalterliche Zentrum gruppiert. Viele Besucher loben die gemütliche Aufenthaltsqualität in der Stadt, höchstes Lob erfuhr Forchheim 2009, als der amerikanische Nobelpreisträger für Physik, Roy Glauber, zu Gast war. „Wunderschön, eine der schönsten Städte, die ich je besucht habe", schwärmte er.

Doch es sind nicht nur historische Monumente wie etwa das grabenumgürtete Bischofsschloss oder die alte Festungsanlage mit ihren Bastionen und dem prächtigen Nürnberger Tor, die den Charme der sehenswerten Kreisstadt ausmachen. Forchheim ist vor allem eine Bierstadt. Nirgendwo anders in der Fränkischen Schweiz (mit Ausnahme Bambergs) kann man in so vielen Brauereigasthöfen einkehren. Ihre Brauereien *(Hebendanz, Eichhorn, Neder, Greif)* halten die Forchheimer hoch. Höhepunkt der „Bierverehrung" ist das **Annafest** Ende Juli. Zehn Tage lang, stets um den Annatag (26. Juli), findet das traditionsreiche Fest statt. Ein Besuch lohnt vor allem wegen der einmaligen Atmosphäre. Im Eichen- und Buchenwald versteckt sind rund zwei Dutzend Bierkeller, manche davon haben ganzjährig geöffnet. Tausende drängen sich während der Sommerhitze in den Gassen des Kellerwaldes. Es gibt Blasmusik und Bier vom Fass, und natürlich eine deftige Brotzeit, die man sich auch selbst mitbringen kann. Nicht versäumen sollte man die Eröffnung (Termin in der Tourist-Information erfragen). Auf dem Rathausplatz finden dann folkloristische Darbietungen statt. Anschließend zieht ein Festzug mit fränkischen Trachten und Schützen im Glanz ihrer Königsketten zum Kellerwald (alle fünf Jahre im „Großformat" mit über 100 Gruppen). Das Annafest ist keine landesübliche Kirchweih, sondern verdankt seine Entstehung der Wallfahrt und der Schützengesellschaft. Am Tag der heiligen Anna pilgerten die Forchheimer Katholiken seit jeher zur St.-Anna-Kirche in Weilersbach. Bei der Heimkehr machten die durstigen Wallfahrer im schattigen Kellerwald Rast. Aus Felsengewölben wurde eine frische Maß Bier gereicht und dazu eine deftige Brotzeit serviert. Dieser Brauch wurde jedoch erst zum Volksfest, als die „Königlich-Privilegierte Hauptschützengesellschaft" 1840 ihre Schießstätte von der Stadt in den Kellerwald und das Hauptschießen auf den Annatag legte.

Rathaus als Adventskalender

In der Adventszeit verwandelt sich das Forchheimer Rathaus seit 1996 in einen überdimensionalen Adventskalender. Die Fenster des malerischen Fachwerkensembles werden mit nummerierten Fensterläden verschlossen, und die Fassade wird weihnachtlich dekoriert. Zwischen dem 1. und 24. Dezember versammelt sich täglich um 18.30 Uhr (an Heiligabend bereits um 12 Uhr) eine größere Menschenmenge, um zu beobachten, wie ein Weihnachtsengel das jeweilige Fenster öffnet. Auf dem Platz halten die Buden zwischen Rathaus und Kaiserpfalz Köstlichkeiten der Adventszeit bereit, und in den Rathaushallen macht ein Kunst-Handwerkermarkt das Schenken leicht.

Wirtschaftlich spielte Forchheim wegen seiner verkehrsgünstigen Lage (etwa in der Mitte zwischen Nürnberg und Bamberg) schon im Mittelalter eine wichtige Rolle. Die größte und reichste Zunft war damals die der Büttner und Brauer. Heute ist der Südteil der Stadt von einem Industriegürtel umgeben. Zu den größten Arbeitgebern zählt das medizintechnische Werk der Siemens AG.

Wesentlich zur Entwicklung Forchheims haben nach dem Krieg Betriebe beigetragen, die sich hier nach Flucht und Vertreibung aus den Ostgebieten neu angesiedelt haben. Einer davon ist die Schokoladenfabrik Piasten, die sich auch in einem härter gewordenen Wettbewerb mit bewährten und innovativen (süßen) Produkten behauptet. Diese kann man in einem neu eingerichteten Werksverkauf probieren und kaufen (Forchheim-Nord, Piastenstraße 1, Mo–Fr 10 bis 17 Uhr, www.piasten.com).

Geschichte

Wie archäologische Ausgrabungen belegen, war das Regnitztal um Forchheim bereits in vorgeschichtlicher Zeit bewohnt. Die Funde, z. B. Beile, Pfeilspitzen oder verkohlte Getreidekörner, sind heute im Pfalzmuseum zu sehen.

Im 7. Jh. gründeten die Franken hier eine kleine Ansiedlung, die sich wegen ihrer verkehrsgünstigen Lage bald zum bedeutenden Fernhandelsplatz entwickelte und schließlich sogar als Königshof fungierte, der vor allem von den spätkarolingischen Königen genutzt wurde. Könige wurden hier auch gewählt, u. a. *Konrad I.* (911–918).

Ins Blickfeld der europäischen Geschichte rückte Forchheim im Jahr 1077: Nachdem *Heinrich IV.* mit dem päpstlichen Bann belegt und von den deutschen Fürsten abgesetzt worden war, wurde im sog. Pilatushof zu Forchheim sein Schwager *Rudolf von Rheinfelden* zum Gegenkönig ausgerufen.

Für die Entwicklung Forchheims war allerdings das Jahr 1007 von Bedeutung. Kaiser Heinrich II. schenkte den Königshof und vierzehn umliegende Dörfer dem neu gegründeten Bistum Bamberg. Damit ging Forchheim aus dem Eigenbesitz der Könige an die Kirche über.

Ende des 14. Jh. errichtete Fürstbischof Lambert von Brunn in Forchheim eine Residenz, aus der sich im Laufe der Jahrhunderte die heutige „Kaiserpfalz" entwickelte. Aus dem 14. Jh. sind wertvolle Wandmalereien erhalten geblieben (im sog. Kaisersaal und in der Hauskapelle). Im 16. Jh. wurde das Wasserschloss mit weiteren Anbauten zu einer vierflügeligen Anlage um einen malerischen Innenhof erweitert.

Ebenfalls im 16. Jh. (nach dem zweiten Markgrafenkrieg) wurde mit dem Bau einer noch heute gut erhaltenen Wehranlage begonnen, die Ende des 18. Jh. fertig gestellt war. Sie fußte auf einer früheren Befestigungsanlage aus dem 10. Jh. Die Festungsstadt Forchheim blieb insgesamt fast 800 Jahre unter der politischen Herrschaft des Bamberger Bistums, bis sie 1803 an Bayern fiel.

Bedeutung erhielt Forchheim erst wieder im 20. Jh. Bei der Gebietsreform wurden die umliegenden Gemeinden Kersbach, Buckenhofen, Reuth und Burk eingemeindet. Die Zahl der Einwohner (im Jahre 1939 noch 11.000) verdreifachte sich in nur vier Jahrzehnten, nicht zuletzt durch die vielen Flüchtlinge, die nach 1945 hier ihre neue Heimat fanden.

Das Dritte Reich ging auch in Forchheim nicht spurlos vorüber. In der „Reichskristallnacht" zerstörten die Braunhemden die Synagoge in der Wiesentstraße und deportierten in der Folgezeit die Mitglieder der jüdischen Gemeinde in Konzentrationslager. Einem Großteil der Forchheimer Juden gelang es allerdings nach dem Pogrom, Deutschland noch rechtzeitig zu verlassen. Dem Mut einiger Forchheimer Bürger, die längst nicht mehr an die Nazi-Propaganda glaubten, ist es zu verdanken, dass die Stadt 1945 kampflos und damit ohne Zerstörung den amerikanischen Befreiern übergeben werden konnte.

Nach dem Krieg wurde die nationalsozialistische Zeit in Forchheim, wie in anderen Städten auch, geflissentlich unter den Tisch gekehrt. Es dauerte lange, bis ein Gedenkstein gegenüber der niedergebrannten Synagoge in der Wiesentstraße aufgestellt wurde. Im November 2008 wurde auf dem Gehweg vor der Geronskapelle (Nähe Paradeplatz) ein Mahnmal für die aus Forchheim deportierten und dann in Vernichtungslagern ermordeten jüdischen Mitbürger enthüllt. Genau gegenüber wurden am 27. November 1941 sechs Frauen und zwei Männer auf offene Lkw verladen und in Richtung Osten abtransportiert. Weitere sechs Personen folgten bis 1944.

Information/Stadtführung

- *Vorwahl* 09191
- *Information* Im Erdgeschoss des Rathauses befindet sich die **Tourist-Information**. Geöffnet April–Oktober Mo–Fr 9–18 Uhr, Sa 10–13 Uhr; Nov–März Mo–Fr 9–17.30 Uhr. Postadresse: Rathaus Hauptstr.24, 91301 Forchheim, ✆ 714338, 714206, tourist@forchheim.de, www.forchheim.de.

Forchheim Karte S. 83

• *Stadtführung* Die Tourist-Information bietet eine lohnenswerte **Stadtführung** an. Treffpunkt Rathausplatz, Unkostenbeitrag 3 €, Schüler/Studenten2 €, Familien 7 €. Dauer ca. 1,5 Stunden, von April bis Ende Oktober jeden Mittwoch um 15 Uhr und Samstag um 10.30 Uhr.

Bei der **Führung in die „Unterwelt" Forchheims**, die von April bis Oktober immer am ersten So des Monats um 14 Uhr von Tourist-Information aus startet, werden die Kasematten und Verteidigungsanlagengezeigt. Dauer: 2 Stunden, Preise siehe Stadtführung. Beide Führungen sind auch für Gruppen in englischer und französischer Sprache auf Bestellung möglich.

Für Gruppen werden außerdem Halb- und Ganztagestouren in die Fränkische Schweiz, Bierkellerführungen und Stadtführungen u. a. bei Nacht, zu Sagen und Legenden sowie für Kinder angeboten. Stark nachgefragt sind im Frühjahr die **Rundfahrten zu den schönsten Osterbrunnen** in der „ Fränkischen".

Sport/Freizeit

• *Angeln* Inhaber einer Lizenz erhalten im Waffen- und Angelgeschäft **Höhnlein**, Hornschuchallee 34, eine Angelkarte für Regnitz, MD-Kanal und Trubbach im Bereich der Stadt. Dort können u. a. Weißfisch und Forelle geangelt werden. Tageskarte 8 €. ✆ 729666.

• *Baden* Im Frühjahr 2010 wurde am Standort des bisherigen Freibades in der Käsröthe das **KönigsBad** als Ganzjahresbad eröffnet und das bisherige Hallenbad integriert. Innen und außen gibt es mehrere Becken mit Rutschen und 3-Meter-Turm, ein Warmbadebecken mit 34 Grad, Wellness, Dampfbad, Sauna und Gastronomie. ✆ 714 300. Infos unter www.forchheim.de.

• *Nordic Walking im Kellerwald* Vier Routen ab Festplatz, 3–10 km. Näheres unter www.aok.de/bay.

• *Fahrradverleih* bei „Fahr Rad", Marktplatz 9, ✆ 729290, und „trail-on", Mühlhof 2, ✆ 0151/12131919.

• *Schiffsfahrten* Auf dem Main-Donau-Kanal bestehen Schiffsverbindungen von Nürnberg nach Forchheim und zurück. Die Fahrt auf dem schnurgeraden Kanal ist ein beschauliches Erlebnis. Die Anlegestelle an der Sportinsel ist ca. 10 Min. von der Altstadt entfernt. Die Schiffe verkehren nicht regelmäßig. **Auskünfte und Prospekt nur** unter ✆ 0911/6002055, 📠 0911/60020054, www.neptun-personenschifffahrt.de

Übernachten (siehe Karte S. 83)

Hotel Plaza (14), ein Vier-Sterne-Hotel nahe der Fußgängerzone, das im Mai 2004 den Betrieb aufnahm. 36 komfortable Zimmer (mit Internetanschluss), Cafébar und Lounge, außerdem Tagungsräume mit modernster Ausstattung. EZ 78–138 €, DZ 98–158 €. Nürnberger Straße 13, ✆ 09191/977790, 📠 09191/9777999, www.hotels-forchheim.de.

Townhouse – das kleine Hotel (13), eine Dependance des Plaza. Hinter der schlichten Fassade des Gästehauses verbirgt sich ein gemütliches und komfortables Hotel (3 Sterne). Die zwölf Zimmer sind klassisch-elegant eingerichtet. Ein Haus zum Wohlfühlen. EZ 72–82 €, DZ 92–102 €. Reservierung erwünscht. Dreikirchenstr. 13, ✆ 09191/70790, 📠 09191/707930, www.hotels-forchheim.de.

Gästehaus an der Kaiserpfalz (4), in einem renovierten Altstadthaus mit modernem Anbau ist die kleine behagliche Pension untergebracht. Vermietet werden komfortable Appartements (ca. 45 qm) mit Wohn- und Schlafzimmer, Kleinküche, DU/WC und Balkon. Gemütliche Sitzecke im Gartenhof. Auf Wunsch auch Frühstück. DZ 51 €, App. 2 Pers. 61 €. Sattlertorstr. 34, ✆ 09191/621914, 📠 09191/172955, www.gaestehaus-kaiserpfalz.de.

Hotel am Kronengarten (2), ruhig gelegenes Garni-Hotel am Rande der Altstadt. Geschmackvolle Herberge hinter efeubewachsener Fassade. Zimmer auf vier Etagen (Lift).Tagungsraum. Benachbartes Parkhaus. Frühstücksbuffet. EZ 63 €, DZ 77 €. Bamberger Str. 6a, ✆ 09191/72500, 📠 09191/66331, www.hotel-am-kronengarten.de.

Hotel Schweizergrom, familiärer Gasthof (2 km zur Altstadt). Kachelofen und Holzdecke schaffen heimelige Atmosphäre. Man kann gut fränkisch essen (eigene Schlachtung). Idyllischer Garten, der zum Verweilen bei Fassbier einlädt. Probieren Sie die deftigen Brotzeiten oder Schäufele bzw. gute Karpfen. Auch fränkische Schlachtschüssel (am Di). Fr Ruhetag. Bei der freundlichen Fam. Eisgrub kostet das rustikal eingerichtete DZ zw. 65 und 75 €, EZ zw. 45 und 55 €. Röthenstr. 5, Stadtteil Burk, ✆ 09191/3955, ✆ 09191/33257, www.hotel-schweizergrom.de.

Hotel Franken, etwas außerhalb des Zentrums gelegenes Hotel, das allen Komfort bietet. Restaurant (So Ruhetag) mit Cocktailbar und Biergarten. Vom Zentrum Richtung Ebermannstadt, auf der Bayreuther Straße dann links in die Ziegeleistraße (ausgeschildert). DZ ab 75 €, EZ ab 59 € inklusive Frühstück. Ziegeleistr. 17, ✆ 09191/6240, ✆ 09191/62480, www.hotelfranken.de.

Jugendherberge Don Bosco (12), Sie liegt zwischen Bayreuther Straße und Kellerwald und wird von den Salesianern Don Bosco am Pfarrzentrum betrieben. Insgesamt 83 Betten in 5 DZ und13 Mehrbett-Zimmern mit Waschgelegenheiten, Duschen auf den Etagen. Mehrzweck-Sportplatz am Haus. 18,40 € pro Übernachtung und Frühstück, „Senioren" (ab 27) zuzügl. 4 €. Don-Bosco-Str. 4, ✆ 09191/70710, ✆ 09191/707111, www.donbosco-forchheim.de.

Camping

Auf einem riesigen Gelände ist der **Jugendzeltplatz Schleuseninsel** angesiedelt. Einer der schönsten in Franken, wurde 2007 saniert. Geöffnet vom 1. Mai bis 30. Sept. Der Platz liegt im Stadtteil Buckenhofen (ca. 4 km vom Zentrum) zwischen Regnitzarm und MD-Kanal.

Grillanlagen, Feuerstellen, Tischtennis, Küche, Keller und Duschräume vorhanden. Gruppen (pro Person) 1,60 €, Einzelzelter 2 €, plus 1 € Kostenpauschale/Tag. Benutzung nur nach vorheriger Anmeldung unter ✆ 735862 bzw. ✆ 734579. Zur Staustufe 21. jugendzeltplatz @stadt.forchheim.de.

Wohnmobilstellplatz (15), Hübsche Lage mit Wasser- und Stromanschluss. Sanitäre Anlagen auf der Sportinsel nutzbar. Entsorgungsmöglichkeit kostenlos an der Kläranlage. Platzgebühr 3 €/Nacht, Duschen 1 €/ Person. An der Sportinsel am Regnitz-Radweg. Zufahrt Burk-Forchheim/West, ✆ 4449 oder 0173/8638631, tourist@forchheim.de.

Essen (siehe Karte S. 83)

Kammerer's Mühle (5), allein das einmalige Ambiente des schiefen Spätrenaissance-Fachwerkhauses (1698) an der Wiesent macht die Kammerer-Mühle zum zweifellos originellsten Lokal der Stadt. Das geschmackvoll eingerichtete, urige Restaurant mit seinen kleinen, kaum mannshohen Zimmern und Galerien bietet eine besondere Atmosphäre. Hier kann man nicht nur stilvoll guten Wein (Franken und international) genießen, sondern auch gepflegt gut essen. Hinterm Haus kleiner Mühlen-Garten. Die Küchenmeister empfehlen bes. Fisch und Steaks. Geöffnet Mo ab 17 Uhr, Di–Fr 11.30–14 und 17.30–24 Uhr. Sa 17.30–24 Uhr. So Ruhetag. Wiesentstraße 10, ✆ 704555, ✆ 704557. www.kammerers-muehle-forchheim.de

Gasthof Roter Ochse (Stadtteil Burk), seit 1861 Bierwirtschaft, seit 1880 Gasthaus im Besitz der Familie Scheller. An der Fassade grüßt Schutzpatron St. Sebastian. Zu den Spezialitäten der ambitionierten fränkischen Küche zählen Fisch- und Wildgerichte. Außerdem gibt es leckeres Kreefleisch und saftige Schäufele. Große Menüauswahl. Die Kräuter dazu erntet Inhaber und Koch Konni Scheller aus seinem Garten. Feine

Seit 300 Jahren in Schieflage: Kammerer's Mühle

Obstbrände und Weine aus Franken sowie 22 regionale Biersorten runden das Speisen ab. Biergarten rund ums Haus. Mittleres Preisniveau, freundliche Bedienung. Kirchplatz 3 (2,5 km vom Zentrum entfernt. Öffnungszeiten siehe website. ✆ 4511, www.roterochs.de.

Lohmühle (9), versteckt liegendes, gemütlich-rustikales Gasthaus mit leckeren Brotzeiten, regionalem Bier und guten Weinen aus Franken. Lohmühlgäßchen 2, ab 17 Uhr geöffnet. ✆ 615861.

Zum Alten Zollhaus (3), das Wagnis des jungen Inhabers und Kochs Christopher Kraus, gehobene kreative Küche zu zelebrieren, hat Forchheim 2007 eine erste Adresse beschert. Sein Ehrgeiz lautet traditionelle fränkische Küche mit Einflüssen aus aller Welt. Dazu trägt er auch mit Wild aus eigener Jagd bei. Der Service in dem denkmalgeschützten Haus mit vornehm-gediegener Einrichtung ist lobenswert. Geöffnet 11.30–14 und 17.30–23 Uhr. Di. Ruhetag. Hauptstraße 4, ✆ 970990. www.zollhaus-forchheim.de

Stadtlockal (10) (richtig mit „ck“, Initialen des Wirtes Christoph Kauer), ehemals **Fränkische Bierstube**, in dem traditionsreichen Haus im Herzen der Stadt ist es den jungen Inhabern gelungen, das Ambiente des alten Wirtsraums (mit Kachelofen und bemalten Holzvertäfelungen) zu bewahren und dem „Lockal“ dennoch ein jugendliches Flair zu verleihen. Das Essen (v. a. auch fränkische Küche) ist gut, reichlich und preiswert. Kein Ruhetag. Durchgehend warme Küche täglich ab 11, im Sommer ab 10 Uhr. Hauptstr. 52, ✆ 163473, www.stadtlockal.de.

Sonne am Weingartsteig, ob im Sommer auf der Terrasse mit schönem Blick auf Forchheim oder im Winter am Kachelofen – hier kann man ambitionierte Küche mit saisonalen Gerichten genießen. Die Frische des sanierten Gasthauses hat sich auch auf den Koch mit seinen „Specials“ übertragen. Di–Fr ab 15.30, Sa ab 15 Uhr, So und feiertags ab 11 Uhr. Mo Ruhetag. Am Weingartsteig 24b, ✆ 7336844. www.sonne-weingartsteig.de.

Restaurant Weinstube Zöllner, im Kleinod Sigritzau (Richtung Kersbach) ist das Fachwerkhaus mit Scheune und Café-Garten nicht zu übersehen. Koch-Meister Johannes Zöllner bietet leichte mediterrane Küche an (Spezialität feiner Fisch), serviert wird im Gewölbe der Weinstube. Große Weinauswahl aus Frankens führenden Gütern. Mi–So ab 18, So ab 14.30 Uhr Café mit Hausgebäck. Sigritzau 1, ✆ 13886.

Cafés/Bistros (siehe Karte S. 83)

Wauers (8), populäres Café (auch Bar) am „Bächla“ mit origineller Innenarchitektur (Dach aus Glas). Viel junges Publikum, internationale Bistroküche zu günstigen Preisen (gute Salate). Geöffnet täglich 9-1 Uhr, Fr/Sa bis 2 Uhr. Straßencafé auf dem Rathausplatz, Hauptstraße 25, ✆ 704941.

Alte Wache (11), das schmucke Café ist in der ehemaligen Hauptwache, einem strengen Bau mit einer Vorhalle aus dorischen Säulen, untergebracht. Im Sommer beliebtes Straßencafé. Gute Salate. Täglich 10–23 Uhr, an Sonn- und Feiertagen ab 13 Uhr. Liegt zentral am Paradeplatz. ✆ 65720.

Art-o-thek (6), Kunst und Wein gehen im barocken Bebenburg-Haus seit 2009 eine ideale Partnerschaft ein, dazu gesellen sich Kunst und Kunsthandwerk, dänisches und deutsches Design und Gaumengenüsse aus dem Wok. Mo–Fr 10.30–20, Sa 10–15 Uhr. Hauptstr. 13, ✆ 9700761.www.artothek.net.

Wein-Depot Weiß, Weine aus Franken und dem Piemont**.** Di–Fr 15–18 und Sa 10–13 Uhr. Im Advent öffnet das romantische Glühweingärtla bis 19 Uhr. Gegenüber der Fuchsenkrippe, Kapellenstraße 3 ✆ 60140.

Café Mühlhof in Reuth, dort, wo einst eine Wiesent-Mühle stand, wird – von Fachwerk gerahmt – gepflege Gastronomie geboten. Tägl. ab 14 Uhr, So ab 10.30 Uhr. ✆ 975424. Den Ausflug in die „Fränkische“ kann man ebenfalls in Reuth gut auf dem **Schweizer Keller** (mit Waldgasthaus) an der B 470 ausklingen lassen. Mo Ruhetag. ✆ 621821.

Brauereigaststätten (siehe Karte S. 83)

Der früher intensiv betriebene Hopfenanbau in Forchheim war die Basis für eine erfolgreiche Brauwirtschaft. Einst gab es Dutzende von meist winzigen Brauereien. 1852 zählte man noch 33 Brauer. Wegen der Konkurrenz übermächtiger Bierkonzerne sind es heute nurmehr vier Brauereien. Die „Schoppenwirtschaften“, wie die Forchheimer die Brauerei-Wirtshäuser nennen, halten die Biertradition noch aufrecht. Als Spezialität gilt das besonders eingebraute Annafestbier, das einen Monat vor dem Volksfest in den Felsenkellern eingelagert wird.

Greif (7), die Brauerei (seit 1848), heute in der Serlbacher Straße, beliefert die einfache Wirtsstube in der Sattlertorstraße 18. und das Stammpublikum mit oft prämiertem Bier (vor allem Weizen). Brotzeiten dürfen mitgebracht werden. ✆ 736497, Mo Ruhetag.

Hebendanz (7), in dem spätmittelalterlichen Fachwerkhaus ist die traditionsreiche Gastwirtschaft und Brauerei zu Hause. Der Familienbetrieb besteht seit 1579. Hebendanz gilt unter Kennern als eine der besten Forchheimer Brauereien. Das dunkle Festbier steht hoch im Kurs. Brotzeiten dürfen mitgebracht werden. Es werden aber auch einfache Gerichte serviert. Sattlertorstr. 14, ✆ 60747, Do Ruhetag.

Neder (7), direkt nebenan; dieselben Preise. Treffpunkt für Alteingesessene. In der Bierkneipe gibt es kleine Speisen und eigenes Holzofenbrot. Die Brauerei besteht bereits seit 1554. Sogar die benachbarte Gasse wurde nach ihr benannt. Geöffnet 9–20 Uhr. Di Ruhetag. Sattlertorstraße 10, ✆ 2400.

Eichhorn (1), hinter der malerischen Fachwerkfassade verbirgt sich eine gemütliche Brauereigaststätte mit guter Küche. Im Herbst sind Karpfen Spezialität. Und das Bier: „Wer kostet, der prostet", lautet der Werbeslogan. Man kann nur beipflichten. Die Geschichte der Gaststätte lässt sich bis 1783 zurückverfolgen. Di und Mi Ruhetag. Bamberger Straße 9, ✆ 64768.

Bekannt für gutes Bier: Hebendanz

Forchheim
Karte S. 83

Obere Keller

In Forchheim geht man „auf die Keller" im Wald am östlichen Stadtrand. Vor dem „Kühlschrankzeitalter" hielten dort die Forchheimer Traditionsbrauereien in riesigen Gewölben aus Natursandstein ihren Gerstensaft kühl. Die konstante Temperatur von 6 bis 10 Grad erwies sich als äußerst vorteilhaft für das Hopfengetränk, das dort im Sommer wie im Winter heranreifte. Infolge moderner Kühltechnik verloren die weit verzweigten Lagerstätten im „Kellerwald" ihre Bedeutung. Geblieben sind jedoch die Keller-Wirtschaften, über 20 an der Zahl: ein alter Eichen- und Buchenwald als riesiger Biergarten. Acht fränkische Brauereien lassen hier ihre Biere ausschenken. Die Saison beginnt offiziell mit dem „nostalgischen Kellerauftakt" zum „Tag des Bieres" Ende April und wird Mitte September (nach den Ferien) mit „Kultur im Kellerwald" beendet. Höhepunkt ist dabei das sonntägliche Bobbycar-Rennen von erwachsenen „Piloten". Den Kellerwald kann man übrigens am besten bei einer Führung kennenlernen. Dauer 1,5 Stunden. 40 € pro Gruppe, 8,50 € für Bierprobe mit Brotzeit. Auskünfte bei der Tourist-Information.

Schützen-Keller, in einem schönen Sandsteinhaus ist die Königlich-Privilegierte Hauptschützengesellschaft zu Hause. Der Gastraum und der kleine historische Saal sind mit originell bemalten Schützenscheiben ausgeschmückt. An den Keller angebaut sind die Schießanlagen. Sonntagmittag wird deftiger fränkischer Braten serviert. Im Biergarten gibt's sonst außer Brotzeiten auch Leckeres vom Buchenholzgrill (freitags Fisch). Wolfshöher Bier. Mo/Di Ruhetag, ganzjährig ab 17 Uhr geöffnet, So ab 10 Uhr. ✆ 15225.

Neder-Keller, der weitläufige Keller der Traditionsbrauerei ist bei Einheimischen beliebt (s. o. unter Brauereigaststätten). Spezialität sind Schnitzel in allen Variationen. Sonntags wird fränkisch gekocht. Der Keller hat ganzjährig von 11–24 Uhr geöffnet. Unfiltriertes, hefetrübes Kellerbier. Mi Ruhetag, ✆ 2885.

Stäffala-Keller, zu Wolfshöher Bier gibt es eine große Auswahl an Gerichten. Beliebt ist u. a. Sülze mit Bratkartoffeln. Di Rifferla, Fr Fisch. Im Sommerkeller (geöffnet Mai bis Sept. ab 14 Uhr, kein Ruhetag) herrscht eine nette Atmosphäre. ✆ 66030.

Eichhorn-Keller, beliebter Sommerkeller, den junge Pächter neu beleben, z. B. mit Biergartenbrunch und Jazz und Hähnchentag am Mittwoch. Die regionale Kost gilt für Fränkisch-Deftiges wie für Schafsrückenfilet mit Ofenkartoffel und Quark (8,80 €). Der Koch zaubert auch Zander und Matjes. Brotzeiten können dennoch mitgebracht werden. Und dazu gibt es das gute „Aachhörnla-Bier" (s. o. unter Brauereigaststätten). April bis Oktober tägl. ab 11 Uhr geöffnet. ✆ 60626. www.aachhörnla.de

Glocken-Keller, hier wird Wolfshöher Bier ausgeschenkt. Auf diesem bei den Alt-Forchheimern sehr beliebten Keller mit einem hübschen Häuschen bekommt man gute Brotzeiten, Bratwürste, Knöchla und Schäufele ganzjährig von14–1 Uhr (Sa ab 11 Uhr, So ab 9 Uhr). ✆ 14035. Di Ruhetag.

Weiß-Tauben-Keller, gute Auswahl an warmer und kalter fränkischer Küche. Dazu gibt es Greifbräu aus Forchheim und Huppendorfer Bier. Mai bis Sept. tägl. ab 11 Uhr, Okt.–April So und Feiertag ab 11 Uhr. ✆ 616 377 und 0175/4065051.
www.weiss-tauben-keller.de.

Schlössla-Keller, ein typischer Sommerkeller: geöffnet ab Mai, aber nur bei gutem Wetter (täglich ab 17 Uhr). Auf dem Weg von den Oberen zu den Unteren Kellern. Besonders das Schaschlik ist beliebt. Ausgeschenkt wird Hebendanz. ✆ 0172/ 8440343.

Untere Keller

Löwen-Keller, im Volksmund: **Schaufel-Keller**, urgemütlich. In dem kleinen Gastraum im winzigen klassizistischen Sandsteinhaus drängt sich das Stammpublikum. Gerade mal 20 Gäste haben hier im Winter Platz. Im Sommer freilich können sich im Biergarten 400 niederlassen. Die meisten kommen wegen des ungespundeten Bieres, denn das lagert in einem 300 Jahre alten Sandsteingewölbe. Das Bier kommt übrigens nicht aus München, sondern von der Löwen-Bräu in Buttenheim. Der nette Wirt Georg Schaufel, der den Keller seit 1981 führt, bietet außerdem leckere Brotzeiten an. Eigenes Essen kann mitgebracht werden. Do bis So ab 17 Uhr geöffnet (sonst nach tel. Vereinbarung). ✆ 66582.

Kaiser-Keller Der Stadtrat und Metzgermeister Manfred Mauser führt den traditionsreichen Keller. Ganzjährig ab 14 Uhr, So ab 9 Uhr geöffnet, Di Ruhetag. Beliebt sein „Metzgerschaschlik", super die groben Bändel-Bratwürste. Jeden Donnerstag ein Gericht „Essen was neigeht" für 4 Euro. ✆ 320582.

Rappenkeller, malerisches Häuschen gegenüber dem Schaufel-Keller. Hier wird ebenfalls ungespundetes Buttenheimer Löwenbräu ausgeschenkt. Gute Hausmannskost, zum Beispiel Rettich mit Brot, Bierhaxe und Kellerplatte, auf Reservierung Spanferkel. Gute Obstbrände und netter Service. Geöffnet Mai–Okt. ab 15 Uhr, im Winter ab 17 Uhr, Mo Ruhetag. ✆ 704756.

Winterbauer-Keller, Biergarten und Halle fassen je 200 Gäste. Tägl. offen ab 11 Uhr, So ab 10 Uhr, Mo Ruhetag. Mittagstisch fränkische und intern. Küche. Dazu Biere der Georgen-Bräu Buttenheim. Beliebt sind hausgem. Kartoffelsalat und Pizzaschnitzel. ✆ 975001, www.winterbauerkeller.de.

Hebendanzkeller, von April bis Ende Sept. bei schönem Wetter tägl. ab 16 Uhr, So ab 14 Uhr geöffnet. Schaschlik gibt es hier mit Leber, der geräucherte „Backstaakäs" ist ein Geheimtipp. ✆ 0176/65234162.

Greif-Keller, gleich gegenüber. Das Forchheimer Bier wird hier seit 1848 ausgeschenkt. Der Sommer-Keller hat tägl. ab 14 Uhr, am So ab 9 Uhr (Frühschoppen) geöffnet. Fränkische Küche und Brotzeiten, beliebt „Rifferla mit Klöß" für 3,90 €. ✆ 14735 oder 0173/ 4632267.

Schindler-Keller, beim Annafest dreht sich gegenüber das Riesenrad. Auch hier gibt es Greif-Bier zu guter fränkischer Küche. April bis Okt. tägl. ab 14 Uhr. ✆ 15803.

Forchheim
Karte S. 83

Sehenswertes

Rathausplatz: Der große Rathausplatz, einer der schönsten in ganz Franken, ist seit der Altstadtsanierung ausschließlich Fußgängern und Fahrradfahrern vorbehalten. Beherrscht wird er vom Westflügel des imposanten Rathauses. Der gotische Hauptbau entstand 1402, der sog. Magistratsbau im Renaissancestil westlich davon 1535. Die malerische Riegelfachwerkfassade und der schlanke Glockenturm sind bis heute erhalten geblieben. Die Holzschnitzereien im Balkenwerk des Frontgebäudes, die vom Forchheimer Zimmermann Hans Ruhalm stammen (gestorben 1549), erweisen sich beim näheren Betrachten als hintergründige Allegorien

Der Rathauspöpel von Forchheim:
Der Legende nach treibt dieser Kobold, mit Wohnsitz im Rathaus, dort des öfteren nachts sein schauerliches Unwesen. Blökend und polternd mag er so manchem Spätheimkehrer, vor allem Trunkenbolden, das Gruseln beigebracht haben. Auch bei einigen Ratsherren/frauen soll man ihn nächtens auf deren Schultern sitzend gesehen haben, um diesen mit wildem Radau den richtigen Nachhauseweg zu weisen. Ob sich derartige Lektionen allerdings auf die Vernunft der Rätinnen u. Räte ausgewirkt haben, darüber schweigt die Legende!

– ironisch, voller Humor und Anspielungen. So sieht man beispielsweise ein Stück oberhalb der Tourist-Information eine gebückte Figur, die dem Betrachter unter Zuhilfenahme beider Hände zwischen dem Blattwerk den nackten Hintern entgegenstreckt.

An der Rückseite des Rathauses befindet sich das Relief des Stadtwappens mit zwei Forellen. Das Innere hat u. a. eine schöne Wendeltreppe aufzuweisen; die Spindel besteht aus einem einzigen Eichenstamm. Außerdem gibt es dort einen geräumigen Saal im neugotischen Stil mit schön geschnitzten Decken und Stützbalken. Besichtigungen sind leider nur in geschlossenen Gruppen möglich (genauso im kleinen Rathaussaal). Heute finden hier fast an jedem Wochenende Konzerte oder Veranstaltungen statt. Das Rathaus ist übrigens noch heute Sitz des Oberbürgermeisters und der Stadtverwaltung.

Derbe Schnitzereien erwarten den Besucher an der Fassade des Forchheimer Rathauses

Hufeisenartig schließen sich an den ursprünglichen Rathauskomplex die spätmittelalterlichen *Fachwerkhäuser* Sattlertorstraße 1 (Buchhandlung Streit), das sog. Frechshaus, und die heute vom Ordnungsamt genutzten Gebäude Nr. 2 und 5 an.

Stadtpfarrkirche St. Martin: Sie steht unmittelbar hinter dem Rathaus und damit im ältesten Stadtviertel von Forchheim. St. Martin ist eine fränkische Gründung und war für nahezu 1000 Jahre die einzige Pfarrkirche der Stadt (bis 1956). Trotz der enormen Größe und eines 57 m hohen Turmes wirkt die von 1977 bis 1982 restaurierte Kirche überraschend schlicht. Das ursprünglich romanische Gotteshaus – die nördliche Hochwand des Mittelschiffs zeugt noch davon – wurde in späteren Jahrhunderten mehrmals aus- bzw. umgebaut und vereinigt daher alle bedeutenden Baustile. Die Innenausstattung ist vornehmlich barock. Schön sind die *Eichenholz-Beichtstühle* aus dem 18. Jh. und die wertvollen gotischen *Tafelbilder* an den Langhauspfeilern, die auf der Vorderseite die Passion Christi und auf der Rückseite die Legende des hl. Martin erzählen. Daneben findet sich noch ein aus elf Lindenstämmen bestehendes *Relief* (1515/18), das den Abschied Jesu von seiner Mutter Maria darstellt. Der barocke *Hochaltar* mit dem Kirchenpatron im Mittelbild stammt aus dem Jahr 1698 und verlor durch Veränderungen Mitte des 19. Jh. an ästhetischer Geschlossenheit.

Der bereits 890 erwähnte romanische Vorläufer lag rund einen Meter tiefer als das heutige Kirchenschiff. Deshalb befinden sich die Portale an den Langseiten der Kirche unter dem jetzigen Straßenniveau, und bauliche Zeugnisse finden sich in der Krypta unterhalb des rechten Seitenaltars. Heute ist der gepflasterte Kirchenplatz Fußgängerzone.

„Kaiserpfalz“: Vom Hauptportal der Martinskirche führt die schmale Kapellenstraße mit schönen Fachwerkbauten direkt zur „Kaiserpfalz“, einem dreistöckigen, quadratisch angelegten und von einem Graben umgebenen Gebäudekomplex. Nachdem die Stadt das historische Gebäude 1988 vom Freistaat gekauft hatte, wurde 1996 aus der „Kaiserpfalz“ die „Kulturpfalz“. Nach fünfjähriger Bau- und Restaurierungsphase, die nahezu 10 Mio. Euro gekostet hatte, wurde das bisherige Museum neu konzipiert und erweitert, die „Kulturpfalz“ mit reichlich Leben gefüllt. Das Museum lädt zu Sonderausstellungen, im Pfalzhof finden Theater- und Musikdarbietungen sowie der Kinosommer (im August) statt, der Kunsthandwerkermarkt mit 80 Ausstellern im Mai oder Juni ist der jährliche Höhepunkt, und auch im Advent geben sich Kunsthandwerker im Innenhof ein Stelldichein.

Forchheim
Karte S. 83

Die Bezeichnung „Kaiserpfalz“ ist eigentlich falsch. Es handelt sich nämlich um ein Bischofsschloss, das im Auftrag von Fürstbischof Lambert von Brunn (um 1380) gebaut wurde. Wie neuere Forschungen Bamberger Archäologen nachgewiesen haben, ist es zudem so gut wie ausgeschlossen, dass das Bischofsschloss auf den Überresten der kaiserlichen Pfalz errichtet wurde; das geborgene Fundmaterial stammt ausschließlich aus der Zeit nach 1200. Wo sich die historische Pfalz befand ist bis heute ungeklärt.

Man betritt die Anlage über eine Brücke: Die Südseite besteht aus einem schmucken Renaissance-Fachwerkvorbau. Der idyllische Innenhof wird durch Fachwerkbauten von drei Seiten begrenzt, an der Ostseite schließt sich ein gotischer Schlossbau an. Der kostbarste Besitz sind die Wandmalereifragmente in der *Hauskapelle* und im sog. *Kaisersaal* aus dem ausgehenden 14. Jh.; es handelt sich dabei um die ältesten erhaltenen Wandgemälde Frankens in einem weltlichen Gebäude. Im zweiten Stock kann man noch Fresken von *Jakob Ziegler* bewundern (um 1560)

Forchheimer Bauernmarkt am Paradeplatz

und auch bei den jüngsten Umbauarbeiten kamen im Ostflügel wertvolle Wandmalereien zum Vorschein.

Pfalzmuseum: Das Museum im Schloss der Bamberger Bischöfe wurde vom Heimatforscher und späteren Ehrenbürger der Stadt *Hans Räbel* im Jahre 1911 gegründet. Nach langen Restaurierungsarbeiten wurde es 2004 wiedereröffnet.

Auf fünf Stockwerken präsentieren sich im Inneren ein Stadtmuseum, ein Trachtenmuseum und seit 2008 das Archäologie-Museum Oberfranken, ein Zweigmuseum der Bayerischen Staatssammlung München. Integriert sind eigene Bereiche für Sonderausstellungen, Veranstaltungen, künstlerische Aktivitäten und Museumspädagogik. Das Stadtmuseum bietet in Inszenierungen, Multimedia und Mitmach-Stationen eine lebendige Darstellung vergangener Epochen. Eine kleine Gemäldegalerie zeigt Werke des Forchheimer Malers Georg Mayer-Franken. Das Trachtenmuseum will das Wissen um die letzten Trachten beleuchten, ebenfalls in verschiedenen Inszenierungen. Innenhof, Graben und Kellergewölbe bieten ein malerisches Ambiente für kulturelle Veranstaltungen.

Öffnungszeiten Ma–Oktober Di–So von 10–17 Uhr, November–April Mi und Do 10–13, Sonntag 13–17 Uhr und n. Vereinb. Eintritt 3 €, erm. 2,50 €. ✆ 714327. www.forchheim.de.

Marienkapelle: Sie steht an der Ecke Kapellenstraße, Eingang Kaiserpfalz und wurde wahrscheinlich von Bischof *Otto dem Heiligen* (1102–1139) als Ersatz für die karolingische Pfalzkapelle erbaut. Ursprünglich war sie mit dem Bischofsschloss durch einen mittlerweile verfüllten Gang verbunden. Bei der letzten Restaurierung versuchte man, den ursprünglichen Charakter der Kapelle wieder herzustellen. Im Inneren herrscht Barock vor. Neben dem Altar fällt die reich gestuckte Decke auf. Besondere Beachtung sollte man der Ölberggruppe aus Terrakotta auf der rechten Seite beim Chor (um 1470) und der gotischen Strahlenkranzmadonna (1520) schenken. Die großen Gemälde an der Süd- und Nordwand entstanden um 1700. Der Zugang in die Kapelle ist durch ein schmiedeeisernes Tor verwehrt.

Pfahlbauten für Karpfen

Ein Glucksen und Plätschern dringt aus den dreihundert Jahre alten Pfahlbauten, die auf dem Grund der Wiesent verankert sind. Die mit Biberschwänzen gedeckten Dächer der Fischkästen, nur wenige Meter flussaufwärts vom jüdischen Denkmal, reihen sich am Ufer wie an einer Perlenschnur auf. Sie beinhalten wohlgenährte Karpfen. Der *Cyprinus carpio* zählt zu den Forchheimer Spezialitäten. Im benachbarten Feinkostgeschäft Karnbaum, das die Fischkästen betreibt, gehen die Tiere anschließend über den Ladentisch oder werden, frisch zubereitet, gleich an aufgestellten Tischen verspeist. Die Fischkästen sind jedoch nicht nur ein praktischer Aufbewahrungsort, sie dienen auch zum „Auswässern" der Karpfen. Denn das Wasser der Wiesent reinigt ihre Kiemen von Schlamm und Moder. Übrigens, von Mai bis August, also in den Monaten ohne *r*, werden keine Karpfen verkauft, und auch die Gastronomie versagt sich dieser Leckerei.

Festungsanlagen: Von der mittelalterlichen Stadtbefestigung ist nicht mehr viel übrig geblieben. Gut erhalten ist dagegen die fürstbischöfliche Festungsanlage aus dem 16. Jh. im nordwestlichen Teil der Altstadt. Sie wurde nach dem zweiten Markgrafenkrieg nach italienischem Vorbild angelegt und hat sich im 30-jährigen

Krieg bewährt. Das eindrucksvollste Stück, das sich von der Bamberger Straße bis zur Martinschule zieht, wurde in hervorragender Weise in die Parkanlagen einbezogen. Noch aus dem 14. Jh. stammt der Saltorturm in unmittelbarer Nähe der „Kaiserpfalz“, der bei einer „Unterweltführung“ besichtigt werden kann.

Führungen Durch die „Forchheimer Unterwelt“ s. o. unter *Information/Stadtführung*.

Krottental: Das Scheunen- und Wohnviertel im Dreieck Sattlertorstraße, Rathausplatz, Bamberger Straße wurde in den letzten Jahren umfassend saniert. Die wenigen Gassen vermitteln noch etwas vom ursprünglichen Stadtbild – kleine Fachwerkhäuser mit niedrigen Ecken und winzigen Fenstern. Außerdem steht hier das ehemalige *Salzmagazin*, das um 1710 entstanden ist (nicht zu besichtigen).

Klein Venedig: So bezeichnen die Forchheimer den rechten Wiesentarm vom ehemaligen städtischen Krankenhaus bis zur Brücke in der Vogelstraße. Auf dieser 800 m langen Strecke finden sich schöne Häuser aus dem 16. Jh., die direkt an den Fluss angrenzen. Oft sind die Balkone auf Pfählen über das Wasser gebaut.

Kammerermühle: An der zum Flussarm parallel verlaufenden Wiesentstraße findet man die Kammerermühle, ein Gebäude aus der Spätrenaissance (heute Restaurant, siehe oben unter *Essen*). Die reich verzierten Fachwerkschnitzereien an den Obergeschossen sind noch gut erhalten. Bereits kurz nach der Errichtung im Jahre 1698 neigte sich das Anwesen zur Flussseite, blieb jedoch bis zum heutigen Tag stabil.

Ein paar Meter weiter erinnert eine steinerne Säule an die Zerstörung der Forchheimer Synagoge durch die Nationalsozialisten in der „Reichskristallnacht“ 1938. Seit dem 30-jährigen Krieg wohnten hier im „Raschenbach“ die jüdischen Bürger.

Paradeplatz: Repräsentativer Platz im Zentrum, unter dem sich eine Tiefgarage verbirgt. Sehenswert sind die ehemalige *Kommandantur* und die klassizistische *Alte Wache* (heute Café) mit dorischen Säulen. Der Paradeplatz wird heute für den Obst- und Gemüsemarkt und für viele Veranstaltungen genutzt.

Katharinenspital: Das dreihundert Meter vom Rathausplatz entfernt gelegene Katharinenspital bot im Mittelalter für arme und gebrechliche Leute Hilfe an. Finanziert wurde diese Sozialeinrichtung durch wohlhabende Bürger, die sich von den Spenden Seelenheil erhofften. Das mächtige, kreuzförmig angelegte Gebäude stammt aus dem Jahre 1611

Das Katharinenspital an der Wiesent

und ist eines der schönsten Fachwerkhäuser der Stadt. Integriert ist eine schmucke kleine Kapelle, in der man die älteste *Holzplastik* der Region findet, die des hl. Antonius. Unmittelbar hinter dem Katharinenspital entstand das gleichnamige *Altenheim*. Beachtenswert ist der Versuch, fränkisches Fachwerk in neuzeitliche Architektur einfließen zu lassen.

Wandern

Es gibt eine Vielzahl von Möglichkeiten. Beispielsweise findet sich am Ende der Unteren Kellerstraße (Richtung Jägersburg) eine Tafel, die über die Wandermöglichkeiten in Richtung Serlbach/Weilersbach Auskunft gibt. Die Tourist-Information gibt außerdem kostenlos ein Faltblatt mit Wandervorschlägen heraus.

Wanderung nordöstlich von Forchheim (Markierung roter Schrägstrich)

Ausgangspunkt ist der Parkplatz unterhalb des Kellerbergs. Der Weg führt zuerst zu den Örtelbergweihern mit dem Krötentunnel. Hier gibt es eine weitere Wandertafel. Der Weg zieht sich dann am Örtelberg entlang (Bammersdorf auf der rechten Seite) Richtung *Kauernhofen* (6,5 km). In dem Bauerndörfchen im Regnitztal besteht Einkehrmöglichkeit. Der Rückweg führt über *Rettern* (Gasthaus) zum Wanderparkplatz an der Retterner Kanzel. Von hier aus geht es auf einem mit einem grünen senkrechten Strich markierten Weg bergab zum malerischen Forchheimer Stadtteil *Serlbach* (Gasthaus) und schließlich durch einen Mischwald zum Ausgangspunkt an der Unteren Kellerstraße zurück. Gehzeit 2,5–3 Stunden.

Sehenswertes nordöstlich von Forchheim

Serlbach: Von der Straße zur Jägersburg führt eine Verbindungsstraße nach Serlbach, dem zweifellos beschaulichsten Stadtteil Forchheims. Es sind nicht historische Gebäude, sondern der fränkische Charakter des kleinen Ortes, der einen Besuch lohnend macht. Hühner und Gänse auf der Straße, Obst- und Gemüsegärten, verwinkelte Häuser und Scheunen bestimmen die Szenerie. Zur Einkehr bietet sich die Dorfgastwirtschaft *Zu den Linden* der Familie Kreller mit schönem Biergarten an (Übernachtung möglich, ✆ 13607, Di Ruhetag). Gut und preiswert! Gäste schätzen die Schlachtschüssel und hausgemachten Kuchen. Es wird Erlanger Kitzmann-Bier ausgeschenkt.

Serlbach ist durch den Kellerwald in dreißig Minuten auch bequem zu Fuß zu erreichen. Die Wanderwege sind vor allem sonntags frequentiert.

Eggolsheim und der Eggerbachgrund: Die Marktgemeinde mit über 1000-jähriger Geschichte hat mit ihren 12 Ortsteilen, die eine Brücke zur Fränkischen Schweiz (Richtung Heiligenstadt) bilden, viel darzustellen. Sie besitzt in Neuses einen Bahnhof an der Strecke Nürnberg-Bamberg und hat über das Gewerbegebiet Büg Anschluss an den MD-Kanal. Bürgermeister Claus Schwarzmann residiert in einem modernen Rathaus im historischen Ortszentrum, nicht weit von der Pfarrkirche St. Martin (gotischer Turm von 1305) entfernt. Es spricht für seine kulturelle Aufgeschlossenheit, dass er selbst den Sängerpart in einer überregional bekannten Chanson-Gruppe mit Leidenschaft ausfüllt. Die Gastronomie (Brauerei-Gasthof Pfister in Weigelshofen, ✆ 09545/94260, Landgasthof Zehner in Drosendorf ✆ 09545/950264, beides beliebte Fliegerquartiere des Flugplatz Feuersteins) und die Bierkeller reihen sich ein in den überragenden Kanon der fränkischen Gastronomie. In Neuses ist die Schleuse 94 des Ludwig-Donau-Main-Kanals als Industriedenkmal von europäischem Rang zu besichtigen, und nicht versäumen sollte man die filigrane Kunst der sog. Klosterarbeiten (Goldstickereien, Perlenarbeiten) von Charlotte Ottens-Lindner im Altbau des Rathauses (Mo–Fr von 9–16 Uhr). Der Ortsteil Tiefenstürmig im östlichen Talabschluss trägt stolz das Prädikat „Das Reit im Winkl der Fränkischen Schweiz". Dort kann man tatsächlich dem Holzschnitzer Peter Dachwald zuschauen und bei ihm einkaufen (✆ 09545/5186).

Jägersburg: Schon von weitem ist die weiß-gelb gestrichene Jägersburg zu sehen. Das weitläufige, von einer Mauer samt Torturm umgebene Barockschloss liegt unmittelbar an der Straße nach Bammersdorf/Rettern (von Forchheim 5 km entfernt). Ursprünglich wurde es vom baulustigen *Lothar Franz von Schönborn* als fürstbischöfliches Jagdschloss (1720–1724) errichtet. Im 19. Jh. wechselten oft die Besitzer. Von 1890 bis 1940 war es im Besitz der Grafen Bentzel-Sternau. Nach dem Tod der Gräfin ging das Schloss an die Erzdiözese Bamberg über. Von 1954 bis 2007 nutzte es die Caritas als Altenheim. Obwohl das Schloss nicht zu besichtigen ist, lohnt sich ein Abstecher: Von der Jägersburg bietet sich ein toller Ausblick über das ganze Regnitztal bis nach Bamberg.

Das Barockschloss ist symmetrisch angelegt. Der Eingang ist in einem imposanten Torturm untergebracht. Zentrum der Jägersburg ist ein schöner Innenhof. Auf der Rückseite des Hauptgebäudes mit den drei Geschossen schließt sich ein Park mit altem Baumbestand und ein großer, von einer Mauer umgebener Garten an. Wie es sich für ein fürstbischöfliches Barockschloss gehört, besitzt die Jägersburg eine schmucke klassizistische Kapelle. Die vor allem für Hochzeiten beliebte Kapelle kann nach Absprache besichtigt werden. (Kath. Pfarramt Eggolsheim, ✆ 09545/305).

Forchheim
Karte S. 83

Jägersburg, einst Jagdschloss eines Bischofs, steht leer

Forchheim/Umgebung

Heroldsbach/Hausen

Der Erlebnispark Schloss Thurn lockt alljährlich viele tausend Besucher nach Heroldsbach. Dabei hat der aufstrebende 5000-Einwohner-Ort, der eigentlich nicht mehr zur Fränkischen Schweiz gehört, mehr als einen Rummelplatz zu bieten. Die zweifellos kurioseste Sehenswürdigkeit stellen der „Heilige Berg" und seine angeblichen Marienerscheinungen dar, die seit Jahrzehnten für Schlagzeilen sorgen, aber nie von der katholischen Kirche anerkannt wurden.

Bekannt wurde Heroldsbach durch die vermeintlichen Marienwunder bereits in den Nachkriegsjahren. Bis heute reißen die Pilgerströme zum „Erscheinungshügel" nicht ab, zumal er 1998 offiziell als marianische Gebetsstätte in den Schoß der katholischen Kirche aufgenommen wurde. Aus diesem Anlass zelebrierte der Bamberger Erzbischof Karl Braun dort an Mariä Himmelfahrt unter freiem Himmel vor rund 4000 Gläubigen ein Pontifikalamt. Eine „Wallfahrtsbasilika", ein Kreuzweg, eine Marien-Gebetsstätte und sogar ein Pilgerheim warten auf den Besucher.

Heroldsbach, bereits 1007 als *Herigoldesbach* erstmals urkundlich erwähnt, ist heute ein populärer Wohnort, der von seiner Nähe zum Ballungsraum Erlangen-Fürth-Nürnberg und seiner landschaftlichen Attraktivität profitiert. Beachtenswert ist das Schlösslein der Herren Löffelholz von Colberg, eines Nürnberger Patriziergeschlechts, im Ortsteil Oberheroldsbach.

• *Information* Gemeindeverwaltung Heroldsbach, Hauptstr. 9, 91336 Heroldsbach, www.heroldsbach.de, ✆ 09190/92920, 📠 1407. Öffnungszeiten: Mo–Mi 8–12 Uhr, Do 15–19 Uhr, Fr 8–12 Uhr.

• *Essen* **Lindenhof**, in der Nachbarschaft des von den Herren Löffelholz von Colberg erbauten Schlösschens (Privatbesitz) im ruhigen Ortsteil Oberheroldsbach liegt der rustikal-gemütliche Gasthof mit Gartenterrasse. Freundlicher Service. Deftige fränkische Küche, vor allem Fisch und Wild. Empfehlenswert: in der Saison Karpfen aus eigenen Weihern. Preiswert. Moderne Zimmer, Liegewiese mit kleinem Pool. Mo Ruhetag. DZ 48 €. Löffelholzweg 6, ✆ 09190/927890, 📠 09190/9278918, www.lindenhof-heroldsbach.de.

Sehenswertes

Wasserschloss Thurn: Eines der schönsten Beispiele barocker fränkischer Schlossarchitektur ist das malerische Wasserschloss Thurn. Die intime Barockanlage sollte den geistlichen Herren Entspannung und Rückzug bieten. Man wollte unter sich sein, Konzerten lauschen und Theateraufführungen veranstalten. Dieses Lebensgefühl auf dem Land lässt sich bei einem Spaziergang gut nachempfinden.

Das Schloss soll auf einen 600 Jahre alten Wehrbau zurückgehen. 1422 wird es erstmals urkundlich erwähnt. Zu dieser Zeit stand hier nur ein von mehreren Wassergräben umgebener Turm (*thurn* ist die altdeutsche Bezeichnung). Grundlegende Veränderungen der Anlage erfolgten erst im 18. Jh., nachdem die Freiherren Horneck von Weinheim den Turm mit seinen Stallungen erworben hatten und das heutige barocke Gebäudeensemble schufen, das sich durch Symmetrie und Harmonie auszeichnet. Zentrum des Schlosses ist das Hauptgebäude mit einer repräsentativen Hauptfront. Umgeben ist der Gebäudekomplex von einem breiten Wassergraben. Genau gegenüber steht das von dem Bamberger Baumeister Michael Küchel entworfene Gärtnerhaus (1758) mit einem geschwungenen Giebelbogen samt Uhr

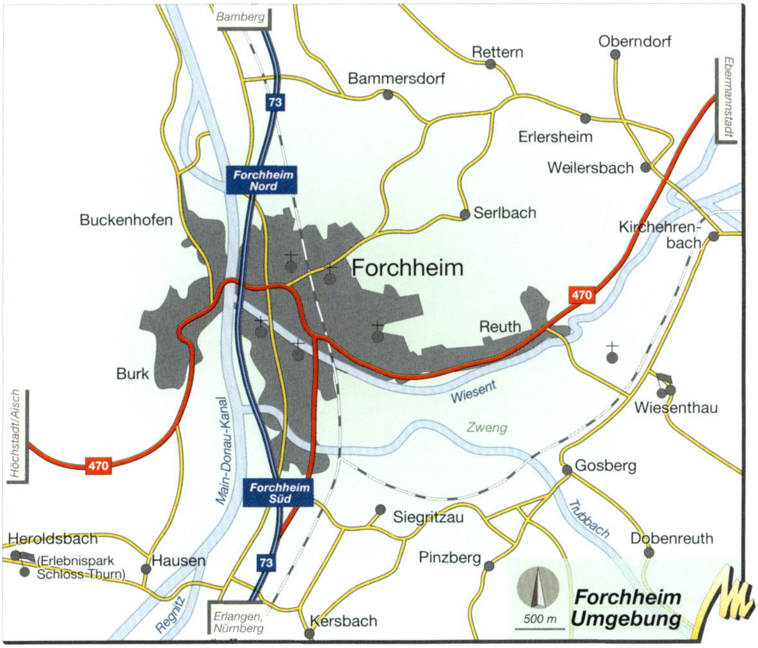

Forchheim/Umgebung Karte S. 97

und Glocke. Schmuckstück der Anlage ist der ebenfalls von dem Bamberger Architekten gestaltete eingeschossige Gartenpavillon (1766) mit Mansardendach, der den westlichen Abschluss des Platzes bildet.

Dahinter schloss sich der prächtige Garten an, dessen Größe sich heute nur noch erahnen lässt. Die Sandsteinfiguren für die Anlage, die stark an den Rosengarten in Bamberg erinnert, stammten aus der Werkstatt des Würzburger Hofkünstlers Ferdinand Tietz und sind heute im Germanischen Nationalmuseum in Nürnberg zu besichtigen. Weite Teile gingen durch den Bau des Erlebnisparks (s. u.) für immer verloren. Da alle Gebäude der Schlossanlage noch heute bewohnt sind, ist keine Innenbesichtigung möglich. Lediglich eine Eintrittskarte für den Freizeitpark ermöglicht einen guten Blick auf das Wasserschloss und den barocken Garten. Regelmäßig findet im Juli die sog. Schlosshofserenade statt. 1995 wurde in Schloss Thurn der Kinofilm „Seven Servants“ mit Anthony Quinn und Sonja Kirchberger gedreht.

Erlebnispark Schloss Thurn: Der 1975 gegründete Erlebnispark des Grafen Hannfried von Bentzel-Sturmfeder-Horneck ist Hauptattraktion Heroldsbachs. Anfangs gab es nur einen Märchenwald und ein Damwildgehege, doch Jahr für Jahr wurde der Freizeitpark erweitert. Es entstand eine komplette Westernstadt samt Saloon mit Westernshow und Indianertänzen. Auf einem Areal von 40 Hektar warten auf die Besucher, meist Familien, vielfältige Spielmöglichkeiten wie Kletterturm, Erlebnisspielstraße und Wackelbrücke. Außerdem gibt es eine Reihe von Fahrgeschäften, darunter beispielsweise eine Wildwasserbahn, Achterbahn, Bumperboats, Wasserbobbahn und Kindereisenbahn. Für romantisch veranlagte Gäste wird das „Thurner Ritterspiel“ veranstaltet: Mit mittelalterlichen Waffen kämpfen Ritter zu

Fuß und zu Pferd bei einem Turnier um Liebe und Macht. Das Ganze im August auch als nächtliches Feuerspektakel.

Der Erlebnispark Schloss Thurn ist von Mitte April bis Anfang Oktober geöffnet, außerhalb der Ferienzeit aber in der Regel nur am Wochenende, außerdem bleibt er im Mai,Juni und September für einige Tage geschlossen. Eintrittspreise: 16 €, Kinder 3–12 und Erw. über 55Jahre 14 €. Jedes Geburtstagskind freier Eintritt. Gruppenermäßigung. Shows, Ausstellungen, Fahrattraktionen und Sonderveranstaltungen im Eintrittspreis enthalten. Erlebnispark Schloss Thurn, Schlossplatz 4, ✆ 09190/929898, 📠 929888. www.schloss-thurn.de.

Heimatkundliche Sammlung: Relikte aus der Vergangenheit Heroldsbachs sind rar geworden. Das Wenige zu archivieren und der Öffentlichkeit zugänglich zu machen ist Ziel der kleinen Sammlung, die 1990 im Dachgeschoss des Feuerwehrhauses hinter dem Rathaus eröffnet wurde (zu besichtigen während der Amtsstunden des Rathauses, Eintritt frei). Das Gros der Exponate stammt aus den Bereichen Land- und Hauswirtschaft. Bis heute bieten Heroldsbacher Marktfrauen in den größeren Städten neben Blumen und Tee vor allem das „Hauptexportprodukt" des Dorfes feil: den Meerrettich. Die Sammlung dokumentiert diese Tradition mit einem krumm gewachsenen zugespitzten Ast, der als sog. Meerrettichstecher für die Setzlinge auf dem Feld verwendet wurde. Außerdem sind Gemälde und Urkunden vom Ende des 19. Jh. bis heute zu sehen. Was für Heroldsbach der Meerrettich ist für das **Nachbardorf Hausen** der Spargel. Hausen gilt als *das* Spargeldorf der Region, und das edle Gemüse wird von den Bauern ab Hof oder vom Stand an der Straße verkauft. Beliebt ist der Bauernladen Singer an der Straße nach Heroldsbach, der der Selbstvermarktungsaktion „Frische Ernte" angeschlossen ist (Di geschlossen).

Spitzweg-Krippe in Wimmelbach: Fränkische Krippentradition wird in Heroldsbach mit einer Ausstellung im Kuraten-Haus beim Adventsmarkt und an den Weihnachtsfesttagen bis Dreikönig (Auskunft ✆ 09190/1254) hochgehalten. Eine Besonderheit zeigt Rainer Schrüfer im Ortsteil Wimmelbach (Willersdorfer Straße 8) zwischen Weihnachten und Dreikönig. Er hat zahlreiche Biedermeier-Motive von Carl Spitzweg original in Kulissen und Tonfiguren nachgebaut und da hinein eine Krippe integriert. Das Christkind bringt der Storch – was besonders Kinder entzückt (✆ 09190/1513).

Dorfmuseum im Greifenhaus Hausen: Nur vier Kilometer von Forchheim entfernt liegt der 4000-Einwohner-Ort Hausen. Im 1836 erbauten Greifenhaus, einem der schönsten Fachwerkhäuser im Zentrum, ist seit 1993 das sehenswerte Dorfmuseum untergebracht. Kleidung und Wohnen, Volksfrömmigkeit und Ortsgeschichte sind die Themen. In der Eingangshalle sind historische und moderne Trachten ausgestellt, besonders eindrucksvoll die „Brautkronen". Der Raum, der sich dem Thema Volksfrömmigkeit widmet, präsentiert neben handgemalten Gebetbüchern aus dem 18. und 19. Jh. (s. Kasten) eine Madonna mit zwei Engeln (1843) aus der Obenaufkapelle, die 1972 gestohlen und vom Heimatpfleger und Museumsbetreuer Engelbert Wagner zufällig in einem Würzburger Antiquitätengeschäft wieder entdeckt wurde. Zu sehen ist auch eine Osterkrippe aus dem 18. Jh. Das Modell eines fränkischen Wasserschöpfrades repräsentiert einen Teil der Ortsgeschichte. Im 19. Jh. gab es in Hausen rund 30 solcher Räder, die für die Bewässerung der Felder sorgten, mehr als in jeder anderen Gemeinde im deutschen Sprachraum. Ausgestellt sind auch restaurierte Renaissance-Glasmalereien aus der Ortskirche und historische Ansichten des Dorfes. Vom Museumsgebäude selbst stammen eine Anzahl verzierter „Feierabendziegel" und die geschnitzte Haustüre. Beachten Sie im

Gang die schönen Sandsteinfiguren und weitere Steinplastiken („Wimmelbacher Männla") aus der Werkstatt des Barockbildhauers Ferdinand Tietz (18. Jh.), die einst im Garten des Thurner Schlosses standen.

Da es für das Museum in der Dr.-Kupfer-Str. 4 keine festen Öffnungszeiten gibt, empfiehlt sich eine telefonische Anmeldung bei der Gemeindeverwaltung, ✆ 09191/737221.

Gebetbuch in Handarbeit

In Vitrinen präsentiert sich der kleine Schatz des Museums: handgeschriebene und -gemalte Gebetbücher. Sie stammen nicht etwa aus klösterlichen Schreibstuben, sondern wurden von einfachen Bauern und Handwerkern und teilweise auch von Kindern im Bamberger und Forchheimer Umland an Sonntagen und vor allem im Winter angefertigt (von Mitte des 18. bis Mitte des 19. Jh.). Nur an hohen Feiertagen oder zu besonderen Anlässen durften sie benutzt werden. An die 20 dieser kleinen und liebenswerten Kunstwerke hat Heimatpfleger Engelbert Wagner zusammengetragen. Schwarz, grün und rot leuchten ihre Schriften, die Großbuchstaben sind aufwändig verziert, dazu heiter-bunte Illustrationen und Buchdeckel aus Leder, Samt oder Satin – vielFantasie und Geduld erforderten diese Arbeiten. Kein Wunder, wenn es am Schluss eines Gebetbuches von 1831 erleichtert heißt: „Ende – froh sind meine Hände".

Rund ums Walberla

Walberla

„Es walbälä is unsä fudschijama / jedä mou in seim lehm ämall nauf / obbä dä schnäi fehld im summä, dä schnäi", verrät der Nürnberger Mundartautor Fitzgerald Kusz in der Strophenform eines japanischen Kurzgedichtes (Das Walberla ist unser Fudschijama / jeder muss in seinem Leben einmal hinauf, aber der Schnee fehlt im Sommer, der Schnee). Recht hat er, denn kein anderer Berg der Fränkischen Schweiz zieht so viele Besucher an wie das Walberla.

Die als Naturschutzgebiet ausgewiesene Ehrenbürg mit ihrem kahlen Hochplateau und ihren beiden Anhöhen, dem *Walberla* (514 m) und dem *Rodenstein* (532 m), ist schon von weitem sichtbar. Besonders eindrucksvoll ist der Berg zur Zeit der Kirschblüte von Ende April bis Ende Mai. Dann sehen die Hänge des Walberla wie in Watte verpackt aus. In diese Zeit, genauer: am ersten Mai-Wochenende, fällt auch das Walberlafest, das seit dem 14. Jh. auf dem Rücken des Berges gefeiert wird. Ein Markt auf der Ehrenbürg ist seit 1360 durch die Erhebung von Kirchweihschutzgeld (!) nachgewiesen.

Seine Attraktivität verdankt das Walberla (vom geographischen Begriff Ehrenbürg spricht keiner) seiner einmaligen Lage, die einen herrlichen Ausblick über das gesamte untere Wiesenttal und das Regnitztal bis zur Altenburg in Bamberg eröffnet. Entsprechend viele Besucher zieht der Berg an Sommerwochenenden an. Drachenflieger benutzen das Hochplateau als Startplatz, Bergsteiger finden am Rodenstein exzellente Bedingungen und Naturfreunde erfreuen sich an seltenen Pflanzen, die sonst kaum mehr zu finden sind, wie beispielsweise das fränkische *Habichtskraut*.

Das Walberla ist aber auch eine archäologische Fundgrube. Die ältesten ausgegrabenen Stücke stammen von Jägern der ausgehenden Altsteinzeit (etwa 10.000 v. Chr). Von der späten Jungsteinzeit bis zum Beginn der Völkerwanderung war der Berg nahezu durchgehend besiedelt. Kein Wunder, denn das eineinhalb Kilometer lange und dreihundert Meter breite Bergplateau bot mit seinen Mulden idealen natürlichen Schutz. Die strategisch günstige Lage nutzten vor allem die Kelten, die ab etwa 550 v. Chr. Befestigungen anlegten und den Berg zum wirtschaftlichen und politischen Knotenpunkt der Region machten. Ein bis zu zweieinhalb Meter hoher Wall aus Steinen und Holzpalisaden schützte die 33 Hektar große Fläche. Zur Blütezeit der keltischen Kultur sollen hier einige tausend Menschen in Holzhütten mit Flechtwänden gelebt haben.

Von Archäologen wurden ausgefeilte Verbindungswege innerhalb der Befestigungen nachgewiesen. Auch ausgedehnte Handelsbeziehungen konnten belegt werden. So entdeckten die Wissenschaftler ein Parfümfläschchen aus Griechenland, Bernstein von der Ostsee und die Nachbildung einer etruskischen Schnabelkanne aus dem Salzburger Raum. Im 4. Jh. v. Chr. scheinen die Bewohner ihre stadtähnliche Siedlung auf der Ehrenbürg verlassen zu haben, über die Gründe rätseln die Wissenschaftler bis heute. Im Zuge der Grabungen in den späten 1980er und 1990er Jahren konnten übrigens die Skelette zweier Männer und einer Frau geborgen werden. Man geht davon aus, dass es sich dabei um die sterblichen Überreste von Menschenopfern handelt.

Um 300 n. Chr. errichteten Germanen auf dem Rodenstein eine Burg, die während der Zeit der Völkerwanderung wieder verwaiste.

Im Mittelalter entwickelte sich aus der heidnischen Kultstätte Walberla ein christlicher Wallfahrtsort. Die Herren von Wiesenthau ließen in der Senke die *Walburgiskapelle* errichten, die im 17. Jh. ihr heutiges Aussehen erhielt.

Der Tourismusverein „Rund ums Walberla" hat zahlreiche Projekte gestartet, um das Gebiet um den „magischen Berg" mit den Gemeinden Kirchehrenbach, Leutenbach, Wiesenthau, Kunreuth und Pinzberg touristisch zu beleben. Dazu gehören die „Kulinarische Rundreise", bei der ausgewählte Gasthäuser saisontypische Gerichte aus der Region anbieten (z.B. Wild-, Spargel- und Meerrettichwochen).
Zwölf Gasthöfe bieten 237 Betten an, 28 Anbieter halten 40 Ferienwohnungen vor, eine Pension hält 19 Betten bereit. Jüngstes Projekt ist eine Broschüre „Genießerwege rund ums Walberla".

• *Information* **Tourismusverein „Rund ums Walberla-Ehrenbürg"** Infos in Mittelehrenbach unter ✆ 09199/208 oder www.dahlmann-schmidt.de, in der Bücherei in Kirchehrenbach (im restaurierten Rathaus), via Internet (www.walberla.de) oder telefonisch bei Georg Knörlein. Geschäftsstelle: Heugasse 13, 91356 Kirchehrenbach, ✆ 09191/978931.

Kirchehrenbach

Der Hauptort am Fuße des Walberla hat sich seinen fränkischen Dorfcharakter trotz der vielen Neubauten am Ortsrand bewahrt. Die meisten Besucher kommen nach Kirchehrenbach, um nach einem Walberla-Spaziergang in einem der beliebten Gasthäuser einzukehren.

Einen Besuch ist die *Pfarrkirche St. Bartholomäus* wert. Nach dem Vorbild von Vierzehnheiligen wurde der Bau 1765/67 von dem Bamberger Stadtmauermeister

Martin Mayer errichtet. Die von außen schlicht wirkende Kirche mit dem originellen Kirchturm hat eine schöne Inneneinrichtung. Der einst romanische Turm (um 1200 erbaut) erhielt sein heutiges Aussehen im Jahre 1599, als er um ein Stockwerk erhöht wurde. Im Turmuntergeschoss, der ältesten Bausubstanz der Kirche, finden sich Reste von Wandmalereien. Die Altarausstattung im Stil des Barock und Rokoko besorgte Martin Mutschele. Eine Mitwirkung des berühmten Ebermannstädter Bildhauers Friedrich Theiler lässt sich urkundlich nicht beweisen. Bei den Holzplastiken wurde viel mit Blattgold gearbeitet. Eine schöne Wendeltreppe führt hinauf zur großen Orgel. An den Wänden im Kirchenschiff zeigen zwölf Ölbilder das Leiden Christi. Bei der Eingangstür erinnert eine Gedenktafel an die Kriegstoten des deutsch-französischen Kriegs von 1870/71. An die früheren Wohltäter erinnern zwei aufwändig gearbeitete Epitaphien der Herren von Wiesenthau. Bereits 1089 wurde Kirchehrenbach erstmals urkundlich erwähnt.

Walberlafest: Bierseligkeit auf dem Gipfel

Als Kirchweih findet seit 1909 alljährlich am ersten Sonntag im Mai das Walberlafest statt. Doch bereits für das Jahr 1360 lässt sich ein auf dem Berg abgehaltener Jahrmarkt nachweisen. Während ursprünglich lediglich die Bevölkerung aus den umliegenden Dörfern am Walburgistag den Berg zur Feier des Patronatsfestes bestieg und danach die Gelegenheit zu einem kleinen Einkauf nutzte, kamen im 18. und 19. Jh. bereits zahlreiche Besucher aus dem weiteren Umland, unter ihnen viele Studenten aus dem nahen Erlangen. Heute folgen dem „Ruf des Berges" Zehntausende aus ganz Franken: Eine wahre Blechlawine bricht über die umliegenden Dörfer herein, eine Zeltstadt entsteht auf der mit einer dünnen Humusschicht überzogenen Bergkuppe, was die Vegetation erstaunlich gut verkraftet. Doch nachdem der Berg 1987 als Naturschutzgebiet ausgewiesen wurde, mehrte sich die Kritik an der Bierzeltstadt auf dem Hochplateau. Die Behörden haben jedoch Konsequenzen gezogen, um ein naturverträgliches Walberlafest zu ermöglichen. Der motorisierte Andrang hat durch Sperrung von Parkplätzen und Schaffung öffentlicher Verkehrsverbindungen nachgelassen. Die Verkleinerung des Festplatzes reduzierte außerdem die Zahl der Schausteller.

Der Schriftsteller *August Graf von Platen* setzte dem Walberlafest ein literarisches Denkmal. Am 3. Mai 1820 notierte er als 23-Jähriger in seinem Tagebuch: „Am 1. Mai findet jährlich ein großes Volksfest dieser Gegend auf dem Walpurgisberg statt, zwei kleine Meilen von hier ... Wir nahmen einen sehr gefälligen und lieblichen Weg über Atzelsberg und Effeltrich. Auch Wiesenthau liegt recht angenehm. Das Wirtshaus war allbereits vollgepfropft, und wir mußten uns behelfen. Auf dem Berge wurde es bald lebhaft, und auch die Sonne kam. Die herrliche Aussicht zu beiden Seiten und das bunte Gewühl von Menschen, die sich teils des Jahrmarkts, teils der Wallfahrtskapelle wegen, teils wegen bloßer Schaulust zusammengefunden hatten, gewährten viel Genuß. Man machte Musik und hatte ein Karussell errichtet. Unaufhörlich kamen neue Züge den Berg herauf. Es wurde gegessen und getrunken, die Zeit verging schnell, man sah viele Bekannte. Nach Mittag zerstreute sich das Volk. In einer anderen Gesellschaft von Studenten, als ich gekommen war, kehrte ich heim."

Blick vom Walberla – wie im Kino

• *Information* Tourismusverein „Rund ums Walberla-Ehrenbürg", siehe oben unter Walberla/Information.

• *Essen/Übernachten* **Gasthaus Sponsel**, eine gastronomische Institution. In dem alten Dorfwirtshaus (offizieller Name „Zum schwarzen Adler") bemüht man sich um eine rustikale und naturnahe Gastronomie, die zugleich hohen Gourmetansprüchen entgegenkommt. Schweine schlachtet die Familie Sponsel noch selbst, Kalb und Rind kommen von benachbarten Höfen und das Getreide für das selbst gebackene Steinofenbrot vom eigenen Feld. Sponsels Schnapsbrennerei genießt einen guten Ruf, (die Brände sind auch flaschenweise zu erstehen). Di Ruhetag. Hauptstr. 45, ✆ 09191/94448, ✆ 616768, www.gasthaus-sponsel.de

Gasthaus Zur Sonne, bereits seit 1650 gibt es das Gasthaus gegenüber der Pfarrkirche. Der Landgasthof der Familie Gebhard, in zehnter Generation in Familienbesitz, bietet gutes Bier aus der Brauerei Neder Forchheim, deftige Brotzeiten aus eigener Schlachtung und fränkische Spezialitäten wie Schäufele mit hausgemachten Klößen oder frische Forellen. Der Seniorchef geht auf die Jagd und bereichert somit die Speisekarte. Im Hof befindet sich ein schöner Biergarten. Mansardenzimmer mit Holzbalken. Mo/Di Ruhetag. DZ mit Dusche ab 52 € pro Tag. Hauptstraße 25, ✆ 09191/979902, ✆ 09191/979903, www.dennerschwarz.de.

Gasthaus-Café Zum Walberla, traditionelles Ausflugslokal mit schönem Ausblick und großer Terrasse, modern-rustikale Inneneinrichtung mit Kachelofen, durch-gehend warme Küche bis 22 Uhr. Mittlere Preislage. Josef Trautner bietet altfränkische Spezialitäten (hauseigene Metzgerei) und frische Fische. Sein kulinarischer Kalender führt durch das ganze fränkische Genießerjahr. Gute Frankenweine. Kinderspielplatz und behindertengerechte Einrichtungen. Do Ruhetag. Das Gasthaus liegt an der Straße zum Walberla am Dorfrand. www.zum-walberla.de

Lindenkeller, das Gasthaus Sponsel betreibt damit eine idyllische Gartenwirtschaft zwischen Kirchehrenbach und Wiesenthau am Fuße des Walberla. Unter alten Linden lassen sich selbst heiße Sommertage spielend überstehen. Leckere Kellerbrotzeiten (eigene Schlachtung). Der Keller ist ab Mai bis in den Oktober bei schönem Wetter tägl. ab 16 Uhr, Sa/So ab 12 Uhr geöffnet. Warme und kalte Küche. ✆ 09191/94765.

Wandern rund ums Walberla

Von Kirchehrenbach führt ein schöner Wanderweg rund um die Ehrenbürg (Markierung: waagerechter roter Balken). Ausgangspunkt ist die Kirche in der Ortsmitte. Der nur zu Beginn asphaltierte Weg führt zunächst gerade, später in Serpentinen (Panoramablick über das Wiesenttal) hoch auf das Walberla zur Walpurgiskapelle. Danach geht es über den Bergsattel zum Rodenstein, mit 532 m die höchste Erhebung der Ehrenbürg. Schließlich wandert man bergab nach Schlaifhausen. Am Ortsrand biegt man links nach Leutenbach (Privatbrauerei) ab, durchquert das Dorf und hält sich an der Kirche erneut links. Jetzt ist der Weg mit einer rot-weißen Diagonale markiert. Am bewaldeten Osthang geht es weiter an der Ehrenbürg entlang (teilweise auch mit stilisiertem Walberla gekennzeichnet), bis man auf einen mit einem senkrechten blauen Strich gekennzeichneten Weg trifft. Jetzt rechts ab bis zu einem Feldweg, der zurück nach Kirchehrenbach führt. Gehzeit ca. 2 Stunden.

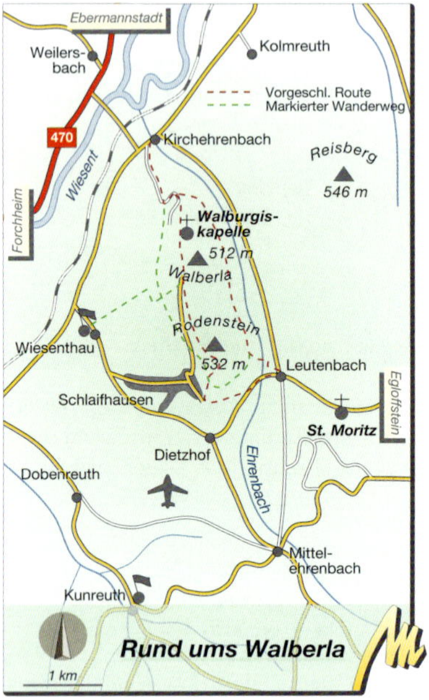

Geführte Wanderungen bieten auch der Tourismusverein „Rund ums Walberla-Ehrenbürg“ (Termine und Informationen siehe oben Walberla/Information) sowie Anne Schleicher an, die geschichtliche Führungen für kleine Gruppen veranstaltet (✆ 09194/519049).

Weiter die Wiesent entlang nach Pretzfeld S. 114, nach Ebermannstadt S. 173.

Leutenbach

Der beliebte Ausflugsort an der Ostseite des Walberla inmitten vieler Obstgärten ist bekannt für seine gute Gastronomie und ein schöner Ausgangspunkt für Wanderungen. Besonders malerisch ist die Landschaft um Leutenbach im Frühjahr zur Kirschblüte. Auf einer Anhöhe am Dorfrand steht die Pfarrkirche. Einst stand hier eine gotische Wehrkirche, die jedoch 1884 einem Neubau weichen musste. Nur der Turm aus gotischer Zeit blieb erhalten.

Mittelehrenbach: Obst und Brände gibt gibt es im Ferienhof Dahlmann-Schmidt, Mittelehrenbach 34, (www.dahlmann-schmidt.de), und in der Brennerei Singer Hausnr. 30. Im Biolandhof Willibald Schmidt, Hausnr. 41, kann man nach telefonischer Anmeldung (09199/1804 oder 458) die Brennerei besichtigen, aber auch das ganze Jahr hindurch Tafelobst in guter Qualität sowie Apfelsaft kaufen. Die Familie Dahlmann-Schmidt vermietet 3 Ferienwohnungen (zwei mit vier und eine mit drei Sternen) für 3-5 Personen. Ruhige Lage, schöne Wiese zum Ausspannen. 34–45 €.

Brauerei Drummer: Die heimliche Attraktion

Gasthaus Drummer, das unauffällige Wirtshaus mit einem Lindenbaum an der Hauptstraße, ist die heimliche Attraktion Leutenbachs. Denn beim „Otto", so nannten die Einheimischen den verstorbenen Wirt, kommen Bierkenner auf ihre Kosten. Hier wird seit 1750 selbst gebraut! In der gemütlichen kleinen Gaststube fühlen sich nicht nur Stammgäste, sondern auch Auswärtige wohl. Es gibt preiswerte hausgemachte Brotzeiten und schmackhaftes warmes Essen (Hausschlachtung/eigene Landwirtschaft). Empfehlenswert: Schäuferla, Knöchla, Krenfleisch und Sauerbraten mit Blaukraut. Am schönsten ist es, im Sommer im hinteren Hausgarten unter Obst- und Walnussbäumen zu sitzen und das deftige Kellerbier zu genießen. Übrigens, beim Drummer gibt es auch gute Obstbrände. Das Bier wird noch in Flaschen mit Porzellan-Bügelverschluss abgefüllt. Ganztägig ab 11 Uhr geöffnet, jeden Fr und Sa fränkische Spezialitäten, Mo Ruhetag. Dorfstr. 10, ✆ 09199/403.

Wandern (Markierung rot-weiße Diagonale)

Lohnend und nicht allzu anstrengend ist der gut ausgebaute Wanderweg zum Walberla. Der 5 km lange Weg führt von der Ortsmitte an der Kirche vorbei direkt auf das Hochplateau, ist jedoch an Sommerwochenenden ziemlich überlaufen.

Beim Gasthaus Drummer beginnt ein gut ausgeschilderter Rundwanderweg durchs Ehrenbachtal. Dauer ca. 4 Std.

St. Moritz

Die kleine, auf einer Bergkuppe gelegene und von einer kleinen Mauer umgebene Kapelle mit dem klangvollen Namen liegt romantisch am Waldrand mit schönem Blick aufs Walberla. St. Moritz war über viele Jahrhunderte Wallfahrtsort und Friedhof zugleich. Die Verstorbenen aus den umliegenden Dörfern Hundsboden, Seidmar und Ortspitz werden hier begraben. Die Kirche ist nur während der seltenen Gottesdienste geöffnet.

Besucher, die sich für eine **Besichtigung** interessieren, können sich gerne an Mesner Hans Greif im Nachbarort Ortspitz (Hausnr. 10), ✆ 09197/389, wenden. **Einkaufen** kann man im anderen Nachbarort Seidmar im Hofladen Alt: Gepflegtes Rind- und Kalbfleisch, Zwetschgenbames (Rinderschinken) und Wurst in Dosen.

Das unscheinbare Kirchlein hat eine reiche Vergangenheit, denn bereits vor über 900 Jahren stand hier auf dem 503 m hohen Burgstein der sog. Ansitz der Edelfreien von Leutenbach. Über die Burganlage ist weiter nichts bekannt. Die Kapelle selbst wird zum ersten Mal Mitte des 15. Jh. erwähnt.

Beim Parkplatz steht eine schlichte Feldkapelle, die die **Moritzquelle** einfasst. Im Inneren kann man sich die Holzstatue des Legionärs und Märtyrers Mauritius anschauen. Die Quelle soll früher wunderheilende Kräfte gehabt haben. Ob Aussatz oder Augenleiden – die Krankheiten ließen sich mit dem Wunderwasser heilen, indem die Augen benetzt wurden! Das Mauritiuslied von Georg Kanzler (1894–1975) an einer Seitenwand erinnert in Versform an den Kirchenheiligen. Oberhalb des Parkplatzes steht eine Gedenktafel für den Theologen und Heimatpoeten Kanzler, der hier auf dem Friedhof begraben liegt. Der einstige Leutenbacher Pfarrer hat St. Moritz und die Gegend um Leutenbach literarisch verewigt.

Dietzhof

Bierkenner sollten sich den Namen des Dörfchens zwischen Leutenbach und Schlaifhausen merken. Dort steht der schmucke Gasthof der Brauerei Alt, die einer der beliebtesten Bierhersteller der Fränkischen Schweiz ist und seit 1868 braut. Das 1747 erbaute Fachwerkhaus ist zu einem Mekka für Freunde fränkischer Braukunst geworden. Wie in anderen Orten an den Hängen des Walberla auch wird der Obstanbau in Dietzhof groß geschrieben. Am Ortsrand liegt der Fruchthof Rumpler, einer der größten Obstgroßhändler der Fränkischen Schweiz.

• *Essen* Die traditionsreiche, rundum gemütliche **Gastwirtschaft Alt** ist bekannt für ihr untergäriges Vollbier ohne Kohlensäure. Beim Brauen wird kein Hopfenkonzentrat verwendet. In der kleinen, heimeligen Wirtsstube mit Kachelofen bietet Raimund Alt eine gute Auswahl an Brotzeiten an, warme Küche nur an Sonn- und Feiertagen (oder ab 10 Pers. auf Bestellung) mit fränkischen Spezialitäten (leckere Schäuferla, Kalbshaxen, Rehschlegel und Bauerngans in der Saison). Die Schnäpse sind hausgebrannt, zum Kaffee bekommt man hausgemachtes Gebäck. Für kleinere Gruppen gibt es ein Nebenzimmer mit angenehmer Atmosphäre. An Sommerwochenenden ist in dem schönen Gasthof an der zweiten Abbiegung (von Schlaifhausen kommend rechts) kaum ein Platz zu bekommen. Das alte Fachwerkhaus steht auf historischem Grund. Es wurde auf den Resten eines Adelssitzes der Herren von Wiesenthau gebaut. Geöffnet ist außer montags täglich von 17–23 Uhr, samstags bereits ab 16 Uhr (sonntags 11.30–23 Uhr). Übrigens kann das Bier auch kastenweise oder im Fass mitgenommen werden. Alt brennt auch selbst Obstbrände. Die Brauerei zählt zu den Betrieben, die noch Flaschen mit dem alten Bügelverschluss benutzen! Dietzhof 8, ✆ 09199/267.www.brauerei-alt.de.

• *Einkaufen* **Hofladen Franz Herbst**, Dietzhof 9, verkauft aus eigener Herstellung Holzfofenbauernbrot, Rindfleisch (Galloway) sowie Obst und Gemüse. ✆ 09199/438

Brennerei Siebenhaar

Das moderne Haus oberhalb der Dorfstraße in Richtung Leutenbach verrät auf den ersten Blick nicht, dass hier eine seit Jahrzehnten bewährte Brennerei beheimatet ist. Frau Siebenhaar brennt bereits seit 1975 Schnäpse und Liköre. Auf künstliche Essenzen oder Aromen wird grundsätzlich verzichtet. Das meiste Obst für die hochprozentigen Produkte wächst ums Walberla: Kirschen, Zwetschgen, Birnen, Mirabellen. Das Angebot mit gutem Preis-Leistungs-Verhältnis ist vielfältig. Es reicht vom Walberla-Bitter, gut für angeschlagene Mägen, über beliebte Liköre wie Walnuss, Kirsch und Himbeere bis hin zu Obstbrand-Klassikern wie Williams-Christ-Birne oder Schlehe. Unter dem Motto „Einer macht's dem andern klar, den guten Schnaps hat Siebenhaar" verkauft die Brennerei ihre feinen Brände, Geister und Liköre auch auf Bauernmärkten in Franken. Auf dem Etikett ist das Stammhaus samt Walberla und Walburgis-Kapelle abgebildet. In der rustikalen Probierstube kann der Besucher sich durch die lange Liste trinken. In den Regalen, verziert mit Schnitzereien von Obstsorten, stehen zahlreiche höchst unterschiedliche Flaschen. Neben den klassischen 0,5-Liter-Obstbrandflaschen sind das auch schlanke, mit Franken-Wappen verzierte Gefäße oder praktische 1-Liter-Flaschen. (Nur zum Hintergrund: Die Familie Siebenhaar steht trotz Namensgleichheit in keinem verwandtschaftlichen Verhältnis zum Autor). Dietzhof 13, ✆ 09199/697570, 📠 697572. Besuch nach Absprache.

Schlaifhausen

Schlaifhausen ist ein idealer Ausgangspunkt für Walberla-Wanderungen. Am besten, man lässt sein Fahrzeug im Dorfkern und spaziert durch Obstgärten hinauf zur Ehrenbürg. Danach kann man sich in einem der Landgasthäuser verwöhnen lassen. Das Straßendorf – mittlerweile umgeben von einem ausgedehnten Neubaugebiet – ist vor allem an Sommerwochenenden ein populäres Ziel. Die meisten Gäste machen allerdings gar nicht erst in Schlaifhausen Halt, sondern fahren auf einer asphaltierten Straße – vorbei an schönen Kirschgärten – direkt zum Wanderparkplatz unterhalb des Rodensteins. Von hier sind es gerade 20 Minuten bis zum Berggipfel. Am Rande des Parkplatzes liegt eine Bergwachthütte (✆ 09191/19222, Rettungsleitstelle Forchheim). Außerdem gibt es erklärende Tafeln zur Geologie und Topographie des Walberla.

• *Essen/Übernachten* **Gasthaus Kroder**, das schöne Fachwerkhaus an der Hauptstraße ist ein beliebter Treffpunkt für Kletterer. Bereits 1825 wurde in dem in sechster Generation geführten Haus eine Bierwirtschaft eingerichtet. Als Prinzregent Luitpold von Bayern dem Walberla seinen Besuch abstattete, ließ er sich in dem Wirtshaus die fränkische Küche schmecken. Nach dem Gasthaus ist eine Kletterroute am Rodenstein benannt. Beim „Kroder" gibt es preiswerte und hausgemachte Brotzeiten, fränkische Küche – und als besondere Spezialität Kutteln. Biergarten unter Kastanienbäumen. Zum Ausschank kommen Ott-Biere aus Obereinleiter und Schlenkerla-Rauchbier sowie Obstbrände aus eigener Brennerei. Günstige Übernachtungen. Mo Ruhetag, Di ab 17 Uhr geöffnet. ✆ 09199/416, kroder@walberla.de

Ehrenbürg, oberhalb der Dorfkirche liegt das im April 2002 neu eröffnete Hotel/Restaurant des Kochs und Konditors Wilhelm Nagengast. Das stilvolle Hotel verfügt über zehn individuell eingerichtete Zimmer. Dem Restaurant gelingt der Spagat zwischen traditionellen Gerichten (zu traditionell niedrigen Preisen) und ambitionierter Küche (wie beispielsweise Seewolf mit Wokgemüse oder frischer Fisch in Safransauce). Auf der Terrasse hat man einen wunderschönen Blick auf die Obstbaumlandschaft rund ums Walberla. Auch Räume für Seminare, Hochzeiten und Feiern sind vorhanden. Sympathischer hilfsbereiter Service. Selbstgebrannte Obstschnäpse. Di Ruhetag (Restaurant). DZ ab 77 € (inkl. Frühstücksbüffet) bis 97 € (Galeriezimmer mit Dachterrasse). Schlaifhausen 68, ✆ 09199/696930, 📠 09199/6969369, www.ehrenbuerg.com.

• *Kunst und Genießen* **Brennerei und Kunstwerkstatt Häfner** – das sind der Senior und die „brothers in art", Johannes und Guido Häfner. Die Früchte aus den eigenen Obstgärten wachsen Josef Häfner fast in die Maischefässer hinein. Der doppelte Brand verleiht den Schnäpsen Charakter und ein feines Bukett. Die Söhne sind Maler und Grafiker bzw. Bildhauer und Grafiker. Sowohl die tradierte Formensprache (bis hin zu Gutenbergs Buchdrucktechnik) als auch moderne Erscheinungsformen wie Piktogramme und Comics sowie archaische Urformen (Skulpturen in Holz und Stahl) verschmelzen zu einem unverwechselbaren Stil, welcher auf den Buchmessen in Frankfurt und Taipeh/Taiwan sowie in Museen und Ausstellungen (Berlin, China, Dubai) für Aufsehen sorgt. Bes. n. Vereinb., Schlaifhausen Nr. 17, ✆ 0171/3649643. www.brothersinart.de.

Wiesenthau

Schon auf den ersten Blick macht das kleine Dorf am Fuß des Walberla ein wenig neugierig. Vom historischen Ortsbild ist manches erhalten geblieben. Vor allem lohnt sich ein Besuch im Schloss Wiesenthau, das sich an der Hauptstraße hinter hohen Mauern verbirgt und gastronomisch genutzt wird.

Von außen macht der Adelssitz einen kolossalen Eindruck. Die dreiflügelige Renaissance-Anlage ist von fünf Rundtürmen und einer wehrhaften Mauer umgeben. Vom Schlosshof bietet sich ein prächtiger Blick auf das Wiesenttal und Forchheim.

Schloss Wiesenthau, links im Hintergrund das Walberla

Das Wiesenthauer Schloss gehörte einst zu den wichtigsten Renaissanceschlössern des Bamberger Hochstifts. Sein derzeitiges Aussehen bekam es nach dem Bauernkrieg. Ursprünglich war die Ortschaft Sitz der Herren von Wiesenthau, bischöflich Bamberger Ministeriale, die seit dem 12. Jh. urkundlich belegt sind. Etwa aus dieser Zeit stammt auch die Burg, die 1379 ausgebaut wurde. In den Hussitenkriegen im Jahr 1430 und während der Wirren des Bauernkriegs von 1525 wurde der Herrensitz zerstört, aber bereits 1529 wiederaufgebaut und im Laufe des 16. Jh. mehrfach erweitert. Von 1985 bis 1992 wurde die Anlage umfassend restauriert.

• *Information* Verwaltungsgemeinschaft Gosberg mit Wiesenthau und Pinzberg, Reuther Str. 1, 91361 Pinzberg, Mo–Mi und Fr 8–12 Uhr, Do 14.30–18.30 Uhr. ✆ 09191/79500, ℻ 795040 oder Tourismusverein „Rund ums Walberla-Ehrenbürg", siehe oben unter Walberla/Information.

• *Übernachten/Essen* **Schlosshotel Wiesenthau**, eine exklusive Unterkunft bieten die großzügigen, modernen Zimmer im Renaissanceschloss, manche mit gemütlicher Lese-„Ecke" in einem der Türme. Die Gasträume, ob der historische Rittersaal oder die Weinstube mit dem schönen Kreuzgewölbe im ehemaligen Gesindeflügel, werden vor allem für Tagungen, Seminare und Hochzeiten gerne genutzt (Di Ruhetag). Im Sommer gibt es im Schlosshof einen stilvollen Biergartenbetrieb (bei entsprechendem Wetter ab 15 Uhr). DZ 75 €, EZ 65 €. Schlossplatz 1, ✆ 09191/79590, ℻ 09191/9073, www.schlosshotel-wiesenthau.de.

Gastwirtschaft Egelseer, in dem hübschen Fachwerkhaus an der Hauptstraße fühlen sich die Einheimischen zu Hause. Wirtsstube mit angenehmer Atmosphäre. Preisgünstig: Brotzeiten und Schnitzel, So und Feiertag Mittagstisch. Leider liegt der Garten an der viel befahrenen Durchgangsstraße. Do Ruhetag. Hauptstr. 38, ✆ 09191/96646.

Pinzberg

„Berg, auf dem Binsen wachsen", *Binezberc* hieß der Ort südlich von Forchheim bei seiner ersten urkundlichen Nennung im Jahr 1062 (Schenkungsurkunde Heinrichs IV.). Zahlreiche Gräberfunde belegen, dass die Anhöhe mit weitem Blick bis ins Bamberger Land bereits in vorgeschichtlicher Zeit besiedelt war.

In der Dorfmitte ziehen die Alte Schmiede und der Wegbrunnen als Fachwerkensemble die Blicke auf sich, Höhepunkt des hübschen Dorfbildes ist aber die Wehrkirchanlage **St. Nikolaus**. Der spätmittelalterliche Bau, umgeben von Verteidigungsmauern aus der zweiten Hälfte des 15. Jh., wurde 1731 unter Beratung Balthasar Neumanns umgestaltet. Die reiche Rokokoausstattung im Innern aus den Jahren 1779 bis 1787 hatte der damalige Pfarrer Johann Anton Josef Kretschmann bestellt, der sein Amt deswegen auch niederlegen musste: Ihm wurde von seinen Vorgesetzten „Verschönerungssucht" zur Last gelegt. Dem heutigen Besucher beschert dieses Engagement eine wertvolle, komplett erhaltene Innenausstattung, die Dank der Geschlossenheit des Gesamtbildes ihresgleichen sucht. Die Pfarrkirche wurde umfassend saniert und präsentiert sich heute in altem Glanz. Besuchenswert sind auch die Marien- und die Anna-Kapelle auf einem hübschen Platz an der Straße nach Effeltrich. Die Marienverehrung mit regelmäßigen Wallfahrten währt schon über 200 Jahre.

- *Information* Verwaltungsgemeinschaft Gosberg mit Wiesenthau und Pinzberg, Reuther Str. 1, 91361 Pinzberg, ✆ 09191/79500, 📠 795040 oder Tourismusverein „Rund ums Walberla-Ehrenbürg", siehe oben unter Walberla/Information.
- *Übernachten/Essen* **Landgasthof Schrüfer**, auf der Terrasse des Gasthauses kann man bei guter fränkischer Küche den Blick auf das Walberla genießen. Wild aus eigener Zucht und Schlachtung, zehn Fremdenzimmer und zwei Ferienwohnungen stehen zur Verfügung. Im Terrassencafé kann man sich köstliche Kuchen aus eigener Konditorei schmecken lassen. Freundlicher Service, Di Ruhetag, Mo ab 17 Uhr (Terrassencafe: Mo Ruhetag). DZ (WC/Dusche) 60 €, EZ 40 € inkl. Frühstück; Ferienwohnung (vier Betten) 30 €/Pers. inkl. Frühstück. Hauptstr. 27, ✆ 09191/70970, Café ✆ 729760, 📠 09191/709727, www.landgasthof-schruefer.de.

Die prächtige Ausstattung der Pinzberger St.-Nikolaus-Kirche

Kunreuth

Das Dorf am südlichen Rand der Fränkischen Schweiz, ungefähr in der Mitte zwischen Forchheim und Gräfenberg, beherbergt ein eindrucksvolles Wasserschloss, das jedoch nur von außen zu besichtigen ist. Kunreuth hat seinen ursprünglichen Charakter mit zum Teil sehr schönen Fachwerkhäusern bis in unsere Tage erhalten können.

- *Information* Tourismusverein „Rund ums Walberla-Ehrenbürg", siehe oben unter Walberla/Information.
- *Schnapsbrennerei* Einer der ganz großen Könner seines Faches in der Fränkischen Schweiz ist Norbert Engelhardt, der von den Einheimischen „Schnapsbartel" genannt wird. Der schwergewichtige Franke, der vielfach ausgezeichnet wurde, lernte sein Handwerk bereits vom Großvater und seinem Vater Melchior. Schließlich brennen die Engelhardts seit rund einem Jahrhundert edle Brände und Liköre. In seinem urigen Bauernhaus neben dem Kunreuther Wasserschloss zaubert Engelhardt aus seinem Kupferkessel fruchtig-harmonische Obstbrände. Er verwendet Obst aus der Fränkischen Schweiz, experimentiert aber auch gerne mal mit neuen Rohstoffen wie Johannisbeere oder Wildholunder. In der kleinen Probierstube neben dem Brennerraum serviert Engelhardt seine vielfältigen Produkte. An der Theke fachsimpelt der erfahrene Brenner gerne über seine Destillate. Uns haben besonders Zwetschge, Kirsche, Mirabelle und Reneklode zugesagt. Zu den außergewöhnlichsten Bränden gehören Wildkirsche und Quitte. Die Destillate sind in schönen Flaschen erhältlich (0,2, 0,5 und 0,7 Liter) und werden auch verschickt (gegen Nachnahme). **Norbert Engelhard**, Mühlweg 2, 91358 Kunreuth, ✆ 091999/343, ✆ 698163.
- *Essen* **Gasthaus zum Schloss**, gleich neben dem Kunreuther Wasserschloss. In dem hübschen Fachwerkhaus (gebaut um 1600) ist eine urgemütliche Gaststube eingerichtet. Bei der Familie Derbfuß isst man sehr gut. Beliebt sind die Braten und Schäuferla. Zur Saison Karpfen- und Spargelspezialitäten, aber auch Gerichte mit Meerrettich. Biergarten an der Straße mit Blick auf das Schloss. Besonders gut sind die Brotzeiten aus der Metzgerei Derbfuß. Mo und Mi Ruhetag, Schloßstr. 13, ✆ 09199/217. www.gasthaus-zum-schloss.de

Sehenswertes

Schloss Kunreuth: Fachwerkgiebel, mächtige Torbauten, dicke Wehrmauern mit Zinnen und Ecktürmchen, ein breiter Wassergraben – ein echtes Schmuckstück unter den Adelssitzen der Fränkischen Schweiz. Leider ist das Wasserschloss an der Straße nach Effeltrich nicht öffentlich zugänglich. Man kann aber immerhin den Vorhof betreten und sich von dort ein Bild von der umfangreichen Anlage verschaffen. Dort steht auch das Denkmal des *Grafen Albrecht-Dietrich Gottfried*, des ersten Grafen von und zu Egloffstein, der einst das Amt des königlich-preußischen Gouverneurs von Ostpreußen innehatte. Die Gesamtanlage überblickt man auch von einem Fußweg, der zwischen den Obstgärten des Schlosses und dem Dorfbach verläuft.

Zum ersten Mal wurde die Burg zu Beginn des 15. Jh. erwähnt. Ihre heutige Form erhielt die in ihrer Art einmalige fränkische Wasserburg in der ersten Hälfte des 17. Jh. Oftmals in Fehden verstrickt, ist die Burganlage wahrscheinlich viermal zerstört worden (zuletzt im Dreißigjährigen Krieg). Selbst in den letzten Tagen des 2. Weltkriegs bekam sie noch ein Dutzend Treffer durch Geschosse der US-Army ab. Von der Inneneinrichtung ist vieles in den Nachkriegsjahren verloren gegangen. Zu dieser Zeit waren im Kunreuther Schloss zunächst das Einwohnermeldeamt der Stadt Nürnberg und später ein Altersheim untergebracht. Darunter litt das kostbare Inventar sehr. Heute lebt hier der bekannte Kunsthistoriker Albrecht Graf von und zu Egloffstein. Die Familienmitglieder engagieren sich seit vielen Jahren für die Erhaltung des Schlosses.

Kunreuther Wasserschloss – ein Schmuckstück unter den Adelssitzen der Fränkischen Schweiz

Rund ums Walberla
Karte S. 104

Lukaskirche: Einen Besuch ist die evangelische Lukaskirche am Ende des Ortes Richtung Weingarts allemal wert. Die Raumaufteilung des erhöht gelegenen Gotteshauses ist in der Fränkischen Schweiz einmalig. Zwei bemalte hölzerne Galerien auf der linken Seite und der schmale, intime Kirchenraum verleihen ihm ein ungewöhnliches Aussehen. Vor allem der Barock hat das heiter wirkende Kirchlein geprägt. Im Kern aus dem 15 Jh. wurde das Gotteshaus zwischen 1791 und 1795 entscheidend umgebaut. Kirchen sind aber auch immer wieder Zeugen des gesellschaftlichen Lebens vergangener Jahrhunderte. Am westlichen Ende der Südwand weist über der Tür eine Gedenktafel auf die hohe Kindersterblichkeit im 16. Jh. hin. Das bebilderte Epitaph zeigt zwei kniende Kinder, die 1596 bzw. 1598 starben.

Kulturweg: In einem Projekt der Universität Erlangen erarbeiten Studenten des Fachs Bayerische und Fränkische Landesgeschichte einen Themenweg zur Landschaft und Geschichte der Ortschaften Ermreus, Weingarts und Regensberg. Dabei werden u. a. ehemaliger Weinbau, Obstanbau, Burg und Gastronomie in Regensberg näher erläutert. Für die Spurensuche in Kunreuth existiert bereits ein Rundweg.

Regensberg

Der am Westrand der Juraebene und hoch über dem Weingartstal gelegene Ort bietet einen phantastischen Ausblick über den ganzen westlichen Teil der Fränkischen Schweiz bis zum Aischgrund. Kein Wunder, dass Regensberg zu einem der beliebtesten Ausflugsziele in der westlichen Fränkischen Schweiz zählt.

Sie besuchen das malerische Dorf besser nicht an Sonntagen im Sommer, wenn sich zahllose Autos durch die engen Straßen quälen und nur schwer ein freier Stuhl auf einer der Terrassen zu erhaschen ist. Lassen Sie Ihr Auto weit vor dem Dorf auf einem der Parkplätze stehen. Bei einem Spaziergang durch Regensberg lässt sich so

Gutes aus der Region – Einkauf in Regensberg

In Regensberg kann der Besucher Produkte aus der Fränkischen Schweiz einkaufen: zum Beispiel Holzofenbrot, das im Nachbarort Rangen gebacken wird, oder Obstbrände aus heimischem Anbau und natürlich in der Saison jede Menge Obst (Kirschen, Zwetschgen etc.) sowie Gemüse – direkt vom Bauern.

manche Sehenswürdigkeit entdecken, etwa die jahrhundertealten Gewölbe der ehemaligen Burg. Auffälligstes Relikt der Wehranlage ist freilich die in den steilen Hang eingegrabene Kirche St. Margaretha mit ihrem baumartigen Nothelferaltar.

• *Essen/Übernachten* **Berggasthof Hötzelein**, das 3-Sterne-Hotel steht auch von weitem unübersehbar auf einem 500 m hohen Bergvorsprung und gehört wegen seiner Aussichtsterrasse zu den beliebtesten Gasthöfen der Fränkischen Schweiz. So ist am Wochenende bei schönem Wetter kaum ein Platz zu finden. Seit dem Umbau der (nun vollverglasten) Terrasse stehen darunter weitere Parkplätze zur Verfügung. Der Gasthof pflegt professionelle fränkische Küche mit saisonalen Angeboten, bietet Forelle und Karpfen sowie Wild aus den Wäldern der Fränkischen Schweiz. Hausgemachte Bratwürste und krustige Schäuferla. Für ein Hauptgericht sollte man mit rund 10–18 € rechnen (Schweinebraten 7,30 €). Gute Frankenweine, aber auch Bamberger Schlenkerla-Rauchbier. Viele Gäste kommen auf einen Kaffee vorbei. Dazu gibt's riesige „Sprüchbeutel", die bei den Stammgästen Kultcharakter haben. Es werden auch Obstbrände und andere fränkische Spezialitäten verkauft. Die Zimmer, meist mit tollem Ausblick, sind bäuerlich-rustikal eingerichtet. Haustiere nicht erlaubt. Betriebsurlaub meist in der Adventszeit. Di Ruhetag. DZ mit Dusche (teilweise auch Balkon) zw. 68–84 €, inkl. Frühstück, auf Wunsch auch Halbpension (13 € Zuschlag pro Person). Auf dem Regensberg 10, ✆ 09199/8090, ℻ 09199/80999, hoetzelein@berg-gasthof.de, www.berg-gasthof.de.

Landgasthof Bauernschmitt, preiswert, mit schlichtem Gastraum. Im Sommer herrscht hier weniger Betrieb als beim Nachbargasthof, gleich neben der Aussichtsterrasse steht die Burgruine (umzäunt). Empfehlenswerte fränkische Küche zu erschwinglichen Preisen. Gute Schäuferla mit Kloß und Obatzter. Hausgemachte Kuchen. Freundlicher Service. Hübsche, ruhige Terrasse oberhalb der Margaretha-Kirche. Auch Weine und Obstbrände. Ab 17 Uhr geöffnet, am Wochenende auch Mittagstisch, Mo/Do Ruhetag. ✆ 09199/219.

Burgruine Regensberg: Der winzige Ort mit gerade einem Dutzend Häusern hat eine beachtliche Vergangenheit. Grund dafür ist die erstmals Mitte des 13. Jh. erwähnte Burg Regensberg. Die Burg, über deren einstiges Aussehen nur wenig bekannt ist, wurde mehrmals zerstört (Hussitenkrieg, Dreißigjähriger Krieg). Auch im Bauernkrieg kam Regensberg nicht ungeschoren davon. Nachdem die Burg durch die zahlreichen Brände und Plünderungen ziemlich heruntergekommen war, wurde sie 1867 abgebrochen; die Steine benutzte man als Baumaterial. Übrig geblieben ist heute das rechteckige Burgplateau mit einer gut erhaltenen Außenmauer. Auf dem Grundstück des Gasthauses „Bauernschmitt" sind das tonnenartige Gewölbe des ersten Stockes und ein Türportal zu sehen.

Kirche St. Margaretha: Den Abriss überlebt hat die ehemalige Burgkapelle und jetzige Filialkirche St. Margaretha. Das schöne Inventar mit barockem Hochaltar stammt vorwiegend aus dem 17. Jh. Beachtenswert ist der rechte Nebenaltar: ein Baum, auf dessen Ästen die vierzehn Nothelfer stehen. In der Mitte das Jesuskind, über dem Gottvater thront. Auf dem obersten Ast: Kirchenpatronin Margaretha mit dem Drachen.

Walkersbrunn

Wer von Regensberg südlich Richtung Rangen (ca. 1 km) läuft, kommt an schönen Obstgärten vorbei. Von Rangen aus geht ein verkehrsberuhigter Weg über Serpentinen hinab ins Tal: nach rund 2 km erreicht man das malerische **Walkersbrunn**. Mitten in einer sanften Mulde von Wiesen, Feldern und Obstgärten liegt der kleine Ort hinter dem Hetzlesberg im Oberen Schwabachtal. Das fast 800 Jahre alte Dorf, das seit 1976 zur Stadt Gräfenberg gehört, hat sich seine Ursprünglichkeit bewahrt. Stolz pflegen die etwas über 300 Einwohner Traditionen wie das „Baumaustanzen" zur Kerwa, die immer am dritten Wochenende im September gefeiert wird. Die Kirchweih ist für die Walkersbrunner ohnehin etwas Besonderes. Denn die evangelische Kirche, die bereits 1344 erstmals urkundlich erwähnt wurde, steht nicht mitten im Dorf, sondern auf einer steilen Höhe zwischen Abhängen gegen Kasberg zu. Diese außergewöhnliche Lage an einem bewaldeten Abhang oberhalb des Dorfes hat sie zu einem beliebten Foto-Motiv gemacht. Warum die Kirche mit dem sprechenden Namen „Zu den Gräbern" auf einem Berg steht, weiß niemand so genau. Allerdings gibt es dazu eine Legende aus längst vergangenen Zeiten (siehe Kasten unten).

• *Essen/Übernachten* **Gasthaus Strehl**, fränkische Küche mit hausgemachten Wurstwaren, Bratwürsten oder Braten wie Schäuferla, sehr empfehlenswert sind die Karpfen und Forellen aus heimischer Zucht (Sept.–April). In einer eigenen Brennerei werden Schnäpse nach traditioneller Art destilliert. Acht moderne Doppelzimmer mit Dusche/WC und Balkon oder Terrasse sowie eine Ferienwohnung. Geöffnet Mo–Mi 17–22 Uhr, Fr und Sa 17–23 Uhr, So 10–23 Uhr, Do Ruhetag. DZ 54 €, Ferienwohnung für zwei Personen 34 €. Walkersbrunn 9, ✆ 09192/7653, 📠 09192/6846, www.gasthaus-strehl.de.

Die Wanderkapelle

Einmal haben die Walkersbrunner versucht, ihre Kirche herunter in den Ort zu verlegen. Sie war schon lange Zeit baufällig, wurde abgebrochen und sollte unten im Dorf größer und schöner aufgebaut werden. Das gefiel aber, so sagen wenigstens die Leute, den Heiligen nicht, die da droben in der Kapelle verehrt wurden.

Der Platz für eine neue Kirche wurde bestimmt. Man hob den Grund aus, fuhr Steine und Mörtel, Ziegel und Holz in Mengen heran und brachte das Handwerkszeug und das Gerüst zur Stelle. Aber in der Nacht verschwand alles wieder vom Bauplatz. Als man danach suchte, fand man es droben an dem Ort, wo die alte Kapelle gestanden hatte. Man konnte das nicht begreifen und brachte alles wieder hinunter ins Dorf.

Doch die geheimnisvolle Geschichte wiederholte sich in der folgenden Nacht, so dass schließlich die Walkersbrunner merkten, dass Gott und die Heiligen ihre Kirche nicht unten im Dorf, sondern droben auf ihrer alten, ehrwürdigen Stätte aufgebaut haben wollten. Die Walkersbrunner gaben nach und bauten ihr neues Kirchlein auf dem Berg.

Rund ums Walberla
Karte S. 104

Das Trubachtal besitzt noch viele alte Bauernhäuser wie hier in Pretzfeld

Trubachtal

Auf einer Länge von gerade 20 km erstreckt sich das Trubachtal, das dem Besucher die Fränkische Schweiz en miniature bietet: Das schmale Flüsschen schlängelt sich durch Wiesen, bizarre Felsformationen ragen aus Wäldern an den Talhängen, und kaum ein Kilometer auf dem nicht eine Burg oder ein Mühle zu sehen ist.

Über zehn Schlösser und Burgruinen sowie 19 Mühlen finden sich entlang des Trubachtals. Die älteste Mühle wurde bereits 1184 urkundlich erwähnt. Aus dem ganzen Umland kamen früher die Bauern ins Trubachtal, um Korn mahlen zu lassen. Auf halbem Weg von der Quelle in Obertrubach und der Mündung der Trubach in die Wiesent bei Pretzfeld steht die beeindruckendste Burg der Gegend, die tausendjährige und noch immer bewohnte Burg Egloffstein. In den zahlreichen Seitentälern gibt es ideale Wandermöglichkeiten abseits bekannter Routen. In weiten Teilen gleicht das Trubachtal einem einzigen Obstgarten. Besonders im Frühjahr leuchtet die Landschaft in verschwenderischer Blütenpracht. „So schön hier" lautet der Slogan der Tourismusbroschüren. Auf Fränkisch, wie es eine Wirtin aus dem unteren Tal formulierte, heißt das: „Wissns, woanners is scho schee, aber hier – hier is aa schee."

Pretzfeld

Gleichsam das Tor zum Trubachtal ist die Marktgemeinde Pretzfeld. Hier mündet die schmale Trubach in die Wiesent. Bis heute ist die Gemeinde ein landwirtschaftliches Zentrum. 175 Ortschaften schaffen ihre Ernte zum Pretzfelder Großmarkt, berühmt sind vor allem die Kirschen.

Ein Besuch der Obstverwertung Fränkische Schweiz lohnt (Trattstr. 7, ✆ 09194/ 9535 oder 79590, www.obstmarkt-pretzfeld.de). Hier kann man nicht nur während der Erntezeit die Ablieferung und Weiterverarbeitung der Kirschen und anderer Obstsorten beobachten, sondern auch verschiedene Säfte kaufen, z. B. köstlichen naturreinen Pretzfelder Apfelsaft. Außerdem werden in und um Pretzfeld bereits seit Generationen Kirschen, Birnen und Zwetschgen zu Hochgeistigem verarbeitet. Noch heute sind mehr als ein Dutzend Brennereien rund um Pretzfeld in Betrieb.

Pretzfeld hat sich seinen ländlich-idyllischen Charakter erhalten. Mitten durchs Dorf schlängelt sich die Trubach, auf der Anhöhe steht das *Pretzfelder Schloss* mit einer Gemäldesammlung des Neoimpressionisten Curt Herrmann. Prächtiges Barock und Rokoko gibt es in der imposanten *St.-Kilian-Kirche* zu bestaunen, die der Bamberger Baumeister Johann Jakob Michael Küchel Mitte des 18. Jh. schuf.
Der Ort hatte übrigens einst eine große jüdische Gemeinde. Oberhalb des Dorfes liegt der jüdische Friedhof versteckt im Wald.

• *Information* Markt Pretzfeld, Rathaus, Hauptstr. 3, 91362 Pretzfeld, ☏ 09194/734718, 📠 734730; Mo–Fr 8–12 Uhr, Do auch 14–18 Uhr, www.pretzfeld.de.

• *Essen* **Nikl-Bräu,** ein 2008 eröffneter Brauerei-Gasthof, mit dem der junge Braumeister Mike Schmitt nach Jahrhunderten die Brau-Tradition in Pretzfeld wieder sesshaft machte. Angeboten werden unfiltriertes helles Lager- und dunkles Kellerbier. Ehefrau Alexandra, Mutter und Schwiegermutter sorgen für Brotzeiten, Schnitzel und Bratwürste sowie ein Tagesgericht, am Sonntag gibt es Braten. Das Sudhaus schaut hinter Glas in den hellen Gastraum, Führungen sind nach Voranmeldung möglich. Geöffnet Mo und Do ab 17 Uhr, Fr–So ab 9.30 Uhr, Di und Mi Ruhetag. ☏ 09194/725025, 📠 725026, www.brauerei-nikl.de.

Gasthaus Herbst, bei den Einheimischen heißt er nur „beim Hardl". Das rotbraune Haus gegenüber vom alten Bahnhof (heute Bauhof der Gemeinde) ist bekannt für ländliche Küche zu günstigen Preisen. Besonders zu empfehlen sind die Gerichte der Tageskarte und die Hausmacherwurst. Im Sommer kann man unter einem Kastanienbaum Brotzeit machen. Es wird Franken-Bräu aus Mitwitz ausgeschenkt. Mo Ruhetag. Bahnhofstr. 5, ☏ 09194/365, 📠 365. www.gasthaus-herbst.de.

Pretzfelder Keller auf dem Kirschenfest-gelände. An der Straße nach Ebermannstadt 200 m vom Parkplatz entfernt. Geöffnet ab Ende April bei trockenem Wetter Mo –Sa ab 16 Uhr, So und feiertags ab 11 Uhr. Kellerwirt Wolfgang Römer bietet in der idyllischen Waldschenke Rittmayer-Bier aus Hallerndorf, Brotzeiten und Gegrilltes, Freitag geräucherte Forellen, So Mittagstisch. ☏ 0172/8184281, www.pretzfelderkeller.de.

Trubachtal
Karte S. 116/117

Kunstfehler

Auf einer Fahrt nach Gößweinstein machte der berühmte Hofbaumeister *Balthasar Neumann* 1729 in Pretzfeld Halt und gab den Ratschlag zu einer Restaurierungsmaßnahme, die auch durchgeführt wurde. Aber schon 1738 plante man die Erhöhung des Turmes um sieben Meter, den eine „welsche Haube" abschließen sollte. Der Bamberger Hofarchitekt *Michael Küchel* wurde mit ihrer Planung beauftragt. Doch das sollte nicht gut gehen. In der Nacht zum 22. September 1739 kam es zur Katastrophe – der Turm stürzte ein. Die Kirche und umliegende Gebäude wurden zerstört. Küchels Rivale Balthasar Neumann fertigte im Auftrag des Bamberger Bischofs ein Gutachten über den Unfall an, in dem er versuchte, Fehler Küchels nachzuweisen. Dieser musste sich in der Folge mit den Juristen herumschlagen. Doch bekanntlich mahlen die Mühlen der Justiz langsam. Der Prozess endete 1762 vor dem Reichskammergericht mit einem Vergleich. So konnte Küchel in der Zwischenzeit dennoch den Neubau planen, der eine Bauzeit von fast 20 Jahren in Anspruch nahm.

Sehenswertes

Schloss Pretzfeld: Eine schlichte Mauer zieht sich direkt am Ortseingang an der Staatsstraße entlang und umgibt das Schlossgebäude und teilweise den großen Park mit altem Baumbestand. Das Schloss wechselte im Laufe der Geschichte mehrmals den Besitzer und damit auch die Konfessionen. 1764 übernahm es *Joseph Franz Maria Graf von Seinsheim*, mit dem das Schloss und damit auch Pretzfeld wieder katholisch wurden. Graf von Seinsheim veranlasste auch einen Ausbau. 1852 erwarb der Nürnberger Bankier Herz die Anlage. Dessen Familie war zur Zeit des Nationalsozialismus wegen ihres jüdischen Glaubens massiven Repressalien ausgesetzt.

Gemäldegalerie Curt Herrmann: Ein ganz besonderer Genuss für Kunstfreunde wartet im Pretzfelder Schloss. Dort werden rund sechzig Bilder des Neoimpressionisten *Curt Herrmann* (1854–1929) gezeigt. Der Juristensohn aus Merseburg, der mit Lenbach, Liebermann, van de Velde und Bonnard befreundet war, lebte seit 1896 in Pretzfeld, anfangs nur für drei Monate im Jahr. 1923 folgte die dauerhafte Übersiedlung. Verheiratet war er mit Sophie Herz, einer Enkelin des Nürnberger Bankiers, der Schloss Pretzfeld 1852 gekauft hatte. Bekannt wurde Herrmann durch seine Stillleben, Porträts und Landschaftsgemälde. In den zwanziger Jahren widmete er sich fast ausschließlich der Landschaftsmalerei und arbeitete dabei vor

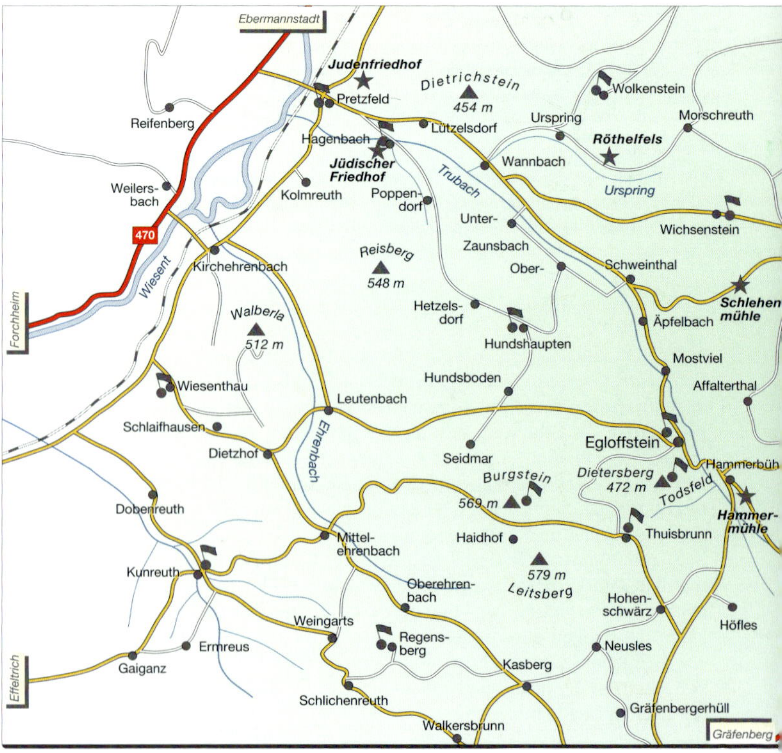

allem mit Motiven aus Pretzfeld und Umgebung. Von vielen Reisen in den Süden inspiriert, tauchte Herrmann auch die fränkischen Landschaften, vor allem den Park des Pretzfelder Schlosses, in ein flirrendes, mediterranes Licht. Herrmann starb 1929 in Erlangen. Er hinterließ einen Sohn, der 1937 nach England emigrierte. In der „Reichskristallnacht" wüteten die Nazis im Pretzfelder Schloss, zerschlugen Bilder und Möbel, die nicht nach Großbritannien geschafft werden konnten. Curt Herrmanns Bild „Knabenakt" wurde öffentlich auf dem Forchheimer Marktplatz als „entartete" Kunst verbrannt.

Die im Schloss ausgestellten Bilder – darunter auch Motive der Fränkischen Schweiz und Selbstporträts – können nur nach einer Vereinbarung mit Josef Seitz (✆ 09194/5640) besichtigt werden, der die Hinterlassenschaft seit vielen Jahren betreut.

Kunst in der Galerie im Steinbühl. Ein Besuch lohnt sich im schmucken Jugendstil-Haus (Im Steinbühl 1, an der Straße nach Egloffstein) der Keramikerin Alice Schmidt. Hier finden sich Keramik, Malerei, Schmuck und Holzschnitte namhafter Künstler aus Franken und Tschechien. Auch Keramik-Kurse sind möglich. Besuch nach Voranmeldung: 09194/5352.

Pfarrkirche St. Kilian: In unmittelbarer Nähe des Schlosses steht die schöne Pfarrkirche St. Kilian. Sie bietet schon von außen einen prächtigen Anblick. Die Rokokofassade besteht vor allem aus einem repräsentativen Hauptportal, das den Schutzpatron

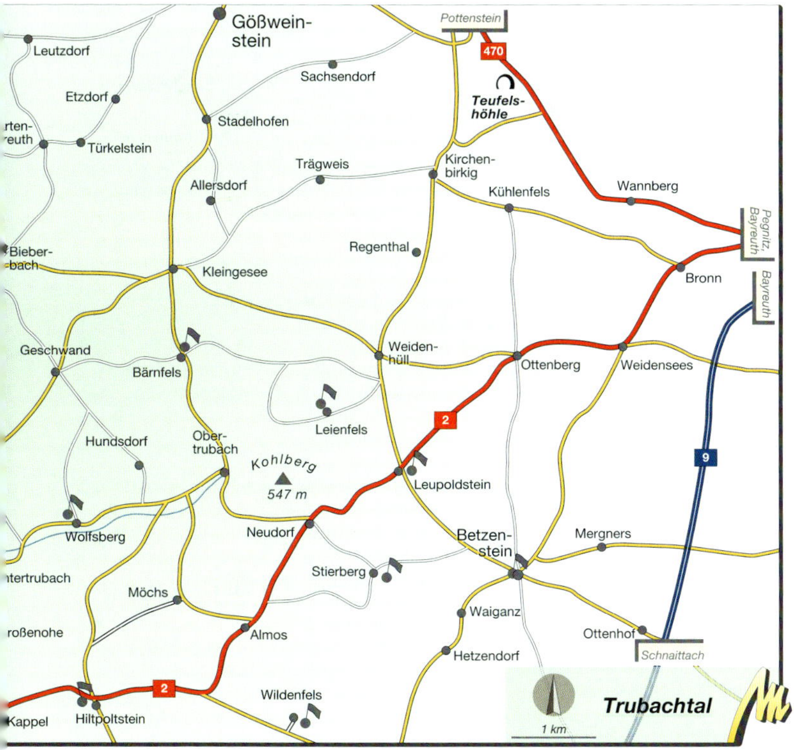

Trubachtal
Karte S. 116/117

und das Wappen der Grafen von Schönborn zeigt. Die Ursprünge der Kirche gehen weit zurück. Sie gehörte aber vermutlich nicht zu den vierzehn Slawenkirchen, die *Karl der Große* zur seelsorgerlichen Betreuung der bereits christlich gewordenen Slawen in Franken errichten ließ. Bis weit nach der Errichtung des Bamberger Bistums im Jahr 1007 gehörte die Pretzfelder Kirche zum Hochstift Würzburg. Ihr heutiges Aussehen erhielt sie zwischen 1742 und 1761. An der Inneneinrichtung der Kirche wurde nicht gespart. Der Pretzfelder Schlossherr *Graf von Seinsheim* stiftete zwei wertvolle Seitenaltäre, die vom bekannten Ebermannstädter Bildhauer *Friedrich Theiler* stammen. Im Zentrum steht der 1783 noch im monumentalen Barock vom Bildhauer *Moritz* geschaffene Hochaltar. Der Volksaltar, ein Werk des Münchener Künstlers *Backmünd*, wurde 1989 geweiht. Vier aus Bronze gegossene Cherubine tragen die vierhundert Kilo schwere Altarplatte aus weißem italienischem Marmor. An der Außenwand des Gotteshauses findet man eine barocke Darstellung des Ölberges.

Das Umfeld der Kirche ist städtebaulich erneuert worden und verleiht dem **Kilianifest** am Sonntag vor oder nach dem 7. Juli mit Jahrmarkt und Hobbykünstlermarkt im Schlosshof sowie dem **Weihnachtsmarkt** am 2. Adventssonntag einen prächtigen Rahmen.

Edeldestillation Haas: Geistreiches von der Streuobstwiese

Schon die Urgroßmutter erwarb 1901 das Recht zur Obstbrennerei. Doch erst Johannes Haas, der 1997 den elterlichen Betrieb übernahm, führte die traditionsreiche Brennerei zu neuen Höhen. Heute gehören seine Obstbrände, die natürlich aus den eigenen Gärten stammen, zu den besten der Fränkischen Schweiz. Die Edeldestillation führt über 100 verschiedene Destillate und Liköre. Johannes Haas, der eine Lehre als Fachkraft für Getränketechnik und Weinbereitung absolvierte, wurde vielfach ausgezeichnet und gehört der eliteorientierten Vereinigung Fränkischer Edelbrenner namens Rosenhut an. Der Gast kann in einem geschmackvollen Nebengebäude – einst standen hier die Scheune und der Kuhstall – die feinen, aromatischen Ergebnisse des Jungbrenners verköstigen. Hier stehen auch die Brenngeräte. Im Sommer kann man gemütlich im Hofgarten sitzen, wo die Familie in der Saison auch Obst wie Kirschen, Äpfel oder Birnen verkauft. Die Probierstube ist wochentags von 9–12.30 und 14–18 Uhr und samstags von 9–14 Uhr sowie nach telefonischer Voranmeldung geöffnet. Besichtigung der Brennerei ist möglich.

Adresse Edelbrennerei Haas, Schmiedsgasse 2, ✆ 09194/1256 oder 0172/8141847, ✉ 794144, www.destillerie-haas.de.

Jüdischer Friedhof: Ungefähr einen Kilometer außerhalb des Orts liegt an der Verbindungsstraße nach Ebermannstadt ein Wanderparkplatz mit Wandertafel. Von hier kann man bequem zum 456 m hohen *Judenberg* hinauflaufen (ca. 30 Min.). Oben auf dem Plateau liegen über 100 Gräber, umgeben von einer Mauer. Um 1600 stellte das Adelsgeschlecht Stiebar das Grundstück den jüdischen Bürgern als Friedhof zur Verfügung. Bis zur letzten Beerdigung im Jahre 1894 wurden jüdische Bürger auch aus den umliegenden Gemeinden hier beigesetzt. Vom ursprünglichen Aussehen des Friedhofs ist nicht mehr viel übrig geblieben. Einige Grabsteine wurden in den Nachkriegsjahren als Bausteine für eine Lagerhalle am Bahnhof benutzt. Erst in den 1980er Jahren ließen die Gemeinde und die Jüdische Kultusgemeinde den Friedhof neu herrichten. Im Zuge der neonazistischen Ausschreitungen in Deutschland wurde der Friedhof 1994 geschändet. Die Täter konnten trotz einer von der Gemeinde ausgesetzten Belohnung nicht gefasst werden.

Der Friedhof ist immer verschlossen. Anfragen für einen Besuch richtet man am besten an Josef Seitz, ✆ 5640.

• *Wegbeschreibung* Der Weg zum jüdischen Friedhof ist Teil eines Wanderwegs, der mit einem Kirschenpiktogramm markiert ist. Vom Wanderparkplatz auf der rechten Seite der Straße von Pretzfeld nach Ebermannstadt führt eine Asphaltstraße in den Mischwald. Vorbei an den urigen Pretzfelder Bierkellern geht es bergauf. Schon bald trifft man auf eine Waldstraßenkreuzung mit dem Gedenkstein für einen „Wald bauerndoktor" (Fröhlich-Denkmal). Hier benutzt man die Schotterstraße geradeaus. Nach ein paar hundert Metern liegt auf der rechten Seite der jüdische Friedhof.

Kirschenfest auf den Bierkellern

Die Gemeinde gilt schon seit dem Dreißigjährigen Krieg als das Zentrum des Kirschanbaus in der Fränkischen Schweiz. Aus diesem Grund findet seit 1968 jedes Jahr Mitte Juli (eine Woche vor dem Annafest) das Fränkische Kirschenfest statt. Fünf Tage lang wird unterhalb des sog. Judenbergs im schattigen Kellerwald in gemütlicher Atmosphäre gefeiert. Das Kirschenfest ist eines der schönsten Sommerfeste in der Fränkischen Schweiz. Höhepunkt ist der bunte Trachtenfestzug am Sonntagnachmittag, der jedoch nur alle fünf Jahre stattfindet (der nächste 2013).

Die Bierkeller (am östlichen Dorfausgang Richtung Ebermannstadt, 200 Meter oberhalb des Wanderparkplatzes) sind schon für sich eine Sehenswürdigkeit. Inmitten eines Mischwaldes wurden Felsenkeller in den Sandstein getrieben. Das verwinkelte Areal mit Terrassen, Felsen und Lichtungen hat heute eine wichtige ökologische Funktion. Die luftfeuchten Keller sind ein ideales Winterquartier für bedrohte Fledermäuse. Ursprünglich war der leicht zu bearbeitende, frostsichere und temperaturkonstante Sandstein eine vorzügliche Möglichkeit, Bier zu lagern. Auch Futter- und Nahrungsmittel hielten die Pretzfelder hier für die mageren Monate frisch.

Die Kirschen werden heute durch den Obstgroßmarkt in Pretzfeld vermarktet. Doch die Bauern haben angesichts der extrem niedrigen Preise längst keinen Grund mehr zum Feiern. Großhändler diktieren den Preis, und Selbstvermarktung ist nur gering ausgeprägt. Der Kirschenanbau steckt wie der sonstige Obstanbau in der Fränkischen Schweiz in einer dauerhaften Krise. Die Bauern suchen auf Drängen ihres Verbandes derweil ihr Heil in den profitableren Niederstammplantagen. Trotzdem gehören die alten fränkischen Obstgärten nicht der Vergangenheit an. Die Selbstvermarktung erfolgt auch durch die rund ein Dutzend Brennereien.

Die Äste biegen sich unter der Last der Süßkirschen

Trubachtal
Karte S. 116/117

Kirschenweg Pretzfeld: Besonders in der Hauptblütezeit im Frühjahr (von Mitte April bis Anfang Mai), wenn viele tausend Kirschbäume blendend weiß leuchten, lohnt sich eine Begehung des Kirschenweges. Der Rundweg führt von Pretzfeld aus über den Kirschfestparkplatz zur **Ruine Dietrichstein** nach Wannbach. Über Hagenbach geht es wieder zurück. Die 9 km lange Strecke ist in zwei bis drei Stunden leicht zu bewältigen. Der Weg ist mit der Inschrift „Kirschenweg" und einem Kirschenpiktogramm gekennzeichnet. Auf insgesamt 15 Stationstafeln wird viel Wissenswertes zu Themen wie „Kirschanbau", „Obst allgemein", „Bienen", „Naturwald" und „Teiche" vermittelt. Bei der Gemeinde ist kostenlos ein Informationsblatt mit einer detaillierten Karte erhältlich.

Spaziergang zur Burgruine Dietrichstein

Hoch über dem Trubachtal ist der Berg Dietrichstein zu finden. Von der gleichnamigen Burgruine ist nicht viel erhalten: ein Graben, ein paar Mauerreste – nicht mehr. In den 1970er Jahren wurde mit der Restaurierung begonnen. Eine Hinweistafel verweist auf die Geschichte der schon lange vor dem Bauernkrieg zerstörten Burganlage. Die Ruine und der 454 m hohe Berg sind bequem zu Fuß zu erreichen. Parken Sie auf dem Wanderparkplatz wenige hundert Meter in Richtung Ebermannstadt. Von dort führt der Weg (*senkrechter blauer Balken*) bergauf durch die Pretzfelder Keller. Bald geht es rechts ab (der Markierung *grüner Kreis* folgen). Der oberhalb des Trubachtales verlaufende Waldweg führt zur Burgruine Dietrichstein. Wenige hundert Meter weiter treffen Sie auf die befestigte Straße (Betonpiste) nach Lützelsdorf. Hier links ab und am Waldrand wieder links. Der Weg führt später am Judenfriedhof vorbei und zurück zum Parkplatz. Achtung: Teile der Wanderung sind identisch mit dem Kirschenweg. Gehzeit ca. 1,5 Stunden.

Weiter die Wiesent entlang nach Ebermannstadt S. 173.

Hagenbach

In der weiten Talaue des Trubachtales liegt das Dörflein Hagenbach, nur zwei Kilometer von Pretzfeld entfernt. Zentrum des Ortes ist das Schloss, das von einer gut erhaltenen Mauer umgeben ist. Einst gab es in Hagenbach eine jüdische Gemeinde. Letztes Relikt ist der am westlichen Ortsrand gelegene Friedhof.

• *Essen* **Gasthof Richter**, die eigene Metzgerei der freundlichen Wirtsfamilie Richter garantiert gute und preiswerte Brotzeiten und typisch fränkisches Essen. Dazu wird Fassbier aus der Hetzelsdorfer Privatbrauerei ausgeschenkt. Eine Spezialität sind Fischgerichte wie Forelle und Karpfen. Im Sommer am Dienstag Schlachtschüssel. Schöner Garten. Es werden auch Obstbrände sowie Wurst und Fleisch in Dosen verkauft. Der Gasthof liegt gegenüber vom Schloss. Montag Ruhetag, Hagenbach 23. ✆ 09194/262, 795845, richter-hagenbach@t-online.de, www.gasthof-richter.de.

Schloss: Das Wort Schloss verspricht mehr, als es hält, denn genau genommen handelt es sich um ein schlichtes zweistöckiges Haus, in dem heute die Johanniter-Unfall-Hilfe untergebracht ist. Der Ursprung der von Obstbäumen und einem kleinen Weiher umgebenen Anlage, die auch noch einige Nebengebäude (Teppichhof) besitzt, geht bis ins Jahr 1400 zurück, als die Adelsfamilie Schütz von Hagenbach hier residierte. Die war in der Gegend übrigens nicht sonderlich beliebt. So wird etwa Joachim Schütz von Hagenbach in einer zeitgenössischen Chronik wenig schmeichelhaft als „Verschwender, Buschklopfer und Straßenräuber" bezeichnet. Tatsächlich

Trauertag

Der nach New York ausgewanderte Jude Siegfried Mai aus Hagenbach notierte an das Ende des „Notizbuches“ der einstigen Hagenbacher Kultusgemeinde sozusagen als Bilanz des Landjudentums in der Fränkischen Schweiz: „So endete eine einst blühende kleine Gemeinde, die auf ein mehrhundertjähriges Bestehen zurückblicken konnte und deren Friedhof als einer der ältesten Oberfrankens in der Nähe des Dorfes Hagenbach bekannt war. Am Waldesrand gelegen, war er Jahrhunderte lang das Ziel von Menschen nicht nur aus der Nähe, auch Angehörige amerikanischer Juden lagen dort zur letzten Ruhe. Möge dieser Platz in ferneren Jahren den Menschen zeigen, daß hier Juden gelebt haben und in Frieden u. Eintracht mit den übrigen Dorfbewohnern gelebt, gearbeitet und gestorben sind bis zu jenem Tag, von dem noch Generationen sprechen werden und mögen, ein neuer Trauertag des jüdischen Volkes, dem 10. November 1938“ (zitiert nach Walter Tausendpfund, Einblicke in das einstige Leben der Juden in der Fränkischen Schweiz, in: Festschrift zur Einweihung und Eröffnung der wiederhergestellten Synagoge Ermreuth am 19. Juni 1994).

dürfte es sich um einen üblen Gesellen gehandelt haben, denn er wurde 1540 in Hirschaid aufs Rad gebunden und geköpft ...

Jüdischer Friedhof: Im Ort selbst findet man kein Schild, das auf den ungefähr einen Kilometer außerhalb von Hagenbach gelegenen jüdischen Friedhof hinweist. Inmitten eines Obstgartens, von einer dichten, undurchdringlichen Hecke umgeben, stehen die 200 Grabsteine mit hebräisch- und deutschsprachigen Inschriften in Reih und Glied. Geweiht wurde die Ruhestätte 1737. Ihre Blütezeit erlebte die jüdische Gemeinde um 1800; damals waren 60 Prozent der örtlichen Bevölkerung jüdischen Glaubens. In den folgenden Jahrzehnten verließen viele Gemeindemitglieder aus wirtschaftlichen Gründen den Ort. Die letzte Beerdigung fand hier 1934 statt.

Anfahrt In der Ortsmitte (aus Pretzfeld kommend) bei der Schlossmauer rechts, beim alten Feuerwehrhaus nochmals rechts. Eine Asphaltstraße führt dann nach 500 m zu dem von Bäumen umgebenen Friedhof (linke Seite). Ungefähr zehn Minuten Gehzeit vom Dorf.

Hetzelsdorf

Der kleine Ort, der an der Verbindungsstraße zwischen Pretzfeld und Hundshaupten liegt, hat eine reiche Vergangenheit. 1007 zum ersten Mal unter dem Namen *Hezilesdorf* erwähnt, gehörte es im 11. Jh. zum Königshof Forchheim. Im Mittelalter war das Dorf Sitz eines ritterlichen Dienstmannengeschlechts. Trotz seiner abgeschiedenen Lage hat Hetzelsdorf für Generationen von Erlanger Studenten beinahe Kultstatus. Grund dafür ist die kleine Privatbrauerei Penning-Zeißler. Seit wann hier gebraut wird, kann man nicht mehr genau feststellen, sicher jedoch ab 1623.

Der **Brauereigasthof Penning-Zeißler** steht gegenüber der überdimensionalen, aber sehenswerten *Kirche St. Matthäus* (auch „Jura-Dom“ genannt), die 1901 im neugotischen Stil errichtet wurde. Die Einrichtung des Gasthofes ist einfach, ein kleiner schattiger Biergarten vor der Haustüre. Anhänger des fränkischen Vollbieres kommen hier auf ihre Kosten. Außerdem werden deftige fränkische Gerichte wie Schweinebraten, Schäufele und Brotzeiten serviert. Der Gasthof ist werktags ab 17 Uhr geöffnet, am Wochenende ganztags (Mo/Di Ruhetag). Wer ein Fass Bier kaufen möchte, sollte dieses unter ✆ 09194/252 vorbestellen.

Oberhalb der Kirche findet man das **Gasthaus Prütting-Brendel.** Hier kann man sich bei der netten Wirtin in einer rustikalen Stube und einem größeren Raum an blank gescheuerten Ahorntischen die Brotzeiten aus der Hausschlachtung munden lassen. Beliebt ist auch ihr Hausgebäck. Betrieb ist Di–Fr ab 17 Uhr, Sa ab Mittag, Sonntag wird fränkisch „ausgekocht". Den Schweinebraten gibts für 5,50 Euro, ✆ 09194/269.

Wannbach

Der kleine, von Obstgärten umgebene Ort liegt mitten im Trubachtal und ist ein idealer Ausgangspunkt für Wanderungen. Hier endet das idyllische Urspringtal. Bereits 1124 wird das Bamberger Ministerialengeschlecht von Wannbach erstmals urkundlich erwähnt, der erste urkundliche Eintrag über das hiesige Schloss datiert aus dem Jahr 1504. Das im 16. Jahrhundert von einem Wassergraben umgebene Rittergut Wannbach samt Brauhaus und Weingärtlein geht 1764 in den Besitz des Grafen Johann Franz Maria von Seinsheim über, eines Bruders des Bamberger Fürstbischofs. Der ließ das alte Schloss abbrechen und errichtete das Gebäude, das noch heute gegenüber vom Gasthaus Mühlhäuser zu sehen ist. An dem im rechten Winkel erbauten zweigeschossigen Gebäude mit seinem hohen Walmdach nagt der Zahn der Zeit. Da es noch bewohnt wird, ist nur eine Außenbesichtigung möglich.

• *Obstbrennerei* Das Trubachtal ist ein kleines Paradies für Liebhaber von Obstbränden. In vielen Dörfern wird noch nach alten Rezepten und mit viel Erfahrung gebrannt. Ein Beispiel ist die Familie Held in Wannbach, die bereits seit 1907 Schnäpse herstellt. Der Raum mit dem Kupferkessel ist in der Brennsaison alkoholgeschwängert. Die urige Brennerei bietet eine große Auswahl an naturreinen Bränden von Birnen, Äpfeln, Kirschen, Zwetschgen, Mirabellen und Renekloden an. Der Bauernhof liegt am Ortausgang Richtung Egloffstein (auf der rechten Seite). Geöffnet, wenn jemand zu Hause ist.

• *Essen/Übernachten* **Gasthaus Mühlhäuser**, das traditionsreichste Gasthaus des Trubachtales, im Ortszentrum. Bereits 1590 wurde die Mühlhäuser'sche Bierbrauerei gegründet. Doch gebraut wird längst nicht mehr. Gemütlicher Wirtsraum mit alter Holzdecke. Vor allem Wild (leckerer Rehbraten), frische Forellen, Lamm und je nach Saison Karpfen, Pfifferlinge und Gans sind die Spezialitäten des Hauses. Empfehlenswert auch Obatzter und Knoblauchwürste aus eigener Herstellung. Außerdem Obstbrände aus eigener Brennerei. Im Sommer ist die Wannbacher Gastwirtschaft Einkehrort für Wallfahrer nach Gößweinstein. An der Straße kleiner Garten. Mo Ruhetag. DZ mit DU/WC ab 47 € inkl. Frühstück, Halbpension möglich (Zuschlag 8,50 €). Hausnr. 61, ✆/℻ 09194/9253, www.gasthof-muehlhaeuser.de.

Wandern: Von Wannbach lässt sich das *Urspringtal* sehr gut erwandern – zahlreiche markierte Wanderwege durchziehen das Tal. Recht reizvoll ist der mit einem *roten Karo* gekennzeichnete Fußweg nach *Wichsenstein*. Er beginnt am Ortsende (bei der Abbiegung der Verbindungsstraße nach Wichsenstein) und führt oberhalb des Urspringtales zu einer Burgruine. Gehzeit ca. 2 Stunden.

Urspringtal

Eines der landschaftlich reizvollsten Nebentäler der Trubach! Mit zahlreichen Kopfweiden am Bachrand und steil abfallenden Berghängen ideal zum Wandern. Bei dem aus wenigen Häusern bestehenden Ort Urspring verzweigt sich das Tal in das Alten- und das Thostal.

Das **Altental** wird vom 575 m hohen *Röthelfels* überragt. Die gleichnamige Felswand – ein Eldorado für Kletterer – bietet Schwierigkeitsgrade bis 6+. Einzige Einkehrmöglichkeit ist das in einem alten Fachwerkbauernhaus untergebrachte Gasthaus *Zum Rödelfels* bei der Mühle Eberhardstein. Das gemütlich-rustikale Wirtshaus – bekannt für seine guten Brotzeiten – ist im Sommer Treffpunkt der Kletterer (geschlossen zwischen 12.30 und 14 Uhr, kein Ruhetag, ✆ 263).

Unmittelbar nach der Mühle biegt von der Kreisstraße nach Morschreuth eine Schotterstraße ins romantische hintere Altental ab. Es gehört zu den wenigen Tälern der Fränkischen Schweiz, die nicht über eine Asphaltstraße zu erreichen sind. Links und rechts ziehen sich die Wälder den Berg hinauf, der kleine Bach schlängelt sich durch das schmale Tal. In der Nähe der Quelle steht nur ein einzelner Bauernhof. Ideal zum Ausruhen und wenig bekannt.

Ebenso reizvoll ist das **Thostal**. Der Mühlenbetrieb der *Thosmühle* ist heute längst eingestellt. Man widmet sich ausschließlich der Forellenzucht. In kleinen Weihern mit kristallklarem Wasser tummeln sich Forellen in jeder Größe. Ganzjährig werden aber nicht nur Forellen, sondern auch Karpfen und Zander verkauft (Do–Sa ab 10 Uhr oder nach Vorbestellung). ✆ 09194/722666, 📠 722667, forellenzucht@pfaffenbuck.de.

Wolkenstein

Über dem Thostal liegt der kleine Ort Wolkenstein. Gemäß seinem Namen ist das Dorf auf einen hohen Felsvorsprung gebaut. Es führt nur eine schmale Asphaltstraße hinauf.

Der heute wenig bekannte Ort war jedoch vor 600 Jahren Standort einer Burg, die damals im Besitz der Adelsfamilie *von Aufseß* war. Bereits 1552 wurde sie von den markgräflichen Truppen zerstört und später nicht wieder aufgebaut. Übrig gebliebensind nur ein paar Mauerreste samt Felsklotz am unteren Ende der Dorfstraße beim Haus Nr. 30. Geht man den Weg zwischen dem Felsklotz und der Scheune entlang, trifft man auf eine kleine, unbeleuchtete Höhle.

- *Essen* **Gasthaus Burgruine**, das Wirtshaus der Familie Kemmerth ist jeweils am Donnerstag (an den anderen Tagen geschlossen) das Ziel vieler Einheimischer und Besucher: da nämlich ist Brotbacken im Dorfbackofen angesagt. Mittags wird „ausgeschossen", dann gibt es Brotzeiten und frisch gebackene Küchla. Brot wird auch (auf Vorbestellung) verkauft. Wandergruppen bekommen nach Voranmeldung jederzeit einen guten und preiswerten Mittagstisch (Wurst aus eigener Schlachtung). Kleiner Biergarten vor dem Haus. Wolkenstein 8, ✆ 09194/266.
- *Keramikwerkstatt* **Casa figlina**, Evelyn Dammermann stellt Gebrauchskeramik und Dekoratives für Garten, Licht und Duft her. Wolkenstein 10, ✆ 09194/5447, casa.figlina@googlemail.com, 7www.casa-figlina-keramik.de.

Wandern: Wer gerne wandert, der erreicht Wolkenstein am besten auf dem mit einem *grünen Karo* gekennzeichneten Weg. Von der Mühle *Eberhardstein* führt er über *Pfaffenloh* ziemlich steil zu dem Bergdorf hinauf. Mit gleichem Zeichen ist der wesentlich kürzere Weg von der Thosmühle nach Wolkenstein markiert. Der Weg ist anstrengend.

Unterzaunsbach

Eine der bekanntesten Adressen der Fränkischen Schweiz für Bierkenner ist die **Privatbrauerei Gasthof Meister**. Das dunkle „Meisterbier aus Meisterhand" ist seit vielen Jahren beliebt. Dem Leitspruch „Hopfen und Malz – Gott erhalt's" an der frisch verputzten, ockerfarbenen Hauswand wird hier niemand widersprechen wollen. Aber auch die verkehrsgünstige Lage an der Hauptstraße (mit großem Parkplatz und Wandertafel) ließen den einfach eingerichteten Gasthof zum viel besuchten

In Unterzaunsbach

Ausflugsziel werden. Empfehlenswert sind auch die hauseigenen Obstbrände wie Zwetschge, Kirsch, Birne, die auch in Flaschen verkauft werden. Die Küche der Brauerei ist einfach. Neben Hausmacherbrotzeiten schätzen die Stammgäste vor allem Forellen (Preis nach Gewicht). Die Fische aus der Fränkischen Schweiz kommen frisch aus dem Bassin. Warmes Essen gibt's mittags bis 14.30 Uhr, abends bis 20.30 Uhr Dazu hausgebackene Kuchen (Di Ruhetag, Jan.–März auch Do). Am Trubachufer befindet sich ein idyllischer kleiner Biergarten. Auch Übernachtungsmöglichkeiten, DZ ab 40 €. ✆ 09194/9126, www.meisterbräu.de.

• *Essen* **Café Holweg**, Das moderne Café ist mit seinem hellblauen Anstrich nicht zu übersehen. Am Wochenende kommen viele Ausflügler vorbei, die das Hausgebäck und die „XXL-Tortenstücke", aber auch deftige Brotzeiten mit Holzofenbrot und die guten Bratwürste schätzen. Es wird Erlanger Kitzmann-Bier ausgeschenkt. Sa/So sowie an Feiertagen geöffnet. Unterzaunsbach 14 (auf dem Weg nach Hundshaupten), ✆ 0172/8982603 (mobil).

Hundshaupten

Die Geschichte des kleinen Juradorfs, das auf rund 450 m Höhe oberhalb eines kleinen Seitentals der Trubach liegt, ist eng mit dem Schloss Hundshaupten verbunden. Das romantische zweistöckige Anwesen liegt auf einem Felsvorsprung am Ende des Dorfes – eine vom Barock geprägte Anlage mit einem malerischen Renaissance-Innenhof (privat genutzt).

Da die trutzige Burg ringsum bis auf die Zufahrtsstraße von dichtem Wald umgeben ist, kann man sie von weitem kaum entdecken. Umgeben ist sie von einem tiefen Graben. Der Zugang erfolgt über eine Brücke in den Torbau. Die Anfänge des Schlosses reichen bis ins 13. Jh. zurück. Im „Städtekrieg" 1388 zerstörten die Soldaten der Reichsstadt Nürnberg die Burg. Nachdem Burgherr Dietrich von Wiesenthau sich der Straßenräuberei schuldig gemacht hatte, schlugen die Nürnberger noch einmal zu und vernichteten die Wehranlage. Ab 1406 trat dann das Kloster St. Michael in Bamberg als Lehnsgeber auf. Die jahrzehntelangen Finanzstreitereien der Herren von Wiesenthau führten schließlich zur Verpfändung des Besitzes an das Juliusspital in Würzburg. In einer total verfahrenen Finanzmisere erwarb Hieronymus Christoph von Pölnitz, seines Zeichens hochfürstlicher Rat und Oberkämmerer aus Bamberg, das Gut. Stück für Stück wurde aus der ruinösen Burg ein barockes Wohnschloss.

Vom 14. September 1661 bis zum 1. Oktober 1991 gehörte es der Familie von Pölnitz. Dann schenkte die damalige Besitzerin Gudila Freifrau von Pölnitz das wertvolle Anwesen zusammen mit dem Wildgehege Hundshaupten (s. u.) dem Landkreis Forchheim. Schloss und Forsthaus sind 2005 in den Pölnitz'schen Privatbesitz zurückgekehrt. Übrigens verbrachte im Schloss Hundshaupten der österreichische Kaiserenkel Otto von Habsburg, einst CSU-Europaparlamentarier mit Wohnsitz am Starnberger See, hinter den vier Meter dicken Mauern seine Flitterwochen.

• *Einkehren* Nach der Schließung der Gaststätte Pöhlmann war der Ort gastronomisch verwaist. Jetzt hat Sa und So ab 14 Uhr (und nach Vereinb.) ein schöner Biergarten unter schattigen Bäumen geöffnet (an der Kreuzung in der Ortsmitte bergauf in westlicher Richtung). Die Bierstube im sanierten ehem. Bauernhaus hat Platz für 20 Pers. Hundshaupten 27, ✆ 0174/3393839, www.biergarten-hundshaupten.de.

• *Obstbrennerei* In dem Neubau am Weg zum Schloss (davor links abbiegen) würde man sie auf den ersten Blick gar nicht vermuten: die **Destillerie von Georg Rackelmann.** Neben den Klassikern wie Birne, Zwetschge und Kirsche, deren Früchte ausschließlich von Hundshauptener Streuobstgärten stammen, zählt die Wildpflaume mit ihrem ausgesprochen intensiven Aroma zu den Spezialitäten des jungen Unternehmens. Für einen halben Liter Wildpflaume sollte man mit 18 € rechnen (nur begrenztes Angebot). Rackelmann produziert auch Kräuter- und Edelkirschliköre. Originell ist der ansonsten für Nordspanien typische Kaffeelikör. Keine festen Öffnungszeiten; lieber vorher telefonisch anmelden. Hundshaupten 2a, ✆ 09197/8885. Die Familie Rackelmann vermietet auch eine Ferienwohnung, 30 € für 2 Personen, jede weitere Person 3 €. ✆ 09197/8885, www.die-kleinbrennerei.de.

Wildpark Hundshaupten: Unterhalb des Dorfes liegt der Wildpark, die Hauptattraktion von Hundshaupten. Die 1971 gegründete und seit 1991 im Besitz des Landkreises Forchheim befindliche Einrichtung beherbergt auf einer Fläche von 40 Hektar vornehmlich Tiere Mitteleuropas. Hier kann der Besucher urigen Wisenten, scheuem Rotwild, Gämsen und Steinböcken begegnen. Der Wildpark beherbergt aber auch Elche und Rentiere aus dem Norden Europas. Auf dem Weiher geben sich allerlei Wasservögel ein Stelldichein. Zwergziegen laden zum Streicheln ein. In artgerechten Gehegen sind Hängebauchschweine, Marderhunde, Waschbären und Marder, in großen Volieren Uhus und Käuze untergebracht. Dazu alte, vom Aussterben bedrohte Haustierrassen bei Schafen und Schweinen. Außerdem vermittelt ein gut beschilderter Naturlehrpfad bei einem Gang durch das kleine Wanderparadies interessante Einblicke in die Natur der Fränkischen Schweiz. Für den kleinen Rundweg sollte man rund eine Stunde einplanen.

• *Öffnungszeiten/Eintritt* April bis Oktober tägl 9–18 Uhr, November bis März tägl. 9–17 Uhr. Erwachsene 3,50 €, Gruppen ab 15 Personen 3 €, Jugendliche/Studenten/Schwerbehinderte 2,50 €. Kinder und Jugendliche zw. 5 und 17 Jahren 1,50 €, Kinder bis 5 Jahre frei, Hunde 1 €. Brotzeiten in der Waldschänke im Eingangsbereich Auskünfte unter ✆ 09197/241, Gaststätte ✆ 09197/697759, www.hundshaupten.de.

Trubachtal
Karte S. 116/117

Wichsenstein

Das Dorf auf der Jurahöhe gehört seit vielen Jahrzehnten zu den beliebtesten Ausflugszielen der Fränkischen Schweiz. Grund dafür ist der 587 m hohe Wichsenstein, einer der höchsten Aussichtspunkte der Region. Von hier oben hat man bei gutem Wetter einen wunderbaren Ausblick, der bis zu 30 km weit reichen kann. Die schmalen Felsen lassen sich über einen gut ausgebauten Treppenweg leicht besteigen. Der Burgfelsen ist in vielen Karten noch als Ruine eingetragen. Doch von der wehrhaften Vergangenheit ist bis auf eine unscheinbare Mauer nichts mehr zu sehen. Über die Geschichte der Burg weiß man nur wenig. Verbürgt ist die Erwähnung im Jahr 1122 unter der Bezeichnung *Wickeristein* (altes Adelsgeschlecht). Die Burgherren hatten jedoch wenig Glück. Im 15. Jh. wurde die Burg nach einem vom Bamberger Bischof gewonnenen Streit geschleift, anschließend wiederaufgebaut und ebenso wie die Hundshauptener Burg 1525 von aufständischen Bauern zerstört.

Die schmucke Wichsensteiner Kirche mit Aussichtsfelsen

• *Essen* **Berggasthof Greller**, im Ortszentrum (gegenüber der Kirche) liegt dieser renovierte Landgasthof, der für deftiges fränkisches Essen bekannt ist. Empfehlenswert: Schäufele und Tafelspitz, dazu ein Seidla aus der Kulmbacher Brauerei. Terrassenbetrieb im Sommer. Mo Ruhetag. Der Berghof ist auch ein empfehlenswertes Quartier mit bequemen, modernen Zimmern samt Holzbalkon. DZ 56 €, Halbpension möglich (zusätzlich 10 €). ✆ 09197/414, ℻ 09197/625590, www.gasthof-greller.de.

Wandern: Von und nach Wichsenstein bieten sich ideale Wandermöglichkeiten – alle sind gut ausgeschildert. Über die einzelnen Möglichkeiten gibt eine große Wandertafel unweit vom Gasthaus Greller in der Ortsmitte Auskunft.

Nach **Schweinthal** an der Trubach gibt es einen gut ausgebauten und beliebten Wanderweg, der mit einem *roten Dreieck* (IFS-Weg) markiert ist. Er beginnt in der Ortsmitte und führt durch ein kleines Tal bergab direkt in den Ort. Wanderzeit ca. 1 Stunde.

Landschaftlich weniger reizvoll, jedoch als Kurzwanderung gut geeignet ist der Weg nach **Bieberbach**. Er ist leicht in einer halben Stunde zu bewältigen und führt ein kurzes Stück an der Verbindungsstraße zwischen den beiden Orten entlang (markiert mit einer *grünen Raute*.)

Bieberbach

Das beschauliche Dorf auf der Jurahöhe mit verwinkelten Bauernhöfen, schmalen Gassen und Obstwiesen verwandelt sich jedes Jahr zu Ostern in einen Rummelplatz. Dann kommen Tausende von Besuchern, um den weltgrößten Osterbrunnen zu bestaunen.

In den Jahren 2000 und 2002 bekamen es die Bieberbacher schwarz auf weiß. Im Guinness-Buch der Rekorde wurde offiziell eingetragen, dass kein Osterbrunnen weit und breit dem hiesigen das Wasser reichen kann. Eine Gedenktafel am Dorfbrunnen, dem Ort des österlichen Geschehens, erinnert daran.

Ein Osterbrunnen der Superlative

Schon Monate vor Ostern riecht es in der Bieberbacher Dorfwirtschaft nach Farbe. In mühevoller Kleinarbeit färben und bemalen die Dorfbewohner zwei- bis dreimal pro Woche die ausgeblasenen Eier, verzieren sie bisweilen mit Binsen und Borten, flechten Fichtenzweige zu eindrucksvollen Kronen und Girlanden. Etwa 11.000 bunt bemalte Eier schmücken den Brunnen! Der *Osterputz* ist eine alte fränkische Tradition. Früher säuberten die Dorfbewohner einmal im Jahr am Karfreitag die wenigen Brunnen und Teiche, um aus ihnen anschließend das Osterwasser zu schöpfen.

Ursprünglich stand auf dem Schlossfelsen eine Burg, die den Beinamen „Deutsches Schloss“ hatte. Sie war im 17. Jh. sogar Sitz eines markgräflichen Lehnsträgers. 1625 kam das Schloss in den Besitz des Adelsgeschlechtes von Egloffstein. Bereits sieben Jahre später soll das Bieberbacher Schloss von Kroaten niedergebrannt worden sein. Von der Ruine blieben nicht einmal Mauerreste erhalten, da man die Steine nach einem Ortsbrand im Jahre 1812 als Baumaterial brauchte.

Trubachtal
Karte S. 116/117

• *Übernachten* **Ferienbauernhof Distler**, ein empfehlenswertes Haus direkt am Schlossfelsen. Ideal für einen Aufenthalt mit Kindern. Die Jahreszahl 1758 über der Tür weist auf das Alter des Hofs hin. An Tieren gibt es auf dem Bauernhof Ponys, Ziegen, Hasen, Mini-Schweine und Meerschweinchen. Tischtennisraum und Kinderspielplatz vorhanden. Solarium, Fitnessraum, Billard, Grillmöglichkeiten, Parkplatz unter Lindenbäumen. DZ 47 €, EZ 26 €. Bieberbach 56, 91349 Egloffstein, ✆ 09197/456 und 627272, 📠 09197/627273, www.ferienhofdistler.de.

Egloffstein

Schon von weitem ist die Burg Egloffstein zu sehen, ein rot-weißes „kühnstes Ritternest“. Der Ortskern mit vielen schönen Fachwerkhäusern und engen, steilen Gassen fügt sich terrassenförmig an die Burg an. Das malerische Egloffstein ist heute Zentrum des Tourismus im Trubachtal.

Trotz mancher Bausünden in den 1960er Jahren, vor allem die Schule im Tal, hat Egloffstein mit seiner malerischen Lage an der Trubach nicht seinen Reiz verloren. Bereits seit den 1980er Jahren wurde die landschaftstypische Architektur wiederentdeckt. Mittlerweile sind zahlreiche historische Gebäude restauriert. Der (mit Eingemeindungen) 2200-Einwohner-Ort empfiehlt sich auch für längere Aufenthalte: zentrale Lage, gute Gastronomie, Freizeiteinrichtungen wie Freibad und dem Wildpark Hundshaupten, aber auch rund 130 km Wanderwege.

Poesiealbum im Safe

Auch Goethe-Freunde kommen in Egloffstein auf ihre Kosten. Der Grund: Die 1792 in Erlangen geborene *Gräfin Julie von und zu Egloffstein*, die in der Egloffsteiner Burg aufwuchs, wohnte von 1816 bis 1829 bei ihrer Tante in Weimar und lernte dort den berühmten Geheimrat kennen, mit dem sie fortan eine Freundschaft verband. Hie und da widmete Goethe der attraktiven Gräfin sogar ein Gedicht. Goethe lobte auch ihre Malkunst: „... das glückliche Talent der Gräfin Julie von Egloffstein hat unser aller Wunsch, ein genügendes Bildnis unserer Fürstin zu besitzen, zum schönsten erfüllt" (1827). Doch auch die Germanistik profitierte von dieser Freundschaft. Im Februar 1953 fand man im Safe der Nationalbank im amerikanischen Gettysburg verschiedene Goethe-Gedichte, niedergeschrieben in einem Poesiealbum, das Goethe der Gräfin einst geschenkt hatte. Im Egloffsteiner Kurgarten wurden zum Andenken an Goethes Verbindung mit Gräfin Julie drei Ginkgo-Bäume gepflanzt.

Information/Sport/Freizeit

- *Vorwahl* 09197
- *Information* **Tourist-Information Egloffstein**, Felsenkellerstr. 20, 91349 Egloffstein, ✆ 202. Mo–Sa 9–12 Uhr. Bei allen Fragen und Wünschen hilft die freundliche Lilo Meier weiter.
- *Sport/Freizeit* Hier hat Egloffstein viel zu bieten. Neben einem **Kurgarten** gibt es z. B. ein **modernes Freibad** (beheizt) mit Beachvolleyball-Feld. Es ist leicht zu finden. Am Ortsende (Richtung Obertrubach) letzte Straße links. Die Badstraße führt direkt zum Schwimmbad. Geöffnet von Mitte Mai bis Mitte Sept. (10–20 Uhr).Bei Regenwetter oder Lufttemperaturen unter 20 Grad von 17–19 Uhr.

Für Kneippianer hat die ehrgeizige Gemeinde eine **Kneippanlage** mit Kräuterbeet gebaut. Sie liegt an der Trubach beim Schwimmbad.

Für die Trendsportart Nordic Walking ist das Aktiv-Zentrum Trubachtal konzipiert worden, mit elf kombinierbaren Strecken auf 85 km durch schönste Natur und an bizarren Kletterfelsen vorbei. In Egloffstein ist der Start am Wanderparkplatz.

- *Kunst/Kultur* Immer mehr Künstler siedeln sich in der Marktgemeinde an. 2005 hat sich deshalb der **„Künstlerkreis Egloffstein"** gegründet, der gemeinsame Ausstellungen durchführt. Ob Aquarell-, Keramik- oder Töpferkunst: Die Palette ist groß. Viele Künstler lassen sich bei der Arbeit über die Schulter schauen oder bieten Kurse an. Wasser und Mee(h)r in Pastellkreide und Gouache-Mischtechnik bietet Wilfried Leifheit im Atelier Badstraße 235, ✆ 625242. Im Atelier Tamahara, Mostviel 5, ✆ 625601, präsentiert Gerhard Schillinger u. a. Ölbilder, Collagen, Skulpturen aus Holz und Stein sowie Mosaikarbeiten und Fotokarten. Und Angelika Zargar Talebi fertigt in ihrer Keramikwerkstatt, Badstraße 131, ✆ 62662890, Einzelstücke freidrehend auf der Töpferscheibe aus hochgebranntem Steinzeug.
- *Fahrradverleih* Wem Wandern zu mühsam ist, kann beim Info-Büro (✆ 202) und bei der **Pension Mühle** (s. u.) ein Fahrrad mieten. Übrigens, die Pension besitzt eine **Strom-Tankstelle** und verleiht auch Elektrofahrräder.
- *Fischwasser.* Angler können Tageskarten erwerben für das Fischwasser des Tourismusvereins im Ortsteil Schweinthal. Auf 1200 m Länge kann man in dem schnell fließenden Gewässer u. a. Bach- und Regenbogenforellen angeln. Tageskarten gibt es für acht Euro in der Tourist-Info, in der Pension Mühle und im Gasthaus Schlehenmühle.

Essen/Übernachten

Das Übernachtungsangebot im unteren Trubachtal ist groß. Bei einer Einwohnerzahl von 2.200 verfügt Egloffstein über ca. 500 Gästebetten (in Obertrubach kommen auf 2.300 Einwohner sogar weit über 900 Betten). Eine komplette Liste der Übernachtungsmöglichkeiten erhalten sie in den Fremdenverkehrsbüros von Egloffstein und Obertrubach. Außerdem werden dort auch Pauschalangebote vermittelt, z.B. zur Kirschblüte 4 Übernachtungen im DZ zw. 96 € (privat) und 138 € (Hotel).

Gasthof Zur Post, ist ein traditionsreiches Haus, welches seit Jahrhunderten im Besitz der Familie Heid ist. Das im Herzen der Fränkischen Schweiz gelegene Hotel führt die freundliche, aus Westfalen stammende Erika Heid. Empfehlenswert ist die fränkische, aber einfallsreiche Küche des Hauses, in dem die Chefin noch selbst kocht. Die Gastzimmer sind rustikal-stilvoll gehalten und man kann unter Dutzenden von Vor-, Haupt- und Nachspeisen wählen. Empfehlenswert sind die frischen Wild- und Fischgerichte, die aus heimischen Gefilden stammen. Aber auch Genießer der typisch fränkischen Kost und Vegetarier kommen auf ihre Kosten. Im Sommer speist man auf einer großen Terrasse. Mo Ruhetag, von Mitte Januar bis Ende Februar Betriebsferien. DZ z. T. mit Bad und Balkon ab 55 Euro, Frühstücksbuffet (auch HP und VP möglich). Talstraße 8, ✆ 09197/555, ℻ 09197/8801, www.gasthofzurpost-egloffstein.de.

*** **Pension Mühle**, das 1811 erbaute gelbweiß angestrichene Haus (eine ehemalige Mühle) im Ortszentrum an der Trubach besitzt stilvoll eingerichtete Zimmer und Ferienwohnungen. In der zentral gelegenen Pension gibt es Sauna und Solarium, eine große Spiel- und Liegewiese sowie süße Gaumenfreuden aus der hauseigenen Backstube. Sehr freundlicher Service bei Fam. Wirth. EZ ab 26 €, DZ ab 45 €, FeWo ab 34 €. Talstraße 10, ✆ 09197/1544, ℻ 09197/554, www.pension-muehle.com.

Gasthof Zur Linde, unterhalb der Burg liegt der verwinkelte einfache Gasthof. Von der Terrasse hat man einen fantastischen Blick über das Trubachtal. In der Linde bei Fam. Titl, von den Einheimischen der „fränkische Türke" genannt, isst man herzhaft und preiswert Gerichte mit italienisch-türkisch-fränkischer Geschmacksrichtung. Mo–Fr 17–22 Uhr, So und Feiertage auch 11–15 Uhr, Do und Sa Ruhetag. Im Gästehaus kosten DZ mit Dusche 50 €. Rabensteinstr. 25, ✆ 09197/626946, markus.windisch@freenet.de.

Gasthof Schäfer, fränkische Küche mit eigenen Obstbränden offeriert Heinz Schäfer in seinem Gasthof oberhalb des engen Arlesbrunnentales – allerdings nur den Hausgästen. Terrasse leider an der Straße. Schönes, behagliches Fachwerk-Gästehaus mit Balkon zum Arlesbrunnental. DZ mit Dusche ab 52 €. Markgrafenstr. 48 (Straße Richtung Leutenbach), ✆ 09197/295, ℻ 09197/1200, www.landgasthof-schaefer.de.

Café Mühle, Cafébetrieb der Bäckerei bei der Pension Mühle. Auf der sonnigen Terrasse kann man im Sommer die stets frischen Kuchen genießen. Neben der Terrasse plätschert die Trubach. Preiswert und gut. **Cafe** Himmel und Erde, Badstraße 131, vor dem Keramikladen von Angelika Zargar-Talebi. Geöffnet in der Saison Freitag–Sonntag von 10–17 Uhr.

• *Privatzimmer/Ferienwohnungen* Die Übernachtungspreise in den Privatquartieren liegen zw. 14 und 17 € pro Person. Detaillierte Informationen kann man beim Verkehrsamt erhalten.

Burg Egloffstein, in einem Nebengebäude der Burg vermietet Freiherr Albrecht von und zu Egloffstein zwei stilvoll-gemütliche Ferienwohnungen (vorher bestellen). Die Appartements kosten zwischen 62 und 72 € (Preis für 2 Personen pro Tag, jede weitere 15 € extra). Rittergasse 80b, ✆/℻ 09197/8780, www.burg-egloffstein.de.

• *Urlaub und Einkaufen* Der **Forellenzuchtbetrieb Illing** liegt 1,5 km von Egloffstein entfernt im Arlesbrunnental. (Saibling, Bach- und Lachsforellen). Umgeben von kleinen Teichen (auch Verkauf). Im Bruthaus kann man die Kinderstube der Forellen beobachten. Fahren Sie die Straße nach Leutenbach und biegen Sie dann links nach Thuisbrunn ab. Nach wenigen hundert Metern erreichen Sie links eine Abzweigung (Schild), die zum Tal hinab führt. Arlesbrunnen, ✆ 09197/344 oder 1342.

Trubachtal Karte S. 116/117

Burg Egloffstein: noch heute im Besitz des Freiherrn von Egloffstein

Sehenswertes

Burg Egloffstein: Die Egloffsteiner Burg, rund hundert Meter über dem Trubachtal gelegen, gehört zu den reizvollsten Burgen der Fränkischen Schweiz. Sie ist die Stammburg des fränkischen Uradelsgeschlechts von Egloffstein. Heute ist die vierteilige Anlage im Besitz des Freiherrn Albrecht von und zu Egloffstein (im Ort der „Baron" genannt), dem ältesten Sohn von Gertraud von Egloffstein. Der ehemalige Bundeswehr-Oberstleutnant renovierte sieben Jahre lang die Stammburg. Auf Anfrage werden Führungen mit dem Burgherrn angeboten (ab zehn Personen). Es sind auch verschiedene Räumlichkeiten für Trauungen und andere Familienfeiern vorhanden (✆ 8780).

Im Jahre 1358 wurde die Burg zum ersten Mal erwähnt. Bereits 16 Jahre später wurde sie erstmals belagert und während des ersten Markgrafenkrieges (1449/50) im April 1450 völlig niedergebrannt. Ende des 15. Jh. wieder auf- und umgebaut, wurde Egloffstein 1504 in einen Erbfolgekrieg verwickelt. Das Ergebnis war eine teilweise Einäscherung. Auch in den kommenden Jahrhunderten stand die Burg Egloffstein immer wieder im Brennpunkt europäischer Kriege und sozialer Konflikte. Wie an vielen anderen Orten im Trubachtal entlud sich 1525 die Wut der Bauern auch gegen die adeligen Großgrundbesitzer von Egloffstein. Im Dreißigjährigen Krieg wurde die Burganlage 1632 und 1647 gleich zweimal von den feindlichen Schweden heimgesucht und schwer beschädigt. Noch einmal ins Kriegsgeschehen geriet sie 1703: In der Zeit des Spanischen Erbfolgekrieges wurde das Felsenschloss besetzt.

• *Anfahrt* am einfachsten natürlich mit dem Auto. Empfehlenswerter ist jedoch ein kleiner Spaziergang vom Tal zum Burgberg hinauf. Sie können entweder vom Marktplatz aus der Beschilderung folgen oder steigen durch steile Gassen und über verwinkelte Treppen hinauf (gegenüber des Parkplatzes der Tourist-Info geht es zunächst zum Gasthof Zur Linde und von dort links auf den Burgsteig, der nahe der Burg auf die Straße mündet).

Burgkirche St. Bartholomäus: Im schönsten „Bauernbarock" (1750–52) entstand vor der Burg das liebenswerte Kirchlein. Die evangelische Kirche – Egloffstein ist seit 1562 protestantisch – überrascht den Besucher mit ihrem Formen- und Farbenreichtum und wegen ihrer Empore. Beachten Sie nicht nur das schöne Deckenfresko (1750) mit dem dreieinigen Gott und den vier Evangelisten in den Ecken, sondern vor allem den ungewöhnlichen Kanzelaltar. In der linken Hälfte deutet der barfüßige Moses – geschaffen aus einem Lindenstamm – auf das achte Gebot. Die Mahnung an die Gemeinde: Legt kein falsches Zeugnis ab! Auf der obersten Spitze des Altars sitzt mit ausgebreiteten Flügeln ein Pelikan. Seinen Schnabel drückt er gegen die Brust, zu seinen Füßen sind vier Jungtiere zu entdecken. Die Darstellung wirkt, als würde der Vogel seine eigene Brust für die Brut aufreißen, christliches Symbol für aufopfernde Fürsorge.

Dietersberger Kirchenruine: Der 472 m hohe Dietersberg südlich von Egloffstein war bereits in frühester Zeit besiedelt. Funde von 700 bis 500 v. Chr. aus der Dietersberger Höhle, deren Eingang sich 200 Meter entfernt von der Ruine befindet, beweisen dies. Aber auch die erste Kirche Egloffsteins stand auf der Hochebene und damit 2 km vom heutigen Dorf entfernt. Bereits im 11. Jh. gab es auf dem Dietersberg einen Herrenhof, der zum Domstift Bamberg gehörte. Die einstige Pfarrkirche war vom 12. Jh. bis nach der Reformation Wallfahrtskirche (Dreikönigsverehrung). Doch als an der Egloffsteiner Burg die heutige Burgkirche entstand, war es mit der Bedeutung des Dietersberger Gotteshauses vorbei. 1803 wurden auf dem Berg zum letzten Mal Beerdigungen durchgeführt. Seit Mitte des 19. Jh. ist die alte Kirche nur noch Ruine. Einmal im Jahr, am dritten Sonntag nach Pfingsten, wird hier im Freien Gottesdienst abgehalten.

Wandern

Es gibt ein dichtes Netz von Wanderwegen in der Umgebung – gerade wegen der reizvollen Landschaft bieten sich viele lohnende Möglichkeiten für Kurzwanderungen an. Am Ortsende (Richtung Obertrubach) bietet ein Parkplatz mit Wandertafel die beste Ausgangsposition.

Kulturweg Egloffstein

Ein umfassendes Projekt, das von 30 Geografie- und Geschichtsstudenten der Universität Erlangen entworfen wurde. Der Kulturweg führt mit einem historischen und vier geografischen Rundwegen zu den schönsten, attraktivsten und bedeutendsten Plätzen der Marktgemeinde und ihrer Umgebung. Wichtig: Die Wege zwischen 7 und 14 km Länge führen immer an einem Gasthaus vorbei. Info-Tafeln sind aufgestellt, Begleitbroschüren gibt es im Tourismusbüro.

Zum Dietersberg

Die Wanderung beginnt in der Talstraße. Dann biegt man auf die ausgebaute Angerstraße ab, die sich am Waldrand entlangschlängelt. Nach 800 m rechts bergauf in den Laubwald, dort geht es hinauf zum Augustusfelsen. Auf der Ebene angekommen, führt der Weg zur Kirchenruine auf dem Dietersberg. Bei den paar Häusern biegt man links ab, nach wenigen hundert Metern (beim DAV-Haus) rechts halten und kurz danach wieder rechts.

Gegenüber einem modernen Haus liegt die Ruine. Auf einem schönen Waldweg geht es bergab zum Paradiesweg und anschließend zum Ausgangspunkt. Wegstrecke 4 km, ca. 1 Stunde.

Zum Wildgehege Hundshaupten

Ausgangspunkt ist der Wanderparkplatz am östlichen Ortseingang. Am Gasthof Zur Post vorbei geht es zum Marktplatz und zum alten Rathaus und dann die Stufen den Kirchenweg hinauf zur Burg. Dort läuft man am Amtshaus vorbei und biegt beim Anwesen Egilolfsstr. 75 rechts in Richtung Zaunsbacher Berg (498 m) und Hundshaupten ab. Mit einem grünen Schrägstrich ist der Weg zum Wildgehege markiert. Zurück geht es durch das malerische Dörfchen Hundshaupten in Richtung Egloffsteinerhüll (einige hundert Meter an der Landstraße entlang, bevor man nach links in den Wald läuft). Der Weg bis Egloffstein ist mit einem roten Punkt markiert (am Schluss auch mit grünem Schrägstrich) und führt wieder zur Burg. Für den rund acht Kilometer langen Weg sollte man einschließlich eines Besuches des Wildgeheges mit ungefähr 3 Stunden rechnen. Ein Biergarten mit kleiner Wirtsstube hat Samstag und Sonntag ab 14 Uhr geöffnet. Ansonsten ist das Gasthaus des Wildparks die einzige Einkehrmöglichkeit. In Hundshaupten kann man auch den **Skulpturengarten** der Bildhauerin Irmtraud Norberg, Haus-Nr. 26, besuchen (nach tel. Vereinbarung unter 09126/9782).

Nach Mostviel, Schlehenmühle, Wichsenstein

Vom Schwimmbad führt ein geschotterter Weg durchs Tal nach Mostviel. Ziel der meisten Wanderer ist das *Gasthaus Schloßblick*. Im Garten unter Lindenbäumen werden gute Brotzeiten aus der eigenen Metzgerei und Pretzfelder Fruchtsäfte serviert. Die Kreisstraße führt direkt an der etwas höher liegenden Terrasse vorbei.

Eine Übersichtstafel mit weiteren Touren findet sich am Wanderparkplatz am östlichen Ortseingang.

Gasthof/Pension Schloßblick, durchgehend warme Küche (eigene Metzgerei), Mo Ruhetag (außer Feiertag), DZ (Dusche/WC) ab 46 €. Mostviel 4, ✆ 09197/297, 📠 8797, gasthof.schlossblick@t-online.de, www.mon.de/ofr/schlossblick-mostviel.

Vom Parkplatz des *Gasthauses Schloßblick* überquert man die Straße vor der ehemaligen Brotfabrik, geht auf die linke Talseite hinüber und weiter bis zur Kläranlage (Markierung *blauer waagrechter Strich* – Trubachtalwanderweg). Dort überquert man eine Brücke und erreicht dann auf dem weiteren Wanderweg Richtung Wichsenstein (Markierung *blaues Kreuz*) das allein stehende Fallerhaus. Oberhalb von Äpfelbach gelangt man ins ruhige **Äpfelbachtal** nach **Schlehenmühle**, einem sehr romantisch gelegenen Weiler inmitten eines vom Autoverkehr weitgehend verschonten Tals.

• *Essen/Übernachten Schlehenmühle*

Gasthof Schlehenmühle, der moderne Gasthof der Familie Bezold, Mitte des 18. Jh. erbaut, ist seit Jahren eine beliebte Adresse. Das gute Preis-Leistungs-Verhältnis und die schöne Terrasse sorgen für die Popularität der Schlehenmühle. Durchgehend warme Küche von 11 bis 20 Uhr. Do. Ruhetag. Nette Atmosphäre. Der heutige Gasthof war einst eine Mahl- und Sägmühle, umgeben von Schlehenbüschen. 1648 wurde die Mühle, die zur Burg Bieberbach gehörte, erstmals urkundlich erwähnt. Minigolfplatz 9–21 Uhr, Do geschlossen. DZ ab 40 €, EZ 25 €. Auch Ferienwohnung für 30 € (2 Personen, jede weitere 5 €) zu mieten. Schlehenmühle 1, ✆ 09197/291, 📠 09197/625528, www.gasthof-schlehenmuehle.de.

Ludwig Endres, in seinem Bauernhof (mit Tieren) gibt es nicht nur eigene Obstbrände, hausgemachte Würste und Honig, sondern auch Übernachtungsquartiere. Mit Frühstück pro Person ab 15 €. Schlehenmühle 3, ✆ 09197/1503 und 8709, www.ferienhof-endres-schlehenmuehle.de.

Wer nach dieser fast zweistündigen Wanderung noch weiterlaufen möchte, für den ist das 2 km entfernt liegende **Wichsenstein** ein reizvolles Ziel. Der Weg (blaues Kreuz auf weißem Grund) biegt im oberen Ortsteil links ab und steigt rechts steil zum 569 m hohen *Degenberg* an. Vom Waldrand sind es nur wenige hundert Meter zum Wichsensteiner Burgfels.

Nach Thuisbrunn

Eine der interessantesten Wanderungen ist der mit einem *blauen Kreuz* gekennzeichnete Weg nach Thuisbrunn (2,5 km). Zunächst führt er durchs Trubachtal und wendet sich bald nach rechts. Nach wenigen hundert Metern teilt sich das Tal. Wenn Sie sich hier rechts halten (jetzt Markierung *grüner Ring*), gelangen Sie durch das Todsfeldtal mit schönen Felsmassiven und einem Erlenbruchwald zum Ziel.

Thuisbrunn

In einer Mulde eines Trubach-Seitentales liegt das kleine, stille Bauerndorf. Hoch über dem Ort steht die Burgruine, die allerdings nicht öffentlich zugänglich ist (Privatbesitz). Vom Burgfelsen hat man einen wunderschönen Blick! Unweit davon steht die evangelische Kirche St. Katharinen. Sie ging einst aus der Schlosskapelle hervor. Der heutige Bau entstand jedoch erst in der zweiten Hälfte des 19. Jh.

„Daher sollen alle unsere Gläubigen in der Gegenwart wie in späteren Zeiten wissen, daß wir einen unserem Recht unterstehenden bei Forchheim gelegenen Ort mit Namen Thuisbrunn an den genannten Bischofssitz Bamberg freizügig und sicher geschenkt haben", heißt es in der Urkunde von Kaiser Heinrich II. aus dem Jahr 1007 (!). Der Ort freilich ist sehr viel älter als die Urkunde. Funde im Flurbereich Brennbühl weisen auf eine Besiedlung bereits Mitte bis Ende der jüngeren Steinzeit hin.

Heute sieht man nur noch einen ungefähr 20 m hohen Bergfried und einige Mauern. Schon im 14. Jh. wurde die **Thuisbrunner Burg** bei Auseinandersetzungen zwischen der Stadt Nürnberg und dem Burggrafen Friedrich V. („Der Erwerber") erobert und zerstört. Danach wurde sie wieder aufgebaut, doch bereits 1420 durch die Truppen eines im Dienste der Wittelsbacher stehenden Laufer Amtmanns erneut angegriffen und stark in Mitleidenschaft gezogen. Endgültig zerstört wurde sie dann 1553 im zweiten Markgrafenkrieg.

• *Essen und Trinken* **Gasthof Seitz**, schönes fränkisches Haus im Ortskern. Die seit 1885 bestehende Dorfgastwirtschaft – jetzt im Besitz des Braumeisters Georg Kugler – fällt schon von Weitem durch die rot-weiß gestrichenen Fensterläden auf. Es wird seit 2007 ein selbst gebrautes Landbier „Elch-Bräu" ausgeschenkt. Fränkische Brotzeiten und Tagesmenü. Geöffnet Fr–Di, Mo bis 14 Uhr. Biergarten tägl. außer Montag ab 16 Uhr geöffnet. Das Gasthaus Seitz ist Endpunkt des Fünf-Seidla-Steiges. Thuisbrunn 11, 91322 Gräfenberg, ✆/℡ 09197/221, www.gasthof-seitz.de.

• *Einkaufen* **Bauernladen** mit Metzgerei von Hans Meier. Hier findet der Einheimische wie der Urlaubsgast und Seidla-Steig-Wanderer alles, was man so braucht. Mo ab 13 Uhr geschlossen. ✆ 09197/962.

• *Urlaub auf dem Bauernhof* **Ferienhof** der Familie Heinz Hofmann; ruhige Waldrandlage. Viele Streicheltiere, ideal für Familien, 2 Pers./Tag 31 €, je weitere Pers. 5 €, Ki unter 6 frei. 1 DZ, 26€. ✆ 09197/758, www.heinz-hofmann.de.

Wandern: Nicht nur für Kletterer, auch für Wanderer ist das **Todsfeld** zwischen Thuisbrunn und Trubachtal ein lohnenswertes Ziel. Vom Ortsausgang (Richtung Hohenschwärz) führt ein mit einem grünen Ring gekennzeichneter Wanderweg durch die unverbaute Tallandschaft nach Egloffstein. Wanderzeit ca. 50 Minuten. Eine detaillierte Wandertafel am großen Parkplatz bei der Kirche gibt über die Wandermöglichkeiten Auskunft.

Kleiner Abstecher zum „Burggrafen": Von Untertrubach aus (kurz hinter der Biegung der Trubach) kann man nach einem etwa fünfzehn-minütigen Aufstieg zu einem spektakulären Aussichtspunkt gelangen. Spektakulär ist dabei nicht nur die Aussicht vom Burggraf-Felsen (von hier aus ist sowohl das obere wie das untere Trubachtal überblickbar): Um dorthin zu gelangen, muss man zunächst durch die Hohle Kirche, eine etwa 10 Meter lange, nicht ganz mannshohe Höhle, bevor man die kleine, natürliche Aussichtsplattform (gut gesichert) hoch über dem Trubachtal betreten kann.

Von der gotischen Kirche in Untertrubach geht es auf der oberen Straße Richtung Westen, am Trafo-Häuschen geradeaus, kurz später über eine kleine Wiese links hoch in den Wald (Beschilderung „Burggraf"). Von hier aus führt ein steiler, bald stufiger Pfad in Serpentinen hinauf (gewisse Trittsicherheit von Nöten). Die Felsformation an der Biegung der Trubach verdankt ihren Namen übrigens dem Burggrafen Friedrich von Nürnberg, der 1374 die Trubachtaler Burgen belagerte. Er soll hier eben wegen der Aussicht sein Heerlager aufgeschlagen haben, wenngleich wohl aus rein militärischen Gesichtspunkten.

Vom „Burggrafen" führt ein Wanderpfad über die Spießmühle nach Großenohe (Markierung grüner Kreis), Einkehr siehe dort, S. 158.

Wolfsberg

Wie an einer Perlenkette aufgereiht sind die Häuser des kleinen Ortes entlang der Straße nach Obertrubach. Wolfsberg wird von der vermutlich bereits im 12. Jh. er-

Blick von der Burgruine Wolfsberg nach Untertrubach

bauten gleichnamigen Burg überragt. Wer den Aufstieg auf das steile Felsenmassiv bewältigt, wird mit einem herrlichen Blick über das Trubachtal belohnt.

Gozpold de Wolvesperch benannte sich als erster aristokratischer Ritter im Jahre 1169 nach Wolfsberg. 1353 ging die Burg an die Freiherren von Egloffstein. Im Städtekrieg von 1388 und im Bauernkrieg von 1525 wurde die Wolfsberger Burg wie viele andere in der Fränkischen Schweiz zerstört und später wieder aufgebaut. Wegen Einsturzgefahr mussten bereits 1883 einige Teile der Burgmauer abgetragen werden. Die Burg bestand ursprünglich aus der sog. Unteren und der sog. Oberen Burg. Auf der Fläche der Unteren Burg ist heute ein Schulgebäude zu finden. Von der Oberen Burg mit seinem ehemaligen Zeughaus und Turm sind nur Mauerreste erhalten. Nördlich der Ruine, an der Straße, die um den Berg zum Dorf führt, kann man ein altes Gewölbe, den einstigen Burgkeller, und den gegenüberliegenden Burgbrunnen entdecken.

Die Burgruine ist weithin sichtbar und leicht zu finden. Entweder läuft man vom Tal den Fußweg hinauf (Gehzeit 5 Min.), oder man fährt mit dem Auto (am Ortsende an der Straße nach Obertrubach Richtung Geschwand abbiegen, wenige hundert Meter danach erscheint die Schule, kaum Parkmöglichkeiten). Eine steile Treppe führt zum Felsplateau.

Eine originelle Sehenswürdigkeit Wolfsbergs ist eine Scheune an der Straße nach Geschwand, die mit Hunderten von Nummernschildern zugenagelt ist. Die Sammlung von Siegfried Maderer umfasst über 500 Autokennzeichen – um auch die letzten freien Flächen der Scheune verzieren zu können, hofft er weiterhin auf Zuwachs.

• *Camping* **Gasthof Eichler**, am westlichen Rand von Wolfsberg findet sich dieser Treffpunkt für Wanderer, Radler und (v.a.) Kletterer, internationales Publikum (von Japan bis Skandinavien), außer reichlich Platz für Zelte sind auch einfache Schlaflager vorhanden, sowohl für größere Gruppen (bis 25 Personen) in der Schlafscheune, als auch für 2-4 Personen in kleinen Holzhütten, einfache sanitäre Ausstattung, Geöffnet von März bis Ende Okt. (Zelten von April bis Anfang Oktober). Die freundliche Familie Walter betreibt zudem einen Kiosk mit Gastraum und Kaffeeterrasse (hausgemachter Kuchen!). Schlaflager 6 €, Zelten 5 €/ Person, Zelt und Auto frei. Wolfsberg 43, 91286 Obertrubach, ✆ 09245/383, ℻ 09245/ 9116, www.gasthof-eichler.de.

Wanderung über Sorg zum Signalstein (Markierung roter Punkt)

In einer Stunde bewältigt man leicht den Wanderweg zum abgeschiedenen Weiler Sorg, der nur aus wenigen Bauernhöfen besteht. Der Weg beginnt gleich hinter dem Schulhaus in Wolfsberg. Kurz nach dem von Obstgärten umgebenen Weiler (Richtung Geschwand) befindet sich auf der rechten Seite ein kleiner Wanderparkplatz (hinter dem Bolzplatz). Von dort sind es noch 300 m über einen breiten Waldweg zum Signalstein (gleich am Waldrand rechts halten). Das 582 m hohe Felsmassiv, umgeben von ausgedehnten Buchenwäldern, könnte auch im Sommer zu den schönsten Aussichtspunkten der Fränkischen Schweiz zählen, wären die umliegenden Baumkronen nicht derart üppig. Dennoch ist die bizarre Felsengruppe und die beschränkte Fernsicht von dort oben (über eine sehr steile Metalltreppe leicht zu erreichen, nur für Schwindelfreie) unbedingt sehenswert. Oben befindet sich eine auf einer Metallplatte eingravierte Karte, die eine erste Orientierung verschafft. Vom Mittelalter bis ins 19. Jh. hinein wurden von hier mittels Feuer- und Rauchsignalen die umliegenden Gemeinden und Burgen vor heranrückender Gefahr gewarnt (daher der Name). Das Felsmassiv ist an Wochenenden auch ein beliebter Treffpunkt für Kletterer. Etliche Ruhebänke bieten die Möglichkeit zum Brotzeitmachen. Auch eine Unterstellhütte ist vorhanden.

Obertrubach

Das mit Eingemeindungen 2300 Einwohner zählende Dorf liegt am Ende des mittlerweile schon recht eng gewordenen Trubachtals und ist ringsum von Wäldern umgeben. Mittlerweile gehört es zu den meistbesuchten Fremdenverkehrsorten der Fränkischen Schweiz mit einem großen Kontingent an Übernachtungsmöglichkeiten.

Obertrubach zählt zu den ältesten Orten der Fränkischen Schweiz. Bereits 1007 wurde es in einer Schenkungsurkunde erwähnt. In der Ortsmitte steht die schlicht-moderne Kirche St. Laurentius, die mit Ausnahme des spätgotischen Turms 1954/ 55 errichtet wurde. Am Eingang erinnert eine Plastik an den auf einem Feuerrost zu Tode gekommenen Märtyrer. Die frisch renovierte Kirche überrascht im Innern mit moderner Architektur und einer Helligkeit, die den Raum weitaus größer erscheinen läßt, als es von außen den Anschein hat. Am Rand des nordöstlich der Kirche gelegenen Friedhofs befindet sich eine kleine Grotte, ein beliebter Gebetsort. Vor einer barfüßigen, betenden Muttergottes knien Gläubige nieder und spenden eine Kerze. Auf dem Friedhof fand Wolfgang Güllich (1960–1992), einer der ehemals weltbesten Freikletterer, seine letzte Ruhe. Sein Grabstein im hinteren Teil des Friedhofs ist mit Haken und Seilen versehen. Güllich kam bei einem Autounfall ums Leben. Er wurde durch seine vielen Erstbegehungen in der Fränkischen Schweiz bekannt.

Ewige Anbetung: An jedem 3. Januar ist es soweit. Am Tag der Ewigen Anbetung erstrahlen die Talhänge um Obertrubach in einem Lichtermeer, wenn die Abschlussprozession am späten Nachmittag nach Einbruch der Dunkelheit durch das Dorf zieht.

Geologisch interessant in Obertrubach ist der **Kohlberg** (545 m). Besonderer Anziehungspunkt sind die grauen Dolomitfelsen an einem Steilhang an seiner Westseite. Den Weg weist eine Hinweistafel. In der Höhe des Ketteler-Familienerholungswerkes verflacht der Hang. Auf der wenig ansteigenden Hochfläche stehen weitere, dünnere Dolomitbänke. Am Osthang des Alten Kohlbergs (1,5 km vom Ortskern) sind ebenfalls Dolomitbänke zu sehen.

Information/Fahrradverleih

- *Vorwahl* 09245
- *Information* Touristinfo Obertrubach, Teichstr. 5, 91286 Obertrubach, ✆ 98813, ℻ 99820; mueller@trubachtal.com, www.trubachtal.com. Mo–Fr 8–12 Uhr, Do 14–18 Uhr.

Tipp: Das Verkehrsamt veranstaltet mehrmals jährlich Themenwanderungen, beispielsweise die Kräuterwanderung oder den Trubachweg zu Geologie, Kultur und Klettern mit Prof. Roman Koch oder Günther Bram von der Uni Erlangen. Begleitlektüre und Anmeldung bei der Touristinfo.

- *Mountainbike-Rundstrecke* ab Wanderparkplatz Sportplatz Wolfsberg bzw. Zeltplatz Eichler in Untertrubach. Länge 10 km, ab Bärnfels gibt es eine erweiterte Variante.
- *Das Nordic-Walking-Zentrum* Egloffstein-Obertrubach hat elf abwechslungsreiche Strecken verschiedener Schwierigkeiten mit 85 km Gesamtlänge ausgewiesen. Startpunkte Rathaus, Bärnfels, Geschwand und Wolfsberg.
- *Planwagenfahrten* im Trubachtal bietet Christian Eckert aus Weidenhüll 3 (Stadt Pottenstein) an, ✆ 9244/7260.

Trubachtal Karte S. 116/117

Essen/Übernachten

Gasthof Alte Post, im Ortszentrum, überdachte Terrasse an der Straße, eine weitere im Hintergebäude. Innen nobel-rustikal. Bei Familie Ritter gibt es ein reiches Angebot an Brotzeiten (Hausschlachtung) und fränkische Spezialitäten zu fairen Preisen. Große Auswahl an Speisen, vor allem Pfannengerichte, Fisch und (in der Saison) Pfifferlinge. Es wird Friedmann-Bier aus Gräfenberg ausgeschenkt. Pension mit 70 Betten, davon acht behindertengerechten Zimmern. Die meisten Räume sind Nichtraucherzone (Trost für die Raucher: die meisten Zimmer mit Balkon), Mi Ruhetag (nur im Winter). DZ mit Dusche/WC 52 €. Ferienwohnung 28 €. Trubachtalstraße 1, ✆ 09245/322, ℻ 09245/690, www.postritter.de.

Hotel Ottilie, liegt am Ortsrand (Straße nach Neudorf). Das sehr ruhig am Waldrand gelegene 3-Sterne-Hotel verfügt über ein Schwimmbad mit Sauna, Sonnenbank und Liegewiese und bietet jetzt auch physikalische Therapien und Massagen aller Art an. Die Gäste werden gerne mit dem Kleinbus vom Flughafen Nürnberg oder vom Bahnhof Pegnitz abgeholt. Den Gast erwartet fränkische Küche mit Wild- und Fischspezialitäten. DZ mit Dusche/WC 60 €, HP mögl. (Aufschlag 10–12 €/Pers.). Neudorfer Weg 23, ✆ 09245/9800, ℻ 09245/98044, www.hotel-ottilie.de.

Hotel-Pension Grüner, modernes, komfortables 3-Sterne-Hotel am Berghang, das vor allem von älteren Gästen geschätzt wird. Auch Cafébetrieb auf einer kleinen, oft schattigen Terrasse. Wenige Meter von der Durchgangsstraße, aber dennoch ruhig. Diätkost möglich. Blitzblank saubere DZ mit Dusche und Balkon 60 €, auch Halbpension (12 € Aufschlag/Pers.). Neudorfer Weg 3, ✆ 09245/987, ℻ 09245/98760, www.hotelgruener.de.

Gasthof Fränkische Schweiz, der Gasthof der Familie Maier liegt im Ortszentrum gegenüber der Kirche. Hier wird fränkische Küche gepflegt. Im Winter Do Ruhetag. Die Zimmer mit Balkon gehen zur Straße. DZ mit Dusche 50 € (HP/VP möglich). Bergstraße 1, ✆ 09245/983751, ✆ 09245/983752, www.gasthoffraenkischeschweiz.de.

Café-Pension Leistner, am Ortsrand neben der Trubachquelle gelegene Pension in einem modernen Haus. Vor allem im Sommer auch ein beliebtes Café im Garten mit hausgemachten, köstlichen Torten und Kuchen. Liegewiese und Grillplatz vorhanden. Gegen Gebühr auch Sonnenbank. Auf dem felsigen Steilhang gegenüber tummeln sich Ziegen, die sich gerne von Kindern füttern lassen. DZ 43 €, EZ ab 25 €. Trubachtalstr. 29, ✆ 09245/981110, ✆ 09245/981116, www.cafe-pension-leistner.de.

Pension und Gasthof Regina, nur über sieben Zimmer verfügt die kleine Pension von Jasmin Wohlfahrt. Kegelbahn, Sauna und Solarium vorhanden. DZ ab 44 €, HP 60 €. Hundsdorfer Weg 5, ✆ 09245/232, ✆ 09245/9839692.

Arbeitnehmerbildungs- und Begegnungsstätte, das katholische Haus des Erzbistums Bamberg für Seminare und Tagungen, Aus- und Weiterbildung bietet auch Ferienaufenthalte für Familien an. Mindestteilnehmerzahl zehn Personen in Vier-Bett-Appartements. Neu eröffnetes Haus mit vielen Freizeit- und Sport-möglichkeiten. Ab 26 € VP/Erw., Kinder gestaffelt. Pfarrer-Grieb-Weg 25, ✆ 09245/98210, ✆ 982130, www.bildungshaus-obertrubach.de.

Außerhalb **Gasthof Zum Signalstein**, in dem rustikalen Gasthof in Hundsdorf gibt es Hauptgerichte bereits ab 5,80 €. Es wird Bier aus der Pottensteiner Brauerei Mager ausgeschenkt. Terrasse mit Mariengrotte. Hier kann man auch Urlaub auf dem Bauernhof (Liegewiese) machen. Familiäre Atmosphäre. Beliebt bei Wanderern und Wandergruppen. DZ mit Dusche ab 42 €, HP 5–7 € Zuschlag/Pers. Hausnr. 6, ✆ 09245/247, ✆ 09245/650, www.stangl-wirt.de.

Wandern

Obertrubach bietet ringsum ausgezeichnete Wandermöglichkeiten. Vor der Tourist-Info im Rathaus steht eine große Tafel mit Übersichtskarte und Wegbeschreibungen. Der staatlich anerkannte Erholungsort, der sich gern „Perle der Fränkischen Schweiz" nennt, richtete sogar einen therapeutischen Wanderweg ein. Der vom Erlanger Professor Erich Lang gestaltete und vom örtlichen Arzt Dr. Josef Klein betreute Wanderweg **„Pitztal„** soll älteren Menschen und Herz-Kreislauf-Kranken mit geringstem Gesundheitsrisiko ein Wandererlebnis vermitteln. Der Weg beginnt 300 m außerhalb des Dorfs (Richtung Bärnfels) und führt knapp 6 km durch die Wiesengründe des Pitz- und Teichtals auf einem Rundkurs über den Leienfelser Wald wieder zurück zum Ausgangspunkt (Markierung: rotes Herz). Es gibt über 30 Ruhebänke, Blutdruck-Messstationen (Messgeräte gibt es in der Tourist-Info) und eine Schutzhütte am höchsten Punkt in der Waldabteilung „Rothe Hüll". Der heutige Wanderweg wurde bereits im Mittelalter viel begangen, denn er diente den Bewohnern des kleinen Burgdorfs Leienfels als Kirchweg. Vom Teichtal lässt es sich leicht in 45 Minuten nach **Bärnfels** laufen (Markierung: gelbes Dreieck). Zurück führt der Weg durch das landschaftlich sehr reizvolle Gründlein-Tal nach Obertrubach. Der Weg ist markiert (grüne Raute).

Lohnend ist der Wanderweg nach **Leienfels**. Er beginnt unweit der Kirche und ist mit einem gelben Kreuz gekennzeichnet. Die ungefähr 4 km lange Strecke führt über den Kohlberg (schöne Aussicht über Obertrubach) durchs Pitztal hinauf zum Leienfelser Wald. Der gut ausgebaute Weg zieht sich fast ausschließlich durch Waldgebiete und ist Teil des Frankenweges.

Trubachtal-Wanderweg (Markierung waagerechter blauer Strich)

Eine lohnende Route für ausgesprochene Wanderfans. Sie ist 19 km lang und führt vorbei an 19 Mühlen und fast einem Dutzend Schlösser und Burgen von Obertrubach nach *Pretzfeld* Der Wanderweg ist leicht zu begehen. Die Wege sind über weite Teile geschottert. Doch während der warmen Jahreszeit bleibt von der Romantik des Trubachtales nicht viel übrig: Da der Weg fast parallel zur Straße verläuft, hat man über weite Strecken den Straßenverkehr in den Ohren.

Entlang der Fraischgrenze

Fraisch bedeutet hohe Gerichtsbarkeit und geht auf 1607 zurück, als die Reichsstadt Nürnberg und das Hochstift Bamberg ihren Grenzverlauf mit Grenzsteinen markierten. Die teilweise noch im Original erhaltenen neun Grenzsteine (Markierung Schwert mit Jahreszahl 1607) gehören zu den schönsten in ganz Franken.

Trubachtal Karte S. 116/117

Richard-Wagner-Felsen: Schräg gegenüber der Reichelsmühle, an der nördlichen Seite des Trubachtals zwischen Obertrubach und Wolfsberg, findet sich dieses außergewöhnliche Felsgebilde. Das Profil des markanten Felsens erinnert – bei ein wenig Phantasie – an den Bayreuther Komponisten Richard Wagner.

Reichelsmühle

Eine beliebte Kurzwanderung (ca. 30 Min.) führt von Obertrubach zur schön gelegenen Reichelsmühle, die heute noch in Betrieb ist. Der Weg geht außerdem vorbei an der Schlötter-, Ziegel- und Hackermühle sowie am Waldspielplatz. Die Mühle wurde bereits 1504 als „Hergotsmül" erwähnt und kam 1547 in den Besitz von Heino Reichl (deshalb Reichelsmühle).

Restaurant-Pension Treiber, gegenüber der Reichelsmühle. In dem kubisch-modernen Gebäude gibt es täglich frische Forellen. Terrassencafé. Zum Kaffee wird Hausgebäck ser-viert. Mi Ruhetag. DZ mit Dusche 56 €, EZ 31 € (Zuschlag HP 10 €, VP 14 €). Reichelsmühle 5, ✆ 09245/489, 📠 09245/983780, www.treiber-trubachtal.de.

Für Leute, die eher ländliche Atmosphäre bevorzugen, lohnt sich der 1,5 km lange Weg (bergauf) nach **Hundsdorf**. Das kleine Dorf liegt abseits vom Verkehr. Einkehrmöglichkeit im einfachen Gasthof „Zum Signalstein" oder im feinen Friedrichs-Hof.

Bärnfels

Der in einer Hügellandschaft mit ausgedehnten Wäldern gelegene Ort ist zwei Kilometer von Obertrubach entfernt (an der Straße nach Gößweinstein). Charakteristisch für das über 700 Jahre alte verwinkelte Dorf ist, dass die Bauernhöfe und Häuser im Tal stehen, während die schöne Kirche mit Zwiebelturm und die Burgruine auf den Hügeln gebaut wurden. Der kleine Aufstieg lohnt, denn die Ruine wurde wieder zugänglich gemacht und teilweise originalgetreu restauriert (1969). Ein schmaler Weg hinter dem Gasthof „Drei Linden" – ein kulinarischer Klassiker in der östlichen Fränkischen Schweiz – führt hinauf. Die Ruine hat zwei Ebenen. Durch einen romantischen Durchgang im Dolomitfelsen kommt man mittels einer Holztreppe auf die höher gelegene Ebene. Die Ursprünge der Burg gehen ins frühe 14. Jh. zurück. Erbauer war Ritter Siboto I. von Egloffstein. 1525 wurde die Burg von revoltierenden Bauern zerstört und danach nicht wieder aufgebaut. 1934 sollte die Befestigung wegen Gefährdung der nahen Wohnhäuser endgültig abgerissen werden, doch dieser Plan wurde wieder fallen gelassen.

• *Übernachten/Essen* **Gasthof Drei Linden**, eine gastronomische Institution. Der gemütliche Landgasthof bietet traditionelle fränkische Küche, Spezialität: Frische Wildgerichte, auch Vegetarisches, stets mit frischen Produkten aus der Region. Die Hauptgerichte liegen bei ca. 5 bis 15 €. Auch Brotzeiten und feine Obstbrände für hinterher. Im Sommer Terrassenbetrieb im Schatten der drei Linden (Kinderspielplatz). Gegenüber dem alten Gasthaus ein moderner Neubau als Gästehaus. Insgesamt 68 Betten. DZ mit Dusche, TV und WLan ab 56 €, EZ 32,50 €. Stufenweise Kinderermäßigung. Abschließbare Wander- und Radlwerkstatt. Transfers zu Anfangs- und Zielpunkten von Wanderungen. Dorfstraße 38, ✆ 09245/9188, 📠 09245/409, www.drei-linden.com.

Gästehaus Brütting, in einer Sackgasse (absolut ruhig) idyllisch am Rand des kleinen Tals gelegen zwischen Kirche und Burgruine. Spielplatz, Billard, Fahrradverleih. Einstellmöglichkeit für Pferde. Populär ist das angeschlossene Café. Von der Terrasse bietet sich dem Gast ein unverbauter Blick auf Wiesen, Felsen und Wälder. Mo (nach dem Frühstück) Ruhetag, geöffnet von April bis Okt. DZ mit Dusche ab 44 €, EZ ab 27 €. Dorfstraße 24, ✆ 09245/555, 📠 09245/1364, www.gaestehaus-bruetting.de.

Gasthof Zur Einkehr, bei der Familie Maier-Röhrer gibt es preiswerte Hausmannskost und hausgemachte fränkische Wurst (auch zum Mitnehmen). . Auf der großen Terrasse wird Püls-Bräu ausgeschenkt. DZ mit Dusche und Balkon ab 46 €. Schulberg 7, ✆ 09245/343, 📠 09245/989201, www.gasthof-zur-einkehr-baernfels.de.

Wandern

Burgruine Leienfels

Am östlichen Dorfende beginnt ein Wanderweg, der mit einem roten Punkt gekennzeichnet ist und durch kleine Wälder und Felder am 536 m hohen Reitersberg vorbei den bewaldeten Hang hinab ins Teichtal führt. Im Tal geht man wenige hundert Meter links. Bei einer Brücke beginnt der mit einem gelben Kreuz gekennzeichnete Weg, der ziemlich steil zur Burgruine Leienfels hinaufführt. Von dem 590 m hohen Burgberg hat man eine einmalige Aussicht, die bei gutem Wetter bis ins Fichtelgebirge reicht. Wegstrecke ca. 9 km; Gehzeit ca. 2 Stunden, Einkehr s. S. 148.

Auch Rucksackreisende entdecken Betzenstein

Betzenstein

Betzenstein schmückt sich mit dem Prädikat „Die kleinste Stadt Frankens". Nur rund 800 Einwohner hat der Ort und dennoch das Stadtrecht. Auch ansonsten hat Betzenstein mit seinen 23 Ortsteilen allerhand Bemerkenswertes zu bieten.

Dem Blick des Betrachters bietet sich ein hübsches mittelalterliches Ortsbild mit vielen Fachwerkgiebeln inmitten ausgedehnter Wälder und Felspartien. Auf einem hohen Dolomitfels über der Stadt ragt die aus zwei Flügeln bestehende, bereits 1187 urkundlich erwähnte Burg empor (nicht zugänglich). Unten im Tal befinden sich das *Pflegamtsschloss* aus dem 17. Jh., der berühmte *Tiefe Brunnen* (92 m tief) und zwei schöne mittelalterliche Stadttore sowie Teile der Stadtmauer. Im alten Rathaus ist ein sehenswertes Heimatmuseum mit einer großen Mineraliensammlung untergebracht. Das Städtchen auf dem Hochplateau (510 m) ist trotz mancher baulicher Veränderungen ein idyllischer Flecken geblieben. Vom Aussichtsturm Schmidberg am Stadtrand kann man sich davon überzeugen.

Geschichte

Die Geschichte der Stadt ist sehr eng mit dem Schicksal seiner Burg verbunden. Bereits im 12. und 13. Jh. war die Betzensteiner Feste die Stammburg des Geschlechtes *Petzenstayn*. Später ging sie in den Besitz des Bamberger Bistums über, dann wurde sie von den Herren von Schlüsselberg und den Landgrafen von Leuchtenberg übernommen. Betzenstein stand auch einmal unter böhmischer Oberhoheit. Wichtig für den Ort wurde der 25. September 1359.

Damals erhob ihn Kaiser *Karl IV.* zum Markt. Es wurde erlaubt, auf der Feste „Stock und Galgen“ zu errichten. Das Stadtrecht bekam Betzenstein 1611. Die Burg wurde 1421 im Markgrafenkrieg niedergebrannt. Dasselbe Schicksal erlitt die Felsenburg 1504 im Landshuter Erbfolgekrieg. Nach der Eroberung wurde den Nürnbergern 1505 die Stadt Betzenstein „für immer“ zugesprochen. Bereits 1536 errichteten die neuen Herren eine Stadtmauer, von der noch einige Reste und zwei Tore erhalten sind. Im 16. Jh. blühte in Betzenstein der Erzabbau, doch wurde er bereits im 17. Jh. wegen zu geringer Ergiebigkeit wieder eingestellt. 1806 fiel die Freie Reichsstadt Nürnberg und damit auch Betzenstein an das Königreich Bayern.

1972 wurde die Stadt durch die Gebietsreform auf 23 Ortsteile erweitert. Trotz der vielen Dörfer leben hier insgesamt nur etwa 3000 Einwohner. Seit 1978 bilden die Stadt Betzenstein und der Markt Plech eine Verwaltungsgemeinschaft.

Der falsche Dürer

Dass die Menschen in der Fränkischen Schweiz gewitzt und raffiniert waren, zeigt das Beispiel des Betzensteiner Malers *Abraham Wolfgang Küfner* (1760–1817). Nach dem Studium an der Nürnberger Universität in Altdorf wurde er Zeichenlehrer. Dass damit nur wenig zu verdienen war, wurde ihm bald klar. Also prägte er Münzen, wurde gefasst und musste ein paar Jahre ins Gefängnis. Nachdem er entlassen worden war, lieh er sich von der Stadt Nürnberg das weltberühmte Selbstbildnis Albrecht Dürers von 1500, um eine Kopie anzufertigen. Die künstlerischen Qualitäten Küfners waren so gut, dass er den Stadtvätern kurzerhand die Kopie zurückgab und das Original behielt. Bemerkt wurde der Schwindel nicht! Vielmehr kam die Kopie alsbald ins Germanische Nationalmuseum. Das Original wurde 1805 nach München verkauft und hängt heute in der Alten Pinakothek.

Information/Sport

- *Vorwahl* 09244
- *Information* Verkehrsamt Betzenstein, Nürnberger Straße 5, 91282 Betzenstein, ✆ 985221, 📠 985215, www.betzenstein.de. Mo–Fr 9–12 Uhr.
- *Schwimmen* Am Stadtrand liegt das beheizte Freibad, das im Sommer bis 21 Uhr offen hat. Becken 25 x 16 m, 5-Meter-Turm. Mitte Mai bis Mitte Sept. ab 9 Uhr geöffnet. Eintritt 3,50 €, Jugendliche 2,50 €. Gäste des benachbarten Kletterparkes haben freien Eintritt.
- *Abenteuerpark Kletterwald Betzenstein* Eine wunderschön gelegene Anlage mit acht Parcours (Felsenpfad schon für Sechsjährige) direkt neben dem Freibad. Mit Seilbahnen kann man 230 Meter weit über das Freibad fliegen. Geöffnet von den Oster- bis zu den Herbstferien. Sa/So und in den Ferien 10–19 Uhr, Mi–Fr 13–19 Uhr. Erw. 21 €, Ki. 13 €/16 €. www.Abenteuerpark-Betzenstein.de.
- *Langlauf* Rund um Betzenstein gibt es exzellente Möglichkeiten zum Langlaufen. Sobald genügend Schnee liegt, kommt das Loipenspurgerät der Stadt Betzenstein zum Einsatz. Das Streckennetz umfasst insgesamt rund 40 km. Alle Loipen sind markiert. Es werden Rundkurse von 3 und 12 km Länge angeboten. Am besten besorgen Sie sich beim Fremdenverkehrsamt die verlässliche Loipenkarte.
- *Skilift Spies* Für die, die es schneller mögen. Auskünfte unter ✆ 09244/394.
- *Wandern* Beim Verkehrsamt sind Broschüren zu den Wanderrouten rund um Betzenstein erhältlich.

Essen

Tipp: Betzenstuben, das urige Lokal in einem jahrhundertealten Fachwerkhaus, nur ein paar Schritte von der Hauptstraße, besitzt eine feste Fangemeinde. Die vorzügliche Küche mit einer saisonal ausgerichteten Karte und die vernünftigen Preise machen die rustikale Wirtsstube zu einem begehrten Ziel. Auf der Karte stehen nur wenige Gerichte, die aber sind von erstklassiger Qualität und kosten zwischen 4 und 15 €. Vom Fass wird Bayreuther Maisel-Bier ausgeschenkt, die Obstbrände kommen von der Brennerei Galster aus Weingarts. Die meisten Gäste schätzen aber die Weinkarte. Hier kann man noch Entdeckungen machen. Die Inhaberin kredenzt viele fränkische Weine, und zwar alle im Viertel, aber auch ausgewählte Weine aus Italien. Geöffnet ab 17 Uhr, So ab 11 Uhr, Mo und Di Ruhetag. Schlosstraße 5, ✆ 09244/920201, ℻ 09244/982798, www.betzenstube.de.

Gasthof Burghardt, guter, fränkisch-gemütlich eingerichteter Gasthof mit eigener Metzgerei am Unteren Tor. Große Auswahl zu günstigen Preisen. Brotzeiten, Wild- und Fischgerichte und eine Vielfalt an Braten (Schäufele aus dem Holzbackofen!) sind die Stärke der Küche. Wolfshöher Bier wird ausgeschenkt. Biergarten vor dem Haus. Mi und Do geschlossen. Die DZ sind als Themenzimmer gestaltet, 56 €. Hauptstr. 7, ✆ 09244/206, ℻ 09244/8293, www.burghardt-betzenstein.de..

Gasthof Tiefer Brunnen, die traditionsreiche Gastwirtschaft mit einem riesigen Kupferstich von Betzenstein bietet preisgünstige Brotzeiten (eigene Schlachtung) und typisch fränkische Gerichte (Sauerbraten, Schäufele). Es werden auch selbst gebrannter Schnaps und verschiedene Würste verkauft. Im Sommer einige Tische zum Draußensitzen. Mo. Ruhetag. Die Besitzer vermieten auch Zimmer bzw. Ferienwohnungen. Pension: DZ mit Dusche ab 56 €, EZ ab 28 €, Halbpension 7 €/Pers. Gästehaus mit Sauna und Hallenbad (freie Benutzung) DZ ab 50 €, EZ ab 25 €, HP Zuschlag. 5 €. Hauptstr. 11, ✆ 09244/270, ℻ 270, www.tiefer-brunnen.de.

Ferienhaus Karin, das Fachwerkhaus aus dem 16. Jh. ist ein Schmuckstück im Herzen der Stadt. Ferienwohnungen und gemütliches Kaminzimmer. In diesem Haus residierten nach der Zerstörung der Burg 17 Jahre lang die Nürnberger Pfleger, bis im Jahr 1570 das Pflegamtsschloss errichtet wurde. Später wurde das Anwesen als Rathaus genutzt. Preise auf Anfrage. Hauptstr. 36, ✆ 09244/1218, ℻ 09244/985171, www.gaestehaus-karin.de.

Zum Zeiserla, Kneipenbühne, Treffpunkt der jungen Leute aus Betzenstein und Umgebung. Gemütliche Kneipe, die auch Konzerte veranstaltet. Kleine Terrasse. Gute Käse- und Nudelspezialitäten. Wer des fränkischen Biers überdrüssig ist, bekommt auch ein Guinness serviert. Viele Teesorten. Ab 17 Uhr geöffnet. Hauptstr. 37, ✆ 985427, www.zeiserla.com.

• *Ferienwohnungen* Es gibt ein Dutzend Vermieter von Ferienwohnungen in der Stadt Betzenstein und den umliegenden Dörfern. Liste beim Verkehrsamt.

Hungerbauern-Hof, eine empfehlenswerte Adresse. Aufwändig renoviert, im Weiler Hunger 2 km südöstlich von Betzenstein gelegen. Es werden in dem abseits bekannter Routen gelegenen Hof – seit über 300 Jahren im Familienbesitz – vier komfortable Appartements vermietet. Fahrräder, Kleintiere, Pferde, auf Wunsch auch Frühstück. App. 40 € für 4 Pers/Tag. Hunger 3, ✆ 09244/7114, ℻ 09244/926219.

• *Außerhalb* **Waldgasthof Reuthof**, 4 km südlich von Betzenstein liegt idyllisch in einem abgelegenen Tal, umgeben von Wald, die wenige Zimmer umfassende Pension der Familie Stief. Der auf 600 m Meereshöhe gelegene Waldgasthof mit schönem Fachwerkgiebel ist ein beliebtes Ausflugsziel und ein idealer Urlaubsort für Ruhebedürftige. Familiäre Atmosphäre. Hübsche Terrasse, Kinderspielplatz und Tiergehege. Im Winter sind direkt am Haus Loipen gespurt. Fr Ruhetag. DZ 50 €. Reuthof (beim Dörfchen Klausberg), ✆ 09244/310, ℻ 09244/8237, www.reuthof.de.

Gasthof Schermshöhe mit Hotel Berghof, 8 km von Betzenstein (Ri. A 9) entfernt. Der

Gasthof ist seit 1870 in Familienbesitz und bietet neben fränkischen Spezialitäten auch internationale Küche. Eigene Metzgerei. Großer Garten. 300 m entfernt liegt am Waldrand das Hotel mit Hallenbad (6x14 m), Solarium, Kegelbahn, Tagungsräumen und Terrasse. DZ 70–82 €, EZ 38–43 €, außerdem Appartments für 25—45 €/Pers. HP und VP möglich (Aufpreis 12,50 bzw. 18 €). ✆ 09244/466, 📠 09244/1644, www.schermshöhe.de.

• *Camping* **Campingplatz Betzenstein**, ganzjährig ist der 1987 gebaute sonnige Platz, mit einem Hauptgebäude, geöffnet. Liegt 1 km vom Ortszentrum (Straße nach Leupoldstein gegenüber der Abbiegung nach Kröttenhof) entfernt. Dampfbad, Sauna, Kinderspielplatz, Restaurant etc. Drei Tipis mit Lagerfeuerplatz bieten sich in der Hauptsaison z. B. für Schulklassen, Motorradfahrer und Wanderreiter an. Relativ ruhig. Aufgrund seiner Höhenlage ist der Platz übrigens mückenfrei. Viele Dauercamper. Übernachtung Erw. im Gästezimmer 9 €, Zelt 4,80 €, Hauszelt 3,80 €, Caravan 6,30 €, Wohnmobil 5,80 €, Auto 1,80 €. Hauptstr. 69, ✆ 09244/7305, 📠 09244/8152, www.campingplatz-betzenstein.de.

Sehenswertes

Tiefer Brunnen: Das restaurierte kleine Fachwerkhaus am Unteren Tor (Unterer Markt) fällt schon von weitem wegen seiner Schönheit auf. Hier ist der bekannte „Tiefe Brunnen" zu finden. Er ist 92 m tief und wurde von der Stadt Nürnberg erbaut. Die Wasserversorgung war für die wasserarmen Juradörfer stets ein Problem. Mit diesem Ziehbrunnen war jedoch das Problem dreieinhalb Jahrhunderte lang gelöst. Der von 1543–49 erbaute Brunnen war bis 1902 die einzige Wasserversorgung Betzensteins. Danach wurde das Städtchen an die Jurawasserversorgung angeschlossen (ein Brunnenobelisk am oberen Marktplatz erinnert daran). In dem hübschen Fachwerkhaus sind einige Exponate wie Ketten und Wassereimer zu sehen.

Öffnungszeiten/Eintritt Führungen Mo 11.30 Uhr und n. Vereinb, ✆ 09244/1228, Hr. Schütz, oder ✆ 09244/985221, Touristinfo. Eintritt 1,50 €, Ki. 1 €. Winterpause Okt. bis April.

Hofidylle im Zentrum von Betzenstein

Stadtpfarrkirche: Die evangelische Kirche wurde 1733–48 im Stil der barocken Landkirchen des Nürnberger Gebietes errichtet. Typisch hierfür ist die Trennung von Altar und Kanzel. Im Chorraum steht der 1746 geschaffene Altar, dessen Bild das letzte Abendmahl zeigt. Vor dem Altar steht der Taufstein mit einer Taube auf dem Deckel, der 1736 von der Nürnberger Familie Tucher gestiftet wurde. Auffällig: Der der Kanzel gegenüberliegende Teil der Empore ist reich gestaltet, denn hier saßen die Landpfleger, die Nürnberger Patrizier, die in Betzenstein das Hoheitsrecht ausübten. Der Herrschafts-

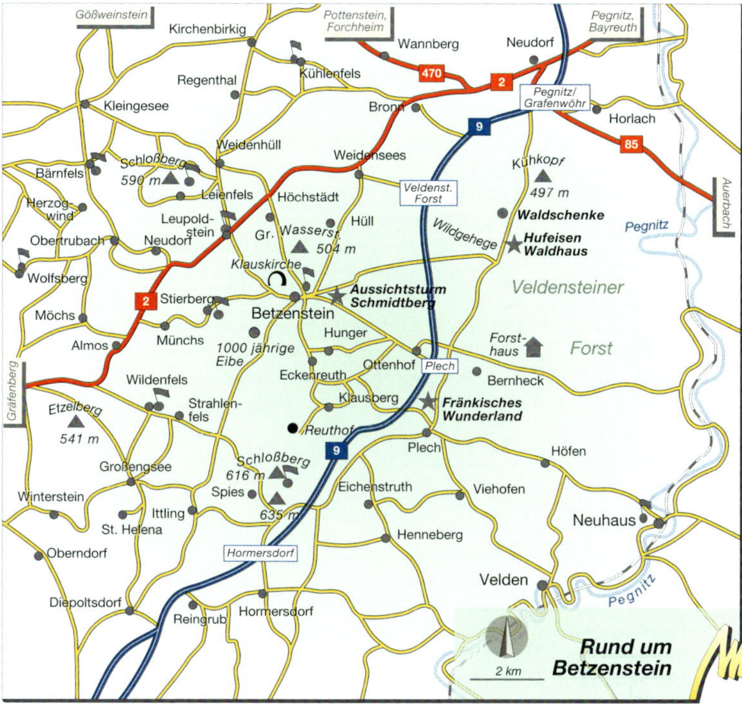

stand ist eigens mit Schiebefenstern verglast; schließlich wurden die Kirchen früher nicht beheizt. Mit Ausnahme des Altars wurde fast vollständig auf Bilder verzichtet. Es gibt nicht einmal ein richtiges Deckengemälde. In den Jahren 1735/36 pinselte der Nürnberger Johann Justin Preißler lediglich eine große Wolke auf blauem Grund an die Decke. Sie soll den allgegenwärtigen Gott symbolisieren.

Pflegamtsschloss: Im Ortszentrum (in einer Seitengasse hinter dem Unteren Markt) liegt das leuchtend orangefarben getünchte ehemalige Pflegamtsschloss der Freien Reichsstadt Nürnberg. Der stattliche Bau im Spätrenaissancestil mit seinem eindrucksvollen Wappen über dem Portal entstand 1669/70. Das Pflegamt war eine kommunale Einrichtung, die sowohl juristische als auch geistliche Kompetenzen hatte. 1806, beim Anschluss Betzensteins an Bayern, wurde das Pflegamt aufgehoben und das Gebäude als Schule benutzt. Heute befindet sich das Pflegamtsschloss in Privatbesitz und wird restauriert.

Anton-Buchner-Heimatmuseum: Im alten Rathaus in der Bayreuther Str. 1 ist das Heimatmuseum untergebracht. Bekannt ist es vor allem wegen seiner Mineralien- und Fossiliensammlung. Sie ist das Lebenswerk des 1994 gestorbenen Betzensteiner Ehrenbürgers Anton Buchner, der das Museum mit viel Liebe aufbaute. 70 Jahre sammelte er Fossilien und Mineralien rund um Betzenstein und in ganz Franken: Zu sehen sind z. B. versteinerte Hölzer aus der Kreidezeit (110 Mio. Jahre alt), ein Mammutzahn aus Weidensee, fluoreszierendes Gestein, Ammoniten und ein gebändertes Steinbeil. Das kleine Museum beherbergt aber auch alte Bücher und Kupferstiche sowie eine seltene große Nürnberger Hakenbüchse von 1530, die es auf 46 Kilo Gewicht bringt.

Öffnungszeiten/Eintritt April–Okt. Mo 14.30–16.30 Uhr oder auf Anfrage bei A. Schütz, ✆ 09244/1228, oder Touristinformation, ✆ 09244/985221, Eintritt 2 €, Ki. 1,50 €. www.betzenstein.de.

Klauskirche: Kein Sakralgebäude, sondern ein Naturdenkmal nordwestlich von Betzenstein (neben dem heutigen Freibad). Dort sind die Überreste einer 600.000 Jahre alten Meeresstrandhöhle zu entdecken. Die riesige Höhle durchschneidet einen Berg von Westen nach Osten. Mit einer Länge von 30 m, einer Breite von 3 m und einer Höhe von 4 m hat die Klauskirche beachtliche Dimensionen. Entstanden ist die Höhle, als sich die Wogen des Meeres, das sich damals hier ausbreitete, in den harten Dolomitfelsen eingruben und Spalten und Durchbrüche schafften. Ein Besuch ist vor allem im Winter ein besonderes Erlebnis, denn dann bilden sich oft riesige Eiszapfen, die an Stalaktiten erinnern. Der Weg zur Klauskirche ist mit einem roten Ring markiert. Der Wanderweg führt vom Ortszentrum rund um Betzenstein, Gehzeit etwa eineinhalb Stunden.

Die Windmühle

Der Flurbegriff verweist auf eine noch zu Beginn des 20. Jh. vorhandene Windmühle. Diese für die Fränkische Schweiz ungewöhnliche Mühlenart verdankt ihre Entstehung wahrscheinlich der Wasserknappheit der Stadt. 1804 ging die Windmühle übrigens in den Besitz des Betzensteiner Malers Abraham Wolfgang Küfner über. Doch der konnte sie nicht lange behalten, denn so meisterlich er sein Handwerk verstand, so wenig wusste er mit Geld umzugehen. Im April 1917 wurde sie kurzerhand vom damaligen Besitzer wegen Baufälligkeit abgerissen. Damit wurde der Schlusspunkt unter die 400-jährige Betzensteiner Windmühlengeschichte gesetzt. Die ruhig gelegene Pension namens Windmühle an derselben Stelle (DZ 34 €, ✆/℻ 09244/397) erinnert bis heute daran.

Wandern

Die Stadt und der Fränkische-Schweiz-Verein haben sich in den letzten Jahren sehr bemüht, das Wanderwegenetz noch weiter auszubauen. So stehen heute rund um Betzenstein ca. 250 km markierte Wege zur Verfügung! Wer jedoch erst einmal den Ort kennen lernen möchte, sollte sich eine halbe Stunde Zeit nehmen, um zu dem auf 540 m Höhe gelegenen hölzernen Aussichtsturm **Schmidberg** (gegenüber vom Burgfelsen) zu wandern. Nach einem kleinen Spaziergang durch die schmalen Gassen führt ein bequemer Weg hinauf zum Aussichtsturm. Von hier hat man einen wunderbaren Ausblick über den gesamten Ort.

Großer Wasserstein (Markierung roter Punkt)

Der landschaftlich reizvolle Weg zu dieser vorgeschichtlichen Jägerstation und dem wuchtigen Dolomitfelsmassiv ist etwa 4 km lang.

Startpunkt ist das Hintere Tor. Hinter dem letzten Wohnhaus biegt der Weg links ab und führt parallel zur Straße nach Leupoldstein in Richtung Freibad.

Bereits vor dem Schwimmbad führt der Weg rechts zu dem Felsdurchbruch Klauskirche hinaus. Dieser wird durchquert. Man wandert am Freibadzaun entlang (an der Windmühle).

Am Wald biegt der Weg links ab und führt am Hexentor, einer Felsformation, vorbei nach Kröttenhof. Hinter dem Weiler biegt man rechts ab in Richtung Wald. Rechts davon liegt die sog. **Buchnershöhle.** Der Weg führt allerdings am Waldrand weiter nach links zum Wassersteintor, einem Felsdurchbruch. Von dort geht es durch den Wald rechts bergauf zum Ziel der Wanderung, dem Großen Wasserstein. Hier führte der fränkische Höhlenforscher und Paläontologe *Georg Brunner* 1951 Grabungen durch und fand den Unterkiefer des kleinsten Säugetieres Mitteleuropas (Sorex minatissimus). Sieht man von einem gleichartigen Fund in Frankreich ab, ist die Betzensteiner Entdeckung einzigartig geblieben.

Wildgehege Veldensteiner Forst (Markierung grünes Kreuz)

Vom Unteren Tor führt eine kleine asphaltierte Straße in das Bauerndörfchen Mergners. Einen halben Kilometer außerhalb des Orts biegt der Weg bei einem Apfelbaum links ab. Eine schnurgerade Forststraße führt durch den östlichen Veldensteiner Forst (man unterquert die A 9) zum Wildgehege. Einkehrmöglichkeit in der Waldschänke. Ein Lehrpfad erklärt auf zehn Schautafeln Wald und Natur. Gehzeit eineinhalb Stunden. Dabei begegnet man frei laufendem Rehwild und Mufflons (Wildschafe). Geöffnet 8–18 Uhr (Winter 16 Uhr), Eintritt Erwachsene 2 €, Kinder bis 17 J. frei (✆ 09244/243). Montag bis Samstag Rückfahrmöglichkeit mit dem Bus.

Burgruine Leienfels (Markierung gelbes Kreuz)

Vom Hinteren Tor führt der Weg über die Windmühle nach Kröttenhof. Am Ortsende geht es nach links in den Wald nach Leupoldstein. Hier folgt man der Straße nach Weidenhüll. Beim letzten Haus links über Wiesen durch den Wald bis nach Leienfels. Gehzeit drei Stunden, Einkehr S. 148.

Der Verschönerungsverein **Hohe Reuth** hat eine eigene Karte mit Rundwanderwegen und Wanderwegen herausgegeben. So kann man vom kleinen Ort Spies aus (Wanderparkplatz) auf mehreren Wegen nach Reuthof laufen. Die anspruchsvollere Variante (Rotstrich) führt quer über den Eibgrat (für Kinderwagen ungeeignet). Schwindelfreie können den Eibgrat auch erklimmen. Informationen beim Verkehrsamt Betzenstein.

Leupoldstein

Leupoldstein ist ein stark vom Durchgangsverkehr geprägtes Straßendorf. Ein Stopp lohnt sich dennoch wegen der Burgruine (Felsengruppe auf der rechten Seite Richtung Gräfenberg), deren Ursprünge bis ins 12. Jh. zurückreichen. Das Adelsgeschlecht von Wiesenthau war Herr über die Befestigung in Leupoldstein. Ritter Dietrich von Wiesenthau nahm es Ende des 14. Jh. mit dem Gesetz nicht so genau. Er überfiel regelmäßig die Nürnberger Kaufleute. Schließlich riss dem damaligen König Wenzel der Geduldsfaden, und er ließ die Burg 1397 zerstören. Ein bequemer Weg führt von der Bundesstraße 2 in fünf Minuten zu den nicht gerade üppigen Relikten der alten Wehranlage.

Leienfels

Ein Dorf abseits der bekannten Wege, umschlossen von Wald: Ende der Asphaltstraße. Nicht nur wegen der Burgruine lohnt sich ein Ausflug. Eine kleine Kapelle und eine Hand voll Bauernhöfe – das ist alles. Der kleine Bergort ist bis heute noch ziemlich ursprünglich geblieben und ideal als Ausgangsort für Wanderungen (siehe auch Obertrubach).

Die eindrucksvolle Ruine liegt auf einem hohen Felsvorsprung oberhalb des Teichtales am Ende des Dorfes. Es sind noch einzelne Mauern und Turmansätze zu sehen. Durch die Reste eines Tores betritt man die kleine Anlage. Die Leienfelser Ruine zählt zu den schönsten Aussichtspunkten der Fränkischen Schweiz. Vom 590 m hohen Burgberg reicht der Blick bei optimalem Wetter mehr als 30 km weit. Ein Tisch mit einer beschrifteten Metallplatte erklärt die waldreiche Umgebung. Die heutige Beschaulichkeit der Ruine täuscht. Früher war die Burg Leienfels, erstmals 1222 beurkundet, ein Falschmünzernest. Götz von Egloffstein war nämlich in Geldnöten und prägte die Münzen der Einfachheit halber selbst. Der Nürnberger Burggraf Friedrich sorgte jedoch bald für Ruhe und Ordnung. Auch in den nachfolgenden Jahren gab es immer wieder politische Scherereien. So wurde die Burg Leienfels 1397 unter Eberhard I. von Egloffstein von den Soldaten des Städtebundes belagert, erobert und zerstört. 1525 war das Stichjahr für die nächste Zerstörung im Bauernkrieg. Von den geknechteten Bauern der Pottensteiner Gegend neu errichtet, fand bereits im Mai 1553 die nächste kriegerische Auseinandersetzung statt. Markgraf Albrecht Alkibiades brandschatzte die Burg. Im Jahre 1643 besichtigte eine Forchheimer Kommission die Burg. Doch aus der geplanten Wiederinstandsetzung wurde wegen Geldnot nichts.

• *Essen* **Gasthof/Pension Zur Burgruine**, im Vorgärtchen zockelt die Modelleisenbahn zwischen Dolomitstein und Zierpflanzen. Das moderne, große Haus im ländlichen Stil der Familie Zitzmann ist beliebt vor allem bei Wanderern. Ruhig gelegen. Spielplatz, Biergarten unter einem großen Lindenbaum. Fränkisches Essen zu vernünftigen Preisen, besonders empfehlenswert Schäufele mit Klößen. Im Winter Rodelbahn direkt vorm Haus. Mo Ruhetag. Brotzeiten dürfen mitgebracht werden. Es wird Weißenoher Klosterbräu ausgeschenkt. DZ ab 56 €, HP-Zuschlag 8 Euro. Leienfels 2, 91278 Pottenstein, ✆ 09244/366, 📠 09244/1645, www.zur-burgruine.de.

Stierberg

Stierberg mit seinen knapp hundert Einwohnern wurde erst in den letzten Jahren von Ausflüglern entdeckt. Man sieht noch Backöfen, alte Scheunen und ein hübsch restauriertes Haus mit der Dorfglocke.

Ziemlich versteckt – am südöstlichen Dorfende – liegt die **Ruine Stierberg**. Aus dem hohen Buchenwald des 596 Meter hohen Burgberges ragen die wenigen Mauern hervor. Der Aufstieg vom Ortszentrum zur Ruine dauert rund fünf Minuten. Von dem wieder freigelegten Gemäuer hat man einen schönen Ausblick auf die waldreiche Hügellandschaft.

Die Geschichte der Burg reicht bis ins späte 12. Jh. zurück, als die Herren von Stör sie erbauen ließen. Wie andere Burgen in der Nachbarschaft auch fiel Stierberg durch einen Erlass Karls IV. an Böhmen (1355). Danach war die Burg kurz im Besitz des Landgrafen von Leuchtenberg und ging dann an den Nürnberger Patrizier Haller und schließlich an Herzog Ludwig von Bayern. Viel ist von der ehemaligen Burg nicht mehr zu sehen: ein Turmrest, ein offener Torbogen und Reste der Umfassungsmauer, das ist alles, was nach dem Wüten von Albrecht Alcibiades im zweiten Markgrafenkrieg (1541 – 1553) übrig blieb.

Landgasthof Fischer, ein sympathisches Haus mit schönem Blick auf den Stierberger Burgberg. Innen großzügig, rustikal eingerichtet (Holzdecke). Hübsch gelegene Terrasse (mit Abendsonne). Durchgehend warme fränkische Küche (Hausschlachtung). Eine Spezialität ist die Dosen-Wurst, die bei den vielen Stammgästen geschätzt wird. Ebenso Honig aus eigener Imkerei. Die Fam. Fischer verkauft auch Wanderkarten. Montag Ruhetag, von Mai bis Okt. ab 18 Uhr geöffnet. Hier kehren Kletterer gerne ein. Einfache DZ mit Dusche 64 €, oder die „Touristenklasse": Bettenlager (mit Dusche und Frühstück) für 18 € pro Person. Stierberg 25, ✆ 09244/384, 09244/920090, www.gasthof-pension-fischer.de.

„Drehorgel" im Unterstand

Ein Unterstand an der Dorfstraße zum Burgberg beherbergt ein kurioses Museum ohne Öffnungszeiten, ohne Eintrittsgebühr, ja sogar ohne Türe. Bis in die letzte Ecke ist der Schuppen gefüllt mit Kuriositäten, manches mit handgeschriebenen Schildchen versehen: Eine rund 140 Jahre alte metallene Handdreschmaschine (Drehorgel genannt), ein drei Jahrzehnte alter BMW, ein Schaukelpferd, Ofenkacheln von 1620, alte Bibeln, Ochsengeschirr, Inflationsgeld aus der Zeit der Weimarer Republik, eine Kartoffelschälmaschine für Einarmige ... Der seltsame Unterstand mit seinen Absurditäten und Antiquitäten ist das Open-Air-Museum des Bauern Gerhard Göldner (geboren 1929), der den benachbarten Hof (Haus Nr. 3) mit seiner Frau bewirtschaftet. Für den passionierten Hobbysammler sind die ungewöhnlichen und unverkäuflichen Exponate kein Kleinkram, sondern ein Stück persönlicher Erinnerung. Durch seine Beteiligung an der 800-Jahr-Feier von Betzenstein kam dem in den Nachkriegsjahren auf einem Flüchtlingswagen nach Stierberg gekommenen Bauern 1987 die Idee zu seiner Sammlung. Wenn er Zeit hat, erzählt der Senior die interessanten, witzigen, aber bisweilen auch tragischen Geschichten seiner verschiedenen Exponate. Zum Beispiel, was es mit den Knochen in der Schubkarre und dem Loch im Totenschädel auf sich hat. Gebeine, die man an der Friedhofsmauer entdeckt hat.

Rund um Betzenstein
Karte S. 145

Wanderung um den Langen Berg

Als eine der schönsten Kurzwanderungen gilt der Rundweg um den Langen Berg, eine abwechslungsreiche Felskulisse mit dem „Juraelefanten" westlich von Stierberg. Vom Ortszentrum (Wegkennzeichnung *grüner Punkt*) läuft man auf der wenig befahrenen Straße in Richtung B 2 und biegt dann bereits im Wald nach links in einen Wanderweg ab. Am Fuß des Langen Berges kann man an einer Weggabelung den romantischen Rundweg (Wegkennzeichnung *roter Fuchs*) beginnen. Gehzeit eineinhalb Stunden.

Hiltpoltstein

Auf steilem Fels überragt das imposante Schloss die Wohnhäuser und Scheunen rings um das Massiv. Am fingerartigen Dolomit angebaut steht die evangelische Matthäuskirche mit der schön geschwungenen Kirchturmkuppel.

Umgeben von sanfter Hügellandschaft hat sich Hiltpoltstein viel von seiner bäuerlichen Atmosphäre erhalten können. Die Marktgemeinde, heute in Verwaltungsgemeinschaft mit Gräfenberg, ist ein gern besuchtes Ausflugsziel. Aus dem mittelalterlichen Ortsbild stammt noch das restaurierte Hiltpoltsteiner Tor (1417) mit Fachwerkfassade, das heute ein kleines Heimatmuseum beherbergt. Für Motorsportfreunde lohnt sich ein Abstecher nach Möchs (4 km). Dort sind in einem privaten Oldtimermuseum – dem einzigen der Fränkischen Schweiz – Motorräder aus längst vergessenen Zeiten ausgestellt.

Hiltpoltstein ist 900 Jahre alt. Bereits 1109 wurde es unter dem Namen „Hildepoldesdorf" in einer Urkunde erwähnt. Eine wechselhafte Geschichte erlebte auch das Schloss, das einst den Herren von Wildenstein gehörte. Während einer Fehde zwischen der Stadt Nürnberg und dem Markgrafen Friedrich von Brandenburg brannte es 1449 nieder. Im Dreißigjährigen Krieg wurde das inzwischen wiederaufgebaute Schloss wiederholt geplündert. Zum Schutz bauten die Nürnberger zwei Tore. Das obere Tor steht noch, ist aber in schlechtem Zustand. 1806 kam Hiltpoltstein an Bayern und wurde gleich gedemütigt – aus der Stadt Hiltpoltstein wurde ein Markt.

• *Information* Gemeindeverwaltung Hiltpoltstein, Schulstraße 1, 91355 Hiltpoltstein, ✆ 09192/1778, Di 8.30–11.30 Uhr, Do 16–8 Uhr. Tourist-Info siehe VG Gräfenberg.

• *Essen/Übernachten* **Gasthof-Pension Aures**, bei der Hiltpoltsteiner Schule (Richtung Schossaritz). Modernes, sehr ruhig gelegenes Haus am Dorfrand. Von der großen Terrasse hat man einen schönen Blick auf Schloss und Matthäuskirche. Preiswerte Brotzeiten und fränkische Küche, freundliche Bedienung. Es wird Kitzmann-Bräu aus Erlangen ausgeschenkt. Auch fränkische Obstbrände. Ganzjährig geöffnet (Aug. und Feb. Betriebsurlaub), Di/Do Ruhetag. DZ (mit Dusche/WC) 50 €, EZ 25 €). Schulstraße 11, ✆ 09192/7176.

Im Ortsteil **Görbitz** (2 km von Hiltpoltstein) vermietet Alfred Schaffer eine 65 qm große Ferienwohnung für 2–5 Personen (30–38 €/2–5 Pers.). Auf seinem Bauernhof kann man übrigens auch Wurst und Holzofenbrot aus eigener Herstellung kaufen. Di gibt es ab 11 Uhr Kesselfleisch frisch aus dem Kessel. Kindern wird einiges geboten (Sandkasten, Tischtennis, Schaukel, Spielwiese und Tiere). Görbitz 1, ✆ 09192/8595, www.schafferhof.de.

Sehenswertes

Burg: Für den Marktflecken wirkt die schmucklose dreiflügelige Burg auf dem wuchtigen Felsklotz geradezu überdimensional. Die mehr als 800 Jahre alte Anlage, die im

Markgrafenkrieg im 16. Jh. restlos zerstört und später vielfach umgebaut wurde, war nur über einen vorgelagerten Treppenturm zu erreichen. Lange war das Anwesen in Privatbesitz und deshalb nicht öffentlich zugänglich. Aber gerade im Jubiläumsjahr von Hiltpoltstein 2009 hat eine Gruppe von Heimatfreunden die Initiative ergriffen. Sie möchte im Zusammenwirken von Marktgemeinde und möglichen Kaufinteressenten das Schloss für die Öffentlichkeit wieder zugänglich machen.

Die riesigen Summen, die der Erhalt der Burg kostet, sind nicht nur heute ein Problem. Ein ehemaliger Besitzer im frühen 19. Jh. räumte deshalb alles aus, was zu verkaufen war. Ein einfacher Schuster wohnte anschließend in der Burg, hatte jedoch nie das Geld (es waren 100 Gulden), um das heruntergekommene Gebäude zu kaufen. Als es dann 1841 auf Abriss verschleudert werden sollte, erhob sich die Stimme eines Journalisten in „Teutschlands Correspondenten", der gegen den Plan wetterte. Mit Erfolg, denn König Ludwig I. von Bayern veranlasste den bayerischen Staat, die Burg zu kaufen und zu restaurieren.

Matthäuskirche: Schon wegen ihrer pittoresken Lage fällt die evangelische Barockkirche auf. Sie wurde direkt an das Dolomitfelsmassiv gebaut, auf dem die Burg steht. Die Pfarrkirche entwickelte sich aus einer mittelalterlichen Kapelle. Das Kircheninnere birgt wenige Attraktionen. Originell sind die sattelähnlichen Sitze auf den Emporen. Beachtenswert ist auch der *Flügelaltar* mit Motiven aus der Passionsgeschichte (um 1420). Die drei Bilder zeigen Geißelung, Dornenkrönung und Kreuzigung. Kurios: Auf allen drei Darstellungen ist Pilatus zu sehen. Ursprünglich stand der Altar in der Nürnberger Dominikanerkirche. Als das Dorf 1624 an die Reichsstadt fiel, wurde das Kunstwerk in die Matthäuskirche gebracht.

Rund um Betzenstein
Karte S. 145

Möchs: Die ganze Welt des Motorrads

In dem gerade 80 Einwohner großen Ortsteil Möchs haben Manfred und Peter Brünner ihre große Sammlerleidenschaft der Öffentlichkeit zugänglich gemacht. Vater und Sohn haben den geräumigen Dachboden und Keller zum Motorrad-Museum umfunktioniert. Im Erdgeschoss befindet sich die Werkstatt. Bis auf den letzten Quadratmeter füllen rund 140 Zweiräder die Etagen. Ältestes Modell ist eine NSU 501 TS mit beachtlichen 500 ccm und elf Pferdestärken aus dem Jahre 1928. Zu sehen sind auch Motorräder aus fränkischer Produktion wie Victoria und Triumph. Zu den Schmuckstücken der Sammlung zählen eine betagte BMW mit Beiwagen aus den Fünfziger-Jahren und ein Zündapp-Beiwagen der Wehrmacht von 1943. Die beiden „Motorrad-Aficionados" restaurieren die Exponate in mühevoller und monatelanger Kleinarbeit.

Das Museum am Dorfrand (Haus Nr. 27, ✆ 09245/1231) ist täglich ab 10 Uhr geöffnet. Eintritt 4 €. Der Weg ist ausgeschildert. Die freundlichen Zweirad-Fans bieten ihren Gästen Tisch und Stuhl zum Verweilen. Da kann man in aller Ruhe seine mitgebrachte Brotzeit auspacken und über vergangene Motorradzeiten sinnieren.

Rundwanderung um Hiltpoltstein (Markierung roter Ring)

Die landschaftlich reizvolle Wanderung rund um die Marktgemeinde beginnt am östlichen Ortsrand (Richtung Bayreuth), wo der markierte Weg die Bundesstraße 2 kreuzt. Man biegt rechts ab und läuft in weitem Bogen um das Dorf (schöner Blick auf die Burg). Zwischen Hiltpoltstein und Kappel überquert man ein weiteres Mal die B 2. Über Felder führt der Weg zur asphaltierten Verbindungsstraße nach Schossaritz. Kurz danach geht es in den Wald zum 586 m hohen Badersberg (teilweise schöner Ausblick) und über das Naturdenkmal Stumpfelestein zurück zum Dorf.

Gräfenberg

Das schmucke mittelalterliche Städtchen liegt auf 450 Metern Höhe inmitten einer bewaldeten Hügellandschaft und ist vom Tourismus noch recht unberührt. Die herrliche Obstbaumblüte im Frühjahr und die bunten Wälder im Herbst allerdings ziehen viele Besucher an. Die Nürnberger sind früher gerne mit der Gräfenbergbahn „in die Bläi" (Blüte) gefahren.

Von der Stadtbefestigung, die ab 1520 ganz Gräfenberg mit wehrhaften Mauern und Türmen umgab, stehen nur noch einzelne Abschnitte. Der Stadtgraben mit hoher, restaurierter Mauer bietet sich heute als schöner Spazierweg an. Drei Stadttore sind gut erhalten. Mittelalterliches Flair verbreitet auch der *Marktplatz* mit seinen stattlichen Bürgerhäusern, dem Rathaus mit dem „Nürnberger Erker" und „Lüftelmalerei" sowie dem sogenannten Wolfsberger Schloss samt dem davor plätschernden Ritter-Wirnt-Brunnen. Die Innenstadt wurde in den 1980er-Jahren umgestaltet und verkehrsberuhigt, allerdings ist der Marktplatz Parkplatz geblieben. Vor dem Rathaus hat man die ehemalige Viehtränke wieder aufgestellt.

Zum 1924 errichteten *Kriegerdenkmal* am Michelsberg führen 239 breite Stufen; für den Aufstieg wird man mit einem prächtigen Blick auf den Ort und das Kalkachtal entlohnt. Ein Denkmal anderer Art befindet sich hinter dem Hiltpoltsteiner Tor: das Naturdenkmal der *Kunigundenlinde*. Der Überlieferung zufolge soll der ehrwürdige Baum von der Kaiserin persönlich gepflanzt worden sein. Er wäre dann 1000 Jahre alt.

Geschichte

Seit der ersten urkundlichen Erwähnung 1172 war Gräfenberg bis zum 14. Jh. im Besitz der *Ritter von Grevenberc*, die sich auch noch die Hinterlassenschaft der Freien von Wolfsberg aneigneten und sich deshalb auch *Wolfsberger* nannten. Unter *Konrad v. Gräfenberg* erlangte der Ort 1333 das Marktrecht, unter dessen Schwiegersohn *Bertold Haller* 1371 das Stadtrecht. Danach folgte eine Katastrophe auf die andere: 1437, 1462 und 1474 wütete die Pest, 1567 wurde die Stadt durch einen Großbrand komplett zerstört, im Dreißigjährigen Krieg 1631 von den Kroaten geplündert, 1632 vom Wallenstein-General *Gallas* erneut niedergebrannt und 1634 von den Schweden noch der Kirchenglocken beraubt. 1778 zerstörte nach heftigen Gewitterregen eine Flut Teile der westlichen Vorstadt und die an der Kalkach gelegenen Mühlen. Doch damit nicht genug: Während der Koalitionskriege in den Jahren 1796, 1800/01 und 1804/05 war das Städtchen erneut ins Kriegsgeschehen verstrickt.

1806 wurde Gräfenberg, das seit Mitte des 16. Jh. zum Hoheitsgebiet der Freien Reichsstadt Nürnberg gehörte, zusammen mit Nürnberg dem Königreich Bayern eingegliedert. Im österreichisch-preußischen Krieg von 1866 stieg der preußische Großherzog von Mecklenburg auf seinem Vormarsch nach Nürnberg in Gräfenberg ab und führte dort Vorverhandlungen zum Waffenstillstand. Einen wirtschaftlichen

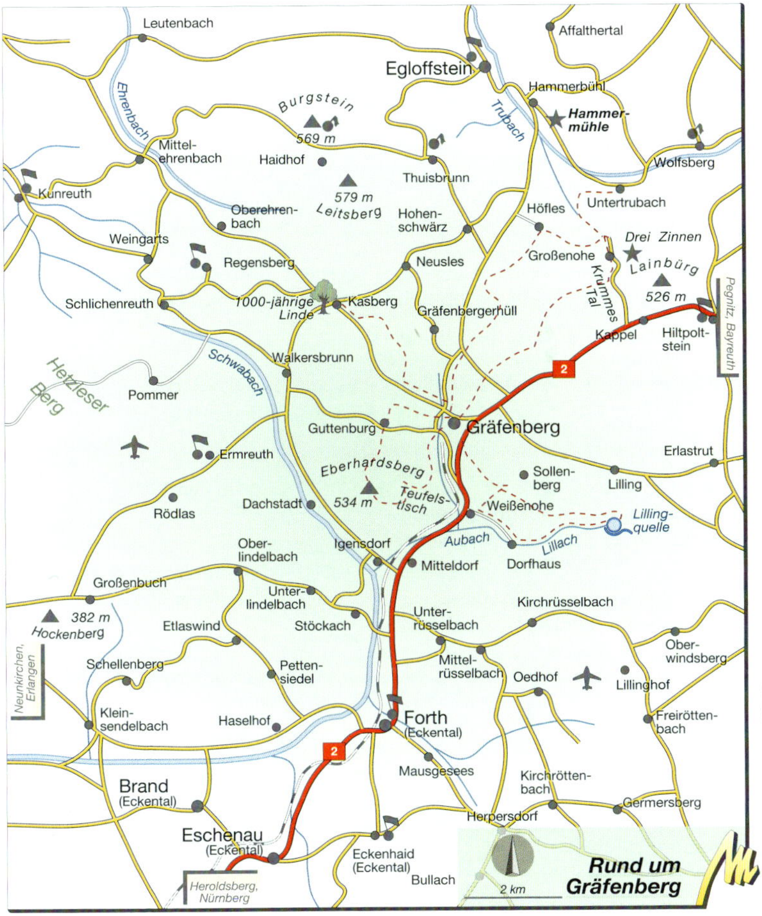

Aufschwung erfuhr die Stadt durch den Bau der (längst stillgelegten) Bahnlinie Erlangen–Gräfenberg (1886). Von Nürnberg-Nord aus verkehrt seit 1908 die Gräfenbergbahn, die inzwischen sogar S-Bahn-ähnlich vertaktet wurde.

Information/Verbindungen/Freizeit

- *Vorwahl* 09192
- *Information* Bürgerbüro der Stadtverwaltung Gräfenberg mit Tourismus-Info, Kirchplatz 8, Mo–Fr 8–12 Uhr, Mo–Mi 14–16 Uhr, Do 14–18 Uhr. ✆ 7090, ✆ 70975, www.graefenberg.de. Zimmernachweis, Wandertipps und Broschüren der Altstadtführer können angefordert werden.
- *Verbindungen* Gräfenberg ist von Nürnberg per Bahn zu erreichen, ideal für Naturfreunde und Wanderer. 26 Züge verkehren täglich, in Nürnberg hat man direkten Anschluss an das U-Bahn-Netz.
- *Freizeit/Sport* **Tennis**: am Sportheim. **Skilanglauf**: im Winter gespurte Loipen ab Sportheim und um den Buchwald (Hochflä-

che). **Baden**: von Mitte Mai bis Mitte Sept. ist das Freibad an der Egloffsteiner Str. täglich geöffnet, ✆ 997663. Ab Sept. ist das Hallenbad an 2 Tagen die Woche ab 17 Uhr geöffnet (auch Wellnessangebote), Pestalozzistr. 2, ✆ 928995. Zu **Stadtführungen** und BierVerFührungen mit Bierprobe laden die Altstadtfreunde ein (Otto Müller, ✆ 338). **Segelfliegen** in Gleisenhof, Rundflüge am Wochenende, ✆ 0171/5858500.

Essen/Übernachten

Brauereigasthof Lindenbräu (Brehmer), Gaststube mit großem Kachelofen; im Sommer werden auch im Hof Biertische und Bänke aufgestellt. Eigene Hausbrauerei, Bier vom Fass oder in traditionellen Schnappverschlussflaschen. Auch Leichtbier. Wenn der Chef guter Laune ist, zeigt er nebenan Interessierten die Brauerei und allerlei museale Gegenstände. Mittags warme Küche, sonst Brotzeitteller etc. Seit Neuestem wird ein naturtrübes Hefeweizen gebraut. Von den selbstgebrannten Schnäpsen unbedingt den Bierschnaps probieren. Am Bach 3, ✆ 348, 📠 997837, Fr Ruhetag, So bis 16 Uhr zu.

Friedmann's Bräustüberl, die gemütlichste Wirtsstube im Ort, niedrige, alte Spunddecke, an den Wänden Hirschgeweihe. Beste fränkische Küche mit einer großen Auswahl an Gerichten, Bier aus der eigenen Brauerei. Bayreuther Str. 14, ✆ 997435, Mo/Di Ruhetag.

La Grotta, Restaurant gegenüber vom Friedmann's. Bei schönem Wetter kann man auf der Terrasse direkt an der Straße Pizza essen oder seinen Eisbecher löffeln. Bayreuther Str. 7, ✆ 8747, Mo Ruhetag.

Café am Marktplatz, neu eröffnet, lädt zum gemütlichen Verweilen in der „guten Stube" der Stadt ein. Mo–Sa 6–18 Uhr, So 7.30–10.30 und 13–17 Uhr. Am Marktplatz 14, ✆ 259.

Ristorante Pizzeria Peluso, rechts neben dem alten Rathaus. Man kann schön im Innenhof sitzen. Di Ruhetag. Marktplatz 1, ✆ 6186.

Stadtcafé (Pilsstube), Anlaufpunkt des jüngeren Publikums, direkt am Marktplatz, ab 19 Uhr geöffnet. Die 200 Jahre alte Stube mit ihrem alten Gebälk ziert ein moderner Kachelofen im Renaissancestil. Die Eingangstüre erinnert an einstige Schreckenszeiten. Noch heute sieht man die Einschussstelle eines Franzosen aus dem Koalitionskrieg, der damit den damaligen Inhaber, Bäckermeister Kunzmann, tödlich traf. Di Ruhetag. ✆ 1625.

Zum Bergschlösschen, im Sommer Biergarten der Brauerei Friedmann, geöffnet Fr–So. Am Michelsberg (unterm Denkmal), ✆ 0176/60804112.

Umgebung

Familie Hofmann, „Urlaub auf dem Bauernhof". Direkt am Waldrand, Liegewiese und Terrasse. 2 Ferienwohnungen, die aber auch als DZ für ca. 30 € vermietet werden. Höfles 6, ✆ 09192/7786.

• *Lilling (Richtung Osten)* **Hof Pingold**, ruhige Lage, hübsche Appartements, eigene Metzgerei und Brennerei (Probierstube), Verkauf von landwirtschaftlichen Produkten (z. B. Marmelade, Holundersirup), Tee, Hopfenkränze und -trüffel. Mo ab 13 Uhr geschl. Kneippurlaub, Sauna. App./FeWo ab 35 €/2 Pers. Lilling 4, ✆ 09192/7494, 📠 09192/6936, www.pingold.de.

• *Weißenohe (an der B 2 südwärts)* FeWo Schwalbennest, 3 helle, indiv. einger. Zi. für bis zu 5 Pers., Kü/Du/WC in einem ehemaligen Klostergebäude. Auch einzelne Zi. möglich. 36 €/2 Pers. Weitere FeWo in Gräfenberg. ✆ 09192/993366, 0179/3259272, www-ferienwohnung-graefenberg.de.

Sehenswertes

Von den einstmals vier **Stadttoren** sind das Hiltpoltsteiner Tor (bei der Pfarrkirche), das Egloffsteiner Tor (neben Rathaus) und das Nürnberger Tor erhalten. Das vierte Tor fiel 1831 trotz heftiger Bürgerproteste Straßenbauarbeiten zum Opfer: Auf der ganzen Strecke der alten Straßenverbindung zwischen Nürnberg und Bayreuth waren die Gräfenberger Tore die engsten, die die Fuhrwerke passieren mussten. Da die Fuhrwerke häufig stecken blieben, verlangte die Bauinspektion eine Beseitigung der Engstelle.

Scheunenviertel (vor dem Egloffsteiner und Hiltpoltsteiner Tor): Außerhalb der Stadtmauern befand sich die Vorstadt mit den Scheunen, in deren unterirdischen Kellern das gute Gräfenberger Bier gekühlt und gelagert wurde. Vor jeder Scheune wurde eine Linde gepflanzt – viele dieser altehrwürdigen schattenspendenden Bäume mussten dem Straßenbau weichen.

Evangelische Pfarrkirche: Der schlichte Bau der Dreieinigkeitskirche stammt aus dem 13. Jh. Der älteste Teil (Turm und Untergeschoss) entstand wohl schon im 12. Jh. Im gotischen Chor (1462) sind Fenster mit den Wappen von Nürnberger Patriziergeschlechtern zu sehen. Auch die Epitaphien der Nürnberger Pfleger (Verwalter), die in Gräfenberg residierten, sind noch gut erhalten. Altar, Emporen, Orgel, Kanzel und Taufstein wurden im Barock gestaltet. Im Turm war bis ins 20. Jh. die Wohnung der Türmerfamilie untergebracht.

Gut erhaltene Stadttore um den alten Kern

Neben der Kirche befindet sich das ehemalige **Schloss** (14. Jh.), das im Mittelalter zusammen mit der Kirche Teil einer Feste war. Ab 1539 war es Sitz der jeweiligen Nürnberger Repräsentanten der Reichsstadt Nürnberg; heute befindet sich darin die Stadtverwaltung. Im Bereich von Kirche und Schloss findet alljährlich am 3. Advent die **„Gräfenberger Vorweihnacht“** statt, der älteste Weihnachtsmarkt der Fränkischen Schweiz. Niemand Geringeres als das „Nürnberger Christkind“ kommt dort zu Besuch.

Rathaus: Das alte Rathaus (1539 erbaut) stand einst in der Mitte des Marktplatzes und wurde 1870/71 wegen Baufälligkeit abgerissen. Als Ersatz kauften die Stadtväter 1870 das Erkerhaus.

An der Südseite des Marktplatzes steht das sog. **Wolfsberger Schloss**, eines der ältesten Häuser der Stadt. Die Fassadenbemalung gedenkt des berühmtesten Sohns der Stadt und zeigt eine Szene aus dem Heldenepos „Wigalois, der Ritter mit dem Rade“. Die mittelhochdeutsche Dichtung in 11.708 Versen verfasste *Ritter Wirnt von Gräfenberg* zu Beginn des 13. Jh. Das Wigalois-Epos aus dem Kreis der Artussagen wurde im 13./14. Jh. an den Fürstenhöfen und Ritterburgen sehr geschätzt:

> Wigalois benennt sich aus Heimatverbundenheit nach dem goldenen Glücksrad seiner Burg, bevor er auf die Suche nach seinem verschollenen Vater in die Welt hinauszieht. Bald schon landet er am Hof von König Artus und wird nach einer Bewährungsprobe zum Ritter geschlagen. Im Namen der Gerechtigkeit bekämpft der junge Held Riesen und Zentauren, böse Ritter und Feuer speiende Drachen. Höhepunkt seiner Heldentaten ist die Befreiung eines Königreiches von einem Tyrannen, der sich auf den Thron schwang, nachdem er den rechtmäßigen König verzaubert und dessen Gemahlin samt Tochter in die Flucht geschlagen hatte. Bei den Trauungs- und Krönungsfeierlichkeiten von Wigalois und der schönen Königstochter sind natürlich auch der wiedergefundene Vater und König Artus mit seinen Rittern anwesend.

Wandern

Eine sehr reizvolle Tageswanderung (Markierung *gelber Ring*) führt von Gräfenberg nördlich nach Großenohe (siehe dort, S.158) mit den *Drei Zinnen*, dann durch das Tal des Großenoher Baches zur Spießmühle und weiter nach Höfles, von wo es durch den Buchwald nach Gräfenberg zurück geht. Einkehrmöglichkeit den *Drei Zinnen* in Großenohe (s. S. 158).

Zum Teufelstisch (Markierung blauer Balken)

Wegzeit ca. 2 Std. Man folgt ein Stück der Guttenburger Straße bergauf (Wegweiser „Katholische Kirche") und biegt dann nach links in den Teufelstischweg ein. Danach geht es durch eine schöne kleine Schlucht zur Anhöhe. Am Flurweg wendet man sich spitz nach links (Markierung sehr versteckt) hinein in den Wald. Das letzte Stückchen wird ein wenig steiler, vorbei an Felsbrocken, bis man zu dem pilzähnlichen Gebilde oder Riesentisch gelangt, von dem eine Sage handelt (siehe Kasten unten).

Man folgt dem Waldweg und der Markierung weiter auf den Grat, bis man außerhalb des Waldes auf einen breiten Flurweg stößt. Nach rechts gelangt man auf der Hochfläche nach Guttenburg. Durch den Ort hindurch (Markierung *blauer Balken*) erreicht man ein schmuckes kleines Schlösschen, dort rechts zurück nach Gräfenberg.

Der Teufel bittet zu Tisch

Ritter Kuno, Schloßherr zu Gräfenberg, hatte sich bei einem wüsten Gelage unter dem Gejohle seiner Zechkumpanen beim Teufel zu Tisch angeboten, gleichviel wo, nur nicht in seiner eigenen Behausung. Geraume Zeit danach – Ritter Kuno hatte den Scherz längst vergessen – erschien bei ihm ein Bote und überbrachte dem nun doch Erschrockenen die Einladung des Satans zu einem Schmaus um Mitternacht auf dem nahen Eberhardsberg. Wohl oder übel musste der Schlossherr, wollte er nicht als Feigling gelten, dem Rufe folgen. An Ort und Stelle angekommen, sah er den Höllenfürsten gerade den Tisch aus herumliegenden Felstrümmern zurechtmachen. Kaum fertig, war die Platte mit Speisen und Getränken aller Art beladen, und mit einer Handbewegung lud der Gastgeber den Ritter zum Mahle, das stehend und stillschweigend eingenommen wurde. Am Schlusse desselben schlug Kuno, einer plötzlichen Eingebung folgend, das Kreuz zum Dankgebet. Damit hatte er sich das Leben gerettet, denn Luzifer stieß einen fürchterlichen Fluch aus und verschwand, Schwefeldämpfe hinterlassend, in den Lüften.

aus: Sagen der Fränkischen Schweiz, Gößweinstein 1921

Gräfenberg–Kasberg–Guttenburg (Markierung blaues Kreuz)

Wegzeit 3 Std. Man folgt dem blauen Kreuz die Kasberger Straße hinauf, biegt nach den letzten Häusern rechts in die Kirschgärten ein und hält sich dann am Waldrand (schlechte Markierung). Der Flurweg geht durch Getreidefelder über die Hochebene Richtung Kasberg. Um nicht an der Hauptstraße entlanglaufen zu müssen, hält man sich rechts, sobald Kasberg in Sicht kommt – längst schon angezeigt durch ein einzeln stehendes, 129 Meter hohes Windrad. Der Ort ist eigentlich nur wegen seiner 1000-jährigen Linde bekannt, die am Ortseingang an der Hauptstraße steht. Der Stamm ist nur noch ein Gerippe; leicht übersieht man sie wegen der nun auch schon stattlichen Schwester nebenan.

Schon 1360 war die Linde Treffpunkt der Landrichter von Auerbach/Oberpfalz und Sulzbach zur Abhaltung eines Gerichtstages. Den Hohlraum in der Linde benutzten die Soldaten im Franzosenkrieg (1796–1806) als Biwak und machten darin auch Feuer. Später diente der Baum der Jugend als Treffpunkt zum Tanz. Eine Tafel mit geschichtlichen Angaben ist angebracht..

Zurück folgt man einem breiten Flurweg (Beginn auf der anderen Straßenseite) am Rande der Hochebene (sehr schöne Aussicht auf den Berg Hetzlas), der rechts vor der Guttenburg in eine Teerstraße mündet. Hält man sich links, gelangt man über die Kirschgärten wieder zurück nach Gräfenberg.

Das ehemalige Benediktinerkloster Weißenohe

Tal der Lillach mit Karstquelle und Kalksinterstufen

(Markierung blauer Punkt)

Eine der schönsten Kurzwanderungen der Fränkischen Schweiz! Wanderzeit ca. 3 Std. Der Weg biegt von der B 2 links auf die Anhöhe ab (Ortseingang vor der Tankstelle). Er führt zuerst am Hang entlang (schöner Ausblick auf Weißenohe und das Tal Richtung Nürnberg), danach auf die Anhöhe. Man gelangt in die Ortschaft Sollenberg, geht auf der Hauptstraße ein paar Meter bergab, um dann sofort wieder links in den Flurweg auf die Anhöhe einzubiegen. Der Weg verläuft dann durch Laubwälder und ein kleines verwildertes Tal, bis man zum Lillingbrunnen gelangt, einer bereits in Bachbreite aus dem Kalkfelsen hervorspringenden Karstquelle. Bänke und Tische laden an diesem lauschigen Platz zur Rast ein.

Zurück schlägt man den Waldweg nördlich des Baches ein. Nach etwa einem Kilometer steigt man links am Geländer zum Bach hinunter; fantastische Kalksinterstufen! Dann sehr reizvoll immer am Bach entlang nach Dorfhaus, Einkehrmöglichkeit im *Gasthaus zum Lillingtal*. Weiter im Lillingtal nach **Weißenohe**. Im Ort ein ehemaliges Benediktinerkloster mit sehenswerter Barockkirche.

Im Innenhof des Klosters sollte man unbedingt das gute Bier der **Klosterbrauerei Weißenohe** im gleichnamigen Wirtshaus probieren. Die Familie Winkler setzt seit 1827 die Brautradition fort und bietet in der gemütlichen Wirtsstube acht Biersorten an, davon vier vom Fass und eine (das „Classic Export“ in der Bügelflasche) aus biologisch angebauten Rohstoffen. Möglich ist auch (außer für größere Gruppen) eine Bierprobe: 0,1 Liter von jedem Fassbier. Zu essen gibt es fränkische Spezialitäten (z. B. Schweinebraten mit Dunkelbiersoße), mit Klößen so groß wie Kanonenkugeln, und am Wochenende eine große Auswahl an Wild und Gerichten der Saison. Nebenzimmer für Feiern. (Gleich nebenan ist ein zu der Brauerei gehörender Getränkehandel mit dem bezeichnenden Namen „Bierhimmel“.) Geöffnet ist das Wirtshaus April–Okt Mi–So ab 11 Uhr (Mo/Di Ruhetag), im Winter Do und Fr ab 17 Uhr, Sa und So ab 11 Uhr (Mo–Mi Ruhetag). Klostertraße 20, 91367 Weißenohe, ✆ 09192/6357, www.wirtshaus-klosterbrauerei-weissenohe.de. So gestärkt, geht es von Weißenohe oberhalb der B 2 zurück nach Gräfenberg.

Grüner Pfad Lilling (grüne Markierung)

Ein landwirtschaftlich-naturkundlicher Lehrpfad führt in die Feldflur rund um das noch sehr bäuerlich geprägte Juradorf Lilling auf der Hochfläche. Ideal zum Informieren und Wandern ist die Zeit von Mai bis August, eine Tafel im Ortszentrum von Lilling informiert.

Fernwanderwege, die Gräfenberg tangieren, gibt es zwei: Den Frankenweg, der von Egloffstein-Thuisbrunn kommt und über Weißenohe ins Schnaittachtal weiterführt, sowie den Jakobsweg von Hof nach Nürnberg, der sich an der B 2 orientiert und bei Kalchreuth in den Jakobusweg von Bamberg nach Nürnberg mündet.

Großenohe

Abseits der bekannten Strecken liegt der Weiler Großenohe. Eine schmale Asphaltstraße schlängelt sich durch das romantische Krummestal nach Großenohe und endet hier. Das Dörflein selbst ist eine Überraschung. Ein wahres Kleinod der Fränkischen Schweiz, abseits vom Touristenrummel! Ein kleiner Bach fließt durch das Dorf. Die Häuser, darunter einige schöne Fachwerkgebäude, liegen verstreut im engen Tal. An den Hängen wuchert der Wacholder, Pferde grasen auf Koppeln, Gänse streunen durch die Hauptstraße. Aus Taubenhäusern gurrt es. Zum Wahrzeichen des Ortes, den Drei Zinnen mit ihrem Klettergarten, führt ein nicht besonders gut ausgeschilderter Weg.

• *Essen* **Zu den drei Zinnen**, am Ortsbeginn liegt das Haus der Fam. Hopfengärtner mit großer Terrasse mitten im Grünen. Preiswerte fränk. Küche, Schweinebraten 6,50 €, beliebt das Bergsteigeressen: Sülze mit Röstkartoffeln. Gute Tagesgerichte. Ausgeschenkt wird das Bier der Brauerei Friedmann (Gräfenberg). Beliebtes Ziel zu Mittag und an Wochenenden. Großenohe 21, 91355 Hiltpoltstein, ✆ 09192/8332. Mi Ruhetag.

Wanderung nach Wolfsberg

Ein schöner Hohlweg als Verlängerung der Dorfstraße führt vorbei an der romantischen Spießmühle zum Trubachtal (*grüner Balken*). Nach 1 km steht auf der linken Seite ein Gehöft am Hang (Haselstauden), hier halten Sie sich rechts und folgen ab jetzt dem *blauen Balken*. Nach einem weiteren Kilometer erreicht man Untertrubach mit seiner gotischen Kirche. Der Weg führt am Talhang weiter nach Wolfsberg (Einkehrmöglichkeit). Gehzeit 1 Stunde.

Hohenschwärz

Auf Landkarten mit größeren Maßstäben ist das Dorf nicht einmal eingezeichnet. Dabei ist der kleine, unverfälschte Ort heute längst ein Begriff: Er steht für das Bier der Brauerei Hofmann. Seit 1898 ist die Brauerei im Besitz der Familie. An dem dunklen, untergärigen Bier („Hofmannstropfen") kann man sich nicht nur in Hohenschwärz erfreuen, denn es wird auch andernorts in Flaschen oder im Fass (ab 10 Liter) verkauft. Die in den 1960er Jahren erbaute Gastwirtschaft (Terrasse mit Obstwiesen) zeigt sich in rustikal heller Innenausstattung. Was unter Kennern jedoch allein zählt, ist die Qualität des Gerstensafts. Ob im Sommer oder Winter, die Brauereigaststätte erfreut sich großer Beliebtheit, auch als Anlaufstation des „Fünf-Seidla-Steiges". Auf der Speisekarte stehen typisch fränkische Gerichte (gute Bratwürste). Sehr preiswert. Es werden auch eigene Obstbrände wie Zwetschge und Mirabelle serviert.

Brauerei/Gasthof Hofmann, Hohenschwärz 16, 91322 Gräfenberg, ✆ 09192/251. Geöffnet 9.30–22.30 Uhr, Montag erst ab 15 Uhr, warme Küche bis 20 Uhr, Dienstag Ruhetag.

Haidhof

Das Dorf zwischen Thuisbrunn und Mittelehrenbach besteht nur aus wenigen Häusern. Eineinhalb Kilometer nordwestlich vom Dorf liegt der bewaldete, 569 m hohe Schlossberg mit dem über die Baumkronen hinausragenden Dolomitfelsen Burgstein. Einst war er Standort eines mittelalterlichen Burgstalls. Doch davon ist heute kaum noch etwas zu sehen. Folgen Sie dem mit einem grünen Kreis gekennzeichneten Weg, der von Haidhof zum Schlossberg hinaufführt. Auf dem Bergrücken weist ein Schild rechts ab zur Anlage. Ein schmaler, verschlungener Pfad führt zur schroffen Bergnase. Nach wenigen Metern trifft man auf einen Opferstein. Der Weg endet, nachdem man eine kleine Holzbrücke überquert hat, an der steil abfallenden Felsspitze, die mit einer metallenen Fahne versehen wurde. Wunderschöner Blick auf Haidhof. Ideal als Rastplatz. Gehzeit eine halbe Stunde.

• *Essen/Übernachten* **Schloßberg**, das 3-Sterne-Hotel, 1983 entstanden, ist eine bekannte Adresse. Im gemütlichen Gastraum mit Kachelofen kommt Regionaltypisches auf den Teller. Viele Gäste schätzen insbesondere die Fischgerichte. Es wird nicht nur das gute Hohenschwärzer Bier ausgeschenkt, auch fränkische Weine und lokale Obstbrände sind im Angebot. Torten und Wurstspezialitäten aus eigener Herstellung. Nette Atmosphäre. Auch Busse mit Ausflüglern sind hier willkommen. Kleiner Kiosk vorhanden. Ein Bierkeller kann für Privatveranstaltungen gemietet werden. Zahlreiche Freizeitmöglichkeiten wie Tischgolf, Pit-Pat, Freilandschach. Rustikale Zimmer im altbayerischen Stil. DZ 71 €, Zuschlag für Halbpension 13 €. Auch Ferienappartements vorhanden (ab 37 € pro Tag und Person). Haidhof 5, ✆ 09197/62840, 📠 09197/628462, www.hotel-schlossberg.com.

Ermreuth

Das stille Dorf an der Ostseite des Hetzleser Bergs am Saarbach kann auf eine große jüdische Vergangenheit zurückblicken. Davon zeugen heute noch eindrucksvoll die Synagoge im Ortszentrum, die seit 1994 als Museum und Kulturraum dient, und der außerhalb gelegene jüdische Friedhof.

Vermutlich kamen die ersten Juden bereits 1499 auf der Flucht vor den Nürnberger Pogromen nach Ermreuth. Der früheste Nachweis in Form schriftlich fixierter Abgabeleistung stammt aus dem Jahr 1554. Damals nahmen Gutsherren Juden auf, weil sie sich von ihnen wirtschaftliche Vorteile erhofften. Die ersten jüdischen Einrichtungen entstanden erst im beginnenden 18. Jh. 1738 wurde die erste Synagoge errichtet. Der jüdische Friedhof am Fußweg nach Pommer ist seit 1711 nachgewiesen. 1780 wurde eine Herberge für durchziehende „Betteljuden" gebaut. Das einschneidendste Ereignis war das sogenannte Toleranzedikt von 1813, das „nützliche" von „nichtnützlichen" Juden unterschied und die Normzahl in Ermreuth auf genau 37 Familien festlegte, auf 40 Prozent der Dorfbevölkerung. Ab Mitte des 19. Jh. begannen die Ermreuther Juden, ihr Glück außerhalb der Heimat zu suchen. Bis 1916 bestand dennoch eine jüdische Schule (heute das Anwesen Ermreuther Hauptstraße 30), und bis 1933 gab es sogar jüdische Gemeinderäte. Über Jahrzehnte hinweg herrschte im Dorf ein nachbarschaftliches Verhältnis zwischen Juden und Christen, das erst mit der Machtübernahme durch die Nationalsozialisten ein abruptes Ende fand. In der „Reichskristallnacht" am 9./10. November 1938 wurden Wohnungen jüdischer Bürger geplündert, Juden misshandelt und Grabsteine auf dem Friedhof geschändet. Aus Angst, ein Feuer könnte auf die benachbarten „arischen" Gebäude übergreifen, blieb die Synagoge ver7schont (nur der Innenraum wurde zerstört). Die jüdische Gemeinde in Ermreuth wurde völlig ausgelöscht. 1939 schafften die Nazis die letzten 15 Juden in die Konzentrationslager, wo sie ermordet wurden. Lediglich vier Gemeindemitglieder konnten durch eine rechtzeitige Emigration ihr Leben retten.

Die Synagoge von Ermreuth – für Besucher steht die Tür offen

In den 1970er und 80er Jahren zog der Ort zeitweise das Interesse der bundesdeutschen Öffentlichkeit auf sich, weil der Neofaschist Karl-Heinz Hoffmann das Ermreuther Schloss zum Hauptquartier seiner paramilitärischen „Wehr-

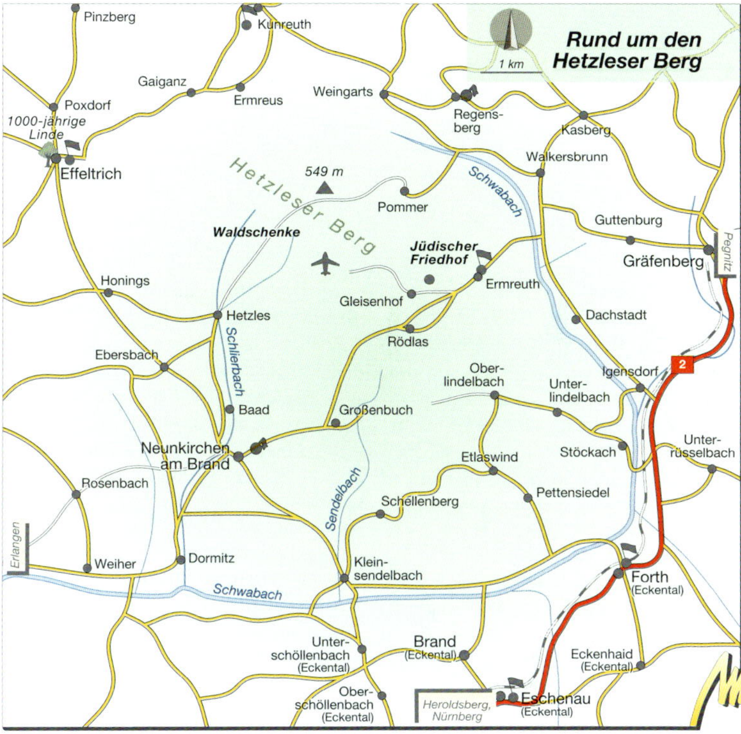

Rund um den Hetzleser Berg
Karte S. 161

sportgruppe" machte. Die rechtsradikale Truppe wurde schließlich aufgelöst, und Hoffmann kam für einige Jahre ins Gefängnis. Im Sommer 1989 wurde der „deutsche Patriot", wie sich Hoffmann damals gern nannte, wieder entlassen. Seitdem lebt er erneut – verheiratet mit seiner langjährigen Lebensgefährtin Franziska Birkmann – im Schloss Ermreuth.

• *Essen* **Zum Weißen Lamm**, an der Hauptstraße liegt das einfache Wirtshaus. An Sonntagen wird groß aufgetischt. Einheimische schwören auf Pfeffersteak und Hirschbraten.Andere auf Karpfen und Spanferkel aus dem Ofen. Dazu gibt es Wolfshöher Bier. Warme Küche von Do–So, Di erst ab 15 Uhr geöffnet, Mi Ruhetag. Hauptstr. 50, ✆ 09192/8150, 998188. www.gasthaus-ederer.de

Synagoge: Seit 1994 dient der schlichte ockerfarbene Sandsteinquaderbau als eindrucksvolles Museum, in dem das jüdische Leben auf dem Land am Beispiel Ermreuths dokumentiert wird. Im Innenraum wurden der Thoraschrein, die Bima und die Empore detailannähernd rekonstruiert. Denn die Nazis hatten die Inneneinrichtung während der Pogromnacht am 9. November 1938 zerstört. Die meisten Fundstücke, die dem Besucher in Vitrinen präsentiert werden, stammen aus der Genisa, einem Versteck auf dem Dachboden der Synagoge. Das Prachtstück der Sammlung ist ein aufwändig verzierter Ehevertrag (Ketubba) von 1676/77: Die Braut sollte im Fall einer Scheidung oder nach dem Tod des Ehemannes ein Dokument besitzen, das ihre Rechtsansprüche sichert. Außerdem sind zahlreiche Relikte des täglichen Lebens wie Schul- und Gebetbücher (Siddurim), Bibeln, Gebetsriemen oder Stoffbeutel zur Aufbewahrung der Gebetsriemen sowie der Tallits (Gebetsmäntelchen) ausgestellt.

Die erste Synagoge wurde 1738 in Ermreuth gebaut. Das heutige Gebäude stammt aus dem Jahr 1822. Nach dem 2. Weltkrieg diente die Synagoge lange Zeit als Lagerhaus. Sogar über die Einrichtung eines Schießstandes war zeitweise öffentlich nachgedacht worden. 1989 aber begann die Sanierung, 1994 war Wiedereinweihung. Heute finden im Museum zahlreiche Veranstaltungen statt, insbesondere Konzerte.

• *Öffnungszeiten/Eintritt* Geöffnet ist immer am 1. Sonntag im Monat, April–Okt. 14–18 Uhr, Nov.–März 14–17 Uhr. Eintritt Erw. 2 €, Kinder 1 €. Führungen für Erwachsene und Schulklassen nach Terminvereinbarung jederzeit möglich. (Erwachsenengruppe 30 €, Schulklasse 15 €). Wagnergasse 8, ✆ 09134/70541 oder 09134/9278, www.neunkirchen-am-Brand.de.

Jüdischer Friedhof: Oberhalb von Ermreuth (an einem Steilhang des zum *Haidholz* gehörenden Hügelkammes) liegt der Friedhof der einstigen jüdischen Gemeinde von Ermreuth, dessen eindrucksvolle Stimmung bereits der Nürnberger Schriftsteller Fitzgerald Kusz in poetische Worte gefasst hat. Der über 250 Jahre alte Friedhof besitzt noch mehr als 200 Grabsteine. Manche Grabinschriften, die meisten in hebräischer Schrift, haben die Verwitterung überstanden. Bereits 1711 erwarb die Gemeinde das Grundstück am Hang des Hetzleser Berges und erweiterte den Friedhof 1797 und 1864. Die ältesten Grabsteine stammen aus dem Jahr 1719, der jüngste aus dem Jahr 1932. Der an einem unfruchtbaren Nordhang oberhalb von Kirschgärten am Waldrand gelegene Friedhof ist an drei Seiten von einem Drahtzaun und an einer Seite von einer Steinmauer umgeben, die ein Tor und eine Pforte besitzt. Der Friedhof ist abgesperrt und wird erst nach einer Voranmeldung bei der Neunkirchener Gemeindeverwaltung geöffnet. Führungen werden für Gruppen angeboten. Besucher sind angehalten, eine Kopfbedeckung zu tragen.

• *Wegbeschreibung* Von der Hauptstraße biegt man in die Herrnbergstraße ab, Richtung Sportplatz, dann geradeaus weiter. In der Sommerleite geht es beim Haus Nr. 46 rechts (Sackgassenschild) in einen Feldweg ab. In einem weiten Bogen nähert sich die Straße (vorbei an Obstgärten und durch ein kurzes Waldstück) direkt dem Friedhof, der auf den meisten Wanderkarten nicht verzeichnet ist und auf den auch im Ort kein Schild hinweist. Die letzten 300 Meter führen steil bergauf. Das Friedhofsgelände am Waldrand ist zuletzt kaum als solches zu erkennen.

Neunkirchen am Brand

Neunkirchen am Brand liegt am äußerst südlichen Rand der Fränkischen Schweiz. Die zweitgrößte Gemeinde im Landkreis Forchheim besitzt einen sehenswerten mittelalterlichen Ortskern. Viele Besucher kommen wegen des Künstlers Felix Müller (1904–1997), der mit seinen vielfältigen Werken – Skulpturen, Reliefs, Türen und Firmenschilder – das Ortsbild entscheidend mitgeprägt hat. Bilder und Plastiken des symbolischen Expressionisten sind zudem in einem nach ihm benannten Kunstmuseum zu sehen.

Ansehnliche Fachwerkhäuser, drei gut erhaltene Torhäuser und Teile der Stadtmauer lassen in Neunkirchen noch etwas vom Glanz vergangener Jahrhunderte spüren. Schließlich blickt die zentral gelegene Pfarrkirche mit gotischem Kapitelbau, eine ehemalige Klosteranlage der Augustiner-Chorherren, auf eine 900-jährige

Geschichte zurück. Gleich nebenan steht das im Barockstil gehaltene Rathaus mit dem Marktwappen aus dem Jahre 1444. Und nur ein paar Meter weiter trifft man auf die Zehntscheune. Das eindrucksvolle Gebäude beherbergt im Dachgeschoss das sehenswerte Felix-Müller-Museum.

Geschichte

Neunkirchen wurde im 11. Jh. vom Bamberger Erzbistum gegründet. Die führende Rolle für die umliegenden Ortschaften, die die Marktgemeinde noch heute innehat, gründet letzten Endes auf der Errichtung eines Augustiner-Chorherrenstiftes im Jahr 1314. 1804 konnte Neunkirchen seine Bedeutung für das Umland nochmals steigern. Ein Landgericht und ein Rentamt wurden eingerichtet. 1886 schließlich bekam die Stadt einen Eisenbahnanschluss. In den Nachkriegsjahren entstanden erstmals Wohnkomplexe außerhalb der Wehrmauern. Auch zahlreiche mittelständische Betriebe ließen sich am Ortsrand nieder. Die Firma Tutogen medical, die Transplantate für die Versorgung von Patienten herstellt, genießt internationalen Ruf. Keine Epoche hingegen hat Neunkirchen so verändert wie die letzten 30 Jahre. Durch die boomende High-Tech-Stadt Erlangen war der Bedarf an erschwinglichem Bauland in dieser Nachbarkommune groß. Heute umringt ein breites Band von Einfamilienhäusern den historischen Ortskern. Mit über 7500 Einwohnern, davon 5500 im Hauptort selbst, galt Neunkirchen lange als „Schlafstädtchen“ Erlangens. Aber 800 Jahre nach der Markterhebung (1210) zeigt sich Neunkirchen selbstbewusst, was vor allem beim Bürger- und Heimatfest (am dritten Wochenende im Juli) zum Ausdruck kommt.

Stolz ist man auch auf die Tradition der Karfreitagsprozession, deren älteste Da-

Eindrucksvoll: Karfreitagsprozession in Neunkirchen

tierung aus dem Jahr 1750 stammt und die neben Lohr am Main die bedeutendste in Bayern ist. In den religiösen Kontext passt auch gut, dass Neunkirchen in das neu ausgeschilderte Teilstück des Fränkischen Jakobsweges von Kronach nach Nürnberg aufgenommen worden ist. Das Haus Jakobus in der v.-Hirschberg-Straße 10 (Tel. 09134/7284) bietet sogar Übernachtungsplätze an.

• *Information* Marktgemeindeverwaltung Klosterhof 2–4, 91077 Neunkirchen am Brand, Mo 8.15–12 und 13–16.30 Uhr, Di geschl., Mi 8.15–12 Uhr, Do 8.15–12 und 14–18 Uhr, Fr 8.15–12 Uhr. ✆ 09134/70513, 📠 70583; www.neunkirchen-am-brand.de.

• *Essen* **Gastwirtschaft Zur Seku**, das Gasthaus am Erlanger Tor erinnert an die alten

Eisenbahnzeiten Neunkirchens. Hier kann man preisgünstig essen. Prima Hausmacher Brotzeiten, freundliche Wirtsleute. Schlicht und neurustikal eingerichtet. Es wird Vasold-Schmitt-Bier ausgeschenkt. Biergarten unter schattigen Bäumen (leider recht laut). Mo Ruhetag. Bahnhofstraße 2, ✆ 09134/5915.

Polsters Klosterhof, ein Restaurant gleich beim alten Rathaus, das früher sogar mit einem Stern bedacht war, ist von der Familie Norbert Polster wiedererweckt worden. Stilvoll eingerichtet, mit schönem Wintergarten und Biergarten (mit Springbrunnen), wird fränkische und internationale Küche geboten. Geöffnet Di–So 11.30–14 und 17.30–21 Uhr. Tel. 09134/7073016, Fax 09134/707 4017, norbertpolster@web.de, www.polsters-klosterhof.de.

Zur Post, im restaurierten Gebäude an der Straßenengstelle Richtung Gräfenberg befindet sich das Gasthaus mit ambitionierter fränkischer Küche und Kontakten zu intern. Kellereien. Im Sommer sitzt man schön im Biergarten hinter der Katharinenkapelle. Geöffnet Di–So 12–14 und 17.30–24 Uhr, Sa 17.30–24 Uhr, Mo Ruhetag. Schöne DZ ab 85 €, EZ ab 55 € (inkl. Frühstücksbuffet). Gräfenberger Str. 2, ✆ 09134/995807, 📠 09134/906 753, www.gasthof-post-neunkirchen.de.

Restaurant Aurora, das sympathische Ristorante von Di Nato Aurora ist in einem renovierten historischen Haus am Erlanger Tor zu Hause. Große Auswahl an Pizzen (ab 5,50 € gr. Margherita) und Pasta. Kleiner Garten unter einem Lindenbaum. Erlanger Str. 9, Mo–So ab 17 Uhr, So auch mittags. ✆ 09134/906626.

Kugler-Wirt Großenbuch, ein beliebtes Gasthaus in langer Familientradition in dem Ortsteil, in dessen Kirche Felix Müller den Kreuzweg geschaffen hat. Auf dem Friedhof liegt der Künstler auch begraben. Der junge Wirt Peter Kugler bietet saisonale gastronomische Themen-Tage. Mi–So 11–23 Uhr. Tel. 09134/997866, Fax 997867, www.kugler-wirt.de.

• *Einkaufen* **Ökolandbau Schmitt** im Ortsteil Baad bietet Bioland-Produkte an: Gemüse und Obst, Brot, Fleisch und Wurst, das volle Naturkostprogramm. Mo–Do 18–19 Uhr, Fr 14–19 Uhr, Sa 9–13 Uhr. ✆ 09134/7979. **Der Neunkirchner Bauernmarkt** findet jeden ersten und dritten Freitag im Monat von 14 bis18 Uhr am Zehntspeicher statt.

Sehenswertes

Pfarrkirche St. Michael: Die vielfach umgebaute und aufwendig restaurierte Pfarrkirche zwischen Rathaus und (ehemaliger) Katharinenkapelle war einst ein Augustiner-Chorherrenstift, das im Jahr 1314 vom Kanonikus und Pfarrer Leupold von Hirschberg gegründet wurde. In der zweiten Hälfte des 14. Jh. erfolgten wichtige Um- und Anbauten. Das Kloster bestand mehr als zweihundert Jahre lang (1314–1555) und kam durch Schenkungen, Stiftungen und Ankäufe zu großem Besitz. Die eigenen Liegenschaften wie Mühle, Bäckerei, Kelterei, Metzgerei und Brauerei machten das Kloster autark. Der letzte Propst ließ um Neunkirchen sogar Weinberge anlegen. Auch nach der Auflösung des Augustiner-Chorherrenstiftes wurde die Anlage immer wieder umgebaut. Ende des 17. Jh. wurde das Kirchenschiff erhöht und ein sechstes Turmgeschoss gebaut. 1751 erneuerte man die Kirchendecke des mittleren barockisierten Sakralbaus. 1809 brannte schließlich der alte Turmhelm aufgrund eines Blitzschlages ab und wurde durch den heutigen ersetzt.

Im Zuge der 1995 abgeschlossenen Sanierung wurde an der Südseite der Michaelskirche eine viel diskutierte moderne Nachbildung des Kreuzgangflügels geschaffen. Darüber hinaus gelang es den Architekten mit großem Erfolg, nicht nur die Kirche mit ihrem eindrucksvollen Turm zu sanieren, sondern das gesamte Ensemble im Herzen Neunkirchens neu zu beleben.

Der Neubau des ehemaligen Kreuzgangbereichs – eine moderne Konstruktion aus Glas und Stahl – wird heute wieder als Versammlungsort genutzt. Im Zentrum steht ein steinerner Obelisk von Felix Müller, der an die Opfer der beiden Weltkriege erinnert. Über das Obergeschoss des modernen Anbaus sind auch Kirchenempore, die *Schatzkammer* (Marienaltärchen mit der Krönung Mariens aus dem

Jahre 1610) über der Sakristei und das gotische *Scriptorium* erreichbar. Lohnenswert ist der Besuch der *Augustinuskapelle* im Kapitelbau mit zahlreichen Wandmalereien aus dem frühen 15. Jh.

Wenn man die schmucke Kirche heute durch das Seitenportal betritt, fällt ein großer Christophorus (um 1520) an der Südwand im Hauptschiff auf, der noch einen Eindruck von der einstigen Farbenpracht in mittelalterlichen Kirchen vermittelt. Besonders wertvoll sind die gotischen Steinfiguren auf den Arkadenpfeilern, die zwischen 1350 und 1360 entstanden sind. Beachtenswert an der rechten Ostwand der Kapelle der älteste Grabstein der Kirche für den 1360 gestorbenen Hermann I. Strobel von Atzelsberg.

Am Kirchenplatz, dessen Neugestaltung ebenfalls im Jahre 1995 abgeschlossen werden konnte, steht neben der profanierten *Katharinenkapelle* (heute Kulturraum) von 1427 mit einer von Felix Müller gestalteten bronzenen Eingangstür auch die *ehemalige Propstei* (Mühlweg 1).

Krippe in der Katharinenkapelle von Neunkirchen

Krippenweg

Alljährlich zwischen Weihnachten und Hl. Dreikönig wird die alte Tradition gepflegt. Rund 20 Krippen in fränkischer und orientalischer Ausführung bilden die Stationen des Neunkirchener Krippenweges (Neunkirchen, Großenbuch und Hetzles). Die meisten befinden sich in der Katharinenkapelle, aber auch in Privatwohnungen werden Krippen gerne gezeigt. Die schönste und älteste ist die 30 Figuren umfassende Barockkrippe in der *Pfarrkirche St. Michael*. Bei der Gemeindeverwaltung wird zum Krippenweg ein Faltblatt mit Adressen herausgegeben. Ein Besuch des Weihnachtsmarktes lohnt sich vor allem am 3. Advent, da an diesem Tag in der Katharinenkapelle rund 25 interessante Krippen aus aller Welt gezeigt werden.

Karte S. 161

Felix-Müller-Museum: Das im Jahr 2000 eröffnete Felix-Müller-Museum im Obergeschoss des Zehntspeichers – ursprünglich Teil des Augustiner-Chorherrenstiftes St. Michael – dokumentiert das Leben und Werk des außergewöhnlichen Künstlers. Es zeigt die ganze Spannweite seines Schaffens von seinen Anfängen als Expressionist bis hin zu den späten religiös motivierten Gemälden, die sich mit Tod und Wiedergeburt auseinander setzen. Der in Augsburg geborene Maler und Bildschnitzer Felix Müller, der fast ein halbes Jahrhundert in Neunkirchen lebte, hinterließ rund 100 Skulpturen, Reliefs, Gemälde, Aquarelle, Zeichnungen und etwa 4000 Grafiken. In der sehenswerten Sammlung, die erst Dank einer Stiftung durch seine Frau Gertrud Müller möglich wurde, sind insgesamt rund 50 seiner Werke ausgestellt, darunter Landschaftsbilder der Fränkischen Schweiz, die durch ihre leuchtenden Farben und kraftvollen Konturen faszinieren. Das ausgestellte Bronzerelief „Nocturno oder die Liebenden" von 1950 dokumentiert das innige Verhältnis zu seiner Frau Gertrud. Viele seiner Skulpturen haben „Mutter und Kind" zum Thema, wie zum Beispiel die großartige Pietá von 1940.

Öffnungszeiten/Eintritt Erwachsene 2 €, Schüler/Stud. 1,50 €, geöffnet Do und So 15–17 Uhr, jeden Fr auch ab 20 Uhr oder nach Absprache mit der Marktgemeinde, ✆ 70542.

Christuskirche: Ein Kunstwerk, das nicht aus der Werkstatt Müllers stammt, findet sich in der evangelischen Kirche Neunkirchens. In der Apsis des im Jahr 2000 eingeweihten Gotteshauses hängt das beeindruckende Gemälde des Nürnberger Künstlers *Oskar Koller*, der vor allem mit seinen Aquarellen berühmt wurde. Das 9 mal 5 Meter große, abstrakte Altarbild mit dem Titel *Licht* – es ist das größte Bild, das Koller je gemalt hat – passt sich nicht nur hervorragend in die moderne Architektur ein, sondern bildet vielmehr das Zentrum der neuen Kirche.

Wehrbefestigung: Um die Jahrhundertwende begann man, die Steine der mittelalterlichen Wehrmauern für den Hausbau zu verwenden. Deshalb sind heute nur noch Bruchstücke der einstigen Befestigung zu sehen. Der Wehrgraben ist längst zugeschüttet. Was erhalten blieb, ist gut in das Ortsbild integriert. Der Brandbachgarten lädt zur Erholung ein. Dort befindet sich auch das Schafhaus mit gelbem Fachwerk, das älteste Haus des Marktes. Wer ins Zentrum gelangen will, passiert noch immer die eindrucksvollen Tore. Von den ehemals fünf Toren sind drei erhalten geblieben.

Erlanger Tor: Das höchste Tor am Ortsausgang Richtung Erlangen, das eigentlich aus zwei Toren besteht. Mit seiner Höhe von 18 m wirkt es wesentlich schlanker als die anderen. Ursprünglich wurde es bereits in der zweiten Hälfte des 15. Jh. im Zuge des Klostermauerbaus errichtet. Sein barockes Mansardendach erhielt es bei einer Renovierung Mitte des 18. Jh. Das Turmstübchen des Erlanger Tors bewohnte einst der Kuhhirte des Klosters, später war es Gefängniszelle und bis in die 1930er Jahre Sozialwohnung.

Erleinhofer Tor: Das Torhaus stammt aus dem Jahr 1502 und war früher von einer 1,4 m breiten Mauer flankiert. Bis Mitte des 19. Jh. hielten zwei hölzerne Tore auf der Vorder- und Rückseite ungebetene Besucher ab. Ortsausgang Richtung Rosenbach.

Forchheimer Tor: Seit 1810 ist das massive Tor in Privatbesitz. Im ersten Obergeschoss wohnte einst der Gemeindeschmied und Torwächter. Das Tor mit seinen ovalen Fenstern, seinem überdachten Aufgang und den beiden Wappen an der Sandsteinfassade wurde wahrscheinlich Ende des 16. Jh. gebaut. Ortsausgang Richtung Forchheim.

Neunkirchen – ein Gesamtkunstwerk Felix Müllers

Als sich Felix Müller 1948 in Neunkirchen am Brand niederließ, hat niemand geahnt, dass er das Aussehen der Marktgemeinde so entscheidend mitprägen würde. Der in Franken aufgewachsene Maler und Bildhauer – Sohn eines Bahnarbeiters – war zeitlebens kein elitärer Künstler. Bereits mit 13 Jahren beendete er die schulische Laufbahn und besuchte die Handwerkerfachschule in Fürth. Dort wurde er zum Rahmenschnitzer ausgebildet. Im Museum sind noch einige von Müller geschnitzte Originalrahmen zu sehen. Doch bereits 1930 musste die Schule aus wirtschaftlichen Gründen schließen. Nach seiner Lehre reiste er nach Italien und Frankreich und besuchte immer wieder Berlin und Dresden. Während der Nazi-Diktatur wurde das Werk des Avantgardisten als „entartete Kunst“ diffamiert. Frankens berüchtigter Nazi-Führer Julius Streicher ließ bereits 1934 bei einer Ausstellung im Nürnberger Marientorturm zwei Plastiken Müllers entfernen, die seitdem verschollen sind. Als er 1940 zum Kriegsdienst eingezogen wurde, empfand er das fast als Erleichterung, denn auf diese Weise konnte er sich der „hetzenden Meute“ der Nazis entziehen.

Der Lebensbaum am alten Rathaus

Seine Frau Gertrud Weißkopf, Buchhalterin und Prokuristin bei der Neunkirchener Brauerei Vasold und Schmitt, verschaffte ihm eine kleine Baracke an einem Weiher, die der Brauerei gehörte. Hier entstanden viele seiner Werke. In Neunkirchen hatte er es nach dem Krieg nicht gerade einfach. Müller erklärte selbst: „Ganz, ganz langsam ging es vorwärts. Es war eine Liebe, die ich mir schwer erkämpfen musste“. Doch die Beziehung wurde schließlich tief und dauerhaft. 1984 wurde Felix Müller mit der Ehrenbürgerwürde der Marktgemeinde und mit einem nach ihm benannten Weg geehrt. 1997 starb der in der Fränkischen Schweiz so populäre Künstler, der auch mehr als zwei Jahrzehnte der Nürnberger Künstlervereinigung „Der Kreis“ angehörte. 1998 wurde die Gertrud-Müller-Stiftung gegründet, die sich um seinen Nachlass kümmert.

Felix Müllers Werk ist heute aus Neunkirchen nicht mehr wegzudenken. Sein symbolischer Expressionismus prägt die Kommune. Eines seiner schönsten und größten Werke ist der Lebensbaum an der Ostseite des 1710 entstandenen alten Rathauses. Daneben entstanden unzählige Aquarelle, Ölbilder und Holzschnitte. Das kaum zu überblickende Werk Felix Müllers konzentriert sich vornehmlich auf Neunkirchen. Bei einem Spaziergang wird man die Exponate schnell entdecken – Neunkirchen als Gesamtkunstwerk. Müller wurde auf dem Friedhof von Großenbuch (2 km von Neunkirchen) beigesetzt.

Hetzles besitzt noch viele alte Fachwerkhäuser

Hetzles

Am Fuß des Hetzleser Bergs, eines Ausläufers der Fränkischen Schweiz, liegt das 1100 Einwohner große Fachwerkdorf. Umgeben von Obstgärten mit unzähligen Apfel-, Kirsch-, Zwetschgen- und Mirabellenbäumen blieb Hetzles bis heute ein Ort, dessen Bild vorwiegend von alten historischen Fachwerkhäusern geprägt wird.

Vielfach wurden die teilweise über 200 Jahre alten Bauernhäuser hübsch renoviert. So konnte Hetzles trotz mancher Neubauten seinen Charakter als fränkisches Bauerndorf weitgehend erhalten. Die neogotische Kirche lohnt einen Besuch wegen der von Friedrich Theiler geschaffenen Figuren an der Nordwand (1800–1806) und der schönen Holzdecke. Beachtenswert ist auch das Taubenhaus, eines der schönsten noch erhaltenen in der Fränkischen Schweiz: bemalt und geschnitzt, Türmchen und Häuschen – ein kleines Kunstwerk aus Holz (gegenüber vom Gasthaus Schwarzer Adler).

• *Information* VG Dormitz, Sebader Straße 12. Mo–Fr 8–12 Uhr, Di 15–17, Do 16–18 Uhr, Mi geschlossen. ✆ 09134/99690, ✆ 9527, www.hetzles.de.

• *Essen* **Gasthaus Schwarzer Adler („Mendelwirt")**, die traditionsreiche Bauernwirtschaft hat noch viel Atmosphäre. In dem aus dem 18. Jh. stammenden Fachwerkhaus im Ortszentrum gibt es preisgünstiges, deftiges Essen (Schäufele, Ente und Wild). Täglich Mittagstisch. Gemütlicher Gastraum mit Holzdecke. Schöner Biergarten unter einem Lindenbaum. Am dritten Wochenende im August geht es dort hoch her, wenn nach alter Tradition Kerwa gefeiert wird. Hauptstr. 12, ✆ 09134/5131. Di Ruhetag.

Michlwirt/Gasthaus Beck, ebenfalls deftige fränkische Küche. Besonders Schäufele und Rehbraten sind zu empfehlen. Auch eigene Wurstwaren zum Mitnehmen. Preiswerte Obstbrände. Es wird „Weismainer" Bier ausgeschenkt. Hintere Dorfstr. 14, ✆ 5920. Mi Ruhetag.

Waldschänke am Streitbaum, am Rand der Hochebene des Hetzleser Bergs liegt inmitten eines Waldstücks die idyllische Waldschänke. Die Gastwirtschaft ist ein beliebtes Ausflugsziel, jedoch selten überlaufen. Im Sommer kann man im schönen muldenförmigen Biergarten sitzen. Am Rande des Gartens steht die alte Kiefer, der Streitbaum, nach dem das Lokal benannt ist. Für Regentage gibt es eine überdachte Terrasse. Es gibt Vasold-und-Schmitt-Bier, Bamberger Schlenkerla und diverse Weizen. Werner Weber öffnet seine Waldschänke nur sonntags, ansonsten Grilltage und Feiern auf Anfrage. Eine Straße mit schöner Aussicht führt durch Obstgärten auf den Hetzleser Berg, ✆ 09134/1327 oder 1245, www.waldschaenke-weber.de.

• *Einkaufstipp* Exzellentes fränkisches Holzofenbrot verkauft die **Bäckerei Mehl**, Hintere Dorfstr. 16, ✆ 09134/5157. Seit 1772 versorgt der Familienbetrieb das Dorf und die Umgebung mit dem täglichen Brot. Tägl. ab 6 Uhr, Mo ab 14 Uhr geschlossen.

Wandern: Der Hetzleser Berg bietet vielfältige Wandermöglichkeiten. Die Hänge sind meist mit Obstbäumen und Mischwäldern bestanden. Vom Ortsende führt eine asphaltierte Straße den Berghang hinauf zum Streitbaum. In einer Mulde liegt die gleichnamige Waldschänke. Der Weg ist mit einem *blauen Kreuz* gekennzeichnet. Auf dem Hochplateau rechts abbiegen (*roter Balken*). Der Weg führt am Waldrand entlang zum Segelflugplatz, dort rechts bergab. Auf einem gut befestigten Weg geht es durch die schöne Obstbaumlandschaft hinunter zum Dorf. Gehzeit ca. eineinhalb Stunden.

Effeltrich

Der ständig wachsende Ort mit derzeit rund 2700 Einwohnern ist weniger durch seine landschaftlichen Reize bekannt geworden als vielmehr durch die vielen lebendig gebliebenen fränkischen Bräuche. Die Popularität Effeltrichs beruht auch auf der außergewöhnlichen Wehrkirche und der 1000-jährigen Linde im Ortszentrum. Das Dorf am Rande der Fränkischen Schweiz ist daher am Wochenende ein beliebtes Ausflugsziel der Region.

Einer der berühmtesten Bräuche ist das Effeltricher **„Fosaleggen"**, ein uraltes Ritual der Wintervertreibung. Am Faschingssonntag dröhnt lautes Peitschenknallen durch die Straßen des Ortes, dazwischen tönt kräftig die Blasmusik, und weiß gekleidete Männer mit buntem Kopfschmuck schlendern an den vielen Zuschauern vorüber. Der Lärm – so sagt die Überlieferung – soll die Wachstumsgötter auf den Feldern wecken. Außerdem treiben die Dorfburschen den Winter, verkörpert durch die *Struhbään* (die Strohbären), vor sich her. Anschließend geht es zum Nachbarort Baiersdorf. Dort gibt es Volkstänze, und zu guter Letzt werden die Strohbären auf dem Rathausplatz verbrannt. Einst war das Ende noch martialischer: Man ertränkte den Winter Jahr für Jahr in der Regnitz.

Auch der jährliche **Georgi-Ritt** am Ostermontag mit mehr als 200 geschmückten Pferden und Kutschengespannen zieht viele Besucher an. Früher nahmen an dem vom Dorfpfarrer hoch zu Ross angeführten Zug ausschließlich Bauern mit ihren Ackergäulen teil. Doch mittlerweile dominieren edle Reitpferde und Kutschengespanne. Den Großteil des Zuges stellen nämlich die Reitvereine aus den benachbarten Dörfern. Die Pferdewallfahrt, die 1930 vom damaligen Effeltricher Pfarrer Georg Jung wiederbelebt wurde, geht auf eine Legende zurück. Dieser Legende nach soll Georg, von den Rittern als Heiliger verehrt, einen gefährlichen Drachen getötet haben. Während des Ritts um die tausendjährige Linde wird die Holzplastik des hl. Georg aus dem 15. Jh., die sonst in einer Nische der Kirchmauer steht, mitgeführt. Übrigens zählt Georg noch heute zu den beliebtesten Vornamen des Dorfes.

Die Effeltricher Dorflinde

Mit einem Laubkronenumfang von 60 m und einer Stammstärke von 1,7 m ist die Effeltricher Linde einzigartig in der Region. Der 1000-jährige Baum war einst Rats-, Gerichts- und Tanzplatz und steht im Zentrum des Dorfes. Mittlerweile leidet die Linde jedoch an Altersschwäche. Bereits 1905 fertigte ein Poxdorfer Zimmermann ein Eichengerüst an, um die Äste abzustützen. 1913 wurden die hohlen Äste dann mit Ziegelsteinchen ausgefüllt und mit Zement zugemauert. Und 1978 musste sie erneut für die damals hohe Summe von 23.000 DM von einem Baumchirurgen behandelt werden. Dennoch stehen jedes Frühjahr noch 90 % aller Äste in voller Blüte! Wie Jahrhunderte zuvor kann man sich auf den Bänken unter der schattigen Baumkrone an heißen Nachmittagsstunden eine Ruhepause gönnen.

Ursprünglich war das Umreiten der Wehrkirche und der Dorflinde kein Osterbrauch. Es fand früher am 23. April, am Tag des Namenspatrons der Sankt-Georgs-Kirche, statt, an dem die Ackerpferde gesegnet wurden. Ab 1960, als es fast keine „Bauerngäule" mehr gab, sprangen die Reitervereine in die Bresche, und der Georgi-Ritt wurde daher auf den arbeitsfreien Ostermontag (10 Uhr) verlegt.

Ebenfalls sehenswert ist das **Osterfeuer**, das am Ostersamstag gegen 21 Uhr innerhalb des Kirchenburggeländes entfacht wird. Dann wird die Osterkerze entzündet und der flammende Holzstoß später mit zuvor geweihtem Bachwasser gelöscht. Früher wurde die Osterfeuerasche von den Bauern auf die umliegenden Felder gestreut, verbunden mit der Bitte um den Schutz des Getreides.

- *Vorwahl* 09133
- *Information* Verwaltungsgemeinschaft Effeltrich, Forchheimer Str. 1, 91090 Effeltrich, Mo–Fr 8–12 Uhr, Do nur 14–18 Uhr. ✆ 77920, ✆ 1324, www.effeltrich.de.
- *Einkaufen* An allen Zufahrtsstraßen nach Effeltrich herrscht im Sommer Hochbetrieb. An kleinen Ständen am Straßenrand

verkaufen die Bauern je nach Saison kiloweise Erdbeeren, Kirschen und anderes Obst. Auf manchen Feldern kann man auch selbst Erdbeeren pflücken. Effeltrich ist auch bekannt für seine zahlreichen Baumschulen, die am Dorfrand wie Pilze aus dem Boden geschossen sind. Hier kann man sich von Gärtnern beraten lassen und manchen Euro beim Direktkauf vom Erzeuger sparen. Der Obstanbau spielt in Effeltrich seit Jahrhunderten eine wichtige Rolle; nicht zuletzt deshalb ziert der Apfel das Dorfwappen (bereits 1174 wird von *Effeldera*, dem Ort der vielen Apfelbäume, gesprochen). Die Obstbaumzucht geht vermutlich auf den einstigen karolingischen Königshof in Forchheim zurück. Unter Karl dem Großen (768–814) wurden Musteranstalten eingerichtet, um Kenntnisse der Landwirtschaft zu vermitteln.

Hier einige Adressen von Direktvermarktern:

Nögel's Hofladen, hier wird nur Fleisch aus eigener artgerechter Aufzucht vermarktet. Zu den Spezialitäten zählen Gans, Schwein und Damwild. Aus eigener Schlachtung leckere Würste (z. B. Knoblauchwürste, Salami etc.). Der kleine Laden in einem Nebengebäude des Hofes hat Di, Do, Fr von 8.30–18 Uhr und Sa von 8.30–13 Uhr offen. Hauptstr. 25, ✆ 2645, ✆ 600835.

Hofladen Schmidt, hier gibt es nur Bio-Obst und -Gemüse aus eigenem Anbau. Täglich geöffnet. Neunkirchener Str. 6 (bei der Wehrkirche), ✆ 5960.

Meschels Hofladen (Inh. Fam. Nögel) bietet Obst, Gemüse und Wurst aus eigener Herstellung an. Täglich geöffnet, Gaiganzer Straße/Veit-Stoß-Weg 14, ✆ 5849.

• *Essen* **Zur Linde**, beliebter Treffpunkt neben der Dorflinde ist das nach ihr benannte Gasthaus. Das gute, preiswerte Essen, aber auch die große, zum Teil überdachte Terrasse mit Blick auf die Wehrkirche und die Linde machen das Gasthaus attraktiv. Empfehlenswert sind in der Saison Karpfen sowie Brotzeiten aus der eigenen Hausschlachtung. Uns haben in der „Linde" besonders die Wildgerichte geschmeckt. Am Montag Schlachtschüssel. Es werden auch hausgemachte Wurstwaren in Gläsern verkauft. Große Tageskarte. Gemütlicher Gastraum mit massiven Holzbalken. Die Einheimischen sitzen an Festtagen gerne in Tracht am Stammtisch. Aufgang zur Terrasse für Rollstuhlfahrer. Fr erst ab 17 Uhr geöffnet, Do Ruhetag. DZ (DU/WC) 52 €, mit Etagendusche 40 €. ✆ 2639.

oben: Gasthaus Zur Linde

unten: Drei Heilige bewachen den Eingang der Wehrkirche in Effeltrich

Rund um den Hetzleser Berg
Karte S. 161

Waldeslust (am Ortsende Richtung Kunreuth), die fränkische Küche hat sich unter dem neuen Pächter in ein Lokal für gehobene griechische und internationale Speisen verwandelt. Der schöne Biergarten vor der Wirtschaft ist geblieben. Eine uralte Linde wird mit einer Holzkonstruktion abgestützt. Mit Saalbetrieb. Täglich von 16.30–23 Uhr, Wochenende von 11–14 und 17–23 Uhr. Mi Ruhetag. Bergstr. 2, ✆ 2313.

Sehenswertes

Kirchenburg St. Georg: Die Kirchenburg Effeltrichs, die auf einer leichten Anhöhe im Zentrum des Dorfes steht, ist zweifellos die schönste der wehrhaften Gotteshäuser in der Fränkischen Schweiz. Sie ist von einer mächtigen Mauer und fünf Türmen umgeben, von denen die drei Rundtürme und der Torturm noch gut erhalten sind. Die heutige Anlage wurde überwiegend zwischen 1470 und 1490 errichtet. Auslöser für das Bauprojekt war die zweimalige Plünderung Effeltrichs durch die Nürnberger während des ersten Markgrafenkrieges. Als sie in der zweiten Hälfte des 18. Jh. barockisiert wurde, stellte man in den drei Nischen des Außentors, über das man heute die Kirchenburg betritt, Figuren der drei Heiligen *Laurentius*, *Georg* und *Sebastian* auf. Rechts daneben die Reiterfigur des Kirchenpatrons *St. Georg* aus dem frühen 16. Jh.: Der Heilige kämpft mit einem Drachen, eine symbolische Aufforderung, sich gegen das Böse in der Welt zu stellen.

Auf dem Weg zum Kircheneingang fällt auf der linken Seite der überdachte Ölberg auf. Die überlebensgroßen Figuren stellen Jesus im Garten Gethsemane dar. Dieses Kunstwerk soll den Angehörigen Trost spenden, wenn sie ihre Toten auf dem die Kirche umgebenden Friedhof besuchen. Den Effeltricher Ölberg schuf wahrscheinlich derselbe Meister wie den an der Martinskirche in Forchheim.

Im Kircheninneren dominieren verschiedenste Baustile. Im ansonsten gotischen Chor fällt der aufragende barocke Hochaltar auf (1720/30). Achten Sie auf die Rokokokanzel aus marmoriertem Holz und vergoldetem Muschelkalk, an deren Korb die vier Evangelisten ruhen, bemerkenswert ist auch der alte Taufstein aus der zweiten Hälfte des 15 Jh.

Herbst in der Fränkischen Schweiz

Mit der Museumsbahn durchs Wiesenttal – Kurs auf Ebermannstadt

Unteres Wiesenttal

Erst bei Ebermannstadt beginnt das für die Fränkische Schweiz typische Landschaftsbild. Das Wiesenttal verengt sich, helle Kalksteinfelsen formen die von Mischwald begrünten Talhänge. Talaufwärts von Streitberg steht auf einer Felsnase über dem Tal die Burgruine Neideck, wohl die schönsten Überreste einer Festungsanlage in dieser Gegend ...

Ebermannstadt

Das kleine Provinzzentrum in hübscher Lage im breiten unteren Wiesenttal lohnt einen Aufenthalt. Zwar hat der Ort seit den 1950er Jahren kräftig an Einwohnern zugenommen – viele Einfamilienhäuser entstanden an den Talhängen –, aber die auf einer Insel zwischen zwei Flussarmen gelegene Altstadt hat noch ihr ursprüngliches Gesicht bewahren können.

Am oberen Ortsrand verzweigt sich die Wiesent. Der linke Arm ergießt sich in einen breiten, etwa 2 m hohen Wasserfall, der rechte fließt unter der Nepomukbrücke hindurch und macht hinter dem Wasserschöpfrad einen rechtwinkeligen Knick nach links. Dort gingen die Leute früher mit Schaudern vorbei, denn es hieß, dass der Fluss dort so tief sei, dass ein Kirchturm hineinpassen würde, und dass Wasserwirbel schon ganze Pferde in die Tiefe gezogen hätten.

Das andere Ebermannstädter „Gewässerchen", der Breitenbach, entspringt im Eschlipper Tal und fließt durch den gleichnamigen Ortsteil. Kurz vor Ebermannstadt macht er eine fast rechtwinkelige Rechtskurve und plätschert dann weiter, bis

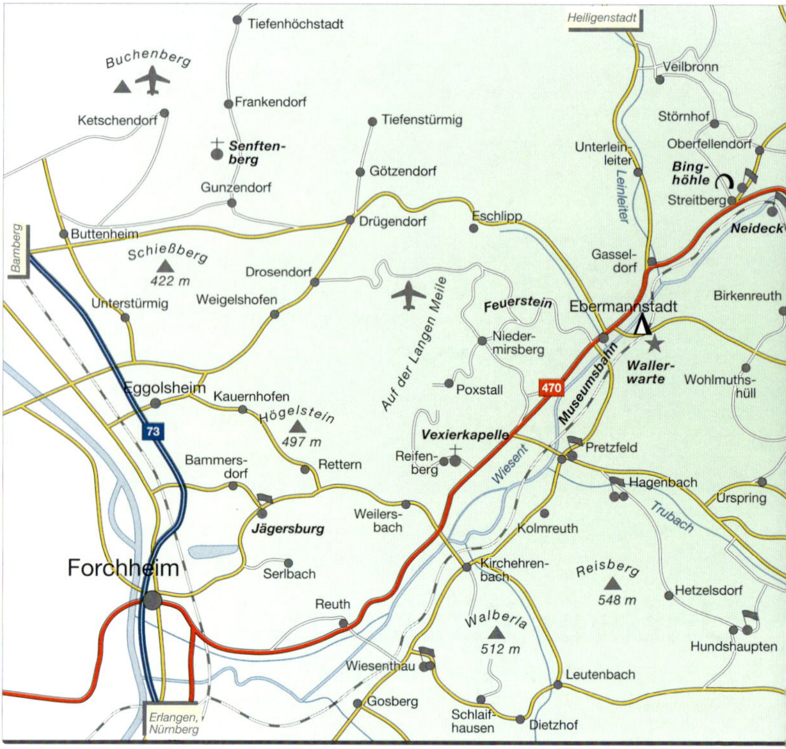

er nach ca. 200 m in die Wiesent einmündet. Seit dem Ausbau der B 470 verläuft der Bach von der Kurve an unterirdisch parallel zur Bundesstraße.

Da Ebermannstadt bis 1972 Kreisstadt war, hatte es außer einem Rathaus auch ein Landratsamt am Marktplatz, ein Amtsgericht (heute Bürgerhaus) und sogar ein eigenes Gefängnis. Dort hatte man früher einmal einen über die Kirchweihtage eingesperrten Dieb vergessen zu verköstigen, weswegen die Ebermannstädter seither den Spitznamen „Hungerleider" tragen. Die schönen Fachwerkbauten entstanden seit dem Ende des 17. Jh., nachdem im 30-jährigen Krieg eine Feuersbrunst die Stadt in Schutt und Asche gelegt hatte.

Der Marktplatz und die daran vorbeiführende Hauptstraße wurden 1998 neu gestaltet, d. h. neu gepflastert und verkehrsberuhigt, die Gehsteige wurden behindertengerecht eingeebnet. Die altehrwürdigen Schatten spendenden Kastanien um den Marienbrunnen in der Mitte des Marktplatzes mussten dabei gefällt werden. Dafür wurden neue Bäume am Rande des Marktplatzes und entlang der Hauptstraße gepflanzt. Anstelle des alten Marienbrunnens wurden zwei neue Brunnen angelegt. Der obere wurde dem Marienbrunnen früherer Zeiten nachempfunden, auf ihm steht eine Marienfigur, die mit ihrem Zeigefinger Richtung Kirche weist. Hier lehnt auch eine mannshohe Buttenträgerfigur. Sie soll eine

Verbindung zum unteren Brunnen herstellen, an dem ein Buttenschöpfer seine Butte von Zeit zu Zeit in das eckige Becken leert. An seiner Seite stehen zwei Ziegenfiguren. Von diesem Brunnen sind besonders die Kinder begeistert, die gerne im Wasser herumwaten.

Der Brunnentrog am Marienkapellenplatz ist durch ein Denkmal bereichert worden, das Frantz Melchior Freytag, den Verfasser der berühmten „Ebermannstädter Liederhandschrift", darstellt. Dieses Denkmal sowie die beiden Brunnen am Marktplatz und die neue Erinnerungstafel am Oberen Tor, die das alte Stadtbild zeigt und erklärt, hat der fränkische Künstler Harro Frey aus Pettensiedel geschaffen.

Ein weiteres bemerkenswertes Bauwerk ist das alte Rentamt am Anfang der Forchheimer Straße. Im 17. Jh. wurden in dem Sandsteingebäude in den oberen Stockwerken die Naturalsteuern der Bauern gelagert.

Durch die Hochwasserfreilegung Ende der 1980er Jahre ist eine Uferpromenade am linken Wiesentarm entstanden, die gerne von Spaziergängern genutzt wird. Seit dem 30. Jubiläumsjahr der Städtepartnerschaft mit der westfranzösischen Stadt Chantonnay im Jahr 2000 heißt sie „Chantonnay-Promenade".

Unteres Wiesenttal
Karte S. 174/175

Geschichte

Der Ortsname entstand wahrscheinlich schon vor der Besiedelung durch die Franken (531). Hier lag die *Stätte des Ebermar,* eines Stammeshäuptlings. Später kam der Ort in den Besitz eines kirchlichen Stifts aus Aschaffenburg. Aus dem Jahr 981 stammt die erste urkundliche Erwähnung – *Kaiser Otto II.* entließ die Ansiedlung aus der kaiserlichen Gerichtsbarkeit. Strafen wurden von nun an vom Hauptstift verhängt.

Unter der Herrschaft der Schlüsselberger wurde der Ort 1323 von Ludwig dem Bayern zur Stadt erhoben. Eine Stadtbefestigung durfte gebaut, Markttage veranstaltet und der Bürgermeister gewählt werden. Nach dem Tod des letzten Schlüsselbergers wurden deren Besitzungen 1349 aufgeteilt und Ebermannstadt in das Fürstbistum Bamberg eingegliedert. Während der Hussitenkriege und der Bauernaufstände wurde der Ort stark in Mitleidenschaft gezogen. Zur Zeit des zweiten Markgrafenkrieges wurden die Bürger von der feindlichen Partei zwangsrekrutiert.

Das verbriefte Stadtrecht, das auch das alleinige Marktrecht im ganzen Umkreis bedeutete, wurde durch den Rat später noch um das Braumonopol erweitert. Ein jahrhundertelang anhaltender Streit mit den Nachbarorten sollte dadurch beginnen. Im Bierkrieg von 1510 zogen Rat und Bürger bewaffnet gegen Pretzfeld, um den dortigen Schwarzbrauern das Handwerk zu legen. Auch mit den Nürnberger Markgrafen legte man sich an. Auf von dort importiertes Vieh wurden hohe Zölle aufgeschlagen. Während des Dreißigjährigen Krieges wurde die Stadt mehrfach geplündert und niedergebrannt.

Einst soll Luther durch Ebermannstadt gekommen sein. Er wollte hier seine Glaubenslehre verkünden, wurde jedoch von den Einwohnern mit Steinen beworfen. Erst nach dem Krieg kamen Protestanten ins Städtchen. Sie konnten ihre Gottesdienste in der Marienkapelle feiern. 1962 bauten sie ihre Emmauskirche am unteren Hasenberg.

1796 geriet das Viertel rund um die Marienkapelle in die Hand französischer Soldaten, die es niederbrannten. Das Barockkirchlein blieb wie durch ein Wunder von den Flammen verschont.

Nach der Säkularisation erhielt Ebermannstadt ein Amtsgericht. Die ersten Gemeinderatswahlen fanden 1818 statt. 1883 wurde die Hauptstraße gepflastert und 1891 die Zugverbindung Forchheim–Ebermannstadt fertig gestellt.

Im 2. Weltkrieg blieb die Stadt von Bombenangriffen der Alliierten lange Zeit verschont. Erst kurz vor Ende des Krieges, am 9. April 1945, als sich Soldaten der Wehrmacht hier sammelten, um eine „Front Fränkische Schweiz" aufzubauen, wurde Ebermannstadt zum Ziel amerikanischer Bomberverbände. Fünf Tage später marschierten die Amerikaner in die Stadt ein.

Information/Verbindungen

- *Vorwahl* 09194
- *Information* **Tourist-Information**, Mo–Fr 9.30–12.30 Uhr u.14–17 Uhr im Bürgerhaus in der Bahnhofstr. 5. Vor dem Haus steht neben der Skulptur des Wappentieres der Stadt (der Eber) eine elektronische Informationstafel mit den Zimmerangeboten. Hier erhält man das komplette Informationsangebot für das neue Nordic-Walking-Zentrum, für Wander- und Radtouren sowie über Stadt- und Brennereiführungen. ✆ 50640, ℻ 50641; www.ebermannstadt.de

Tourismuszentrale Fränkische Schweiz, Oberes Tor 1, 91320 Ebermannstadt (Landratsamtsgebäude beim alten Wasserschöpfrad), ✆ 797779, ℻ 797776. Die TZ organisiert Wanderungen ohne Gepäck und gibt Auskünfte über Sport- und Freizeit-möglich-

Das Scheunenviertel von Ebermannstadt, im Vordergrund Sankt Nepomuk

keiten in der Region. Eine Erlebnis-Card gewährt Übernachtungsgästen 10 % auf Eintritte und Benutzungsgebühren. www.fraenkische-schweiz.com.

• *Verbindungen* Zug von und nach Forchheim fast im Stundentakt. Museumsbahn Richtung Behringersmühle (s. u.), Busverbindungen in die Fränkische Schweiz.

Sport/Freizeit

• *Bücherei* **Stadtbücherei St. Nikolaus**, geöffnet Di von 15–18 Uhr und Do 15–19 Uhr, im August geschlossen, Mittelschulweg 11 (Eingang von der Feuersteinstr. aus).

• *Internetcafe* **Games Corner** Breitenbacher Straße 1, ✆ 725392.

• *Fahrradverleih* **Hölzlein** (VW- Autohaus), Fahrräder ab 7 € pro Tag, Forchheimerstr. 28, ✆ 255. Mo–Fr 8–18 Uhr, Sa 8–13 Uhr.

• *Mountainbike* auf zwei Routen von 10 und 26 km Länge. Näheres Tourist-Info.

• *Fliegen* **Fränkische Fliegerschule**, 5 km oberhalb der Stadt bei Burg Feuerstein, ✆ 797575 oder 0172/5100621 (mobil), 📠 797576. Die „Fränkische" aus der Vogelperspektive ist ein Erlebnis. Ein Rundflug kostet pro Person zwischen 29 und 124 € im Motorflugzeug (Dauer zwischen 15 Minuten und einer Stunde) und im Segler 34 € (15 Minuten); für Mutige gibt es auch den Kunstflug (inklusive Saltos 15 Minuten, 59 €). Außerdem bietet die Schule Schnupper- und Ausbildungslehrgänge an. Einkehrmöglichkeit in der Flugplatzgaststätte. Sie ist täglich ab 11 Uhr geöffnet, Di Ruhetag. www.FFFeuerstein.de.

• *Golf* **Golf Club Fränkische Schweiz**, gepflegter 18-Loch-Platz in Kanndorf, ✆ 4827, 📠 5410. www.gc-fs.de.

• *Reiten* **Burg Feuerstein**, Reitkurse für Kinder von 8–14 Jahren. Informationen im Jugendhaus der Burg, ✆ 7674-0, 📠 767410, www.burg-feuerstein.de

• *Schwimmen* Beheiztes Erlebnis-Freibad (23 Grad) mit Beach-Volleyball, im Weiler **Rothenbühl**, Am Weichselgarten, ✆ 7391-44, von Mai bis Mitte Sept. 9–20 Uhr.

• *Sauna* Fitness- und Gesundheitszentrum Pro Vita, Breitenbacher Str. 9, ✆ 1234.

• *Tennis* 9 Sandplätze am Sport- und Freizeitzentrum, Auskünfte Friseur Schmidt, Am Marktplatz 1, ✆ 347.

• *Wandern* Von März bis November bietet der Fränkische-Schweiz-Verein geführte Wanderungen an. Touren organisiert auch die Tourist-Info, dort liegen Broschüren zu Rundwanderungen und Radtouren aus. Für Sehbehinderte sind eigens Wanderwege

Unteres Wiesenttal
Karte S. 174/175

konzipiert worden. Die Ideenschmiede von Stefanie Blumers lädt zu Themenwanderungen ein, auch Familien. ✆ 0160-95929246.

• *Stadtführungen* mit Marienkapelle für Gruppen n. Vereinb., Tourist-Info.

• *Kulturführungen* Anne Schleicher bietet frauengeschichtliche Führungen zum „Heiligtum der Frau Holle" mit dem Felsbild an. Terminanfragen ✆ 519049 ab 18 Uhr.

Feste/Veranstaltungen

Veranstaltungskalender bei der Tourist-Info.

• *Mai* „Drive in"-Gottesdienst für Motorradfahrer an Christi Himmelfahrt, Burghof Feuerstein.

• *Juni* Zapfenstreich mit Umzug der Kinder am Vorabend von Fronleichnam, Kirchweih mit Stephanusritt im OT Moggast.

• *Juli* Bahnhofsfest Dampfbahn Fränkische Schweiz, Backofenfest in Gasseldorf.

• *August* Lichterserenade an der Wiesent, Altstadtfest, Backofenfest in Rüssenbach, Dorffest in Kanndorf.

• *September* Erster Sonntag: Fränkische-Schweiz-Marathon Zieleinlauf. Ebermannstädter Kirchweih.

• *Oktober* Breitenbacher Kirchweih.

• *Comedy auf'm Dorf* 1999 haben junge Leute in **Gasseldorf** ehrenamtlich die Kleinkunstszene belebt. Zuerst im Gemeindehaus und im Kirchweihzelt, jetzt auch in der Stadthalle Ebermannstadt treten übers Jahr verteilt regionale Künstler und große Namen der deutschen Szene auf.

Märkte/Direktverkäufe

• *Juni* Historischer Markt im unteren Scheunenviertel, alte Handwerkskünste werden gezeigt. Fürs leibliche Wohl gibt's u. a. Rostbratwürste, Küchla und Hollerblütenwasser (Zeit der Holunderblüte).

• *Dezember* am 1. Adventswochenende Weihnachtsmarkt auf dem Marktplatz.

• *Vor Ostern* Ostereiermarkt im Pfarrzentrum.

• *Am 2. Sonntag im Monat* Markttreiben.

• *Jeden Samstagvormittag* Bauernmarkt auf dem Marktplatz (Honig, Obst, Gemüse, Eier und Eiererzeugnisse, Bauernbrot und Kuchen, Wurstwaren etc.).

• *Einkaufen auf dem Bauernhof* **Danhof/ Deinhardt**, Wohlmuthshüllerstr. 6, ✆/℻ 8480. Bioobst und -gemüse, Brot und viele andere Öko-Produkte.

Fam. Bauer/Böck, Rothenbühl 1, ✆ 8365. Obst, Gemüse, Brot, Eier, Eingemachtes, Geflügel etc. Fr 9–18 Uhr, Sa auf dem Bauernmarkt in Ebermannstadt.

Fam. Kormann, OT Moggast, Zum Steig 2, ✆ 9215. Hofladen; Marmeladen, Walnussöl, Schnäpse, Liköre, Bastelarbeiten aus Naturmaterialien u. v. m. Schnapsprobe in der Probierstube für Gruppen ab 15 Personen. ✆ 9215 oder www.kormann-online.de.

Wolf Georg, OT Kanndorf 4, ✆ 1618. Honig, Eier, Holzofenbrot (gebacken wird alle 14 Tage), Obst nach Saison.

• *Beeren* Die **Beeren-Bauern** in Niedermirsberg produzieren und verkaufen mit Demeter-Anerkennung 24 Sorten Fruchtaufstriche, Liköre und Beerenwein. ✆ 8965 und 0177-3427982, www.die-beerenbauern.de.

• *Käse* Ein nicht alltägliches Mitbringsel aus dem **BMI-Werk Ebermannstadt**. Frischprodukte und Käse aus dem Fabrikverkauf Milchhofstraße 3–5, Mo–Mi und Fr 11–14 Uhr, Do 13–18 Uhr. ✆ 737610.

• *Brennerei* **Fränkische Edelbrennerei Theiler**, Brände und Liköre, wiederholt vom Fränkischen Brennereiverband ausgezeichnet. Am Marktplatz 12, ✆ 9339.

• *Likörfabrikation* von Leonhard Herbst, Debert 4. Sein milder Frankenbitter basiert auf 39 aromatischen Kräutern. ✆ 796696, www.frankenbitter.de.

Essen/Übernachten/Kneipen (siehe Karte S. 179)

Die meisten Lokale sind im verkehrsberuhigten Bereich angesiedelt, im Sommer sitzt es sich draußen fast wie in einer italienischen Kleinstadt.

Zur Post (7), seit über 100 Jahren in Familienbesitz, der Sauerbraten ist spitze! Auch gute Brotzeiten, preiswert. Di ab 14 Uhr Ruhetag. DZ 50 € (mit DU/WC) inkl. Frühstück, auch Halbpension möglich (zuzügl. 8 €). Marktplatz 3, ✆ 09194/201, ℻ 09194/4356, www.gasthofpost-ebs.de.

Schwanenbräu (11), sehr gute Braten – jeder in seiner typischen Soße, Forelle und Karpfen in allen Variationen, aber auch Seefische. Eigene Brauerei, selbstgebrannte Schnäpse, freundlicher Service. Der Gasthof liegt am Marktplatz. Biergartenbetrieb am Brauhaus (siehe unter Bierkeller). DZ im Hotel ab 68 €, im Gästehaus 56 € inkl. Frühstücksbüffet, Zuschlag HP 12 €. Marktplatz 2, ✆ 09194/209 und 767190, 📠 09194/5836, www.schwanenbraeu.de.

Resengörg (12), Top-Abendkarte, große Auswahl an Pfannengerichten, sehr zu empfehlen die Fischgerichte, auch Seefisch. Während der Muschelsaison täglich frische Miesmuscheln in Frankenwein. Hetzelsdorfer Bier vom Fass, Schnäpse aus eigener Brennerei. Zwei kleine gemütliche Gaststuben, guter Service. Gästezimmer in einem Fachwerkbau hinter dem Stammhaus (typisch Altstadt, abends Biergartenbetrieb). Weiteres, modernes Gästehaus, zentral und relativ ruhig gelegen. Komfortable DZ ab 60,50 €. Hauptstr. 36, ✆ 09194/73930, 📠 09194/739373, www.resengoerg.de.

Sonne (8), gutbürgerliche Küche. Großer modernisierter Speisesaal, dezent unterteilt. Eigene Brauerei: Eberweißer Hefeweizen und „Schluckspecht"-Pils. Eigene Brennerei. Großer Saal für Veranstaltungen. Fremdenzimmer im Haus. DZ mit DU/WC 54 € (Halbpension auf Anfrage). Hauptstr. 29, ✆ 09194/767480, 📠 09194/7674880.

Plaka/Zum Bayerischen (3), griechische und bayerische Spezialitäten in zwei Lokalen, aber unter einem Dach, Biergarten. Mo

Ruhetag. DZ 55 €. Breitenbacherstr. 12, ✆ 09194/8731 (Plaka), 8148 (Zum Bayerischen), 📠 8149.

Golfpension Messingschlager in Kanndorf, der Familienbetrieb im gediegenen Clubhaus verwöhnt mit Fisch, Fleisch und Wurst aus heimischer Produktion sowie hausgem. Kuchen. Eigene Brennerei. Bar und Terrasse. DZ ab 49 €. ✆ 09194/76710; www.golfpension-messingschlager.de.

Bierbrunnen (6), 20 Biersorten zur Auswahl, Grillstube. Junges Publikum. Hübsche Lage am Wiesentufer. Ab 18 Uhr geöffnet. Zum Breitenbach 5, ✆ 09194/8861. Mo Ruhetag. www.bierbrunnen-ritsch.de.

Kaffeetanten (10), nettes Café mit schönem Ambiente in der Hauptstraße. Leckere selbstgebackene Kuchen, auch kleine Gerichte, mittags Schülertreff. Man kann auch draußen sitzen. Sa geschl. ✆ 09194/796981.

Café Annette (ehem. Schnobrich; 9), von der Terrasse des am Hang gelegenen Cafés kann man bei Kaffee und Kuchen aus eigener Herstellung die schöne Aussicht auf das Wiesenttal genießen. Auch kleine warme Gerichte und Regionaltheke. Diesbrunnen 1, 7–18 Uhr, So 8–19 Uhr. Mo Ruhetag. ✆ 09194/726766, www.cafe-schnobrich.de.

Café-Bistro Milch und Zucker (4), vorwiegend junges Publikum, auch kleine Speisen, Schulstr. 2, ✆ 795510.

Locanda da Arturo (13), freundlicher Wirt und prima Pizzen. 50 m von der Pfarrkirche entfernt (Bahnhofstr.), ✆ 1894. Di geschl. www.locanda.ebermannstadt.com.

Pizzeria und Eiscafé Bei Angelo (2), hier kann man im Sommer auf der Terrasse sitzen, Schulstr. 2, ✆ 4822. Mi Ruhetag.

Eiscafé Danieli (5), am Marktplatz mit ein paar Tischen zum Draußensitzen. Eigene Eisproduktion (Nov.–Febr. geschlossen).

Kreta (1), ebenfalls griechisches Restaurant. Breitenbacher Str. 23, ✆ 796994. Mo geschl.

Privatzimmer/Ferienwohnungen/Camping

Einige Privatzimmer in Ebermannstadt selbst, weitere Übernachtungsmöglichkeiten zum Teil in idyllischer Lage in den anderen Gemeindeteilen (auch Ferien auf dem Bauernhof). Hier kann man noch DZ um 30 € bekommen. Ein vollständiges Unterkunftsverzeichnis kann bei der Tourist-Information angefordert werden, insgesamt werden über 50 Ferienwohnungen angeboten, hier eine kleine Auswahl.

• *Ferienwohnungen* **Herlitz**, alter Fachwerkbau im Ortskern, ruhig, da die Zimmer nach hinten raus liegen. Ca. 70 qm, 2 Schlafzimmer. Für 2 Personen 32 €/Tag, jede weitere Person 2,50 € Zuschlag. Hauptstr. 33, ✆ 09194/1070, www.fewo-agnes-herlitz.de.

Gabriele Thiem, „Haus Vogelparadies", mit Swimmingpool. Komfortable FeWo am Wald für 2–4 Pers., 55–60 €/Tag für 2 Pers. Breslauer Str. 9, ✆ 09194/796060, 📠 796061, www.fewo-vogelparadies.de.

Ingelore Brütting, „An der Wiesent", komf. zentral gelegene FeWo für 2–4 Pers. Ab 38 €/Tag für 2 Pers., jede weitere Person 6 €/Tag. Zum Breitenbach 7, ✆ 09194/5619, 📠 5613, www.fewo-bruetting.de.

Rolf Scheidgen, „Haus Einbühl", FeWo in ruhiger Hanglage für 2–5 Pers. 34 €/Tag für 2 Pers., jede weitere Person 3 € extra. Schottenberg 31, ✆ 09194/9490 oder 0162/7658417, rolf.scheidgen@gmx.de.

Erna Knoll, für 2 bis 3 Personen, wunderschöner Garten mit Liegewiese in Waldrandlage – etwas für Liebhaber. 33 € für 2 Pers. OT Moggast, Lohberg 5, ✆ 09194/8590, www.ferienwohnung-knoll.de.

• *Urlaub auf dem Bauernhof* Unterkunft und Reitmöglichkeit bei **Familie Dormann** in Windischgaillenreuth, Tierhaltung. 2–6 Pers. 30 € für 2 Pers. ✆ 09242/1528, www.dormann-ferienwohnung.de.

• *Camping* **Campingplatz Bieger**, idyllische Lage, 2 km außerhalb im Weiler Rothenbühl (neben dem Städtischen Freibad). Der Campingplatz liegt direkt am Fluss, eingebettet in Streuobstwiesen. Er wird vorwiegend von Dauercampern aufgesucht, Platz für Reisende ist aber durchaus vorhanden, geöffnet von Ostern bis Ende Oktober. 2 Pers., Auto u. Zelt ca. 15 € pro Tag. Rothenbühl 3a, ✆ 09194/519992 oder 0179/2238462.

Gasthof Bieger, 2 km nordöstlich von Ebermannstadt. Lauschige Gartenterrasse mit alten Linden und gemütlicher Gaststube. Fränkische Küche. Di–Fr bis 14 und ab 16.30 Uhr, So und Feiertage durchgehend. Mo Ruhetag. DZ m. Bad/WC im Stammhaus 50 €, im Gästehaus 57 €, m. Balkon 62 €. Rothenbühl 3, ✆ 09194/9534, 📠 9556, www.landgasthof-bieger.de.

Bierkeller in Ebermannstadt und Umgebung (siehe Karte S. 179)

Wilhelmshöhe ist der Biergarten des Gasthofs Schwanenbräu, benannt nach Wilhelm, dem Wirt. Am Ortsrand in Richtung Gößweinstein; zwischen Wiesent und Dampfbahn gelegen. Nebenan im Brauhaus wird der Gerstensaft gebraut. Preiswert: Brotzeit und eine Maß 6,50 €. Geöffnet bei schönem Wetter vom 1. Mai bis 15. Sept. Di–Fr 17–22 Uhr, Sa/So 15–22 Uhr.

Nitsche, hübsche, schattige Lage am „Schottenberg", gute hausgemachte Brotzeiten. Eschlippertal, kurz vor dem Ortsausgang nach Buttenheim/Bamberg rechts. Wenn der Bierkeller geöffnet ist (ab Mai bei schönem Wetter täglich ab 16 Uhr), flattert am Abzweig Schottenberg eine grüne Fahne. Der Naturlehrpfad führt daran vorbei. ✆ 9190.

Hier und im Ramstertal lagen früher die Bierkeller der Ebermannstädter Brauereien. Dicke Sandsteinlagen machten den Bau von labyrinthartigen Lagerstollen möglich.

Wiesentgarten (14), im unteren Scheunenviertel. Bierbrunnenwirt Richard Wiegärtner bekam hier vom Besitzer der Blank-Scheune im Sommer 2009 einen Traum erfüllt. Brotzeiten und Kaffee. Tägl. geöffnet ab 15 Uhr, So ab 14 Uhr. ✆ 8861.

Zur Post (7), kleiner Biergarten hinter dem Rathaus, Zugang von der Rosengasse aus.

Viele der Wirtschaften haben auch kleine Biergärten im Altstadtbereich.

Sehenswertes

Marienkapelle: Das Mauerwerk dieser kleinen Wehrkirche, die 1633 von den Schweden eingeäschert wurde, dürfte wohl noch aus dem 14. Jh. stammen. Die heutige üppig-barocke Ausstattung stammt aus dem 17. Jh. Die Altäre sind aus sog. „Bauernmarmor" gefertigt – mit Pinsel und Farbe wurde eine Marmorstruktur nachgeahmt. Bei Restaurierungsarbeiten im Sommer 1979 wurde die alte bemalte Kassettendecke wieder freigelegt. Bemerkenswert sind noch die Holzplastiken des hl. Sebastian und Johannes des Täufers sowie die Madonna im Strahlenkranz. Sie stammen vom Ebermannstädter Bildhauer Friedrich Theiler (1748–1826). Seit einigen Jahren nistet „Familie Storch" in direkter Nachbarschaft. Ein Durchgang zum Kapellenplatz wurde deshalb „Storchengasse" benannt.

Altes Wasserschöpfrad: Es stammt aus dem Jahr 1603 und dreht sich nach regelmäßig vorgenommenen Reparaturen heute noch. Bis 1951 schöpfte es noch das Spülwasser der Kanalisation. Das Schöpfrad liegt an einem Wiesentarm in der Nähe des ehemaligen Oberen Tores.

Scheunenviertel: Außerhalb der ehemaligen Stadtmauern stoßen wir auf die alten Ebermannstädter Scheunenviertel, von denen noch zwei erhalten sind: Eines findet man hinter der Stadtpfarrkirche, das andere unterhalb des Stadtparks. Der Platz im alten Stadtkern und innerhalb der schützenden Stadtmauern war zu wertvoll als Standort für Scheunen, die deshalb vor die Stadttore verbannt worden sind.

Das Scheunenviertel bei der Stadtpfarrkirche brannte im Jahre 1900 völlig ab, wurde jedoch schnell wieder aufgebaut. Den heutigen Bestand der Scheunenviertel sichert der Denkmalschutz, der den weiteren Abbruch der historischen Gebäude unter Strafe stellt.

Im Rahmen des Hochwasserschutzes ist westlich des Scheunenviertels eine 70 Meter breite Flutmulde zur Entlastung der Wiesent angelegt worden. Ökologische Gewässer- und Ufergestaltungen haben vielfältige Lebensräume für Flora und Fauna geschaffen –ein lohnendes Ziel also für Naturfreunde und Spaziergänger.

Heimatmuseum (im Bürgerhaus): In sieben wohlgeordneten Ausstellungsräumen findet man viele Informationen zur Stadtgeschichte, alten Handwerkstraditionen, bäuerlicher Kultur und zur Lebenswelt der Frau in früheren Zeiten. Ferner wird das Leben und Werk des Bildschnitzers Friedrich Theiler dargestellt. Spektakulärstes Ausstellungsstück ist die vor einigen Jahren im Steinbruch am Feuerstein gefundene Versteinerung eines „Fischsauriers" – eine Art Krokodil mit Flossen.

Öffnungszeiten/Eintritt März bis Oktober Sa, So und Feiertag 14–17 Uhr, Gruppen nach Vereinbahrung. Eintritt 1,50 €, Kinder 1 €, Familienticket 3 €. ✆ 50640, www.heimatmuseum.ebermannstadt.de

Der Hunnenstein

Der Berg wird zwar aus unerfindlichen Gründen seit einiger Zeit „Hummerstein" genannt, doch eigentlich geht sein Name auf die folgende Sage zurück: Im 5. Jh., während des Hunnenansturms auf Europa, gefiel es einem Adligen aus dem Heere Attilas dort, wo die Leinleiter in die Wiesent fließt und das heutige Dörfchen Gasseldorf liegt, so gut, dass er sich vom Heer absonderte und auf dem darüber thronenden Tafelberg mit steil abfallendem Dolomitgestein eine Wallburg aus Holz und Erde baute. Über sein weiteres Schicksal und das seiner Gefolgsleute ist nichts bekannt. Doch soll später der Geist des Hunnen verhindert haben, dass an gleicher Stelle eine andere Burg errichtet wurde. Als nämlich ein Aufsesser im 12. Jh. dieses Vorhaben in die Tat umsetzen wollte, musste er feststellen, dass alles, was er tagsüber aufgebaut hatte, über Nacht wieder verschwand ...

Fränkische-Schweiz-Bibliothek: Die wohl umfassendste Sammlung heimatkundlicher Schriften befindet sich im Keller des Landratsamtsgebäudes (erreichbar durch den Hintereingang). Öffnungszeiten Fr 16–18 Uhr.

Burg Feuerstein: Die Burg wurde erst im Jahre 1941 erbaut – als Institut für Hochfrequenztechnik. Getarnt als mittelalterliche Ritterburg blieb sie von feindlichen Angriffsflügen unbehelligt, und es konnten fleißig Kodiergeräte und elektronische Steuerungssysteme für Flugzeuge entwickelt und produziert werden. 1946 ging die Burg in den Besitz des Bamberger Erzbistums über, das daraus eine Herberge mit Tagungsort für die Jugend machte („Jugendburg"). Besonders während der Sommermonate ist hier viel los. Sehenswert ist die moderne zweigeschossige Kirche mit riesigen Glasfenstern und Krypta.

Ca. 3 km außerhalb von Ebermannstadt (auf der Langen Meile). Nur Gruppen mit Voranmeldung haben eine Chance, hier unterzukommen. ✆ 76740, 📠 767410, www.burg-feuerstein.de

Flugplatz Burg Feuerstein, ca. 4 km westlich von der Burg Feuerstein befindet sich der Flugplatz für Segel- und Motorflugzeuge mit Fliegerschule. Am Rand stehen Bänke (hinter dem Biergarten der Gaststätte), von denen aus man das Starten und Landen der Flugzeuge beobachten kann. Neben dem Flugplatz steht die kleine, aber gut ausgestattete **Sternwarte**.

Sternbeobachtung und Vorträge Auskunft gibt der Vorsitzende Dr. Frank Fleischmann, ✆ 0174/2436032, www.sfeu.ebermannstadt.de. Besucher sind jederzeit willkommen.

Museumsbahn (Diesel und Dampf): Nach Stillegung der wildromantischen Eisenbahnstrecke Ebermannstadt–Behringersmühle wurde der *Verein Dampfbahn*

Nostalgische Sonntagsausflüge per Dampfbahn ab Ebermannstadt

Fränkische Schweiz gegründet. Seit Sommer 1983 fahren die Museumszüge von Ebermannstadt nach Behringersmühle (45 Min.) und zurück. Sie haben einen Buffetwagen dabei, in dem es Getränke, Kuchen und auf Anfrage kleine Gerichte gibt. Drei Dampfloks werden abwechselnd eingesetzt: Eine Hanomag Ploxemam (Baujahr 1923), eine „Bubikopf" Nr. 64 491 (Bj. 1940) und eine ELNA 6 (Bj. 1930)!

• *Information* Vom 1. Mai bis Ende Oktober verkehren die Züge an allen Sonn- und Feiertagen um 10, 14 und 16 Uhr, zurück 11, 15 und 17 Uhr. Eine Hin- und Rückfahrkarte Ebermannstadt–Behringersmühle kostet 10 €, Polsterklasse 50 % Zuschlag. Man kann auch Teilstrecken fahren und es gibt Sonderfahrten. Näheres unter ✆ 794541, ✆ 794542, www.dfs.ebermannstadt.de.

Wandern ab Ebermannstadt

Zum Schlüsselstein mit Aussichtsturm Wallerwarte

Am Ortsausgang Richtung Gößweinstein, dann nach den beiden Brücken auf dem gepflasterten Weg geradeaus durchs Scheunenviertel und hinauf zum Stadtpark. Dort kann man sich an der Kneippanlage erst einmal erfrischen. Bei der Kapelle am oberen Ende des kleinen Parks beginnt der geradlinig den Berg hinaufsteigende Stationsweg mit Bildtafeln am Wegrand. Am Karfreitag führt hier die Prozession entlang. Auf der Hochfläche steht eine weitere kleine Kapelle. Sich links haltend erreicht man nach ca. 200 m den Aussichtsturm *Wallerwarte.* Bei schönem Wetter reicht der Blick bis ins Fichtelgebirge!

Wer sich bei der zweiten Kapelle rechts hält, kommt zum *Kreuzberg* (ca. 15 Min., keine Steigung). Der Weg kreuzt zwei verwachsene Gräben – die letzten übrig gebliebenen Spuren einer Schlüsselberger Burganlage.

Unteres Wiesenttal
Karte S. 174/175

Kreuzberg

Helle Felsnase inmitten des grünen Mischwalds. Der Fels ist hübsch zerklüftet, es macht Spaß, darin herumzuklettern. Das mächtige Eichenkreuz erinnert an eine wundersame Begebenheit vor einigen Jahrhunderten: Hier irrte nächtens während eines Gewittersturms ein Priester umher. Der Schein eines plötzlichen Blitzes bewahrte Pferd und Reiter vor dem Absturz.

Über Eschlipp zur Burg Feuerstein (Markierung grüner Punkt)

Vom Früchtehaus Kohlmann in der Breitenbacher Straße (B 470) kann man entlang des Breitenbaches ins Eschlipper Tal hineinspazieren. Am Ende der Häuser führt ein heckenbestandener Weg (an der Gabelung links halten!) bis an den Waldrand zu einer kleinen Feldkapelle. Wenn man sich an die Markierung hält, kommt man durch den Buchenwald zum Juradörfchen Eschlipp (Einkehrmöglichkeit). Bei der Wandertafel am Ortsende von Eschlipp stößt man auf die *Rot-Ring-* und *Gelb-Punkt-*Markierung, die über die Burg Feuerstein den Weg zurück nach Ebermannstadt weist (ca. 12 km).

Baumblüte am Panoramaweg (Markierung roter Ring und gelbe Raute)

Von der Stadt geht es westlich durch das untere Scheunenviertel, an der Wiesent entlang bis zur Diesbrunnenstraße. Dort steil bergauf bis in die Breslauer Straße, die in einen Flurweg übergeht. Bald öffnet sich ein herrlicher Blick auf Streuobstwiesen und das Walberla, Ende April/Anfang Mai stehen die Obstgärten in voller Blüte. In Niedermirsberg lohnt die Jakobuskirche einen Besuch. Über Neuses-Poxstall geht es zurück nach Rüssenbach und zum Ausgangspunkt (11 km, *roter Ring* und *gelbe Raute*).

Naturlehrpfad (Markierung grüner Ring)

Am Wasserschöpfrad beginnt der ca. 6 km lange Rundwanderweg. Auf über 69 Tafeln werden knappe Informationen zu einigen heimischen Bäumen, Sträuchern und Tieren vermittelt. Der Weg führt durch Laubmischwälder; in die Route sind auch Aussichtspunkte einbezogen, z. B. der Druidenstein.

Naturlehrpfad Windischgaillenreuth

Von Ebermannstadt kommt man Richtung Gößweinstein über Moggast (am Ortsende links) nach Windischgaillenreuth. Dort wurde der „Grüne Pfad“ angelegt, ein landwirtschaftlicher Rundwanderweg durch eine reizvolle Landschaft. (Grotten, Dolinen, Esperhöhle in der Nähe, s. S. 206).

Ebermannstadt/Umgebung

Reifenberg

(am nördlichen Talhang der Wiesent, ca. 6 km Richtung Forchheim)

Die auffällige und von weitem sichtbare **Vexierkapelle** liegt oberhalb der Gemeinde Reifenberg auf einem Bergsporn. Die Kapelle ist zwar St. Nikolaus geweiht, ist aber bekannter unter dem Namen Vexierkapelle. Angeblich bietet das Kirchlein dem Reisenden ein jeweils anderes Bild, je nachdem von welcher Seite er sich nähert. Einzigartig ist auch der Rundblick von der Kapelle auf Walberla und Wiesentauen.

Auf halbem Weg zwischen Forchheim und Ebermannstadt – die Reifenberger Vexierkapelle

Einen Kenner der Fränkischen Schweiz wird es kaum erstaunen, dass an dieser strategisch günstigen Stelle im Mittelalter eine Burg stand. Die Herren von Reifenberg residierten in der 1151 erstmals erwähnten Burganlage – sie fiel, wie viele andere Burgen in der Region, einem der zahlreichen Kriege zum Opfer.
Unterhalb der Kapelle liegt im Wald einer der urigsten Keller der Fränkischen Schweiz, der **Reifenberger Keller**. Schatten spendende alte Bäume, ein herrlicher Blick ins Wiesenttal und Greif-Bräu aus Forchheim machen die Rast zum Vergnügen. Eine gehisste Fahne am Eingang zeigt an, ob der Keller geöffnet ist (www.reifenberger-keller.de).

Streitberg

Den frommen Pilgern, die das Wiesenttal hinauf Richtung Gößweinstein pilgerten, war das lutherische Streitberg ein Dorn im Auge. Schnellen Schritts und mit eingerollten Fahnen zog man daran vorbei, ohne den vorzüglichen Schnapsbrennereien einen Besuch abzustatten. Lohnenswert ist der Besuch der *Binghöhle*. Einkehrmöglichkeiten bestehen im Ort, die Pächter wechseln allerdings häufig. Streitberg ist 1972 mit Muggendorf zur Marktgemeinde Wiesenttal zusammengeschlossen worden.

Information/Diverses

- *Vorwahl* 09196.
- *Information* Tourist-Information Muggendorf/Streitberg, Forchheimer Str. 8, 91346 Muggendorf, ✆ 09196/19433, ✆ 929930, www.wiesenttal.de, Mo–Fr 8–12 Uhr, im Sommer auch nachmittags 14–17 Uhr. Zahlreiche weitere Möglichkeiten für Urlaub auf dem Bauernhof oder Privatunterkünfte vermittelt die Tourist-Information gern auf Anfrage.

• *Ammonitenmuseum* Wer jemals auf einem Acker oder in einem Steinbruch in der „Fränkischen" eine versteinerte Schnecke oder einen „Teufelsfinger" gefunden hat, wird sich dieses kleine Museum nicht entgehen lassen. Er findet Schönes und Wissenswertes über jene Gebilde, die hier im Jurameer vor Hunderten von Millionen Jahren gelebt haben. Geöffnet Mitte April bis Anf. Nov. Di 13–17 Uhr, Juli/August auch Do, So 11–18 Uhr. Erw. 2 €, Kinder 1 €. Im Museumsshop kann man Fossilien und Mineralien erwerben. ✆ 998595 oder 0171/8394612, www.ammonitenmuseum.de.

• *Fahrradverleih* **Familie Distler**, Schauertal 2, ✆ 256, pro Tag 6 €.

• *Baden* **Freibad** Richtung Niederfellendorf, in schöner Lage an der Wiesent, zu Füßen der Ruine Neideck, geöffnet von Mitte Mai bis Anfang Sept. 9–18 Uhr. Beim Schwimmbad auch Bootsverleih, ✆ 298. Eintritt 1 bzw. 2 €.

In der Nähe des Freibades und in Richtung Muggendorf finden sich immer wieder idyllische Stellen, von denen aus man auch in der Wiesent baden kann. Selbst im Hochsommer führt die Wiesent genügend Wasser, das allerdings ganzjährig eiskalt ist.

Essen/Übernachten

Altes Kurhaus, ein Stück bergauf. Das Restaurant war im letzten Jahrhundert die bekannte Kuranstalt, in der Dr. Weber seinen Patienten Molke aus Ziegenmilch verabreichte. Wie die Inschrift am Haus erläutert, gehörte 1883 auch Victor von Scheffel zu den Gästen. Heute empfängt den Gast eine gepflegte Einrichtung mit offenem Kamin und eine gute Auswahl an regionalen und saisonalen Gerichten. Mitglied bei Slowfood. Als Spezialitäten des Hauses gelten die Fisch- und Wildgerichte. Hauptgerichte ab ca. 12 €. Sehr netter, familiärer Service. Fr und Sa ab 17.30, So ab 12 Uhr. Mit Voranmeldung auch an anderen Tagen. Komfortable DZ mit Bad/DU/WC 76–80 €. Streitberger Berg 13, ✆ 09196/736, 📠 1668, www.alteskurhaus-streitberg.de.

Schwarzer Adler, am Fuße der Binghöhle, vermutlich schon seit Anfang des 16. Jh. eine Schenke, der Fachwerkbau (Anf. 18. Jh.) entstand auf Veranlassung von Markgraf Christian zu Brandenburg, der bei den Reisen durch sein Territorium standesgemäß Quartier nehmen wollte. Das Haus wurde 2008 renoviert. Frische fränkische Küche, Fisch und ein vegetarisches Angebot. Im Sommer auch Gartenbetrieb, kühles Bier unter Schatten spendenden Linden- u. Ahornbäumen. DZ mit Bad 58 €, EZ 38 €, Halbpension ab 8 €. Dorfplatz 7, ✆ 09196/929490, www.hotel-schwarzer-adler.eu.

Fischerei Gebhardt, für Selbstversorger, hier bekommt man frische Forellen (natur oder geräuchert), Seefisch und leckeren hausgemachten Heringssalat. Am Ortseingang, gegenüber dem Bahnhof, ✆ 09196/92920, mail@fisch24.net, www.fisch24.net.

Jugendherberge Streitberg, ruhig am Berghang gelegen, unbedingt vorher anmelden! Es ist nicht sicher, ob die JuHe erhalten bleibt. Belegungsfreie Zeit vom 15. Nov. bis 15. Februar, Gruppen auf Anfrage. Übernachtung inkl. Frühstück 17,90 € Mai–August, danach 15,80 €. Am Gailing 6, ✆ 09196/288, 📠 1543, www.streitberg.jugendherberge.de.

• *Oberfellendorf (nördlich von Streitberg)* **Gasthof Sponsel**, rustikal-ländliches Speisezimmer, das nicht vermuten lässt, welch gute Küche hier geboten wird, die den fränkischen wie den verwöhnten Gaumen zufriedenstellt. Im Sommer Grillabende mit erlesenen Spezialitäten, im Winter werden Fünf-Gänge- Feinschmeckermenüs offeriert. Di Ruhetag. DZ 50 € (inkl. Frühstück). Oberfellendorf 2, ✆ 09196/269, 📠 1528, gasthof-pension-sponsel@fraenkische-schweiz.bayern-online.de.

Distler, Urlaub auf dem Bauernhof. Eine Ferienwohnung mit moderner Einrichtung 30 € (zwei Personen, pro Tag, jede weitere Person 4 €).. Oberfellendorf 18, ✆ 09196/601.

• *Engelhardsberg auf der Hochfläche des Jura)* **Endres**, Urlaub auf dem Bauernhof mit einem Reitpony, Zwergziegen, Katzen und Hühnern. DZ 40 €. Engelhardsberg 36, ✆ 09196/332, 📠 998584, www.ferienhof-endres.de.

• *Störnhof (nördlich von Streitberg)* **Gasthaus Hofmann** ca. 3 km bergauf von Streitberg. Wohnzimmerkleine Gaststube mit Holzverkleidung und Einrichtungsstücken aus den 1960er Jahren. Deftige Brotzeiten zum Feierabend mit hauseigener Wurst, an Sonntagen wird warm „ausgekocht". ✆ 09196/261 oder 729.

Ruine Streitberg: Der Anfang des 12. Jh. erstmals erwähnte *Walter de Stritberg*, Dienstmann des Bamberger Fürstbistums, war wohl der erste Burgherr. Nachdem die strategisch wichtige Anlage im ausgehenden 13. Jh. an die Schlüsselberger gelangte, widerfuhr ihr ein ähnliches Schicksal wie Burg Neideck: 1553 zerstört, bis 1565 als Schloss mit Uhrturm im Renaissancestil wiederaufgebaut und 1632 während des Dreißigjährigen Krieges niedergebrannt. Die Anlage wurde zwar bis 1657 erneut wiederhergestellt, danach aber folgte der kontinuierliche Verfall. Besiegelt wurde die endgültige Zerstörung, nachdem das bayerische Königreich die immer noch stattlichen Reste der Burganlage 1813 der Gemeinde Streitberg billig verkaufte, die sie dann als Steinbruch nutzte. Heute erkennt man von der einst stolzen Feste nur noch das Burgtor mit dem markgräflichen Wappen, Teile der Wallmauer und alte Kellergewölbe. Dennoch ist der Aufstieg zur Ruine wegen der Aussicht auf Streitberg und das Wiesenttal zu empfehlen.

Binghöhle: Unter den touristischen Höhlen der Fränkischen Schweiz ist die Binghöhle mit ihren bizarren Galerien sicher die interessanteste. Der Besucher durchquert den Berg in einer Länge von ca. 300 m auf den Spuren eines unterirdischen ausgetrockneten Flusslaufes, vorbei an mächtigen Felsformationen aus geschichtetem Kalk und kristallinen Tropfsteingebilden, die mit fantasievollen Namen versehen sind. Imposant der Kerzensaal, der größte Raum der Höhle. Entdeckt wurde sie 1905 vom Nürnberger Spielzeugfabrikanten und Hobbyarchäologen *Ignaz Bing*. Bei Grabungen fand er ein Erdloch, da er aber von zu kräftiger Natur war, um durch die Öffnung hindurchzuschlüpfen, wurde der 13-jährige Nachbarjunge *Konrad Braungart* mit einer Karbidlampe zur Erkundung herangezogen. Seit 1907 wird die Höhle elektrisch beleuchtet. Heute unterstreichen LED-Beleuchtungen die unterirdischen Schönheiten. Läuft man vom Eingang der Höhle weiter den Berg hinan, gelangt man zum aussichtsreichen Pavillon mit äußerst lohnendem Blick auf Streitberg und die Ruine Neideck über dem Wiesenttal.

• *Öffnungszeiten/Eintritt* Eine Woche vor Ostern bis Anf. Nov. täglich 9–17 Uhr. Auf Anfrage gibt es Märchenführungen für Kinder von 3 bis 6 Jahren und Abenteuerführungen von 7 bis 14 Jahren. Während der Wintersaison Gruppenführungen auf Anfrage. ✆ 09196/19433 oder 340. Eintritt 3,50 €, Kinder 2 €, Schüler 2,50 €, Familienkarte 9 €. (Führungen dauern 30–40 Minuten). www.binghoehle.de.

Geologischer Erlebnispfad: Auf einem 3,6 km langen Rundweg werden in zwölf Stationen geologische Sehenswürdigkeiten nähergebracht. Beginn am Parkplatz im Schauertal am nördlichen Ortsrand. Noch im Ort befindet sich der Wedenbach mit Wasserfall. Der Bach plätschert über sehenswerte Tuffkaskaden. Beiderseits schöner Hangfußwald mit Buche, Spitzahorn, Linde, Ulme, Hainbuche und krautreichem Unterwuchs. Mit etwas Glück kann man dem Feuersalamander oder der Wasseramsel begegnen.

Rund um Streitberg

Burgruine Neideck: Hübsche Bilderbuchromantik im Wiesenttal zwischen Streitberg und Muggendorf. Die Burg war der Stammsitz des mächtigen Geschlechts der Schlüsselberger, die frühere Hegemonialmacht der heutigen Fränkischen Schweiz. *Graf Konrad von Schlüsselberg* provozierte 1347 seine mächtigen Nachbarn durch die Errichtung einer Zollstelle im Wiesenttal. Söldner der Burggrafen von Nürnberg und der Würzburger Bischöfe belagerten die Burg, dabei wurde Konrad von Schlüsselberg von einem Wurfgeschoss getötet.

An einem Septembermorgen des Jahres 1347 begab sich Konrad von Schlüsselberg auf den Abtritt, d. h. auf eines jener stillen Örtchen, die aus verständlichen Gründen über die Mauerbekrönung hinausragten. Dabei wurde er von den Belagerern bemerkt, die daraufhin mit ihrer Wurfmaschine senkrecht von unten nach oben schossen. So wurde der Graf an ungewöhnlichem Ort und an ungewöhnlicher Stelle getroffen – ein Sieg subtiler Kriegsstrategie und überlegener Waffentechnik des Feindes.
(Diese Anekdote schickte uns Leser Dr. R. Grassmann.)

Die Burg fiel daraufhin in die Hände der Bamberger Fürstbischöfe und blieb bis 1553 Sitz der Bamberger Verwaltung. Während des 2. Markgrafenkriegs wurde sie von Anhängern der Markgrafen Brandenburg-Kulmbach so gründlich zerstört, dass auf einen Wiederaufbau verzichtet wurde. Zunächst waren die Trümmer der Ruine als Baumaterial begehrt. Als man dann hier im 18. Jh. das sog. Juramarmor fand und abbauen wollte, wurden die verbliebenen Überreste, bis auf die Turmruine, abgerissen. Bei dem gelblichen und rotgebänderten Gestein handelt es sich nicht um echten Marmor, sondern lediglich um dichten, polierfähigen Jurakalk. Juramarmor wurde z. B. zum Ausbau der Würzburger Residenz verwendet.

Burgruine Neideck – Wahrzeichen der Fränkischen Schweiz

Schönsteinhöhle (bei Neudorf): Beliebtes Ziel von Naturfreunden, die eine noch nicht touristengerecht aufbereitete Unterwelt erleben möchten. Der Eingang hoch am bewaldeten Hang gibt einen engen Spalt frei, dem man gebückt bis in die Haupthalle folgen kann. Das weitere Vordringen in das Labyrinth aus engen Gängen, geräumigen Hallen, Schächten und Spalten ist nur mit der nötigen Ausrüstung und Erfahrung zu empfehlen; in den 1950er Jahren mussten einmal zwei Schülerinnen aus Nürnberg tagelang aushalten, bis sie in letzter Minute gerettet wurden. In der Zeit von Anfang Oktober bis Ende April ist die Höhle geschlossen, zum Schutz der vom Aussterben bedrohten Fledermäuse, die hier überwintern. Nahebei im Wald steht das eindrucksvolle Felsentor des Schwingbogens.

• *Anfahrt und Führungen* Am einfachsten kommt man über Neudorf zur Höhle, Parken im Ort, am nördlichen Ortseingang führt ein Wanderpfad (blauer Kreis) zum Schwingbogen und zum Höhleneingang (ca. 1,5 km). Von Streitberg aus (etwa 4 km) kann man zunächst dem Rundwanderweg (*schwarzer Ring*) folgen (s. u. unter Wandern), dann das Lange Tal hinauf (*roter senkrechter Balken*). Führungen organisiert **Aktiv Reisen** in Muggendorf, ✆ 09196/998566.

Wandern

Rundwanderung Streitberg (Markierung schwarzer Ring)

Eine Wandertafel zur Übersicht über die zahllosen Wandermöglichkeiten befindet sich gleich beim Bürgerhaus. Zu Recht beliebt ist die Rundwanderung mit der Markierung *schwarzer Ring*: Der gut beschilderte Weg verbindet die Hauptsehenswürdigkeiten in und um Streitberg (mit Ausnahme der Ruine Neideck). Die vorgeschlagene Route führt durch schönen Laubmischwald und zum Teil in etwas beschwerlicheren Abschnitten an eindrucksvollen Felsen vorbei, weshalb festes Schuhwerk ratsam ist. Wegstrecke ca. 5 km, jedoch mehrmaliges Auf- und Absteigen erforderlich.

Nach dem Besuch der Binghöhle geht's hoch zur ehemaligen Feste Streitberg (Aussicht). Ein kleines Stück Richtung Oberfellendorf, die Straße überqueren und über die sogenannte Dr. Brock'sche Anlage nun bergab über das Lange Tal. Umleitung beim Müllerfelsen, um den Brutplatz des Wanderfalken zu schützen (Klettern strengstens verboten!). Über Klararuhe zur *Muschelquelle* und über die Lindenallee zurück nach Streitberg – direkt an der Probierstube vorbei.

Beim Freibad findet sich eine weitere Tafel mit Vorschlägen für Wanderungen durch die herrlichen Wälder, unter anderem auch zur Ruine Neideck. Außerdem ist am Parkplatz des Freibads der Einstieg in die neue, gut erklärte Nordic-Walking-Strecke mit Anleitung für Neulinge und verschiedenen Schwierigkeitsgraden.

Wandern nach Muggendorf:

Will man nicht die Berge hinaufhasten, empfiehlt sich eine Wanderung nach Muggendorf im Talgrund, die parallel zu den Gleisen verläuft (Markierung *roter Kreis*, später *rotes Kreuz*). Von hier kann man sonntags mit dem Zug zurückfahren.

Siehe auch Wandern und Höhlenbesuche um Muggendorf, S. 196.

Muggendorf

Neben Pottenstein und Gößweinstein ist Muggendorf, das mittlerweile mit Streitberg zur Marktgemeinde Wiesenttal zusammengefasst wurde, der bekannteste Ort der Fränkischen Schweiz. Er war das Ziel der ersten Touristenwelle Anfang des 19. Jh. Durch Reiseberichte und Forschungsreisen in das „Muggendorfer Gebürg" erstmals bekannt geworden, pilgerten bald vornehme Kurgäste zur Erholung und Genesung nach Muggendorf. Natürlich wurde der Ort auch Reiseziel damaliger Prominenz: 1804 Professor Rosenmüller, Entdecker der nach ihm benannten Höhle, 1837 Karl Immermann, und 1879 gab sich schließlich Richard Wagner samt Familie die Ehre.

Eine wechselvolle Geschichte hat das im letzten Jahrhundert errichtete Kurhaus hinter sich: In den 1930er Jahren zum Parkhotel umfunktioniert, 1945 von den siegreichen Amerikanern beschlagnahmt, danach Notquartier für Flüchtlinge. 1987 war es als Notquartier für Asylbewerber Gegenstand hitziger Debatten, die auch von der überregionalen Presse interessiert verfolgt wurden. Heute ist in dem Gebäude die Gemeindeverwaltung und das Touristenbüro untergebracht.

Die neue Ortsumgehung hat den Ortskern von Verkehrslärm entlastet. Natürlich gab es Befürchtungen, dass eine gut ausgebaute B 470 als Querspange zwischen der A 9 und der A 73 zusätzlich Fern- und Schwerverkehr in das beschauliche Wiesenttal ziehen würde, das ist aber so nicht eingetreten. Aber Vorsicht: die übersichtliche Strecke bei Muggendorf wird oft zur Radarfalle!

Kürbisfest

Es findet am ersten Oktoberwochenende zum Erntedankfest statt. Am frühen Nachmittag zieht ein Festzug aus blumengeschmückten Wagen mit Blaskapelle vorbei. Am Abend tragen die Kinder Kürbisse durch die Straßen: reich mit Ornamenten verziert, ausgehöhlt und mit einem Kerzenlicht bestückt. Dieser Brauch hat möglicherweise heidnische Wurzeln, wird aber von den Muggendorfern eifrig bis heute fortgeführt. Das originelle Fest lockt jedes Jahr viele Besucher aus der weiteren Umgebung nach Muggendorf.

Information/Diverses

- *Vorwahl* 09196
- *Information* Tourist-Information Muggendorf/Streitberg im Fachwerk-Rathaus am Ortseingang, Forchheimer Str. 8, 91346 Muggendorf. Geöffnet Mo–Fr 8–12 Uhr, in den Sommermonaten auch nachmittags 14–17 Uhr, Sa 10–12 Uhr. ✆ 19433, 📠 929930. www.wiesenttal.de
- *Einkaufen* **Annette Seliger**, Volkskunst aus dem Erzgebirge, große Auswahl an Weihnachtsartikeln, Krippen, Spielzeug und vieles andere aus Holz. Forchheimer Str. 10, ✆ 1526, 📠 1533. Werktags geöffnet, Sa bis 14 Uhr, Sommer auch Sonntagnachmittag.

Kallasch, Kunstgewerbliche Werkstatt, Kupfer- und Zinnbilder, Teller und Wappen aller Art, Bierkrüge. Dooser Berg 7, ✆ 477, 📠 9987655.

- *Fahrradverleih/Tourenveranstalter* Bei **Aktiv Reisen** kann man geführte Fahrradtouren, Erlebnis- und Kletterwochenenden, Familiencamps oder Höhlentrips buchen. Höhlenbefahrung ab 24 € (2–3 h). Man kann sich auch Fahrräder, Nordic-Walking-Stöcke, Kanadier oder Kajaks mieten. Mountainbikes ab 19 €, Tourenräder 16 € pro Tag, Halbtagestouren im 2er-Kajak 20 € (2–3 h), Tagestouren ab 25 € (5–6 h), ein Transfer, Schwimmweste und Tonne pro Boot sind inklusive. Infos unter ✆ 998566, 📠 998590, oder im Internet unter www.aktiv-reisen.com. Büro an der B 470 bei der ehemaligen Tankstelle, Ortsausfahrt Richtung Ebermannstadt.
- *Reiten* in schöner Landschaft. Der **Reit- und Fahrverein Birkenreuth** hat sein Domizil vor wunderbarer Waldkulisse in der Nähe der Burgruine Neideck. ✆ 09194/4178. Ausritte auf Irish Tinker Ponys bietet Melanie Wunder auf ihrem **Ferienhof Voigendorf**. ✆ 09196/997234.
- *Freibad* Das gleich am Ortseingang gelegene kleine Waldschwimmbad hat mehr Atmosphäre als so manch modernes Schwimmbad-Erlebniszentrum! Das unbeheizte Bassin wird mit erfrischendem Quellwasser gefüllt. Die Liegeplätze sind auf kleine Terrassen verteilt. Mitte Mai bis Mitte Sept. von 10 bis 19 Uhr geöffnet, außer bei schlechtem Wetter. ✆ 277.

• *Kneippanlage* Neben dem Freibad; in ihrer Nachbarschaft steht eine 1871 gepflanzte Friedenseiche.

• *Minigolfplatz* Am Ortseingang neben der Forchheimer Straße (nicht zu verfehlen). Geöffnet von Mai bis Oktober von 8–20 Uhr, ✆ 19433.

• *Modellbahnmuseum* **Die Bahnschranke**, Bayreuther Str. 23. So 10–12 und 13–17Uhr, Gruppen außerhalb auf Anfrage. ✆/℻ 1630. Erw. 2,50, Ki. 1 € Eintritt.

• *Tennis* Auskunft beim Gasthof Kohlmannsgarten, ✆ 201.

• *Naturschule Viva Natura* in Birkenreuth 25. Rosa Schmidt führt Kinder wie Erwachsene auf Exkursionen in die Welt der Kräuter ein. Was man findet wird auch gleich verarbeitet und verzehrt. Sie lockt in Höhlenabenteuer und führt durch den „keltischen Kraftplatz" Druidenhain. ✆ 4160, www.naturschule.info.

Essen/Übernachten

**** **Goldner Stern**, alteingesessenes Restaurant am Marktplatz, im Sommer auch mit Gartenbetrieb. Im Restaurant gibt's gutbürgerliche Küche zu gutbürgerlichen Preisen, außerdem eine mediterrane Karte. An der Bartheke kann man auch einfach nur ein Bier trinken. Radler willkommen („Bed and Bike"). Eine Nacht in einem der komfortablen DZ kostet ab 70 € inklusive reichhaltigem Frühstücksbuffet, EZ ab 50 €. Marktplatz 6, ✆ 09196/92980, ℻ 1402, www.goldner-stern.de.

Die Kneippanlage im Waldschwimmbad Muggendorf

Sonne, gleich neben dem Rathaus. Mittags große Auswahl an diversen Braten, jeder in seiner eigenen Soße. Fränkische Spezialität: Kartoffelsuppe. Abends Pfannengerichte, Steaks etc. Freundlich renovierte Zimmer, schöne Sonnenterrasse. DZ mit Bad ca. 66 €, EZ 40 €. Forchheimer Str. 2, ✆ 09196/754, ℻ 371, www.sonne-muggendorf.de.

Eberhard, das Interieur im gehobenen Stil der 1950er Jahre verleiht dem Restaurant und Café eine besondere Note. Inhaberin Adele Würffel, die das Hotel seit 1953 betreibt, bietet ab 11 € ein kleines Menü, bestehend aus Suppe, Braten und Dessert. Zum Restaurant gehört eine eigene Forellenfischerei, aber auch Hausgäste, die einen Angelschein haben (gibt es bei der Gemeinde) dürfen im Fischgewässer an der Wiesent angeln. Kein Ruhetag – kein Wunder, wenn zu den Stammgästen viele Angler zählen, die aus ganz Europa und Übersee anreisen. DZ für 80 €, EZ 40 €. Bayreuther Str. 2, ✆ 09196/230.

Zur Wolfsschlucht, im Gasthof mit eigener Metzgerei werden deftige fränkische Gerichte serviert, z. B. Schlachtplatte mit Sauerkraut. Braten gibt's am Wochenende, auch fangfrische Forellen. Beliebt ist die hauseigene Kegelbahn, Di Ruhetag. DZ mit modernem Komfort 64 €, EZ 37 €. Wiesentweg 2, ✆ 09196/324, ℻ 670, www.gasthof-zur-wolfsschlucht.de.

Kohlmannsgarten, Gaststätte im Stil der 60er Jahre. Die alteingesessenen Besitzer Wehrfritz empfehlen eine solide fränkische Küche (Spezialität Wiesentforelle) und selbst gebackenen Kuchen. Im Sommer wird auch der schattige Biergarten bewirtschaftet: Anlässlich des Aufenthaltes von Richard Wagner wurde 1879 eine Linde gepflanzt, die mittlerweile eine stattliche Größe erreicht hat. Serviert wird das gute Wehrfritzbier hell und dunkel, das jetzt in Lizenz nach altem Rezept gebraut wird. Di-Nachmittag geschlossen. Im Obergeschoss einige Fremdenzimmer, DZ mit Bad/Dusche 50 €, ohne Dusche 40 €. Außerdem zwei komplett eingerichtete Appartements bzw. Ferienwohnungen. Lindenberg 2, ✆ 09196/201, www.kohlmannsgarten.de.

Café Wiesenttalblick, ruhige Lage am bewaldeten Berghang oberhalb vom Ort mit schönem Blick ins Tal von der kleinen Terrasse aus. Kletterer verweilen gerne bei ihrer „Oma Zapf". Sie verwöhnt die Gäste mit riesigen Portionen ihrer selbst gebackenen Kuchen. Rosenauweg 13, ✆ 09196/1465. Sonntag Ruhetag. Vom Café führt ein Waldweg am Hang entlang bis zum Schwimmbad und zur Kneippanlage.

Pension Seybert, die Inhaberin vermietet im ehemaligen Gasthaus in ruhiger Lage schöne Zimmer mit Balkon. Gemütlicher Aufenthaltsraum. Aus der hauseigenen Brennerei bietet sie zwölf Brände und Liköre zum Verkauf an. DZ 52 €. Oberer Markt12, ✆ 372.

• *Privatzimmer/Ferienwohnungen* Im Markt Wiesenttal gibt es 44 Anbieter von Ferienwohnungen (von 26–43 € f. 2 Pers.) und neun Bauernhöfe mit Ferienwohnungen (26–36 €), außerdem zwei Ferienhäuser in Muggendorf (30–48 €).

• *Außerhalb* **Gasthof Heid**, in Wohlmannsgesees. Moderner Speisesaal, für Hausgäste gemütliches Nebenzimmer mit Kachelofen. Gute Hausmannskost, preiswert. Leckere Liköre aus eigener Brennerei (Sauerkirsche!). Die Wirtin duzt gerne jeden Gast. Di Ruhetag. Zimmer ruhige Lage, DZ mit Dusche 50 €. Wohlmannsgesees 1, ✆ 09196/306.

Geschichte/Sehenswertes

Nach der mündlichen Überlieferung soll es bei Muggendorf eine Burg gegeben haben, die sich jedoch nicht urkundlich belegen lässt. Immerhin wurden von Anfang bis Mitte des 12. Jh. Angehörige des Adelsgeschlechtes Sterker von Muggendorf aktiv. Später war der Ort dann wie das benachbarte Streitberg im Besitz der Schlüsselberger. Neben den Kriegsschäden, die die ganze Region betrafen (Hussitenkriege, die beiden Markgrafenkriege, Dreißigjähriger Krieg) wurde Muggendorf mehrfach durch verheerende Brandkatastrophen zerstört: 1601, 1632, 1667 und 1726 wütete der Feuerteufel.

Einer alten Überlieferung zufolge soll in Muggendorf der Reformator Martin Luther gepredigt haben: Die Muggendorfer feierten gerade ausgelassen ihr Kirchweihfest, als sich zwei Fremde als Luther und sein Begleiter vorstellten. Angesichts des hohen Besuchs wurde es auf dem Festplatz sofort still, und Luther hielt vor seiner Weiterfahrt nach Nürnberg eine Predigt. Die Muggendorfer gaben dem Platz, an dem Luther gepredigt hatte, den Namen „Stille Wiese". Heute befindet sich hier eine ganz und gar profane Einrichtung: ein Minigolfplatz.

Sehenswert ist die protestantische **Laurentiuskirche**, die größtenteils nach der fürchterlichen Feuersbrunst von 1632 erbaut wurde. Erhalten blieben von der ursprünglich gotischen Kirche die Spitzbogenfenster, während Altar und Taufstein schon dem Frühbarock zuzuordnen sind. Auffällig am Altar sind die drei geschnitzten Statuen, die die beiden Apostel Petrus und Paulus sowie den namensgebenden Laurentius darstellen. Kunstgeschichtlich bemerkenswert ist der bei Restaurationsarbeiten 1969–71 freigelegte Bilderzyklus an den Emporentäfelungen. Ein großer Teil der alt- und neutestamentarischen Tafeln konnte restauriert werden. Solcherart bemalte Emporen waren in den evangelischen Kirchen zwischen dem 17. und dem Ende des 18. Jh. in Franken weit verbreitet; sie wurden jedoch häufig bei späteren Renovierungen übermalt.

Druidenhain

Tausend Tonnen schwere bemooste Felsbrocken liegen, scheinbar einer geometrischen Ordnung folgend, in einem Buchen-Fichten-Mischwald südwestlich von Wohlmannsgesees – eine keltische Kultstätte?

In der Hallstatt- und Latènezeit (800 v. Chr. bis Christi Geburt) sind Siedlungen und Wehranlagen keltischer Stämme in Oberfranken nachweisbar, z. B. auf der Ehrenbürg, aber auch auf dem Burgberg bei Burggaillenreuth. Die Kelten hatten eine hochentwickelte Kultur. In ihrer Gesellschaft war die Priesterkaste hoch angesehen – in die Geheimnisse der Sternen- und Zauberkunde waren nur die Druiden eingeweiht. Das mystische Flair des sog. Druidenhains zog schon damals die Menschen in ihren Bann. Immer wieder war angesichts der merkwürdigen reihenförmigen Anordnung der Felsen vermutet worden, dass die Druiden die Felsen bewusst zu Gassen angeordnet hätten. Einem anderen Zweck sollen die schüsselförmigen Vertiefungen und ringförmigen Öffnungen der Felsen gedient haben.

Der Landwirt *Georg Richter* beschäftigte sich sein halbes Leben mit der Vermessung des Geländes. Nach seinen Schlussfolgerungen handelte es sich um eine Sonnenkultstätte, auf der astronomische Berechnungen durchgeführt wurden und Druiden ihre kinetischen Kräfte übten. Der *Wackelstein* wurde mittels Konzentration, allein durch Geisteskraft, bewegt. Auch der *Taufstein*, ein vier Meter langer und ca. 40 cm dicker Felsblock, soll religiöse und astronomische Funktionen erfüllt haben: Durch das runde Loch in der Mitte passt gerade ein Neugeborenes. An Sonnwendtagen sollen durch dieses Loch die ersten und letzten Sonnenstrahlen auf die umstehenden Felsblöcke geworfen werden (frühester Sonnenaufgang: Winkelstein, spätester Sonnenuntergang: Grab). Bemerkenswert: Der *Wächter*, ein mit menschlichen Gesichtszügen ausgestatteter Felsblock, blickt direkt auf den Taufstein.

Etwas nüchterner klingt die wissenschaftliche Erklärung, der zufolge es sich um ein früheres Jura-Meer handle und lediglich einige der kleineren Steine von Menschenhand in ihre heutige Position gerückt worden seien. Die bis zu 5 m hohen Blöcke des Felsenlabyrinths sind durch bestimmte Verwitterungsvorgänge entstanden, wobei geologisch vorgezeichnete Klüfte und Spalten im Gestein die „symmetrische" Anordnung beeinflusst haben. Seiner Anziehungskraft wird dieser geheimnisumwitterte Platz trotz dieser naturwissenschaftlichen Erklärung nicht beraubt ...

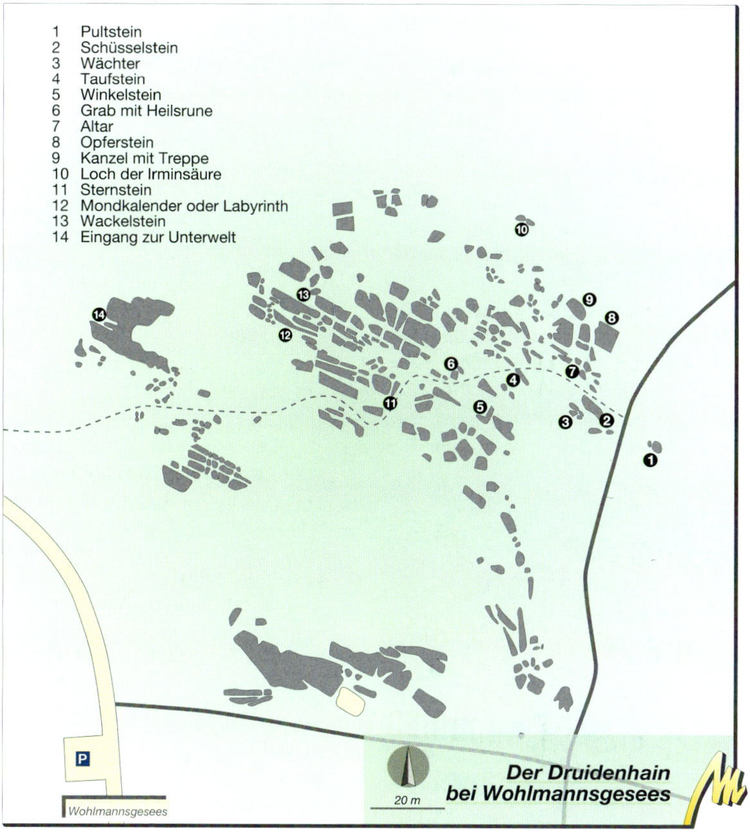

Unteres Wiesenttal
Karte S. 174/175

Burggaillenreuth

Das kleine Dorf oberhalb des Wiesenttales besitzt eine der fotogensten Burgen der Fränkischen Schweiz. Während der Bauernkriege von den Aufständischen geschleift, wirkt der zierliche, weiß gestrichene Festungsturm wie ein originales Überbleibsel der Raubritterzeit. Die Burg wird gerne mit dem berüchtigten Raubritter Eppelein von Gaillingen in Verbindung gebracht, der nachweislich die heute nicht mehr existierende Burg von Trainmeusel bewohnte. Verbürgt ist, dass die Ländereien von Burggaillenreuth ihm als Lehen unterstanden. Berühmt wurde er durch seinen Sprung zu Pferd über die Burgmauer von Nürnberg, mit dem er seinen Henkern entkommen konnte. Später wurde er allerdings bei Neumarkt gefasst und gleich an Ort und Stelle hingerichtet. Erst im fortgeschrittenen Alter von 62 Jahren war aus dem sinnesfrohen Rittersmann ein Geiselnehmer und Erpresser geworden. Man erzählt sich, dass er sein Lehen wegen eines Verhältnisses zur Konkubine des Eichstätter Bischofs verlor und dadurch mittellos wurde.

Sehenswertes

Ein großes Problem über Jahrhunderte war in der Fränkischen Schweiz die Wasserversorgung für Mensch und Tier in den hoch gelegenen Juradörfern. Wasser musste mühsam auf dem Rücken oder mit Fuhrwerken von den Quellen im Tal auf die Höhen transportiert werden. Für Erleichterung sorgte ein Ende des 18. Jh. entwickeltes technisches Wunderwerk, der hydraulische Widder. Eine zyklisch arbeitende Wasserpumpe –ohne Motor, aber mit zwei beweglichen Teilen –, die über sich öffnende und schließende Ventile und den sich dadurch im Widder (Kammer) aufbauenden Luftdruck eine Wassersäule nach oben treibt. Burggaillenreuth wurde von 1877 bis 1923 über eine Leitung von 120 m Länge mit Trinkwasser aus einer Quelle versorgt. Das zwischen Museumsbahnlinie und Leo-Jobst-Wanderweg gelegene Hebewerk wurde repariert, wieder in Gang gesetzt und die Quelle gefasst. Informationstafeln erklären das Prinzip in diesem kleinen Museum der Natur.

Feststimmung in Burggaillenreuth

Gasthaus Wolf, der gemütlich-rustikale Gasthof bietet ordentliche Brotzeiten und täglich warme Küche an. DZ ab 44€, HP 9 €. ✆ 09242/92433. www.gasthof-wolf.de, gasthof-wolf@freeenet.de.

Burghotel Gaillenreuth, wohnen und speisen in ritterlichem Ambiente: Wo schon kann man in einem Verlies gemütlich sitzen? Schöner Biergarten. Alles bei günstigen Preisen. DZ 50 €, auch Ferienwohnungen. Mo. Ruhetag. www.burghotel-gaillenreuth.de.

Wandern und Höhlenbesuche

Nach Streitberg über die Rosenmüllershöhle

(Markierung roter senkrechter Balken)

Vom platzartigen Ortszentrum geht man den Oberen Markt bergan und folgt dem Schmiedsberg auf die Hochfläche. Hier trifft man auf den markierten Wanderweg, der abwechslungsreich nach Streitberg führt. Schon nach wenigen Metern ist die Abzweigung zur Rosenmüllershöhle erreicht. Die Höhle besteht vornehmlich aus einem knapp 80 m lang und bis zu 16 m hohem Raum. Ihre Entdeckung (1790), bzw. der Bericht ihrer nicht ungefährlichen Erstbegehung (1793) fand deutschlandweit Beachtung. Schnell wurde sie eine der Hauptattraktionen des „Muggendorfer Gebürgs“. Der spektakuläre Einstieg durch die Decke wurde durch einen künstlichen ebenerdigen Eingang erleichtert, wodurch die Rosenmüllershöhle von 1830 bis 1960 als Schauhöhle geführt werden konnte (mit der Entdeckung der Binghöhle verlor sie allerdings immens an Besuchern). Über viele Steinstufen lässt sich die Höhle heute noch leicht begehen. Leider ist durch den Vandalismus der letzten Jahre kaum noch zu erkennen, warum diese Höhle früher als die schönste der Fränkischen Schweiz galt.

Rundwanderung

Muggendorf – Oswaldhöhle – Hohes Kreuz – Riesenburg – Schottersmühle – Engelhardsberg – Adlerstein – Quackenschloss – Muggendorf

Diese klassische Tageswanderung im „Muggendorfer Gebürg“ führt zu zahlreichen naturkundlichen Sehenswürdigkeiten der großen Wiesentschleife. Wenn man Riesenburg und Schottersmühle auslässt, kann man in Engelhardsberg die Tour zu einer dreistündigen Wanderung abkürzen. Zwei größere An- und Abstiege. Einkehrmöglichkeit in Engelhardsberg und der Schottersmühle.

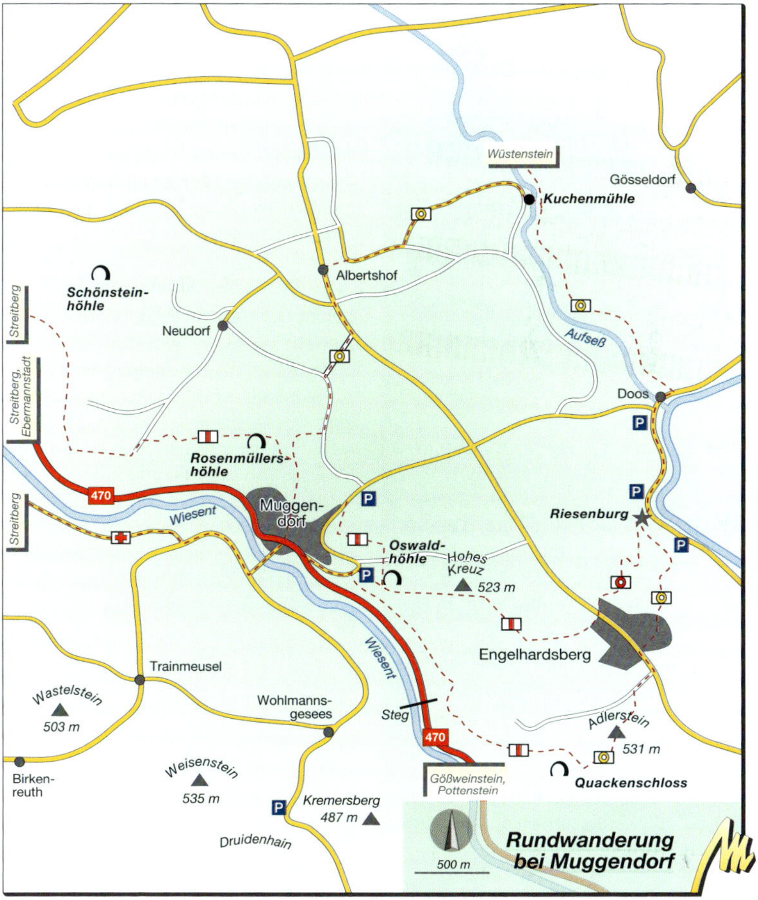

Unteres Wiesental
Karte S. 174/175

Von Muggendorf aus folgt man in westlicher Richtung dem mit einem roten senkrechten Balken markierten Weg durch einen Buchenwald zur **Oswaldhöhle**, einer ca. 60 m langen Durchgangshöhle. Man läuft im Dunkeln durch die Höhle, der Lichtstrahl von der anderen Seite leitet einen gefahrlos hindurch. In früheren Kriegen suchten die Muggendorfer Schutz in der einstmals abgeschlossenen Höhle. Hat man die Höhle durchwandert, stößt man nach etwa 30 m links in einer Felsnische auf den Eingang der **Wundershöhle**. Der Muggendorfer Höhleninspektor Johann Christoph Wunder entdeckte den Eingang, als er 1772 unter dem Felsüberhang Schutz vor einem Gewitter suchte. Der markierte Wanderweg führt dann nach links weiter. Ein Abstecher nach rechts hingegen führt steil nach unten zum Eingang der **Witzenhöhle**, die Ende des 18. Jh. der Pfarrer und Naturforscher Esper als die „schröcklichste" Höhle der Gegend empfand (30 m lang, 3–6 m hohe Eingangshalle, enger Zugang zur tiefer gelegenen Etage, in einer weiteren Halle liegt ein riesiger Verbruchsstein, der sog. Altar, auf dem einst eine Götzenfigur des wendischen Gottes „Witt" gestanden haben soll).

Am „Strand" von Muggendorf

Über einen Felsensteig erreicht man das nahe gelegene **Hohe Kreuz**. Der hölzerne Aussichtsturm erlaubt einen schönen Blick auf die leicht wellige Hochflächenlandschaft. Am Dorfrand von Engelhardsberg (Markierung *roter Ring*) geht es abwärts zum romantischen Felsengebilde der **Riesenburg**. Es handelt sich dabei um eine äußerst imposante Ruine einer eingestürzten Doline. Auf einer Felsenbrücke gelangt man zu einem kleinen Aussichtsstein mit Blick hinunter ins Wiesenttal.

Nun ist es entweder möglich, ins Tal abzusteigen und entlang der Wiesent zur **Schottersmühle** zu laufen, oder mit der Markierung *gelber Ring* nach Engelhardsberg zurückzukehren, wo man bei Heumanns an der Hauptstraße gut einkehrt. Zurück geht es vom südlichen Ortsausgang von Engelhardsberg, wo auch der Weg von der Schottersmühle wieder einmündet, mit dem *gelben Ring* zum **Adlerstein**. Wenn sich im 19. Jh. Wanderer dem Adlerstein näherten, stand ein Bauer mit einer Leiter parat, über die man gegen Entgelt den Felsen erklimmen konnte. Seit Anfang des 20. Jh. gelangt man über eine Eisentreppe zum Aussichtspunkt: Der faszinierende Rundblick wurde schon von dem in der Fränkischen Schweiz allgegenwärtigen Victor von Scheffel in einem Gedicht verewigt. Nicht weit entfernt tritt im

Wald das **Quackenschloss** hervor, eine kleine bizarr geformte Durchgangshöhle. Durch schönen Buchenwald wandert man am Hang zurück nach Muggendorf.

Rundwanderung

Muggendorf – Albertshof – Kuchenmühle – Doos – Riesenburg – Engelhardsberg – Adlerstein – Quackenschloss – Muggendorf (Markierung gelber Ring)

Von Muggendorf geht es nördlich auf die Hochfläche nach Albertshof, im Ort rechts hinab zur Kuchenmühle im einsamen Aufseßtal. Durch das wunderbar ruhige Tal ohne Straße und Siedlung bis nach Doos an der Einmündung in die Wiesent, von dort zur Riesenburg. Der Rückweg verläuft wie bei der obigen Wanderung. Schöne Tagestour, 17 km, festes Schuhwerk. Einkehrmöglichkeiten an der Kuchenmühle und in Engelhardsberg.

Wandern im Aufseßtal

von Doos bis Wüstenstein (Markierung blauer Ring)

Wer ohne Autoverkehr und Tourismusrummel in einem ruhigen, schönen Tal wandern möchte, dem bietet das untere Aufseßtal traumhafte Bedingungen. Der Weg ist leicht und ohne Steigung. Wer nur einen Spaziergang machen möchte, läuft von Doos (Wanderparkplatz) zur Kuchenmühle, kehrt dort gemütlich ein und wandert dann gemächlich wieder zurück, insgesamt etwa 3–4 km.

Am östlichen Ortsausgang von Muggendorf, in der Straße „Lindenberg", findet sich eine Orientierungstafel. Sie ist Ausgangspunkt für weitere Rundwanderungen von 1 bis 14 km.

Einkehrmöglichkeiten

- *Im Aufseßtal* **Kuchenmühle**, bis Anfang der 1970er Jahre als Säge- und Getreidemühle voll funktionsfähig, kurze Zeit später Ausbau des gastronomischen Betriebs. An der Stelle des Anfang der 1980er Jahre abgebrannten alten Gebäudes steht seit 1985 ein moderner Fachwerkbau in fränkischem Stil. In der Gastwirtschaft fränkische Küche. Empfehlenswert sind die Forellen und die Kuchen-Auswahl. ✆ 09196/377. Kein Ruhetag.
- *Im Wiesenttal* **Schottersmühle**, die traditionsreiche Mühle (seit 1367) zwischen Behringersmühle und Doos verwöhnt mit fränkischer Gastlichkeit im großen Biergarten. Man blickt auf die ruhige Wiesent, auf der ab und zu Kanufahrer vorbeigleiten. Etwas störend ist nur die nahe Straße. Gemütliche „Mühlenstube" und frisch renovierte Zimmer. Spezialitäten Forellen und Blechkuchen. DZ 56 €, EZ 34 €. ✆/℻ 09196/272, Mi Ruhetag. www.schottersmuehle.de, achimS55@web.de.
- *Engelhardsberg* **Gasthaus Sebald-Heumann**, hier gibt es auch vegetarische Gerichte (Nudelpfanne, Kartoffelgratin und üppige Salate). Spezialität sind in schwimmendem Fett gebackene Riesenpfannkuchen (einer reicht meist für zwei Personen). An Wochenenden gute Braten und hausgem. Kuchen. Kleine umrankte Terrasse zum Draußensitzen. Di Ruhetag, Nov. bis März auch Mo. ✆ 09196/361.
- *Neudorf* **Gasthof Heumann-Polster**, wohl die kleinste Wirtschaft der Gegend. Die Minischenke und der Kachelofen beanspruchen fast ein Drittel des Raums. Der Wirt, ein Metzgermeister, setzt sich gerne an den Tisch der Gäste. Die Wurst für die üppigen Brotzeiten und die Bratwürste, die es täglich gibt, macht er selbst. Das hauseigene Brot kommt vom Dorfbackofen. Am Sonntag wird ein Mittagsgericht angeboten. Vom Wanderparkplatz gegenüber der Burgruine Neideck kann man leicht durchs „Lange Tal" nach Neudorf auf der Jurahöhe hinaufsteigen. ✆ 09196/459. Mi Ruhetag.
- *Voigendorf* **Steinbrecher**, Gasthof mit Bauernhof. Oft Wildgerichte zur Auswahl, da der Wirt Jagdpächter ist. ✆ 09196/283. Do Ruhetag, Fr ab 14 Uhr zu.

Gößweinstein

Der fromme Ort auf der Jurahöhe wird überragt von der Burg und einer doppeltürmigen Wallfahrtsbasilika. Er ist das Ziel zahlloser Pilger- und Seniorenreisegruppen. Je nach Entfernung brechen die Wallfahrer zu nächtlicher Stunde oder im Morgengrauen in ihrem Heimatdorf auf und treffen nach einem langen Fußmarsch zur Morgenmesse in Gößweinstein ein. Die Pilger aus dem etwa 75 km entfernten Lichtenfels müssen sogar drei Tagesetappen auf sich nehmen.

Die Pilgersaison dauert von Mai bis September. Höhepunkt ist der erste Sonntag nach Pfingsten (Dreifaltigkeitssonntag), der Namenstag der Basilika. Jährlich kommen ca. 60.000 Wallfahrer nach Gößweinstein, davon 20.000 zu Fuß. Der Ortskern gruppiert sich entlang der Hauptstraße und zieht sich terrassenförmig zum Burgfelsen hinauf. Besonders von hier hat man einen schönen Ausblick auf den von kleinen Felspartien eingerahmten Ort, dessen Durchgangsstraße allerdings stark von Gastronomie und Hotellerie sowie dem Souvenirhandel geprägt ist.

- *Vorwahl* 09242
- *Information* Tourismusbüro im Haus des Gastes, Burgstr. 6. 91327 Gößweinstein, Mo–Fr 9–18 Uhr, Ostern–Okt. auch Sa 9–12 Uhr. ✆ 456, Fax 1863, www.goessweinstein.de. Im gleichen Haus untergebracht ist eine geologische Ausstellung und Bibliothek. Kulturgeschichtlich Interessierte können sich hier erkundigen nach Terminen für Basilika-Führungen, Orgelkonzerte, Veranstaltungen in der Theaterhöhle oder botanische und ornithologische Führungen.
- *Nachtwächter-Rundgang* Alle 14 Tage führt Manfred Heckel Samstagabend in zünftiger Kluft durch den Ort. Auskunft im Tourismusbüro.
- *Angeln* Angelkarten (Fliegenfischen) für die Püttlach sind erhältlich unter ✆ 09242/357).
- *Bootsverleih* von Frühjahr bis Herbst an der Stempfermühle, ✆ 92596, www.leinen-los.de (s. a. unter Behringersmühle).
- *Tipi-Übernachtungen* im Leinen-los-Park im Freibadgelände (15 €/Pers. und Nacht), Bogenschießen für jedermann (Schnupperkurse Erw. 20 €, Ki. bis 18 J. 13 €). Anmeldung unter 0170/7551943.
- *Fahrradverleih* **Schumann's Fahrrad-Shop**, gute Auswahl an gepflegten Touren- und Mountainbikes. Ab 5 € pro Tag. Auch Radtouren werden angeboten. Balthasar-Neumann-Straße, ✆ 7336.
- *Hallenbad* mit Sauna, Solarium und medizinischer Bäderabteilung, geöffnet Do–Fr 14–21 Uhr, Sa/So 14–18 Uhr, Eintritt 3,50 € oder ermäßigt (Schüler, Studenten, Beh.) 3,00 €, mit Fam. 2,50 €.
- *Minigolf* Schöne Anlage mit Biergarten und Spielplatz an der Straße nach Behringersmühle, geöffnet Ende März–Mai und Mitte Sept–Okt. Sa/So ab 13 Uhr, Mai/Juni Mo–Fr ab 13, Sa/So ab 10 Uhr, Juli–Sept tägl. ab 10 Uhr oder nach tel. Voranmeldung. ✆ 09242/1718 oder 92582, www.minigolf-goessweinstein.de.
- *Tennis* in Behringersmühle.

Essen/Übernachten

Als traditionsreicher Urlaubs- und beliebter Wallfahrtsort verfügt Gößweinstein über ein äußerst reiches Angebot an (zumeist gutbürgerlichen) Restaurants, Gasthöfen, Hotels und Pensionen. Nachstehend eine kleine Auswahl:

Post, viele Spezialitäten, im Frühjahr heimisches Rehwild, im Sommer Pilzgerichte. Wurst aus eigener Schlachtung und sogar eine eigene kleine Schweinehaltung, die für frischen Nachschub in der Küche sorgt (ab Ostern). Als Aperitif gibt's selbst gemachten Holundersaft mit Sekt. Die beiden Söhne des Wirts, einer ein Bundesjugendsieger im Kochen, stehen in der Küche. Mo Ruhetag. 25 Betten zu vermieten, das DZ (DU/WC) mit Frühstücksbuffet 58 €, EZ 32 €. Günstige Pauschalangebote. Balthasar-Neumann-Str. 10, ✆ 09242/278, Fax 578, www.zur-post-goessweinstein.de.

Stern, renommierter Gasthof mit gutbürgerlicher Küche; auf der Karte finden sich

Gößweinstein im Winterschlaf

Spezialitäten wie z. B. Forellenfilet in Blätterteig für 14,90 €. Ein Gericht, das sonst kein Gastronom bietet, ist das Ebermannstädter Pfännla – Schweinefilet mit Ebermannstädter Schimmelkäse überbacken. Sehr preiswert der Schweinebraten für 7,20 €. Neben dem schönen Fachwerkhaus liegt die Gartenterrasse. Mit über 60 Betten der größte Zimmeranbieter im Ort. Kein Ruhetag. Für eine Nacht im komfortablen DZ sind 64 € zu bezahlen, im Gästehaus 58 €, Halbpension möglich (12 € zusätzlich). Wanderwochen-Angebot: 7 Ü/HP im DZ ab 219 €. Pezoldstr. 5, ✆ 09242/98765, ℻ 98777, www.sternteam.de.

Scheffel, hier wohnte 1883 der Dichter Victor v. Scheffel. Ins Gästebuch trug er sich mit dem ironischen Spruch ein: „Belletriste? ! Siehste wie du biste. Belle warste, triste biste, siehste, wie de biste, Belletriste?" Zur Erinnerung an den Dichter wurde eine Scheffel-Stube eingerichtet, die mit Bildern, Wandsprüchen, Artikeln und Gedichten geschmückt ist. Dem Gasthof gegenüber wurde auch ein Scheffel-Denkmal errichtet. Doch zurück zur Gastronomie: Als Spezialität gilt der fränkische Sauerbraten mit Kloß oder fangfrische Forellen aus dem eigenen Bassin; wer am Nachmittag kommt, lernt den Inhalt der Kuchentheke schätzen; auch große Auswahl an Weinen, Mo Ruhetag. Das traditionsreiche Haus ist ein Nichtraucherhotel. DZ mit DU/WC/TV 57 €, EZ 33,50 €, Halbpension möglich (12 € extra). Balthasar-Neumann-Str. 6, ✆ 09242/201, ℻ 7318, www.scheffel-gasthof.de.

Krone, in dem Hotel/Gasthof direkt gegenüber der Basilika wird auch vegetarische Küche aufgetischt, raffinierte Küche, mittleres Preisniveau, durchgehend warme Küche. Empfehlenswerter Nachtisch ist das selbst gemachte Tiramisu. Toll eingerichtete Zimmer, viele Antiquitäten und restauriertes Originalmobiliar aus dem Jahre 1934. Wie damals Fließwasser im Zimmer, Bad und Toiletten auf der Etage. Di Ruhetag. Zimmer auch im angeschlossenen Hotel Regina (s. u.) und im früheren Gasthof Frankenland. DZ ab 48 € inkl. Frühstück, EZ 28 € inkl. Frühstück. Pension Frankenland DZ 56 €, EZ 34 €. Außerdem Ferienhaus für 10 Personen. Balthasar-Neumann-Str. 9, ✆ 09242/207 oder 0170/8763597 (mobil), ℻ 7362, www.krone-goessweinstein.de.

Café Greif, hier gibt es den wohl besten Kaffee am Ort, dazu leckere selbst gebackene Kuchen. Berühmt sind die riesigen Windbeutel. Balthasar-Neumann-Str. 17, ✆ 236. Tägl. 8–24 Uhr, Do-Abend geschl.

Nicht verschweigen wollen wir, dass Gößweinstein neben Cafés und Speisegaststätten die **Weinklause Heumann** mit großer Weinkarte zu bieten hat (Di–Fr ab 17 Uhr, Sa–So 11–14 Uhr. Mo Ruhetag). Außerdem gibt's hier die Pilsbars **Holzwurm** (Mo Ruhetag) und **Schlupfwinkel**. Gute Pizzen und Eis bekommt man im **Dolomiti** neben dem Rathaus.

• *Hotels/Pensionen/Ferienwohnungen*
Schönblick, modernes Haus am Ortsausgang Richtung Behringersmühle – der Name des Hauses besteht zu Recht (Hanglage). Restaurantbetrieb mit gutbürgerlicher Küche, tolle Steaks und leckere Vorspeisen. Tägl. ab 17.30 Uhr, Sa–So ab 11.15 Uhr. Di Ruhetag. Geräumige DZ mit Bad/WC ab 56 €. August-Sieghardt-Str. 8, ✆ 09242/377, 📠 847, www.schoenblick-goessweinstein.de.

Fränkischer Hahn, Hotelpension im Landhausstil am Ortsrand Richtung Behringersmühle. Das Haus liegt direkt am Frankenweg. Mit Liegewiese und Saunaparadies im Nachbarhaus. 24 Betten mit allem Komfort, ab 60 € für das DZ. Familienzimmer mit 2 Räumen bis 4 Pers. Badangerstr. 35, ✆ 09242/402, 📠 73 29, www.fraenkischer-hahn.de.

Regina, beliebtes Hotel garni in modernem Bau am Ortseingang (Richtung Ebermannstadt) mit hellem, geräumigem Frühstücksraum. DZ mit Dusche 56 €, mit Balkon 60 €. Sachsenmühler Str. 1, ✆ 09242/250, 📠 740346, www.hotelregina.de.

Zahlreiche weitere private Übernachtungsmöglichkeiten; die meisten DZ mit Bad/WC, bewegen sich im Preis zwischen 25 und 50 €. Bei Ferienwohnungen kann man allein in Gößweinstein unter 24 Anbietern wählen. Grundpreis pro Tag für zwei Personen zwischen 30 und 40 €. Verzeichnisse hat die Tourist-Information.

• *Camping* **Gasthaus Zum Pfaffenstein**, in Moritz auf der Jurahöhe (jenseits der Wiesent), Mo Ruhetag. In der Gaststätte der Familie Zitzmann gibt es einfache DZ für 40 €, angeschlossen ist auch ein Campingplatz (Zelt Ki. 4 €, Erw. 8 €, Auto 1 €). Am Rande gibt es drei bekannte Kletter-Routen. OT Moritz 14, ✆ 09242/359, 📠 1838, www.zum-pfaffenstein.de.

Sehenswertes

Wallfahrtsbasilika zur Heiligen Dreifaltigkeit: Der aufwändigste Kirchenbau der Fränkischen Schweiz ist neben dem Bamberger Dom und der Wallfahrtskirche

Die Wallfahrtsbasilika wird von Brüdern des Franziskanerordens betreut

Vierzehnheiligen die dritte Basilika in der Erzdiözese Bamberg. Der Ehrentitel „Basilica minor" wurde 1948 von Papst Pius XII. erteilt.

Im 11. Jh. soll an dieser Stelle schon eine Kapelle gestanden haben, deren Gründung auf ein Gottesurteil zurückgehen soll: Nach langer Belagerung durch heidnische Sachsen hatte der Legende nach der Burgherr den Sachsenführer zu einem Zweikampf herausgefordert, in dem über das Schicksal Gößweinsteins entschieden werden sollte. Der von den Entbehrungen der Belagerung gezeichnete Fürst legte ein Gelübde ab, wonach er eine Kapelle bauen lassen wolle, falls er den ungleichen Kampf gewinnen sollte – der Legende zufolge hatte der Sachse nicht den Hauch einer Chance. Im 13. Jh. errichteten die Reichsherren von Schlüsselberg eine neue Kirche.

Die Tradition der Wallfahrt lässt sich für Gößweinstein mindestens bis zum 15. Jh. zurückverfolgen. Ziel der Pilger damals wie heute ist das sog. Gnadenbild der Heiligen Dreifaltigkeit. Der Pilgerstrom hatte bis zum 18. Jh. solche Ausmaße angenommen, dass der Vorgängerbau überfordert war und ein größerer Neubau notwendig wurde.

Die jetzt zu bewundernde Basilika wurde zwischen 1730 und 1739 im Auftrag des Fürstbischofs Friedrich Karl Graf von Schönborn erbaut, der sich auch über dem Eingangsportal verewigen ließ. Die Pläne stammen von Balthasar Neumann. An eine Ausmalung der Kirche war jedoch 200 Jahre lang nicht zu denken, da den Fürstbischöfen die von den Künstlern geforderte Geldsumme zu hoch erschien. Erst 1928 führte Professor Kolmsperger die von Küchel angelegten Freskenmalereien aus.

Der berühmte Hofbaumeister Neumann erbaute die doppeltürmige Barockkirche mit kleeblattförmigem Grundriss (Querschiff und Chor mit dreiseitigem Abschluss). Beim Eintritt in die Kirche wird man überwältigt vom mächtigen Hochaltar (von Küchel), aus dessen belebtem Aufbau eine große vergoldete Weltkugel hervortritt. Engel umringen das darüber liegende, in einem Glasgehäuse befindliche Gnadenbild. In den zwei Nebenaltären verkörpert links der Kreuzaltar das Geheimnis der Erlösung und rechts der Marienaltar die Menschwerdung. Im Kirchenschiff befinden sich noch weitere Altäre für die Anliegen der Wallfahrer – der St.-Josefs-Altar für die Herren, der St.-Anna-Altar für die Damen sowie ein Kunigunden-Altar und der Nepomuk-Altar (der Märtyrer des Beichtgeheimnisses). Über dem linken Beichtstuhl des Kunigunden-Altars steht die hl. Apollonia – die Fürsprecherin bei Zahnschmerzen. In der Hand hält sie eine Zahnausreißzange.

Das Deckengemälde mit dem Wort *Jahve* zeigt den brennenden Dornbusch. An den Ecken des Deckengemäldes verkörpern vier Frauen die Erdteile – Europa mit dem Petersdom, eine Indianerin, eine Schwarze auf einem Elefanten und eine Türkin mit Turban. Im Seitengebäude links des Kirchenbaus findet sich ein Raum voller Votivgaben von Pilgern, deren Fürbitten von der Heiligen Dreifaltigkeit erhört wurden. Hände, Köpfe aus Wachs, sogar ganze Puppen in Glasvitrinen in der traditionellen Tracht von Effeltrich.

Hinter der Basilika befindet sich die „Grotte von Lourdes", eine Nachbildung des berühmten Wallfahrtsortes. In der rußgeschwängerten Grotte flackern Hunderte von Kerzen.

Verwaltet wird die Pfarrei von Franziskaner-Mönchen, die im **Kloster** neben der Basilika leben. Gegründet wurde das Kloster im frühen 18. Jh., aber nur der Kreuzgang stammt noch aus dieser Zeit. Das Kloster ist nicht zu besichtigen. **Basilikaführung** mit Orgelkonzert ist von Mai bis Oktober jeden Freitag um10.30 Uhr. Um 14 Uhr wird eine Führung durch das Wallfahrtsmuseum angeboten. Wie in anderen Pfarreien ringsum wird auch in Gößweinstein der Abschluss der Ewigen

Anbetung am 26. Dezember mit einem **Lichterfest** gefeiert. Der ganze Ort ist dann festlich illuminiert.

Wallfahrtsmuseum. Dank EU-Fördermitteln konnte dem bedeutendsten Wallfahrtsort zur Heiligsten Dreifaltigkeit in Deutschland 2008 im ehemaligen Mesner- und Schulhaus ein Museum angegliedert werden. Der Bogen spannt sich vom multireligiösen Phänomen Pilgern bis zur Dreifaltigkeitswallfahrt in Gößweinstein. Aus 160 Ortschaften in Franken und der Oberpfalz pilgern Gläubige seit Jahrhunderten oft mehrtägig zu diesem Gnadenort. 2000 Jahre christliche Wallfahrt präsentieren sich in einer Zeitreise, der Blick richtet sich aber auch auf die Zentren anderer Weltreligionen. Religiöse Opfergaben wie Votivbilder und lebensgroße bekleidete Votivpuppen aus Wachs beleuchten die Gößweinsteiner Wallfahrt.

Öffnungszeiten/Eintritt Di–So10–18 Uhr, 2. Nov.–Ostern Sa/So 10–17 Uhr. Eintritt 3 €, Schüler 2,50 €. Interessantes Mitbringsel ist das „Wallfahrerbier" von der Brauerei Held Oberailsfeld, das nur im Museumsshop zu haben ist.

Burg Gößweinstein: Die aus dem 11. Jh. stammende Burg gehörte dem Hochstift von Bamberg. Im Jahre 1062 übertrug Fürstbischof Gunther von Bamberg dem Grafen Goswin die Burg, dessen Name auf Burg und Ort übertragen wurde. Obwohl nachweislich falsch, halten sich hartnäckig Vermutungen, denen zufolge Burg Gößweinstein als Vorlage für Richard Wagners Gralsburg im Parsival gedient haben soll. Sicher ist jedoch, dass sich der Komponist mehrfach als Gast in Gößweinstein aufhielt.

Jahrhundertelang Amtssitz der Bamberger Vögte, gelangte die Burg mit der Säkularisation an das Königreich Bayern, kam 1877 in Privatbesitz und wurde 1890 von

Burg Gößweinstein – Wagners Gralsburg?

St. Georg: Wandgemälde in der Burgkapelle

Dr. Freiherr von Sohlern erworben, dessen Nachfahren sich heute um den Erhalt des Gemäuers kümmern. Die Burg mit Turm und Zinnen lässt klischeehafte Bilder der Ritterromantik aufleben. Mittelalterliche Fundamente sind zwar teilweise noch erhalten, doch haben die Auf-, Um- und Neubauten des 17. und 19. Jh. das ursprüngliche Bild verändert. Der markante Rundturm entstand erst Ende des 17. Jh., die mittelalterlich anmutenden Zinnen sind ein Ergebnis der Burgenromantik des 19 Jh., sie wurden 1890 aufgesetzt.

Im Turm sind eine Sammlung alter Waffen, Möbel und die ein oder andere Kuriosität ausgestellt (z.B. ein Elchgeweih aus Ostpreußen). Daneben befindet sich eine kleine Kapelle mit einfachen Wandgemälden, in der ein Kruzifix aus dem 15 Jh. und ein Benediktiner-Brevier aus dem 14. Jh. zu sehen sind. Außer Turm, Kapelle, Kellerverlies und Burgzisterne kann man sonst leider nichts mehr besichtigen. Trotzdem entschädigt der Weitblick für die vielen Stufen nach oben.

Öffnungszeiten/Eintritt Ostern bis Ende Oktober tägl. 10–18 Uhr. Eintritt 1,80 €, Jugendliche zw. 12 und 18 Jahren 1,20 €, Kinder 1 €.

Fränkisches Spielzeugmuseum: Hübsche Sammlung alter Holz- und Blechspielzeuge, außerdem Teddys, Puppen etc. Auf drei Etagen gibt es Altvertrautes bis in die 60er Jahre aus fränkischer Spielzeugtradition. Ein Verein aus Nürnberg betreibt dieses Museum.

• *Öffnungszeiten/Eintritt* Balthasar-Neumann-Str. 15 (im ehemaligen Postgebäude), ✆ 743 577. Di, Mi, Fr, Sa, So 11–18 Uhr, Nov.–April nur Sa/So und feiertags 11–18 Uhr, Gruppenführung nach Absprache. ✆ 0174/178 9307, ✆ 5980353. Eintritt 3 €, Ki. ab 6 J. 2 €. www.spielzeugmuseum-goessweinstein.de.

Wandern

Spaziergang rund um Gößweinstein

Anlässlich des 250. Todestages des berühmten Architekten wurde rund um Gößweinstein der Balthasar-Neumann-Rundwanderweg geschaffen (Faltblatt liegt bei der Tourist-Information aus, Infos auch unter www.frankenjura.com). Der 3 km lange Spaziergang führt über die schönsten Aussichtspunkte (u. a. Kreuzberg, Burg, Wagnershöhe) rund um Gößweinstein und ist in 2 Stunden bequem zu bewältigen. Das Versäumnis, dass der Weg die Basilika auslässt, ist durch einen kurzen Abstecher vom Startpunkt aus (Parkplatz an der Straße nach Pottenstein) leicht behebbar.

Geologische Rundwanderung

Fellner-Doline – Stempfermühlenquelle

Auf der Hochfläche des Jura sieht man nicht selten große Bodentrichter, sog. Dolinen. Sie entstehen durch einstürzende unterirdische Hohlräume, die durch das Auflösen wasserlöslichen (Kalk-)Gesteins entstanden sind. Einer der größten dieser Trichter ist die Fellner-Doline, mit 884 m Länge und 98 m Gesamttiefe eine der tiefsten Höhlen der Frankenalb. Untersuchungen haben ergeben, dass zur 1,6 km entfernten Quelle bei der Stempfermühle eine Verbindung besteht. Der 5,7 km lange Weg startet am Parkplatz Breitenberg im Osten der Gemeinde an der Straße nach Stadelhofen.

Rundwanderung

Gößweinstein – Leutzdorf – Burggaillenreuth – Sachsenmühle – Stempfermühle – Gößweinstein

Markierung *senkrechter blauer Balken*, ab Burggaillenreuth *rotes Kreuz*, ca. 2,5–3 Stunden, genügend Einkehrmöglichkeiten. In 1,5 bis 2 Stunden nach Burggaillenreuth mit seiner malerischen kleinen Burg.

Beim südwestlichen Ortsausgang zweigt nach einer Straßengabelung links der markierte Wanderweg Richtung **Leutzdorf** ab. Der Aufstieg zur Hochfläche führt durch einen artenreichen Buchenmischwald mit Felsgruppen; oben angekommen, entfaltet die typische Hochflächenlandschaft ihren herben Charme: Ackerflächen wechseln ab mit kleinen Wäldern. Der markierte Weg kreuzt eine Teerstraße, und nach wenigen hundert Metern erreichen wir *Leutzdorf*. Am Dorfweiher rechts vorbei durchqueren wir den Ort in nordwestlicher Richtung und biegen wieder in einen Flurweg ein. Nach einigen hundert Metern darf man die Abzweigung halb links in den Wald hinein nicht verpassen, im Weiteren ist der Wanderweg jedoch vorbildlich markiert (*blauer Balken*). Im Wald hoch aufragende graue Dolomitfelsen, nicht weit davon entfernt die **Esperhöhle** (zwischen 1. 10. und 30. 4. Besuchsverbot). Ihr Grottenlabyrinth wurde im 18. Jh. vom Uttenreuther Pfarrer Esper erforscht und beschrieben. Ähnlich einem Amphitheater präsentiert sich der Vorplatz der Höhle, durch eine eingestürzte Doline entstanden. Durch ein Gewölbe schreitend kommt man in einen weiten Schacht, in den Tageslicht von oben fällt. Im Winter sind hier bizarre Eiskaskaden an den Wänden zu sehen. Ein Pfad führt in

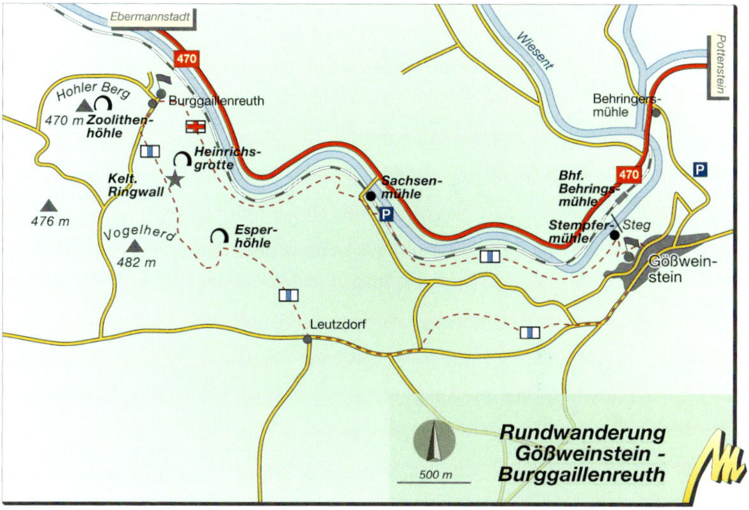

die Tiefe zum Rand des Klingloches, der eigentlichen Höhle, die nur mit Seil und Kletterausrüstung begangen werden kann. An der Höhle vorbei führt der Weg weiter über die Hochfläche, das letzte Stück vor Burggaillenreuth im Zickzackkurs, dennoch leichte Orientierung.

Etwa 500 m vor Burggaillenreuth ist der beschilderte Abstecher zum **keltischen Ringwall** lohnenswert:

Der **Alte Schlossberg** ist eine plateauartige Bergkuppe, die seit der Jungsteinzeit immer wieder von frühen Kulturen bewohnt wurde. Am Ende der Hallstattzeit (vor rund 2600 Jahren) hatte hier ein keltisches Adelsgeschlecht einen befestigten Herrensitz. Die nach Norden senkrecht abfallende Felswand bot natürlichen Schutz vor Feinden – die West,- Süd- und Ostflanke waren mit Wallanlagen versehen, deren Reste man noch recht gut erkennen kann. Wissenschaftler vermuten, dass die nahe gelegene **Heinrichsgrotte** seinerzeit als Kultstätte genutzt wurde. Trotz der traumhaften Lage wurde nach Zerstörung der Anlage vor etwa 2400 Jahren später keine neue Burg mehr gebaut, lediglich ein mittelalterlicher Wachturm lässt sich nachweisen. Auch wenn man heute keine Burgruine mehr sieht, den tollen Blick ins Wiesenttal kann man noch immer genießen.

Vom Keltenwall zurück zum Wanderweg und über das Neubaugebiet am Ortsrand gelangt man nach **Burggaillenreuth**. Auf einer Felsnadel thront die renovierte Burganlage – im Mittelalter eine der kleinsten Befestigungsanlagen der Fränkischen Schweiz. Die Wanderung führt rechts an der Burg vorbei hinab ins Wiesenttal. Mit der Rote-Kreuz-Markierung des Leo-Jobst-Wanderweges laufen wir weitgehend parallel zur Wiesent und zur alten Bahnlinie, erreichen bald die **Sachsenmühle** und nach weiteren 1,5 km die **Stempfermühle** (jeweils Möglichkeit zur Einkehr, siehe unten). Von dort der Markierung *blauer Ring* folgend, gelangt man nach einem kurzen, aber steilen Aufstieg nach Gößweinstein, wo die Wanderung an der **Martinswand** endet.

Die Wegführung entlang der Wiesent mit dem Aufstieg nach **Gößweinstein** verdient das Prädikat wildromantisch:

Unteres Wiesenttal
Karte S. 174/175

tosende Wiesent, hübsch renovierte Mühlen, alter Bahndamm der Museumslinie, grüne Wiesen, rechter Hand am Steilhang imposante Dolomitfelsen zum Klettern, dazwischen artenreiche Laubmischwälder. Botanisch interessierten Wanderern sei verraten, dass dieses Kleinod dem **Naturschutzgebiet Eibenwald** angehört. Am steilen, schattigen Hang des Wasserberges bei Gößweinstein sind dem Laubwald mehrere *Eiben* beigemischt: Der geschützte Nadelbaum kommt in Deutschland nur noch selten vor. Markante Erkennungsmerkmale der Eiben sind ihre knorrige Gestalt, die dunkelgrünen, nadelförmigen Blätter und die hellroten, giftigen Beeren.

Durch Gößweinstein führt der neue **Frankenweg**. Er kommt von Behringersmühle und der Stempfermühle (roter Balken), geht hoch zur Burg und weiter über Marktplatz und Minigolfanlage zum Wanderweg nach Tüchersfeld (roter Punkt).

Eiben – zäh und biegsam

Mit dem Abklingen der Eiszeiten setzte langsam eine Wiederbewaldung ein. Als das Klima sich verbesserte und freundlicher wurde, fanden allmählich auch wärmeliebendere Laubbäume in Mitteleuropa eine Lebensgrundlage. Die Eibe als Nadelbaum war schon geraume Zeit vor diesen Laubbäumen bei uns verbreitet. Als jedoch verschiedene Laubbaumarten verstärkt nachdrängten, entstand eine Konkurrenz um die besten Bodenstandorte und vor allem um Licht. Dabei war die langsam wachsende Eibe gegenüber den rasch hochwachsenden Laubbäumen benachteiligt. Seit etwa 7000–5000 Jahren kommt die Eibe durch natürliche Wettbewerbs- und Selektionsvorgänge weniger häufig vor als zu Beginn der Nacheiszeit. Von ihrem ehemals großen Verbreitungsgebiet wurde sie auf Standorte zurückgedrängt, wo sie gegenüber anderen Bäumen konkurrenzfähig war.

Im Mittelalter betrat nun der Mensch die Bühne und verschob mit seinem Eingreifen die Artenzusammensetzung der Wälder:
Das Holz der Eibe ist zäh und biegsam zugleich, wodurch es sehr begehrt war für Bogen und Armbrüste sowie für Schnitzarbeiten. Bei den häufigen kriegerischen Auseinandersetzungen des Mittelalters war der Bedarf entsprechend hoch. Wegen der Nachfrage an Armbrüsten schon im Bestand dezimiert, erfuhr die Eibe weitere Zurückdrängung wegen der Giftigkeit ihrer Nadeln und Beeren. Zum Schutz der Zugtiere wurde diese Baumart von den Fuhrleuten längs ihrer Fuhrwege beseitigt. Interessanterweise ist die Eibe zwar für Pferde unverträglich, nicht aber für Rehe. Bedingt durch das unerbittliche Fällen der Eiben – besonders während des Mittelalters – waren sie in der Neuzeit in der freien Natur schon selten geworden, kamen jedoch als Zierbäume für barocke Gärten in Mode.
Bis zum 20. Jh. konnte sich dieser wertvolle Baum hauptsächlich in der Nähe alter Städte und Burgen erhalten, wo ihn die Burgherren wegen ihres Nutzens teilweise unter ihren Schutz nahmen und an steilen Hängen hegten, denn in den lichteren Wäldern am Steilhang konnten sie sich gut gegenüber anderen Bäumen behaupten; andererseits bestand für den Menschen kein Anlass bzw. keine wirtschaftliche Notwendigkeit, die Eibe an schwer zugänglichen Steilhängen auszurotten. Durch eine Reihe glücklicher Umstände konnten sich also einzelne Bestände ins 20. Jh. hinüberretten – wie der unter Naturschutz gestellte Eibenwald bei Gößweinstein.

Morschreuth

Von Gößweinstein 7 km entfernt liegt das Dörfchen Morschreuth. Bedeutung verleiht ihm die **Volkstumspflegestätte.** Es werden dort Kurse in Bauernmalerei und anderen künstlerischen und kunsthandwerklichen Techniken angeboten. Anfragen beantwortet Frau Christel Nunn, Eintrachtstr. 50, 90409 Nürnberg, ✆ 0911/351976 (abends bis 22 Uhr), www.kreativzentrum-morschreuth.de

• *Essen/Übernachten* **Landgasthof „Zur guten Einkehr"**, das Haus der Familie Merz ist nicht nur bei Kletterern beliebt (eigene Kletterhalle, Bettenlager). Sehr schöner Garten. Neben guter fränkischer Küche werden auch Zimmer zu vernünftigen Preisen geboten. DZ (Dusche/WC) 40 €. Hauptstraße 9, ✆ 09194/9140, ℻ 4636, www.gute-einkehr.de.

Behringersmühle

Im ausgeweiteten Talabschnitt münden Püttlach und Ailsbach in die Wiesent. Der Ort ist Endstation der Museumsbahn Ebermannstadt–Behringersmühle (siehe Ebermannstadt) und liegt direkt unterhalb von Gößweinstein. Es gibt keinen richtigen Ortskern, die Häuser liegen verstreut an Berghängen und am Ufer des Flüsschens.

• *Essen/Übernachten* **Café/Pension Frankengold**, der von der Hauptstraße aus sichtbare Neubau mit den hölzernen Balkongeländern wurde 1987 an das ältere Café angebaut. Café und Restaurant sind in geschmackvollem Landhausstil eingerichtet und bieten schöne Ausblicke auf das Püttlachtal. In dieser angenehmen Atmosphäre kann man sich mit gutbürgerlicher Küche verwöhnen lassen. Spezialität „Schnitzel mit Pfiff": Schweineschnitzel mit Kren bestrichen, in Panade gehüllt und in Butterschmalz gebacken. Dazu Salzkartoffeln und Salat. Für 9,90 €. Do Ruhetag. Komfortable DZ ab 68 €, HP 14,50 €/Pers. Lift im Haus. ✆ 09194/1505, ℻ 7114, www.behringersmuehle.de.

Gasthof Zur Behringersmühle, freundliches Speiselokal mit Sonnenterrasse. Nach

Die Püttlach bei Behringersmühle

19 Jahren als Koch in renommierten Häusern hat Holger Hobuß mit seiner Frau Birgit den Familienbetrieb 2009 übernommen. Mittags kleine Speisekarte für Wanderer, abends kommt etwas Raffinesse hinzu. Spezialitäten: Forelle, Schäuferla, Wild. Hübsche, geräumige Zimmer, DZ mit Dusche/WC ab 60 €, HP 14 €. Behringersmühle 8, ✆ 09242/205, ℻ 1380, www.zurbehringersmuehle.de.

Behringers, an der Straße nach Gößweinstein hat sich ein modernes Freizeit- und Tagungshotel etabliert. Es bietet komfortable Gästezimmer, Sauna und Dampfbad, Biergarten, Team-Seilgarten und eine zwölf Meter hohe Kletterwand mit acht Routen. Im stilvollen Restaurant werden fränkische und internationale Spezialitäten geboten.

Mo und Di Ruhetag. DZ 84 €, HP zusätzlich 18 €. Haus-Nr. 23, ✆ 740030, 📠 7400319, www.tagungshotel-behringers.de.

Daneben gibt es im Ort zahlreiche **Ferienwohnungen** (Verzeichnis über die Tourist-Info beziehbar).

Gasthof Stempfermühle, ca. 1 km flussabwärts von Behringersmühle, idyllische Lage an der Wiesent, drei starke Schichtquellen schäumen direkt aus dem Kalkgestein beim Gasthof. Der Betrieb verfügt über eine fast 500-jährige Mühlentradition, erst 1924 wurde die Mühle aufgegeben. Schon seit Mitte des 19. Jh. hatte man eine Konzession zum Bierausschank. Der schlichte Bau entstammt der Nachkriegszeit. Bei Kriegsende hatte sich hier eine Handvoll SS-Männer verschanzt. Beim Einmarsch der amerikanischen Truppen wurde die alte Mühle deshalb zerstört, aber bereits vier Jahre später wieder aufgebaut.

Der Gasthof ist nach mehreren Renovierungen im altfränkischen Stil eingerichtet und wirkt durch reichlich angebrachten Zierrat fast puppenstubenhaft. Spezialität des Hauses sind heißgeräucherte Forellen und Wildschweinbraten in böhmischer Soße. Bei schönem Wetter ist es ein Genuss, auf der Terrasse zu sitzen und bei Kaffee und Kuchen (hausgemacht) den auf der Wiesent vorbeifahrenden Kajaks zuzusehen. Wer selbst Lust bekommt, kann hier für 1,50 € pro Person Ruderboote mieten. Parkmöglichkeit auf dem Seitenstreifen der B 470 oder ca. 100 m weiter Richtung Behringersmühle rechts. ✆ 1658. Zwei Gästezimmer 25 €/Pers., Ferienwohnung bis 5 Pers., 38 € für 2 Pers. www.stempfermuehle.de.

Sachsenmühle (flussabwärts Richtung Muggendorf), im 16. Jh. erstmals als Mühlenbetrieb erwähnt, seit Ende des 19. Jh. werden hier Getränke ausgeschenkt. Die Gaststätte war immer wieder einmal geschlossen, bewirtet wird aber einer der schönsten Biergärten in der „Fränkischen" direkt an der Wiesent. Auch Einheimische kehren hier gerne ein. Täglich ab 11 Uhr geöffnet. ✆ 09242/740660.

Jugend-Freizeitheim Sachsenmühle, nur für Gruppen ab 25 Personen, große Wiese, Boot fahren und schwimmen in der Wiesent. ✆ 7371, www.ejn.de.

Forsthaus Schweigelberg, 20 Fußminuten nordwestlich im Staatswald zwischen der oberen Wiesent und dem Ailsbachtal. Die Betreiberin Marga Linhard hat sich das Schneckensymbol für Slow Food auf die Karte drucken lassen, d. h., es kommen nur frisch zubereitete Speisen auf den Tisch. Bitte vorher reservieren. Spontan einfallenden Wanderern kann nur eine Brotzeit geboten werden. Mehrmals im Monat Menüs, die einem besonderen Thema gewidmet sind, wie z. B. Wein-Menü oder Hubertus-Menü. ✆ 0172-8120871 od. 0911/761348, m.linhard@t-online.de, www.forsthaus-schweigelberg.de.

• *Touren/Boote* Der **Bootsverleih an der Stempfermühle** veranstaltet Höhlentouren (25 € inkl. Ausrüstung), Kletterkurse (ab 30 €) und Kajak-Touren (ab 25 €/Pers. im 2er-Kajak), auch Bootsverleih (Ruder- und Paddelboote 1,50 € f. Ki., 1,80 € f. Erw. die halbe Stunde). Geöffnet 1. Mai bis 30. Sept. bei gutem Wetter. Mo–Fr 11–18, Sa/So und feiertags 10–18 Uhr. ✆ 09242/92596 oder 0170/7551943 (mobil), www.leinen-los.de.

Wandern

Von Behringersmühle über den Heuberg nach Kohlstein:

Auf der Straße nach Oberailsfeld biegt man gleich rechts nach Überquerung der Püttlach ein, läuft die Teerstraße entlang bis zum letzten Haus. Dann folgt man dem Wanderweg nach links oben, der sich etwas steil durch den Mischwald schlängelt. Die Hochebene entlohnt mit einem prächtigen Ausblick auf die Turmspitzen der Basilika und der Burg in Gößweinstein. Wenn man dem Weg geradeaus weiter folgt, gelangt man direkt ins Dorf, wo eine deftige Bauernbrotzeit wartet (Einkehr siehe S. 249). Gehzeit etwa eine halbe Stunde.

Balthasar-Neumann-Straße
Gasthof Pension Frankenland
Eiscafe Dolomiti und Pizzeria 50 m
Restaurant Akropolis
Konditorei-Café "Greif" 200 m
Minigolf Pit-Pat-Anlage
Strickmoden Brey 150 m
Schelhas Edelsteine und Fossilien
Pension Gunda Zweck 60 m links
Hotel Garni Regina 400 m

Burg Greifenstein – Familiensitz der Stauffenbergs

Heiligenstadt mit Leinleitertal

Der hübsche Ort mit Marktplatz und schmucken Fachwerkhäusern ist ein beliebtes Ausflugsziel im Leinleitertal. Der in einer Talmulde gelegene Marktflecken ist von bewaldeten Hängen umgeben, mächtige Felsmassive verleihen der Landschaft herbe Schönheit – auf einem nordöstlich vorgelagerten Bergsporn thront die imposante Burg Greifenstein.

Seit der Gemeindegebietsreform hat sich Heiligenstadt auf 23 Gemeindeteile vergrößert. Anfang der 1970er Jahre kam der Marktflecken als kleinste Gemeinde Bayerns in das Städtebauförderungsprogramm. Für die umfangreichen Renovierungs- und Sanierungsarbeiten erhielt er einen Staatspreis für den „vorbildlichen Beitrag für die Gestaltung und Neuordnung des ländlichen Raumes" und seit 1994 darf sich der Markt mit dem Prädikat „Staatlich anerkannter Erholungsort" schmücken. Wenn vom „Heiligenstädter See" die Rede ist, dann ist ein am oberen Ortsrand angelegter großer Teich gemeint, der zu Spaziergängen einlädt.

Einen besonderen Ruf hat sich der Markt als radfahrfreundliche Gemeinde erworben, Mountainbiker sprechen vom „Mekka" in der Fränkischen Schweiz.

Geschichte

Eine erste Siedlung bestand vermutlich schon zu Beginn des 9. Jh., die erste urkundliche Erwähnung stammt aus der Zeit um 1165. Seit 1150 unterstand das Dorf den mächtigen Schlüsselbergern. Nach deren Aussterben gelangte Heiligenstadt an das Fürstbistum Bamberg, das den Ort den Streitberger Rittern überließ. Die Verleihung des Marktrechtes durch Kaiser Karl V. erhob die Bevölkerung 1541 zu Bürgern. 1582 wurde der Ort durch die Streitberger lutherisch – in Abgrenzung zum übrigen katholischen Leinleitertal hieß er zeitweise „Lutherisch Hallstatt". Der ursprüngliche Ortsname greift nicht auf einen „Heiligen" zurück, sondern leitet sich von der Lage ab: Stätte an der Halde, einem Abhang. Nachdem das Geschlecht der Streitberger 1691 ausstarb, ging das gesamte Gebiet an die Freiherren von Stauffenberg über, die heute noch auf Schloss Greifenstein residieren.

Information/Diverses

- *Vorwahl* 09198
- *Information* **Touristinformation**, Hauptstraße 1, 91332 Heiligenstadt, geöffnet Mo–Fr 8–12 Uhr und 13–16.45 Uhr; Do 8 bis 12 Uhr und 13–17.45 Uhr. ✆ 929932, ℻ 929940; tourismus@markt-heiligenstadt.de.
- *Hallenbad* im Familienzentrum, ✆ 8080.
- *Tennis* Tennisclub SC Heiligenstadt.
- *Wanderführer* Heinz Hoffmann führt Wanderer (auch auf den Lehrpfaden). ✆ 715.
- *Fahrradverleih* im Peki-Getränkemarkt, Raiffeisenstraße 6, Mo, Di, Mi von 8–18 Uhr, Do–Fr von 8–19 Uhr, Sa 8-14 Uhr. 5 bis 10,50 €/Tag, je nach Rad.
- *Kneippanlage* Naturwasserfläche am Radweg nach Zoggendorf (Ortsausgang Richtung Bamberg rechts).
- *Kunst und Musik* im Schlosspark Unterleinleiter. Seit 1380 ist in Unterleinleiter eine Burg erwähnt, geblieben ist ein Adelssitz (bis 1958) und ein wunderschöner Schlosspark. Die Zonen für Muße und Unterhaltung wurden vom neuen Besitzer restauriert und mit Großplastiken moderner Künstler bereichert. Seit 2003 finden nun im Juni und Juli Schlossparkkonzerte und musikalische Spaziergänge statt. Die Kinder sind zu Vorstellungen ins Hecken-Theater eingeladen, und zwischen Mai und September finden Parkführungen statt. Veranstaltungskalender liegen in den Verkehrsämtern aus, Auskünfte unter 09194/1741 und www.schlosspark-unterleinleiter.de.

Essen/Übernachten

Heiligenstadter Hof, liebevoll restauriertes Fachwerkhaus am Marktplatz neben der Leinleiter (schöne Sonnenterrasse), freundlicher Service. Sehr schöne, gut ausgestattete Zimmer im Haupthaus oder Anbau (EZ ab 34 €, DZ 54 €), üppiges Frühstücksbuffet inkl. hausgemachte Kuchen, auch die Gemüsebeilagen sind oft aus eigenem Anbau. Die Forelle gibt es auch mit Kräutern aus der Folie. ✆ 781, ℻ 8100, www.hotel-heiligenstadter-hof.de.

Brauereigasthof Aichinger (Drei Kronen), preiswerter Gasthof direkt am Marktplatz mit typisch fränkischer Küche. Dazu sollte man das süffige Bier der hauseigenen Brauerei probieren, die Halbe für 1,70 €. DZ für 30 €, mit Halbpension 40 € (Etagenbad/WC), ✆ 522, kein Ruhetag.

Familienzentrum der ev. freik. Gemeinden Nordbayerns, behindertenger. Gästehaus mit Tagungsraum, Hallenbad und Sauna, Diätküche. Ü/DZ ab 45 €, Frühst. 6 €, Ki. 3,90 €. Ferienbungalows 3 Pers. 40 €, bis 6 Pers. ab 43 €. www.fz-ev.de. familienzentrum@t-online.de.

Privatzimmer werden für durchschnittlich 15 € pro Person angeboten, für ca. 30 € pro Tag kann man auch eine Ferienwohnung anmieten, z. B. bei Frau Notburga Rost, 2er-Appartement für 28 €, ✆ 336 (oder über den Landgasthof zur Linde).

Jugendzeltplatz mit hübscher Lage am Pavillon, während der Ferienzeit viele Gruppen. Gemeinschaftsküche. Anfragen über die Touristinformation.

Außerhalb

- *Burggrub* **Gasthof Hösch**, gemütliche Gaststube (dunkel gebeizter Holzfußboden, helle Wandvertäfelung, umlaufende Holzbänke). Gute und preiswerte Hausmannskost. Für 48 € DZ mit DU/WC kann man hier auch nächtigen. Di Ruhetag. ✆ 391, ℻ 997 694, www.gasthof-hoesch.de .
- *Heroldsmühle* Das historische Mühlengebäude ist ein beliebtes Ausflugsziel. Es kann auf eine abwechslungsreiche Ge-

schichte bis zum Jahr 1355 zurückblicken. Bis 1952 war es als Getreidemühle in Betrieb. 1974 wurde das baufällige Gebäude abgebrochen und neu aufgebaut, nur der Südgiebel mit dem eisernen Mühlrad blieb erhalten. Das beeindruckendste Relikt des alten Betriebes ist mit 7,20 m Durchmesser das größte vor Ort geschmiedete Wasserrad Deutschlands. Es konnte ober- und mittelschlächtig betrieben werden. Heute läuft das Mühlrad nur noch zur Zierde. Seit dem Wiederaufbau wird die Heroldsmühle als Gaststätte betrieben. Die Speisekarte bietet vor allem Forellen und – von September bis April – Karpfen in verschiedenen Zubereitungen. Sonntags und auf Vorbestellung gibt es Braten. Die abgeschiedene Lage wird durch herrliche Wanderwege erschlossen. ✆ 641, Mo/Di Ruhetag. heroldsmuehle-heiligenstadt@t-online.de, www.heroldsmuehle.eu.

• *Oberleinleiter* Die **Brauerei Ott** des gleichnamigen Gasthofes braut seit 1516 ihren wohlschmeckenden Gerstensaft. In der rustikal renovierten Kneipe treffen sich die Einheimischen, hier wird zünftig Schafkopf gekartelt, am Stammtisch des Fußballvereins werden die Spielergebnisse diskutiert. Zu den Spezialitäten des Hauses zählen außer Schäufele und fränkischen Braten die leckeren Brathendl. Donnerstag ist Pizza-Abend, Mutige probieren die Pressack-Pizza. Eine weitere Spezialität ist der über Zwetschgenholz geräucherte Rinderschinken (Zwetschgerbamas), zur Saison ist auch Karpfen im Angebot. Sehr günstig. Brauer Manfred Ott führt Besucher gerne durch die Brauerei. Besuchergruppen steigen auch gerne in die Leinleiter zu einer speziellen Kneipp-Kur. ✆ 271, Mo Ruhetag. www.Brauerei-Ott.de.

• *Huppendorf* Der **Brauerei-Gasthof Grasser** ist seit 1750 in Familienbesitz. Die Biere – dunkles Vollbier, naturtrübes Helles und Weizen – schmecken nicht nur gut, sie sind auch ausschließlich mit heimischen Rohstoffen gebraut. Im März und November gibt es Josefi- oder Kathrein-Bock vom Fass. Unter der Woche bietet die Küche Brotzeiten aus der Hausschlachtung sowie Hähnchen und Schnitzel, am Sonntag preiswerte Braten (Wild aus eigener Jagd). Die Familie hat auch eine eigene Brennerei (Spezialität Bier-Schnaps und -Whisky) sowie zum Übernachten 6 Doppel- und 2 Einzelzimmer für 25 € p.P. www.huppendorferbier.de. Huppendorf ist Ausgangspunkt für Rundwanderungen, z. B. den mit Schwarzring beschilderten Weg über Leibarös, Poxdorf und Königsfeld.

• *Veilbronn* **Sponsel-Regus**, der engagiert geführte Betrieb ist seit 1760 in Familienbesitz. Man legt hier viel Wert auf Tradition: Die reichhaltige Speisekarte ist fränkisch ausgerichtet, es werden auch vegetarische Gerichte angeboten. Eine Besonderheit ist die Forelle nach Großmutters Art in Rahmsauce – „weil die Franken halt alles mit Soße essen wollen". Mit 95 Betten gleichzeitig größter Zimmeranbieter im Ort. Hallenbad, Sauna und Solarium vorhanden. DZ mit DU/WC ab 91 €, EZ 46,50 €, inkl. Halbpension, fast alle Komfortzimmer mit Balkon. Das Haus wurde als besonders behindertengerecht ausgezeichnet. Veilbronn Nr. 9, ✆ 222, 📠 1483, www.sponsel-regus.de.

Lahner, gutbürgerliche Küche im rustikalen Landgasthof, schräg gegenüber vom Sponsel-Regus. Die Preise bewegen sich auf ortsüblichem Niveau, der Service ist ausnehmend freundlich und hilfsbereit. DZ mit Frühstück 51 €, EZ ab 29,50 €. Veilbronn 10, ✆ 928899-0, 📠 92899-55. Mo Ruhetag. landgasthof_Lahner-Buhr@t-online.de, www.Landgasthof-Lahner-Buhr.de.

Naturfreundehaus Veilbronn, preisgünstige und idyllisch gelegene Unterkunft hoch im Fels, wird hauptsächlich von Wandergruppen besucht; ab 12,60 € Ü/F. Für Hungrige gibt es Brotzeiten und warme Gerichte. ✆ 234. Geöffnet ganzjährig auf Anfrage: www.naturfreundehaus-veilbronn.de.

Sehenswertes

Marktplatz: Der Marktplatz ist gesäumt mit restaurierten, denkmalgeschützten Fachwerkhäusern und wird geziert vom zur Osterzeit hübsch geschmückten Marktbrunnen. Das Schmücken der Brunnen an Ostern ist in der Fränkischen Schweiz aufgrund des lebendig gebliebenen bzw. touristisch geförderten Brauchtums weit verbreitet. Der Heiligenstädter Osterbrunnen wurde jedoch schon vor der Förderung des Fremdenverkehrs liebevoll mit handbemalten Eiern verziert. Es wird mit Hühnereiern dekoriert, Plastikeier bleiben verpönt!

Evangelische Pfarrkirche St. Veit und St. Michael: Die Kirche steht an Stelle der Veitsburg, die im Dreißigjährigen Krieg endgültig zerstört wurde. Der Kirchturm, der noch heute isoliert neben dem Langhaus steht, ist das Überbleibsel eines Verteidigungsturmes der alten Festung. Vermutlich war in die ehemalige Veitsburg schon ein Gotteshaus integriert gewesen; die St.-Veits-Kirche selbst lässt sich jedoch erst ab Mitte des 15. Jh. nachweisen. 1483/84 wurde der spätgotische Chor samt Sakristei an das schon bestehende Langhaus angebaut. Nach dem verheerenden Brand von 1634 wurde das Langhaus neu errichtet und ab 1654 das Kircheninnere ausgebaut; 1671 wurde der Turm aufgestockt und mit der barocken Zwiebel versehen.

Beim Betreten der Kirche fallen zuerst die Deckengemälde und die reich bemalten Emporenbrüstungen ins Auge. Die Bilder und Ornamente zeigen Szenen aus dem Alten und Neuen Testament oder stellen Apostel und Evangelisten dar. Ebenfalls bemerkenswert ist der barock ausgestattete Chorraum mit Kanzel, Taufstein und der prachtvollen Orgel, die vom Dominikanerkloster in Bamberg erworben wurde. Tagsüber geöffnet.

Jüdischer Friedhof: Nordöstlich des Ortes auf einer Anhöhe liegt inmitten eines Buchenwaldes der jüdischer Ffriedhof mit ca. 60 Grabsteinen. Die Steintürmchen auf den Grabsteinen wurden von Wanderern gelegt, ein jüdischer Brauch, den Verstorbenen die Ehre zu erweisen. Seit Beginn des 17. Jh. ist eine jüdische Gemeinde in Heiligenstadt überliefert, die ihre größte Mitgliederzahl um 1800 erreichte. Damals lebten die meisten Juden rund um den Marktplatz. Bis zu Beginn des 20. Jh. hatte sich die jüdische Gemeinde infolge Abwanderung in die umliegenden Städte oder Auswanderung nach Amerika aufgelöst. Dass der Judenfriedhof als Denkmal der Nachwelt erhalten blieb, ist Berthold Schenk Graf von Stauffenberg zu verdanken, der das Gelände 1943 kaufte.

• *Anfahrt* Von Norden kommend gleich am Ortseingang von Heiligenstadt steil links hinauf in die Greifensteinstraße, an der katholischen Kirche vorbei und geradeaus weiter (kl. Holzschild), dann auf betoniertem Feldweg links ab (beschildert). Ca. 1 km vom Zentrum. Besuchswünsche für Gruppen bitte im Tourismusbüro melden.

Stauffenberg und die Nazis

Eine der ersten, die unter dem Regime Hitlers zu leiden hatte, war die Köchin der Burg. Bereits 1933 wurde sie in Schutzhaft gesteckt. Ihr Ausspruch „Wenn Hitler hier wäre, würde ich ihm mit dem Küchenbeil den Kopf abhauen“ gelangte ans Ohr der Gestapo.

Der Hitlerattentäter *Claus Schenk Graf von Stauffenberg* weilte hier oft bei seinem Onkel. Als am 21. Juli 1944 das Attentat publik wurde, kochte die Seele der NS-Schergen. Es wurden Sonderfahrten von Nürnberg nach Heiligenstadt eingerichtet – Gauleiter *Wächter* verlangte, „die Brut da oben zu vernichten“. Der damalige Nürnberger Oberbürgermeister Dr. Martin konnte Schlimmeres verhüten. Er setzte sich dafür ein, dass dem Schloss kein Schaden zugefügt und es nicht gesprengt wurde.

Die Burg wurde enteignet. Claus Schenk Graf von Stauffenberg wurde hingerichtet, alle anderen Familienmitglieder wanderten ins Gefängnis oder ins Konzentrationslager. Kinder unter 15 Jahren wurden unter neuen Namen in Umerziehungslager gesteckt. *Berthold Graf Schenk von Stauffenberg,* der damalige Burgherr, starb im November 1944 im Gefängnis.

Burg Greifenstein: Bereits 1172 wurde die Burg als „Grifenstein“ erwähnt, der erste urkundlich erwähnte Besitzer war Eberhard de Grifenstein aus dem Geschlecht der Schlüsselberger. Nach schweren Zerstörungen während des Bauernkriegs wurde Burg Greifenstein wieder komplett aufgebaut. Nach dem Tode des letzten Nachkommen derer von Streitberg wurde 1691 der Fürstbischof Marquard von Stauffenberg Besitzer und ließ die Burg zum barocken Jagdschloss ausbauen. Modernisiert wurde sie Mitte des 19. Jh. von Franz Ludwig Philipp Schenk von Stauffenberg. Er wurde bayerischer Reichsrat und von König Ludwig II. zum Grafen befördert. Seine Nähe zum Märchenkönig beeinflusste die Burgerneuerung zum heutigen „Kleinneuschwanstein“. Im renovierten Biedermeierzimmer und in der Schlosskapelle finden in romantischem Ambiente Trauungen statt.

• *Öffnungszeiten/Eintritt* Die Burg ist zu besichtigen: umfangreiche Waffensammlung, Trophäen, 90 m tiefer Brunnen. Führungen nur ab 4 Personen tägl. von 9–11.15 und 13.30–16.45 Uhr oder n. tel. Vereinb. unter 09198/423. Erw. 4 €, Kinder 5–15 Jahre 2,40 €. Rechts neben der Burg befindet sich die **Burgklause**, deren Wiedereröffnung sich mehrfach verschoben hat. www.schloss-greifenstein.de.

50 m vor dem Burgeingang steht rechts an der Lindenallee ein einsames Tor. Es war ursprünglich der Eingang zur barocken Gartenanlage, die Ende des 17. Jh. von

Fürstbischof Marquard Schenk von Stauffenberg angelegt wurde und sich fast 1 km nach Norden erstreckte. Das später in einen englischen Park umgewandelte und heute zum größten Teil eingezäunte Gelände verbirgt so manche Ruine. Einzig das Lustgartenhaus wurde instand gehalten. Um das Gelände zu erkunden, lohnt sich ein ca. 45-minütiger Spaziergang: Hinter der Burgklause beginnt der Wanderweg nach Aufseß/Neuhaus. Nach ca. 100 m (20 m nach der Abzweigung nach Heiligenstadt) zweigt links ein Trampelpfad ab *(rot-weiß schräg geteiltes Rechteck)*. Folgt man dem schmalen Waldweg, kommt man nach ca. 15 Min. zu einer imposanten Betsäule (1825). 100 m weiter die zweigeschossige Ruine einer neugotischen Kapelle (nicht betreten, Einsturzgefahr!). Bis nach dem Krieg war die Kapelle samt ihrer wertvollen Buntglasfenster noch vollständig erhalten. Wer dem Weg leicht rechts weiter folgt, erreicht einen Obelisken, der das nordöstliche Ende der ehemaligen Gartenanlage markiert. Von dort führt ein breiter Forstweg zurück zur Burg (Reiterhof).

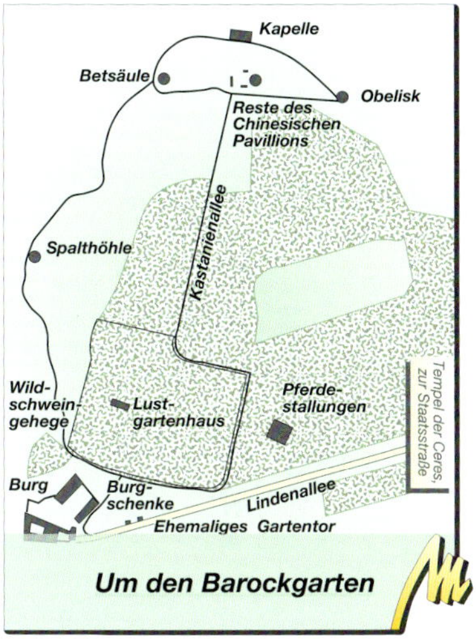

Um den Barockgarten

Wandern und Radeln im Leinleitertal

Bequem durchradeln lässt sich das Leinleitertal auf dem Damm der alten Bahnstrecke von Ebermannstadt nach Heiligenstadt. Ein breites Wanderangebot wird bereitgehalten: Zu ausgedehnteren Touren auf dem Kulturhistorischen Lehrpfad lädt Wanderführer Dieter Zöberlein ein (Auskünfte in der Tourist-Info). Guter Ausgangspunkt für Wanderungen ist auch der Parkplatz oberhalb von Heiligenstadt Richtung Familienzentrum und Stücht oder das malerisch gelegene Veilbronn. Am Marktplatz finden sich Info-Tafel für Rad- und Mountainbike-Strecken. Von Ebermannstadt bis Tiefenpölz führt ein familienfreundlicher Radweg. An der 17 km langen ebenen Strecke liegen sechs Spielplätze und zwölf Gastwirtschaften. Der geteerte Weg wird zwischen Gasseldorf und Burggrub auch gerne von Skatern benützt. Für ambitionierte Mountainbiker steht ein Netz mit drei Touren, 130 km Gesamtlänge und 2433 Höhenmetern zur Verfügung. 2009 ist dieses Netz an Bamberg angeschlossen worden, dort erfolgt der Einstieg im Osten der Stadt am Stadion.

Karte S. 215

Kleine Rundwanderung

Heiligenstadt – Judenfriedhof – Burg Greifenstein – Heiligenstadt (knapp 4 km):

Wir begeben uns zum nördlichen Ortsausgang, kurz davor führt rechter Hand eine Straße den Berg hinauf zur modernen katholischen Kirche; vom Kirchenplatz aus hat man einen schönen Blick auf Heiligenstadt. Geradeaus weiter (Markierung *gelber Ring*) gelangen wir zum Ortsrand, rechts führt ein Weg am Waldrand entlang. Bei einer gelben Bank links am Waldrand entdeckt man

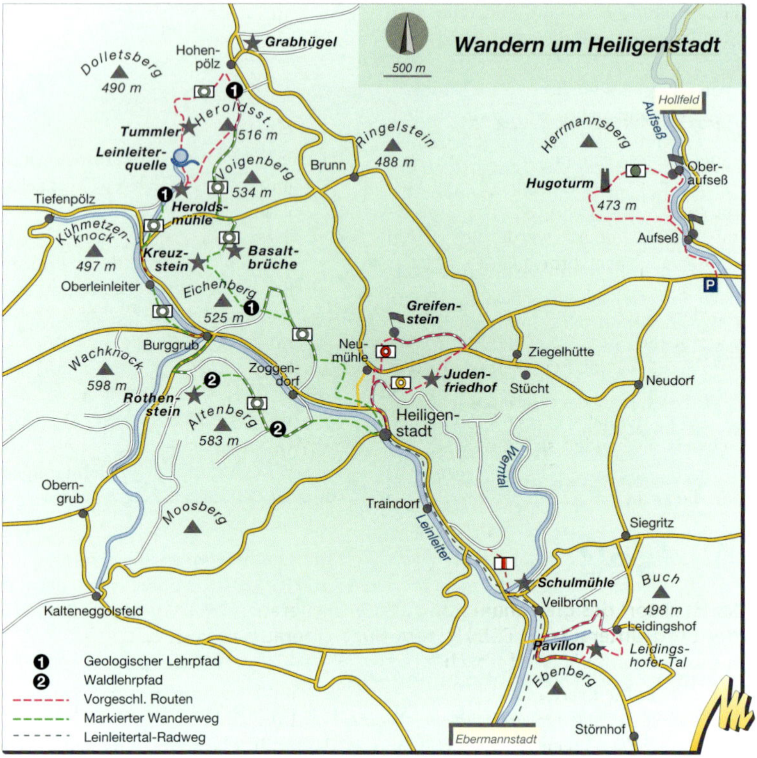

an einem Pfosten die gelbe Dreiecksmarkierung. Dort folgen wir dem Trampelpfad nach links, der uns durch den Wald den Berg hinauf zum Judenfriedhof auf die Hochfläche führt. Alte Grabsteine mit hebräischen Schriftzeichen stehen im Buchenwald. Weiter durch den Wald gehend, hält man sich an einer Wegkreuzung links und gelangt daraufhin zur Straße Heiligenstadt–Aufseß, der man ein paar Meter folgt, bis links eine kleine Teerstraße mit Wegweiser zur Burg Greifenstein erscheint. Vorbei am roten Pavillon biegt man in eine Lindenallee ein. Nach Einkehr und Burg-Besichtigung führt der Weg rechter Hand hinter der Burg steil die Straße abwärts und zurück nach Heiligenstadt (Markierung *roter senkrechter Balken*).

Rundwanderung

Veilbronn – Leidingshofer Tal – Pavillon – Veilbronn:

Einer der schönsten Spaziergänge der Fränkischen Schweiz führt durch das Leidingshofer Tal bei Veilbronn. Das romantische Tal mit Felsformationen und Wacholderhängen gilt als eine der typischen Landschaften, die das romantische Bild der Fränkischen Schweiz im 19. Jh. prägten. Der Weg führt zuerst durch ein ruhiges Wiesental, dann im Wald vorbei an Felsen. Ist man auf der

Hochfläche angelangt, empfiehlt sich der Rückweg auf der südlichen Höhe über dem Tal, um vom Aussichtspavillon das Leinleitertal von oben zu genießen.

Rundwanderung

Heroldsmühle – Leinleiterquelle – Tummler – Hohenpölz – Heroldstein – Heroldsmühle

Eine ebenso schöne wie interessante Wanderung beginnt an der Heroldsmühle, die idealerweise als Einkehrmöglichkeit genutzt werden kann. Am großen Mühlrad vorbei geht es im Leinleitertal an Fischweihern vorbei nach Norden. Nach 10 Min. gelangt man zur Karstquelle der Leinleiter, die hier mächtig aus dem Berg hervorsprudelt. Der folgende Talabschnitt gehört zu den ursprünglichsten der Fränkischen Schweiz. Es handelt sich um ein in den Eiszeiten geformtes Trockental mit der für die früher übliche Schafbeweidung typischen Vegetation. Allerdings kann es besonders im Frühjahr zu kurzzeitigen Überflutungen kommen, wenn aus einem der sog. Tummler (eine nur selten schüttende Quelle) Wasser ausströmt. Zwei dieser auch Hungerbrunnen genannten trockenen Quelltöpfe kann man am Rand des Tales beobachten. Am schönsten ist es, wenn man den Abzweig ins kleine Hohenpölz nimmt und von dort aus über die längst verfallene Wallanlage am Heroldstein mit schöner Aussicht zur gleichnamigen Mühle zurückkehrt.

Aufseß

Im Hauptort des gleichnamigen Tales gruppieren sich die Häuser unterhalb der Burg Unteraufseß. Die kleinere Burg Oberaufseß liegt rund einen Kilometer bachaufwärts in hübscher Lage.

Die zwei Burgen verdankt Aufseß einer kleinen familiären Auseinandersetzung des alten Geschlechts der *Freiherren von und zu Aufseß*. Wegen unterschiedlicher Glaubensauffassungen kamen sich die Herrschaften in die Haare. Abgesehen von höheren Frondiensten der Bürger profitierte die kleine 600-Seelen-Gemeinde durch die zweifache Hofhaltung – das Handwerk blühte. Im Ort gibt es noch heute Flaschnereien, Schreiner, Friseure, Maler und drei Friedhöfe – je einen für die Bauern, die Juden und den Adel. Die hohe Brauereidichte, mit den Eingemeindungen insgesamt vier Brauereien auf 1400 Einwohner, brachte Aufseß im Jahre 2000 sogar einen Eintrag ins Guinness-Buch der Rekorde.

- *Information* Im Rathaus der Gemeinde Aufseß, 91347 Aufseß, Schloßberg 98, ✆ 09198/99 8881, 📠 998882. Mo–Mi 8–11.30 Uhr, Fr auch 17–19 Uhr, gemeinde@aufsess.de, www.aufsess.de. Das Fremdenverkehrsamt befindet sich in der VG Hollfeld am Marienplatz.
- *Essen/Übernachten* **Gasthof Stern**, in der schönen alten Gaststube, im Sommer auch auf der Terrasse, kann man preiswert die fränkische Küche genießen: Neben der Tageskarte bieten die Wirtsleute Schrenker je nach Saison Forellen mit vielen verschiedenen Gewürzen wunderbar zubereitet, feines Wild und gute Braten, bei Vorbestellung auch Tauben (gefüllt oder ungefüllt). Es ist eines der ganz wenigen Wirtshäuser, die noch selbstgeriebene Klöße machen (halbroh/halbgekocht). Für Feinschmecker werden auf Vorbestellung Fischmenüs kreiert (ab 10 Pers.) Die freundliche Bedienung ist ein Grund mehr, hier einzukehren. Mo Ruhetag. ✆ 99919.

Brauereigasthof Rothenbach, die familieneigene Brauerei füllt ihr Bier in traditionellen Flaschen mit Schnappverschlüssen ab, auch Hefeweizen und Zwickl wird gebraut. Fränkische Küche, aber auch hausgemachte Spätzle, bierige Gerichte und ausgezeichnete Forellen nach Müllerin-Art. DZ mit DU/WC 60–66 €. April bis Okt. tägl. geöffnet. ✆ 92920; www.brauereigasthof-rothenbach.de.

Sehenswertes

Burg Unteraufseß: Die erste Burg wurde bereits zu Beginn des 12. Jh. errichtet und ist seitdem der Stammsitz der Freiherren von Aufseß. Zum Herrschaftsbereich dieser einst mächtigen Familie gehörten früher 50 Burgen und Schlösser sowie 43 Ortschaften. Nach zahlreichen Zerstörungen der späteren Jahrhunderte erhielten Burg und Kirche ihre heutige Form erst im 17./18. Jh. In der *Burgkapelle* gibt es gotische Buntglasfenster aus dem 14. Jh., mit die ältesten Glasmalereien Frankens, zu sehen, außerdem einen schönen Schnitzaltar aus dem 16. Jh. mit den zwölf Aposteln. Rechts unten sind dickbäuchige Mönche in der Hölle dargestellt. Daneben befinden sich die *Totenkapelle* (sie wurde erst 1725 errichtet) und die *Sakristei*, die als Gefangenenverlies oder bei Belagerungen als Lebensmittelkammer diente.

Meingoz Steinhaus: Der Name des Gebäudes, ältester Teil der Burg, geht auf den um die Mitte des 12. Jh. mehrfach erwähnten Meingoz von Aufseß zurück. Heute führt eine Holztreppe zu den Gemächern, in denen *Hans Freiherr von und zu Aufseß* (Gründer des Germanischen Nationalmuseums Nürnberg) mit seinem Leibdiener lebte, wenn er sich mit seiner Frau zerstritten hatte, was oft der Fall war. Sein ehemaliges Studierzimmer mit romantischer Inneneinrichtung blieb seitdem unverändert.

Ahnensaal: Der Raum im Hauptgebäude wird gerne zu Trauungen genutzt.

• Öffnungszeiten Geöffnet täglich zwischen 10 und 14 Uhr. Burgführungen nach Absprache. Eintritt 2,50 €. ✆ 09274/98010 oder 0172/8675993 (mobil).

Schloss Oberaufseß: Mit seinen vier runden Mauertürmen wirkt es wie eine mittelalterliche Raubritterburg, entstanden ist das Schloss aber erst Ende des 17. Jh. Der Neubauturm mit dem spitzen Dach stammt aus dem 19. Jh. *Hans Max von Aufseß* (1906–1993), einer der bekanntesten fränkischen Schriftsteller, wohnte hier. Ferienwohnung für 2–6 Personen, ab 40 €. Private Führungen nach Anmeldung ab 15 Personen bei Baronin und Baron von Aufseß, Tel. 09198/510. www.oberaufsess.de. cvaufsess@t-online.de.

Burg Unteraufseß – Blick in den Innenhof

Lehranstalt für Fischerei des Bezirks Oberfranken. Fischbruthaus, Freilandrundbecken und Forellenteiche dienen u.a. der Fortbildung für Fischer und Teichwirte, dem Artenschutz und der Erhaltung von heimischen Fischarten. Sehen kann man sechs Arten von Forellen und Saiblingen. Führungen nur nach telefonischer Anmeldung: 09198/340. www.bezirk-oberfranken.de.

Wandern

Unteraufseß–Oberaufseß

Am Parkplatz der Durchgangsstraße gibt es eine Wandertafel zur Orientierung. An Schloss Unteraufseß vorbei führt der Weg durch den Ort hindurch Richtung Norden, an der Kreuzung am Friedhof geht es rechts weiter. Am Gasthof Stern vorbei läuft man an der fischreichen Aufseß entlang. Der Weg führt die Straße „Pulvermühle" entlang, am letzten Haus rechts halten und hinauf zur Hochfläche. Im Wald rechts erreicht man nach ca. 100 m die Lindenallee, die rechts zum Schloss Oberaufseß führt. Der Weg zu dem etwas links gelegenen Hugoturm, der 1883 erbaut wurde, ist nur schwer zu finden. Über die vorher beschriebene Lindenallee erreicht man Schloss Oberaufseß. Hinter der Burg gelangt man mit der Markierung *grüner Punkt* zurück ins Aufseßtal. Ein Stück vor dem Ort Aufseß dann rechter Hand ein mächtiger Felsen mit Höhle, der möglicherweise den Kelten zu kultischen Zwecken diente. Von dem Sträßchen ist dieser „Galeriefelsen" mit schönem Ausblick erreichbar.

Aufseß–Neuhaus–Sachsendorf

Eine etwas längere Wanderung führt über Neuhaus nach Sachsendorf. Wer dort links in Richtung Drosendorf abbiegt, erreicht nach ca. 200 m eine kleine Weggabelung, von wo nach rechts ein Flurweg in das unberührte Aufseßtal abzweigt. Das Waldgebiet am rechten Talhang ist das sog. Mühlholz, ein Mischwaldgebiet im „Urzustand". Im Frühjahr blühen hier viele seltene Pflanzen.

Brauereienweg

Aufseß-Neuhaus-Sachsendorf–Hochstahl–Heckenhof–Aufseß:

Die Gemeinde Aufseß schmückt sich mit dem Prädikat „Größte Brauereidichte der Welt". Und damit stand sie sogar im Guinnessbuch der Rekorde: Vier Brauereien auf 1400 Einwohner! Der 14 km lange Rundweg ist wie geschaffen für Bierfreunde mit Kondition. Besucht werden vier Kleinbrauereien, und nach einem Getränk oder kleinem Verzehr kommt man einen Stempel für eine Urkunde, die den Gast als „Ehrenbiertrinker" auszeichnet. Empfehlenswerte Ganztagestour, die sogar mit einem geländegängigen Kinderwagen zu schaffen ist.

Ein kürzerer Rundwanderweg (12 km) geht von Wüstenstein (Parkplatz im Tal) dem Gelbkreis entlang nach Draisendorf, dort aber nicht rechts nach Heckenhof, sondern links (Gelbkreuz) nach Aufseß, und dann dem Schwarzkreis entlang über Rauenberg zurück nach Wüstenstein.

Die Wiesent bei Wiesentfels

Brauereigasthöfe im und um das Aufseßtal

• *Wüstenstein (südlich von Aufseß)* **Gasthof Schoberth**, gemütliche Gaststube, Bier vom Fass von der Brauerei Schinner Bayreuth. Sonntags Mittagstisch mit hausgemachten Klößen, ansonsten kalte Gerichte wie Stadtwurst und Hausmacherwurstplatte. ✆ 09196/402, Di Ruhetag.

• *Hochstahl (östlich von Aufseß)* **Brauereigasthof Reichold**, preisgünstige Küche (Schäufele mit Klöß und Sauerkraut 7 €) und bekömmliches Bier. Am 1. Mai gibt es Maibock. DZ 60 €. Mo und Di Ruhetag. Wohnmobilstellplatz 5 €, Strom, Wasser und Abwasser 2 €. Zelten 2,50 € pro Pers., Kinder frei. Hochstahl 24, ✆ 09204/271, 919276, h.reichold@t-online.de, www.brauerei-reichold.de,

• *Heckenhof (1 km östlich von Aufseß)* **Kathi-Bräu**, der Name des kleinen Weilers wird mit Kathi-Bräu verbunden, der „Geheimtipp" in der Region Bayreuth/Erlangen/Nürnberg mit rustikalem Charme, besonders von Motorradfahrern frequentiert. 1993 verstarb die legendäre Kathi und vermachte den Betrieb ihrem langjährigen Braumeister Josef Schmitt. Die Qualität des 4 bis 6 Monate abgelagerten dunklen Bieres ist deshalb konstant gut geblieben. Bei dem zweigeschossigen Gasthof handelt es sich um einen ehemaligen Amtssitz der Herren von Aufseß, Ende des 17. Jh. erbaut. Reste des Rundturms befinden sich an der nördlichen Giebelseite. Innen gibt es neben der urigen alten Gaststube (Kathis Stüberl) auch ein modern-rustikales Klosterbräu-Stüberl; im Sommer auch Gartenbetrieb. Gute Brotzeiten, Freitag Schaschlik, Sa/So kleine Gerichte und Kuchen. Geöffnet 9–23 Uhr. Kein Ruhetag. ✆ 09198/277.

• *Sachsendorf* **Brauerei Stadter**, bekömmliches, bernstein-farbenes Landbier. Viele Wanderer durch den Brauereienweg. Gasthof ab 10 Uhr geöffnet, durchg. warme Küche. Mo Ruhetag. ✆ 09274/8193. Fünf Erlebnisbrautage an Wochenenden (Mai–Sept.), Teilnahme nur nach rechtzeitiger Anmeldung. ✆ 0921/66816, braulehrer@t-online.de, www.braulehrer.de.

Der Ortskern von Waischenfeld

Oberes Wiesenttal

Bei Behringersmühle münden Püttlach und Ailsbach in die hier eine spitze Kehre beschreibende Wiesent. Alle drei Täler begeistern gleichermaßen durch die felsige Enge ihrer Schluchten, Burgen auf den Höhen und malerisch gelegene Mühlen.

Die Wiesent entspringt weit hinter der Stadt Hollfeld und schlängelt sich südwärts. Nach Plankenfels beginnt sich ihr Tal zu verengen. Wildromantisch zeigt sich das obere Wiesenttal um Nankendorf, das schöne Städtchen Waischenfeld und die Burg Rabeneck. Immer wieder durchbrechen bizarre Felsformationen die steilen waldbewachsenen Hänge. Bei Doos schließlich beschreibt die Wiesent eine Kehre, bevor sie sich, von den Wassern der Püttlach und dem Ailsbach gespeist, in Behringersmühle weitet.

Zwischen Behringersmühle und Waischenfeld

▸ **Doos**: Die nur aus einigen Häusern bestehende Einöde erhielt ihren Namen nach dem Wasserfall, über den die Aufseß früher zur Wiesent „hinabtoste". Im 18. und 19. Jh. wurde der Thooser Wasserfall von den Reisenden als naturkundliche Sehenswürdigkeit gerühmt, u. a. von so berühmten Leuten wie dem Leipziger Professor *Rosenmüller* (Entdecker der gleichnamigen Höhle), dem markgräflichen Kanzleiinspektor *Köppel* oder dem romantischen Maler *Ludwig Richter*. Von den prächtigen Tuffsteinfelsen, über die die Aufseß in die Wiesent hinabstürzte, ist heute nur noch ein bescheidener Rest übrig geblieben. Ursachen der Zerstörung waren ein großes Hochwasser um 1860 und vor allem der Abbau des als Baumaterial begehrten Tuffsteins um 1930.

Karte S. 225

Von Doos aus sind lohnende Wanderungen durch das autofreie Aufseßtal über die Kuchenmühle nach Wüstenstein möglich (siehe Muggendorf).

• *Essen* **Haus Aufsesstal**. 1830 stand hier der erste Gasthof. Auf der Postlinie Forchheim–Hollfeld machten die Kutscher gerne vor dem steilen Dooser Berg Rast. Heute unterhält der Deutsche Orden in dem ehemaligen Gasthof eine Einrichtung der Suchthilfe. Im Rahmen ihrer therapeutischen Angebote betreibt das Haus u. a. ein alkoholfreies Tagescafé. Neben selbst gebackenen leckeren Kuchen gibt es auch kleine Speisen zur Stärkung. Geöffnet tägl. 10–18 Uhr, im Winter nur am Wochenende. ✆ 09196/929480, haus-aufsesstal@t-online.de, www.hausaufsesstal.de.

• *Sinnesparcours* beim Haus Aufseßtal, Doos 17. In 30 Min. wandert man an 14 Stationen vorbei, die einladen, seine Sinne wieder zu entdecken. (Kräutergarten, Kettensteg, Summstein etc.). April bis Oktober Führungen nach Anmeldung, ✆ 09196/929480.

• *Kajakverleih* In Doos können 1er- und 2er-Kajaks und Kanus gemietet werden, Transport zur Einstiegstelle und vom Endpunkt der Fahrt im Preis inbegriffen. Tagestour z. B. von Doos bis Muggendorf (ca. 4 Stunden) im 1er-Kajak für 30 €, im 2er 25 € pro Pers., Kurztouren ab 16 €. ✆ 09196/998423 oder 0170/5408165 (mobil), www.kajak-mietservice.de, (von Mai –September).

▸ **Burg Rabeneck**: Einige Kilometer flussabwärts von Waischenfeld liegt die Burg versteckt oberhalb des Tales. Sie wurde im 13. Jh. von den Schlüsselbergern gebaut und wechselte danach oft den Besitzer. Die Grafen von Schönborn waren die letzten adeligen Eigentümer. Heute gehört das historische Gemäuer *Norman Schiller*, der es sich zur Lebensaufgabe gemacht hat, die im 20. Jh. stark vernachlässigte Burg wieder bewohnbar zu machen. Die Burg kann besichtigt werden (Sonn- und Feiertage 11–18 Uhr, Eintritt 1,50 €, Jugendl. 1,0 €, Ki. 0,50 €). In der Schänke gibt es dann Brotzeiten. Man kann auch in der Burg wohnen, DZ 78 €.

Wer gerne ausgefallene Feste feiert, kann sich die Burg mieten, Spanferkel und Fassbier werden organisiert. Romantische Pärchen können sich in der barock ausgestatteten Bartholomäus-Schlosskapelle das Ja-Wort geben; sicher ein erinnerungsreicher Moment (✆ 09202/565 –burg-rabeneck@t-online.de). Infos zu den veranstalteten mittelalterlichen Festen im Internet unter www.alle-franken.de.

Essen/Übernachten

Waldpension Rabeneck, ruhige Lage, große Terrasse mit Blick ins Wiesenttal. Restaurant mit sehr guter Küche, Spezialität Forelle. DZ mit Dusche ab 48 €. ✆ 09202/220, 📠 1728, www.waldpension-rabeneck.de, waldpension-rabeneck@gmx.de. Kein Ruhetag, Febr. geschlossen.

Krems, familiäre Café/Pension, etwa 1 km von der Burg Rabeneck weiter Richtung Behringersmühle, sehr ruhige Lage mit gepflegten Räumlichkeiten, insbesondere wegen der selbstgebackenen Kuchen bekannt. Mit Rad- und Kajakverleih. DZ mit DU/WC 54 €. ✆ 09202/245, 📠 972491, www.pension-krems.de. Dienstag Ruhetag.

Pulvermühle, zwischen der Burg Rabeneck und Waischenfeld, gepflegte Atmosphäre, idyllische Lage. Im Ruf eines Feinschmeckerlokals, große Auswahl (auch an saisonalen fränkischen Gerichten), exquisite Soßen, zubereitet von Küchenmeister Christian Bezold. Die leckeren Kuchen (Käsekuchen probieren) werden von der Senior-Chefin persönlich zubereitet.

Zu Napoleons Zeiten wurde hier Schießpulver hergestellt, und die Mühle flog deshalb schon mal in die Luft. Hier trafen sich 1967 das letzte Mal die Schriftsteller der Gruppe 47, bevor sie sich wegen interner Meinungsverschiedenheiten auflöste. Auch Schachweltmeister fühlten sich hier wohl. DZ mit Bad 65 €. ✆ 09202/1044, 📠 1046. Von Mai bis Sept. durchgehend, Dez.–März nur Do bis So geöffnet Okt. und April Mo Ruhetag, hotel@pulvermühle.de, www.pulvermuehle.de.

Zeltplatz Waldesruh, zehn Minuten von der Burg Rabeneck zur Wiesent gelegen, die zu Bootstouren einlädt. Mai bis Sept., Erw. 2,90 €, Jugendl. 2,40 €, ✆ 873 oder 970463, zeltplatz-waldesruh@gmx.de.

Oberes Wiesenttal
2 km
Kleinziegenfeld
Fesselsdorf
70
Buchberg
523 m
Stadelhofen
Buckendorf
Schirradorf
Schesslitz
Kleetzhöfen
Felsen-
garten
Zwernitz
Eichenhüll
Hoher Turm
543 m
Sanspareil
Paradiestal
Steinfeld
Wonsees
Krögelstein
Kleinhül
Hopfen-
mühle
Treunitz
Alladorf
Freienfels
22
Kainach
Wiesent
Wiesentfels
Neidenstein
Kainach
Busbach
Königsfeld
Bayreuth
Hollfeld
Schönfeld
Henriciturm
Voitmannsdorf
Obernsees
Treppendorf
Drosendorf
Thermalbad
Truppach
Höfen
Truppach
Stechendorf
Neuhaus
Tiefenlesau
Wadendorf
Plankenstein
Wohnsgehaig
Mistelgau
Altneu-
wirtshaus
Neubürg
477 m
Hochstahl
587 m
Aufseß
Plankenfels
Greifenstein
Stücht
Aufseß
Löhlitz
Heiligenstadt
Nankendorf
Breitenlesau
Waischenfeld
Leinleiter
Wüstenstein
Hubenberg
Veilbronn
Gößmannsberg
Heroldsberg
Pulver-
mühle
Voigendorf
Raben-
eck
Eichen-
birkig
Sophienhöhle
Herren-
fels
Rabenstein
Unterleinleiter
Binghöhle
Albertshof
Ober-
Streitberg
Neudorf
Doos
Ailsfeld
Unter-
Muggen-
dorf
Riesen-
burg
Neideck
Schotters-
mühle
Gasseldorf
Wiesent
Engel-
hardsberg
Wiesent
Ailsbach
Trainmeusel
Tüchersfeld
Weidmanns-
gesees
470
Wohlmannsgesees
Ebermannstadt
Druidenhain
Behringers-
mühle
Burggaillen-
reuth
Gößweinstein
Kanndorf
Birkenreuth
Windisch-
gaillenreuth
Forchheim

Waischenfeld

Das kleine Städtchen liegt an der Wiesent in der oberen Fränkischen Schweiz. Auf den Höhen über Waischenfeld gibt es noch Reste mittelalterlicher Befestigungsanlagen, deren bekannteste der „Steinerne Beutel" ist – heute Wahrzeichen der Stadt mit schöner Aussicht.

Nach Erteilung der Stadtrechte 1315 wurde ein geschlossener Mauerring um den Ort gebaut; infolge der zahlreichen Kriege und der damit verbundenen Zerstörungen blieb davon jedoch nichts mehr erhalten.

Waischenfeld wollte, wie andere Städte auch, von der frühen touristischen Erschließung der Fränkischen Schweiz profitieren. Um den Ort für Kurgäste attraktiver zu machen, wurde 1884 ein Verschönerungsverein ins Leben gerufen – Parkbänke wurden aufgestellt, Wegweiser errichtet und die alten Fachwerkbauten mit Ochsenblut koloriert. In den letzten Jahren ist in dem staatlich anerkannten Luftkurort ein schöner Uferpromenadenweg angelegt worden. Der alte Ortskern mit den Fachwerkhäusern und Scheunen ist nach wie vor sehenswert.

Information/Diverses

- *Vorwahl* 09202.
- *Information* Die Tourist-Information befindet sich im roten Rathaus im Ortskern, Marktplatz 58. Mo–Fr 9–12 und 13–16 Uhr (Mi nachmittags geschlossen), Sa 10–12 Uhr, im Winter nicht nachmittags und samstags. ✆ 960117 oder 19433, ℻ 960129. www.waischenfeld.de oder www.franken-paradies.de (Unterkunftsvermittlung).
- *Verbindungen* Bahnbusse – 6x tägl. Bayreuth, 4x tägl. nach Gößweinstein.
- *Freibad* beheizt (24°C); die Anlage an der Wiesent verfügt über Breitwellenrutsche, Kinderspielplatz, Kneippanlage und Beach-Volleyball-Platz. Mitte Mai–Sept. 10–19 Uhr. ✆ 880, www.freibad-waischenfeld.de.
- *Angeln* Für Hausgäste im Hotel Post und in den Pensionen Hammermühle, Richter und Gasthof Sonne. Infos auch unter www.fliegenfischerschule-Hammermühle.de.
- *Brühtrogrennen* In Nankendorf findet am zweiten Sonntag im August ein besonderes Spektakel statt. Zwei Teams fahren in Brüh-Trögen (Holzbottiche, in denen geschlachtete Schweine gebrüht werden) auf der Wiesent um die Wette. Zum Gaudium des Publikums gibt es dabei viele „Schiffbrüche".
- *Wandern* In der Tourist-Information liegen Broschüren zu Wanderrouten aus. Sehr beliebt ist die **Brauereiwanderung**. Stationen der 16 km-Strecke (7,5 Stunden) sind die Brauereien Schroll Nankendorf, Krug Breitenlesau, Kathibräu Heckenhof und Rothenbach Aufseß. Busrückfahrt zur Brotzeit und Urkundenübergabe in der Brauerei Heckel Waischenfeld. 10 € pro Pers. in der Gruppe ab 10 Pers.
- *Waischenfelder Burgwächter* Ein mildwürziger Magenbitter nach alter (natürlich geheimer) Rezeptur, der in der Stadt-Apotheke verkauft wird. Warnhinweis: Im Unverstande getrunken sind „Potenz und Verkehrslizenz" gefährdet.

Essen/Übernachten

Hotel Post, das Hotel mit drei Gästehäusern, eines davon ein fränkischer Nachbau. Gerne von Reisegruppen frequentiert. Zimmer mit Tisch und Sitzgruppe, die durch einen Klappmechanismus in ein zusätzliches Bett umfunktioniert wird. Hübsche Möbel aus Tiroler Zirbelkiefer. Lamm aus eigener Herde. Das DZ mit Bad/WC kostet zwischen 52 und 86 €. Außerdem bietet das Hotel Fliegenfischerwochen und Schlemmerwochenenden an. ✆ 750, ℻ 75100 und hotel-zur-post@waischenfeld.de, www.hotel-zur-post.waischenfeld.de.

Biertränke Heckel, eine der urigsten Wirtschaften der Region. Eigene Brauerei, gutes helles, naturtrübes Bier, das nicht mit Kohlensäure versetzt ist (aus 10- u. 20-Liter-Fässern). Wenn um 21.30 Uhr das Fass leer ist und nicht mehr genug Gäste da sind, um das nächste Fass leer zu trinken, gibt's Flaschenbier von einer Großbrauerei, und das Gastzimmer leert sich schnell. Zu essen gibt es nur, was man sich selbst mitbringt. Kein Ruhetag, geöffnet von 9 bis 13 Uhr und dann wieder ab 16.30. Sa., Sonn- und Feiertag ab 10 Uhr offen. ✆ 493.

Jöbstel, stilvoll-gemütliche Gasträume, Café und Biergarten, komfortable DZ mit DU/WC/Balkon ab 60 €, Frühstücksbuffet. Leichte fränkische Küche, Spezialitäten von Fisch und Lamm. Hausgebäck. ✆ 240, 📠 1628, www.gasthof-joebstel.de, Mo Ruhetag.

Zur Sonne, gemütliche preiswerte Wirtschaft mit Hausmannskost; ab 11.30 Uhr warme Gerichte. Schattiger Biergarten. Zimmer und Appartements mit DU/WC, im Mai 2005 ist ein renoviertes, modernes Gästehaus mit 4 behaglichen Zimmern dazu gekommen, die eine Aussicht auf die Wiesent und den Ort bieten. DZ 56 €. ✆ 818, 📠 972254. Mi Ruhetag. info@sonne-waischenfeld.de

Rotes Roß, in dem schmucken Fachwerkhaus am Marktplatz 9 nächtigte 1798 der Dichter Ernst Moritz Arndt, worauf eine Tafel hinweist. Die reine Bierwirtschaft betritt man über den Haupt- oder Nebeneingang. ✆/📠 401.

Pension Hammermühle, 1965 wurde die idyllisch gelegene Mühle stillgelegt, aber der Betrieb wird mit Bio-Landwirtschaft noch weitergeführt. Fliegenfischen am eigenen Fischwasser mit Fliegenfischer-Schule. Modernes Gästehaus, DZ ab 54 €. ✆ 252, 📠 972 535, www.pension-hammermuehle.de.

• *Privatvermieter* Zahlreiche weitere private Unterkünfte und Pensionen bieten ordentliche Zimmer mit dem üblichen Komfort an. Die Preise pro DZ bewegen sich zwischen ca. 28 und maximal 44 €. In den umliegenden Ortsteilen idyllische Angebote für Urlaub auf dem Bauernhof und Ferienwohnungen. Nähere Auskünfte erteilt das Verkehrsamt.

Das Wasserrad der Stadtmühle dreht sich heute für Strom

• *Camping* Am Ortsrand, direkt an der Wiesent gelegen mit Zugang zum Schwimmbad. Viele Dauercamper, daher ganzjährig geöffnet, auch Gaststätte. Erw. 5,50 €, Ki. bis 14J. 3 €, Wohnmobil 5 €. ✆ 359 oder 09166/336, mai.roland@t-online.de.

Jugendzeltplatz beim Tennisclub in der Nähe der Burg. info@tennisclub.waischenfeld.de.

Essen/Übernachten in der Umgebung

• *Nankendorf* Im Brauerei-Gasthof **Polsterbräu** wird noch Polsterbräu ausgeschenkt, obwohl die Brauerei nicht mehr existiert. Wie das? Der Sohn wanderte nach Eppingen in Baden aus und besitzt dort die Brauerei Palmbräu. So kommt mehrmals im Monat eine Sudladung original Polsterbräu aus dem Badischen nach Nankendorf. Die Gastronomie ist fränkisch-deftig-schnörkellos und wird angereichert durch thüringische Spezialitäten (Rostbrätel), da die Wirtsfamilie von dort stammt. Do Ruhetag. ✆ 09204/381, gasthof-polster@nankendorf.de, www.nankendorf.de.

• *Breitenlesau* **Brauereigasthof Krug** im Fachwerkhaus mit rötlichem Gebälk, davor ein Biergarten. Die rustikalen Gastzimmer laden zu deftigen Brotzeiten und fränkischen Braten ein. Kenner behaupten, das hier ausgeschenkte dunkle Krug-Bräu sei das beste Bier der Fränkischen Schweiz. Konrad Krug liefert bis nach Berlin und in die Toscana. Übernachten kann man in renovierten Gästezimmern für 56 € pro DZ. ✆ 835 📠 1721. Mo Ruhetag. Okt. bis April Mo und Di Ruhetag. www.krug-braeu.de,

• *Hubenberg* (oberhalb Waischenfeld, Richtung Breitenlesau) **Gasthaus Polster**. Der gemütliche Landgasthof ist seit 1895 in Familienbesitz. Verarbeitet werden eigene Produkte aus der Landwirtschaft. Seit vielen Jahren steht die Oma am Herd und bereitet u. a. ausgezeichneten Rehbraten und Krenfleisch. Seit Sommer 2009 steht sie an der Seite des Enkels und gelernten Kochs Edgar Polster, der auch Fisch auf die Speisekarte genommen hat. Mo/Di Brotzeiten, Do bis So warme Küche. ✆ 09202/244, 📠 09202/970592.

Man kann den Abstecher mit einem Besuch der Galerie von **Ute Baumann** verbinden, einer kreativen vielseitigen Künstlerin, die sich in einem renovierten Bauernhof niedergelassen hat (s. Seite 19).

• *Köttweinsdorf* (oberhalb von Doos und südwestlich von Eichenbirkig). **Gaststätte Maihof**, wunderschöner Biergarten unter Apfelbäumen, kleiner Spielplatz. Brotzeiten und kleine Gerichte unter der Woche, Sa/So größere Speisenauswahl. Hausschlachtung und selbst gebackene Kuchen. ✆ 09202/353. Di Ruhetag.

Sehenswertes

Burg Waischenfeld: Die 1122 im Zusammenhang mit *Konrad von Waischenfeld* erstmals erwähnte Burg kam bereits 1216 in Schlüsselberger Besitz. Nach dem gewaltsamen Tod von *Konrad von Schlüsselberg* legte das Hochstift Bamberg die Hand über Waischenfeld, das später ein beliebter Sommersitz der Bamberger Fürstbischöfe war. Nach dem bischöflichen Machtverfall Anfang des 19. Jh. war auch die Burg dem Verfall preisgegeben; das Gemäuer wurde für den Bau des Rathauses benutzt.

Seit Anfang 2003 ist die Burg im Besitz der Stadt Waischenfeld. Darin untergebracht sind jetzt Burgschenke und eine Galerie. Herrlicher Biergarten unter alten Linden. Auf der Freilichtbühne finden Aufführungen und Konzerte statt. Oft geht es mittelalterlich zu mit Rittermahl und der Unterweisung durch Waffenmeister in Bogen- und Armbrustschießen, Pfeilbau, Stock- und Schwertkampf. Am letzten Augustwochenende zieht ein Mittelaltermarkt die Besucher in Bann. Weitere Informationen unter www.burg-waischenfeld.de.

Öffnungszeiten Die renovierte Burganlage und ihre Räumlichkeiten können in der Regel Mi bis So zwischen 11 und 18 Uhr besucht werden. Die Burgschenke ist im Sommer geöffnet, im Winter ab 17 Uhr (Di Ruhetag), von 7. Jan. bis 7. März geschlossen. ✆ 970447, 📠 970448. info@burg-waischenfeld.de.

Mühlen: Die Stadtmühle in Waischenfeld war die einzige der Gegend, die bis vor kurzem fast ausschließlich Handelsmüllerei betrieb und Bäckereien bis nach Bamberg belieferte. Jetzt liefert sie Strom an ein Energie-Unternehmen, wie auch die Alte Mühle in Nankendorf. Vor beiden Mühlen drehen sich noch Wasserräder, in Nankendorf sind an der Mauer Markierungen vieler Hochwasser abzulesen.

Stadtpfarrkirche St. Johannes: Die hübsch renovierte Pfarrkirche wurde um die Mitte des 15. Jh. anstelle der zerstörten Burgkapelle erbaut. Der in Wien als Bischof zu Ehren gekommene Friedrich Grau, genannt Nausea, stiftete seiner Heimatstadt Waischenfeld um 1550 den spätgotischen Chor. Der Gönner verstarb 1552 unerwartet beim Turiner Konzil an Fleckfieber. Beim Einbau einer Heizungsanlage entdeckte man die sterblichen Überreste der Eltern von Nausea. Zwei Figuren, die heute wieder im Chor stehen, wurden vor einigen Jahren gestohlen und durch ei-

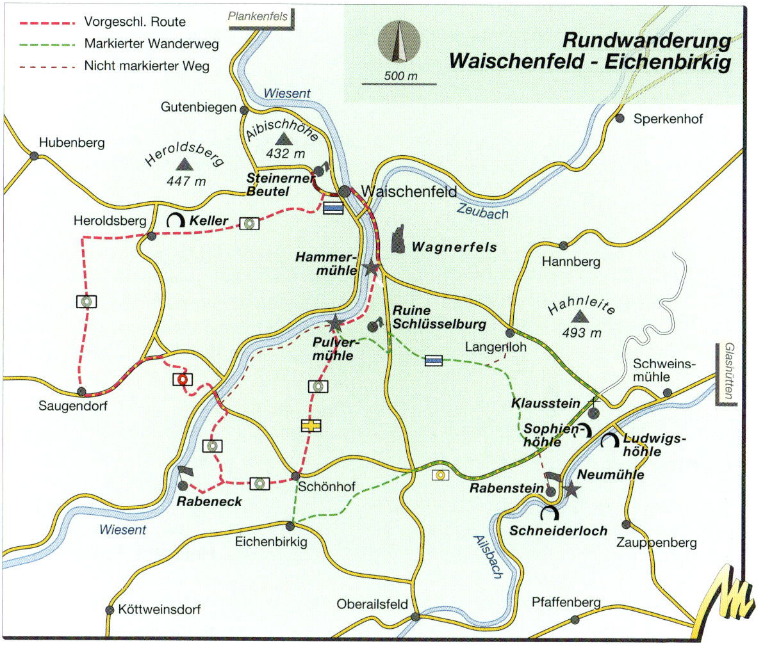

nen Zufall wiederentdeckt: Passanten wurden in Erlangen auf einen Zeitgenossen aufmerksam, der in seinen Kellerräumen Madonnen abbeizte – darunter befanden sich auch jene aus Waischenfeld.

Hl.-Laurentius-Kapelle: Sie liegt im unteren Ortsteil am Fluss, wurde 1641 erbaut und 1795 erneuert. Nebenan ein *Spital* (Armenstift) vom Domkapitular von Rabenstein – heute ein schön restaurierter Fachwerkbau und das Pfarrgemeindehaus. Früher wurden im Armenstift jeweils sieben Bedürftige aufgenommen, zwei aus dem Bistum Bamberg. Gemäß der Stiftungssatzung bekamen die Armen Speis und Trank, mussten aber auch zu bestimmten Zeiten beten.

Wandern

Wandertafeln zur Übersicht beim Rathaus, am Nausea-Platz und in der Vorstadt bei der Raiffeisenbank. **Broschüren über Wanderrouten sowie Informationen zu organisierten Bierwanderungen liegen in der Tourist-Information aus.**

Rundwanderweg

Waischenfeld – Heroldsberg – Rabeneck – Eichenbirkig – Waischenfeld

Markierung *grüner Ring* (ca. 12 km), mehrere Einkehrmöglichkeiten. Zu Beginn gleich der Aufstieg zur Hochfläche: Ein *blauer Balken* führt den Wanderer an der Stadtpfarrkirche mit der St.-Anna-Kapelle vorbei zur Burg Waischenfeld mit dem berühmten *Steinernen Beutel*. Die prächtige Aussicht auf Stadt und Umland inspirierte 1798 den Romantiker Ernst Moritz Arndt zu den schwermütigen Zeilen:

„Hier auf und zwischen den Altären, die du dir erbaut hast, heilige Natur, unendliches unbegriffenes Leben und Weben der Welt, hier sitze und knie ich, selig durch dich, selig schon durch das Gefühl des Daseins, wenn ich auch ewig im Nichts zerfallen sollte, wie diese zertrümmerten Felsen."

Von der Markierung *grüner Ring* lässt man sich am Friedhof vorbei in Richtung Heroldsberg führen: Beiderseits des Weges Ackerflächen, Hecken am Ackerrand, einzelne Baumgruppen und Wäldchen lockern das Bild auf, kurz vor dem Ort eine schöne Allee. Durch Heroldsberg hindurch gelangt man über Saugendorf wieder hinunter ins Wiesenttal.

Am gegenüberliegenden Ufer der Wiesent beginnt am Waldrand der Aufstieg zur *Burg Rabeneck (grüner Ring)*. Nach Besichtigung der Burg folgt man bis Schönhof dem Wegweiser nach Eichenbirkig. An der großen Linde vor dem Gut (Wegweiser) geht es nach Waischenfeld. Durch Ackerland gelangt man nach ca. 2 km zurück ins Wiesenttal. An *Pulvermühle* und *Hammermühle* vorbei erreicht man über die sog. Vorstadt Waischenfeld.

Alternativvorschlag: Wer in Schönhof noch keine Lust zur Rückkehr nach Waischenfeld verspürt, kann die Route ausdehnen (*rotes Dreieck*): Von Schönhof zur *Burg Rabenstein* und zur *Sophienhöhle* mit Abstecher zur *Klaussteinkapelle.* Der Rückweg beginnt oberhalb der Sophienhöhle und führt südlich von Langenloh zur Pulvermühle (*blauer Querbalken*), von hier gelangt man im Tal nach Waischenfeld zurück.

Plankenfels: Der kleine Ort verdankt seine Existenz einer Grenze. Zur deutlichen territorialen Trennung des bischöflichen Bamberg einerseits und dem Kulmbach-Bayreuther Raum andererseits entstand (wahrscheinlich bereits im 11. Jh.) eine Burg. Sie wurde auf dem *planken fels* (daher der Name: „blanker", also baumloser „Fels") in exponierter Lage errichtet. Heute findet man keine Reste mehr. In unmittelbarer Nähe, fast 400 m hoch im Wiesenttal, liegt das Schloss Plankenfels. Der letzte Ritter aus dem Geschlecht von Plankenfels starb 1634. Das Schloss befindet sich heute in Privatbesitz und wird saniert.

• *Information* Die Gemeinde Plankenfels hat Di 8–12 Uhr und Do 18–20 Uhr geöffnet, Hauptstraße 4, 95515 Plankenfels, ✆ 09204/225, 📠 515, gemeinde@plankenfels.de, www.plankenfels.de.

• *Wandern* Vier Rundwanderwege von 1,8 bis 6 km, u. a. mit Echo und Luisenquelle, Romantischer Mühlenweg und Drei-Täler-Weg.

• *Essen/Übernachten* **Zum Goldenen Lamm**, in dem sympathischen Gasthof werden auch Produkte vom eigenen Hof, bzw. aus der eigenen Metzgerei serviert. Spezialität Holzofenschäufele. Ist die Wirtsstube voll, wird der benachbarte Dorfkeller geöffnet (für Feiern auch mietbar). DZ (Dusche/WC) 56 €, HP ab 8 €. Hauptstr. 9, ✆ 257, 📠 9454. Di Ruhetag. heinrichschreyer@t-online.de, www.gasthof-goldenes-lamm.de.

Hostel factory41, für Wanderer und Biker vom 1-Bett- bis 6er-Zimmer, Selbstversorgerküche. 20 €/Pers. inkl. Frühst/Bettw. Hauptstraße 41, ✆ 918905, 📠 9180132, www.factory41.de, info@factory41.de.

• *Einkaufen* **Natursteine M. Maisel**, der Steinmetz mit dem sprechenden Namen bietet auch zahlreiche kunstgewerbliche Arbeiten (Tier- und Menschenskulpturen, Brunnen etc.) aus Granit und anderen Steinen an. Der Betrieb befindet sich stilsicher im Hammerweg (beschildert), ✆ 09204/464.

• *Mengersdorf* Richtung Obernsees und nahe der Therme befindet sich das 2003 eröffnete **Restaurant/Hotel Gutshof Mengersdorf**, gutbürgerliche Küche zu fairen Preisen, schöner Fachwerkbau, stilvolles Ambiente. Auch Übernachtungsmöglichkeiten. ✆ 09206/993880, 📠 993881, www.gutshof-mengersdorf.de (s. auch Kasten S. 232).

Obernsees/Neubürg

Nördlich und nordöstlich von Waischenfeld um die Orte Obernsees und Mistelgau (siehe auch Karte „Bayreuth und Umgebung") ist eine neue Ferienregion entstanden, mit einem reichhaltigen sportlichen und kulturellen Angebot, besonders attraktiv auch für Familien. Alle Informationen bei der Regionalen Entwicklungsgesellschaft Rund um die Neubürg, Bahnhofstr. 35, 95490 Mistelgau oder unter www.mistelgau.de und www.fremdenverkehr-obernsees.de.

Eines der Zentren ist die **Therme Obernsees**: Im kleinen Weiler Obernsees entstand dank des Thermalwassers, das aus einer Tiefe von über 1.200 Metern gewonnen wird, ein Badeparadies. Die Möglichkeiten, sich hier zu entspannen, sind vielfältig, so dass die Entscheidung schwerfällt: Großbecken und 90 Meter Reifenrutsche, Wasserkaskaden und Massagedüsen, doppelstöckiges Saunahaus, Wellnessbereich, Dampfbäder und Tropfsteindampfgrotte, um nur einige Bereiche zu nennen. Auf dem Programm stehen ferner regelmäßige Events. Es gibt auch ein Bistro und Attraktionen für Kinder (Blubberbucht!), außerdem: kostenlose Kinderanimation.

• *Öffnungszeiten/Eintritt* Geöffnet zwischen Oktober und April Mo–Do von 9–22 Uhr, Fr–Sa von 9–23 Uhr, So und Feiertage von 8.30–22 Uhr. Mai–Sept Mo–Sa von 9–22 Uhr, So und Feiertag von 8.30–20 Uhr. Eintritt Badebereich: 10 € (3 Std.) bzw. 13 € (Tageskarte), Kinder 6,50 € bzw. 9,50 €; Familien 24 bzw 32 € , inkl. Sauna: 14,50 € (3 Std.) bzw. 17,50 € (Tageskarte), erm. 13,10 € bzw. 15,90 €. Therme Obernsees, 95490 Mistelgau, ✆ 09206/993000, www.therme-obernsees.de.

Vor der Therme steht der **Info-Shop-Neubürg**, ein Regionalladen mit einem reichhaltigen Angebot an Lebensmitteln aus der Region, aber auch Informationen des Fremdenverkehrsamts zu Unterkünften plus Zimmervermittlung. Eine besondere Spezialität, die es Di bis Fr zu kaufen gibt, ist die „Thermen-Kruste", ein Brot aus Natursauerteig mit einem hohen Kalziumanteil. Frisch gebackenes Holzofenbrot gibt es außerdem jeweils dienstags und donnerstags. Auch schöne Keramik- und Töpferwaren, Postkarten, Körbe und Holzartikel können in dem Laden erworben werden. Der Shop ist Mo–Fr 10–18 und Sa 10–16 Uhr geöffnet und hat auch alle Prospekte und Wanderkarten rund um das Urlaubsgebiet. ✆ 09206/992375, www.neubuerg.de.

Obernsees/Neubürg ist eine Laufregion für **Jogging, Walking und Nordic Walking**. 32 Strecken von 2 bis 11 km – insgesamt 215 km – der unterschiedlichsten Schwierigkeitsgrade sind ausgeschildert. Startpunkte und Strecken finden sich auf einer Karte, die unter www.neubuerg.de zu haben ist oder bei der Regionalen Entwicklungsgesellschaft.

Auch künstlerisch wird viel geboten: Im alten Schulhaus von Obernsees hat Fritz Föttinger sein Atelier, der in seinen Bildern das „kleine Glück" einfängt. Atelierbesuche auf Anfrage möglich, ✆ 09206/222 oder atelier.foettinger@t-online.de Wohnsgehaig ist Station des Künstlerwegs Fränkische Schweiz.

Ein besonderer Tipp für Familien: Der **Kindererlebnisweg im Zauberwald** in Mengersdorf (zwischen Plankenfels und Therme Obernsees). Der Weg ist 1 km lang und führt über 10 Märchentafeln (Märchen und Figuren stammen von der Hollfelder Künstlerin Hilde Zielinski). Mit Jakob dem Schäfer machen sich die Kinder auf die Suche nach dem Schatz der Bachprinzessin. Unterwegs gibt es viele schwierige Prüfungen zu bestehen, aber das freundliche Holzmännchen begleitet und beschützt die Kinder. Der Weg ist durchgehend geöffnet, kostenlos und für Kinderwagen geeignet. Einkehrmöglichkeit im kinderfreundlichen Landgasthof Mengersdorf, gleich beim Parkplatz (siehe Kasten S. 232).

Essen/Übernachten

Schönfelder Hof, gemütlicher Gasthof mit Hotel, rund 6 km von Obernsees entfernt. In der geschmackvoll renovierten Gaststube und auf der Terrasse werden typische fränkische Gerichte aus eigener Schlachtung serviert. Spezialität sind Wildgerichte. Ein

Biergarten ist auch dabei. Das Haus bietet 8 Zimmer und eine Ferienwohnung für 4–6 Personen. DZ 66 €, EZ 44 €. Ein besonderes Schmankerl sind die Pauschalangebote: „Fränkische Schweiz entdecken" – 5 Übernachtungen mit Frühstückbuffet, Ausflüge, Fahrradverleih für 140 €/Pers. im DZ. „Wellnesswoche" – 5 Übernachtungen, 2x Eintritt in die Therme Obernsees, Erlebniscard für 145 €/Pers. im DZ. „Golfwoche" – 5 Übernachtungen, Golfplätze in Thurnau, Pottenstein und Bayreuth, 135 €/Pers. im DZ. Mo Ruhetag. Schönfeld 2, 96142 Hollfeld. ✆ 09206/277, www.schoenfelderhof.de,

Gaststätte Mistelgauer Hof, gut bügerliche Küche, Räume für Familien- und Betriebsfeiern, Mo Ruhetag, Gartenstraße 11, 95490 Mistelgau, ✆ 09279/320.

Gasthaus Krauß, beste regionale Küche, eigene Hausschlachtung, mit Biergarten. Truppach 24, 95420 Mistelgau, ✆ 09279/292.

Die Gemeinde Mistelgau, vorrangig der Ortsteil Obernsees, bietet eine Vielzahl von Ferienwohnungen und Appartements, z. B. **Ferienwohnung Helmut und Helga Häfner**, Obernsees, eine komfortable Ferienanlage 300 m von der Therme entfernt. Ein Ferienhaus bis 3 Pers., zwei große Ferienwohnungen bis 4 Pers., Ferienhaus für 2 Pers. ab 30,50 €, FeWo ab 32,50 €, jede weitere Pers. 5 €, Ki. bis 14 J. 3,50 €.
www.ferienwohnungen-helmuthaefner.de.

Ferienhaus „Mengersdorfer Hag" am Waldrand mit schöner Aussicht, Mistelgau OT Mengersdorf, für 4–5 Pers. 45 € für 2 Pers, jede weitere Pers. 8 €, ✆ 09206/736.

Weitere Möglichkeiten in benachbarten Gemeinden wie Aufseß, Hollfeld, Plankenfels, Truppach und Waischenfeld. Informationen bei der Regionalen Entwicklungsgesellschaft, oder www.mistelgau.de und www.fremdenverkehr-obernsees.de.

Gutshof Mengersdorf – fränkisch essen und schlafen in historischem Ambiente

Nur ein Kilometer vom Thermalbad Obernsees in der nördlichen Fränkischen Schweiz wurde ein historisches Wirtschaftsgebäude in dem Weiler Mengersdorf wieder zu neuem Leben erweckt. Das 400 Jahre alte Haus, das zu einem im dreißigjährigen Krieg niedergebrannten Schloss gehörte, beherbergt heute ein minimalistisch eingerichtetes Gasthaus. Auf der Karte steht fränkische Küche, die aber kreativ und mit frischen Produkten aus der Region zubereitet wird. Die Kreuztonnengewölbe in der Gutsschänke sind urgemütlich. Geschmackvoll und großzügig eingerichtete Zimmer mit Parkett, einige sind bis 45 m² groß. EZ ab 45 €, DZ ab 60 €. ✆ 09206/993880, www.gutshof-mengersdorf.de.

Hollfeld

Das 1000 Jahre alte Städtchen auf halbem Weg zwischen Bamberg und Bayreuth ist das nördliche Eingangstor zur Fränkischen Schweiz. Hollfeld hat durch aufwändige Sanierungsarbeiten konsequent seine mittelalterliche Bausubstanz erhalten. In den letzten Jahren hat sich die Kommune zudem durch zahlreiche Initiativen wie Gangolfs-Bühne, Kunstscheune, Ateliers und als wichtige Station des Künstlerwegs als kulturelles Zentrum auf dem Land einen Namen gemacht. Seinen Sitz in Hollfeld hat auch der „Fränkische Theatersommer". Ein wanderndes Freilichttheater, das 1994 gegründet wurde und mit einem kleinen Schauspielerensemble nach Art mittelalterlicher Vagantenbühnen die Region bereist. Die Gaukler treten auf Marktplätzen und in Burghöfen, in Höhlen und vor Felsenkulissen auf. Ein Verein und öffentliche Förderung bilden das finanzielle Rückgrat.

Aus einer frühmittelalterlichen Burganlage auf dem Bergsporn entstand der alte Ortskern, noch immer überragt vom renovierten *Gangolfs-Turm*. Um den malerischen ovalen Marienplatz mit seinen Kastanienbäumen gruppieren sich das *Alte*

In der Oberstadt von Hollfeld

Rathaus und das *Wittauerhaus* mit seinem schönen Fachwerk, das alte Brunnenhäuschen mit 38 Meter tiefem Schacht und *der Gangolfsturm*. In der südlichen Nachbarschaft hat die Stadtsanierung am noch gut erkennbaren Stadtmauerring mit den Terrassengärten ein Kleinod geschaffen. Blühende Beete laden von Frühjahr bis Herbst zu einem Besuch ein, Kunst und Kultur beleben das Pflanzenparadies, von dem aus man einen schönen Blick auf die Unterstadt hat. In der Museumsscheune in der Judengasse schließlich werden bäuerliche Arbeitskultur und alte Handwerksberufe wieder lebendig.

Die Unterstadt, das heutige Geschäftszentrum der 5400 Einwohner zählenden Gemeinde (mit den 21 Ortsteilen), entstand erst im 20. Jh. Einen Besuch lohnt die spätbarocke *Stadtpfarrkirche Mariä Himmelfahrt* mit ihrer prachtvollen Rokokoausstattung oder das *Bartholomäus-Spital* aus rot-braunem Fachwerk. Spazieren Sie einfach durch die idyllischen Gassen, und entdecken Sie die malerischen Winkel, beispielsweise zwischen dem Oberen Tor und der Stadtmauer. Unweigerlich verführt der „Blaue Turm“ zu einem Besuch des dortigen Kunstzentrums. Am Ortsrand (Richtung Plankenfels) steht die 1704 vom berühmten Baumeister Johann Ludwig Dientzenhofer erbaute *Wallfahrtskirche St. Salvator*.

Das Städtchen ist ein idealer Ausgangspunkt, um die nördliche Fränkische Schweiz zu entdecken. Zum Felsengarten von Sanspareil, ins Keramikerdorf Thurnau und zur Ruine von Neidenstein oder den Schlössern Freienfels und Wiesentfels (keine Besichtigung) ist es nur ein Katzensprung. Selbst Bamberg und Bayreuth sind gut über Autobahn und Landstraße zu erreichen. Gut gekennzeichnete Wanderwege erschließen das obere Wiesent- und Kainachtal.

Karte S. 225

Information/Diverses

- *Vorwahl* 09274
- *Information* Das **Verkehrsamt** ist im Wittauerhaus am Marienplatz 18 untergebracht. 96142 Hollfeld, ✆ 98015, ✆ 98029; www.hollfeld.de. Mo–Fr 8–12 Uhr.
- *Sport und Freizeit* **Angeln**, Erlaubnisscheine im Verkehrsamt.

Fahrradverleih beim Verkehrsamt. Tourenrad 6 €, Trekkingrad 8 €, MTB 10 €, auch Kinderräder und -anhänger.

Kintopp-Filmtheater, trotz der geringen Einwohnerzahl gibt es seit 1982 ein Kino (sogar mit Café), das konsequent auf Qualität setzt. Filmjournalistin Ursula Scheicher betreibt als Hobby das einzige Programmkino der Fränkischen Schweiz. Vorstellungen Do–Mo. Theresienstraße 8, ✆ 9676, www.hollfeld-online.de/kintopp.

Freibad, das im Jahr 2000 renovierte Freibad mit Wasserrutsche und Beach-Volleyball-Feld liegt am Stadtrand im Kainachtal. Schöne Anlage. Geöffnet Mai–Sept. 10–19 Uhr, ✆ 8420.

Außerhalb der Schulferien steht auch das **Hallenbad** in der Gesamtschule (nördlicher Stadtrand) zur Verfügung. Geöffnet Mo, Mi und Fr 18–21 Uhr.

Hochseilgarten, im Ortsteil Treppendorf neben dem Hotel Bettina. ✆ 09158/928238, www.funtasticevents.de.

- *Einkaufen* **Hofladen Degen**, die Familie Degen verkauft frisches Fleisch, selbst hergestellte Wurst, Gemüse, Marmelade, Ziebeleskäs und Holzofenbrot. Hofführung für Gruppen. Löffelweg 1, Hollfeld, ✆ 259.

Bauernmarkt jeden Freitag von 10 bis 12 Uhr auf dem Marienplatz.

Übernachten/Essen

Wittelsbacher Hof, sympathisches Landhotel im Stadtzentrum. Das apricotfarbene Haus hat sich mit seiner „neuen leichten Küche" auch außerhalb Hollfelds einen guten Namen erworben. Koch Thomas Stößel sammelte im In- und Ausland Erfahrungen, u. a. kochte er auf der MS Europa. Im Restaurant kommen vor allem regional-typische Rezepte zum Einsatz. Guter Fisch und vegetarische Gerichte. Hauptgerichte um 10 €. Kleiner Garten mit Kinderspielplatz. Komfortable, DZ ab 70 € (auch Wochenendpauschalen oder Wanderangebote). Langgasse 8, ✆ 90960, ✆ 909626, Mo Ruhetag. www.wittelsbacher-hof-hollfeld.de.

Gasthof Schrenker, der Gasthof in einem Eckhaus im Ortszentrum ist vor allem bei Einheimischen beliebt. Schließlich blickt das Wirtshaus auf eine über 175 Jahre alte Familientradition zurück. Herzhaftes und sehr preiswertes Essen (Hausschlachtung). DZ 56 €. Ein Gästehaus in ruhiger Lage befindet sich ca. 70 m entfernt, eine Ferienwohnung für bis zu 5 Personen für 36 € pro Tag/2Pers. Angelmöglichkeit für Hotelgäste im eigenen Forellengewässer. Spitalplatz 2, ✆ 201, www.gasthof-schrenker.de. Mi Ruhetag.

Hotel Bettina, Treppendorf, 1,5 km vom Ortskern Richtung Waischenfeld entfernt. Das kleine Landhotel (3 Sterne) mit speziellen Angeboten für einen romantischen Urlaub bietet für Paare Ruhe und Erholung vom Alltag. Das Restaurant bietet Speisen von 10 bis 15 €. Übernachtung im DZ ab 70 €. Pauschalarrangements und Candle-Light-Dinner ganzjährig buchbar. Sauna im Hause, Tennisplätze vor Ort. Mo Ruhetag. Treppendorf 22, ✆ 747, ✆ 1408, hotel-bettina@t-online.de, www.hotel-bettina.de,.

Ferienwohnung, im Anwesen Marienplatz 6 (gegenüber vom Rathaus) wird ein romantisches, nostalgisches Ferienhaus vermietet. Außerdem komplett eingerichtete Parterrewohnung im Haupthaus. Das historische Haus liegt am zentralen Platz von Hollfeld, trotzdem keine Spur von Hektik. Wohnung für zwei Personen 29–37 €/Tag. Rosi Brehm, Marienplatz 6, ✆ 1478, ✆ 80572, (Anruf am besten nach 19 Uhr). fw.info.brehm@arcor.de.

Sehenswertes

Pfarrkirche Mariä Himmelfahrt: Flankiert von den überdimensionalen Bistumsheiligen *Heinrich und Kunigunde*, zeigt das hoch strebende weiß-gelbe Kirchenportal der auf einem Bergrücken gelegenen Pfarrkirche der Stadt deutlich, in welcher Epoche

In der „Türkei“

Man braucht die Fränkische Schweiz nicht zu verlassen, um in die Türkei zu reisen. Sie liegt mitten in Hollfeld am Flüsschen Kainach. Denn nach dem vorderasiatischen Land ist die Straße östlich des Ortskerns benannt. Die Bezeichnung „Türkei“ verweist auf ein längst vergessenes Kapitel fränkischer Geschichte. Denn einst – vor allem Ende des 17. Jh. – wurden Osmanen als Kriegsgefangene hierher gebracht. Im Christenheer war es geradezu Mode, einen Türken als „Beute“ nach Deutschland zu verschleppen. Oft wurden sie ganz und gar unchristlich für ein paar Reichstaler verschachert. Die Muslime wurden getauft und haben sich später assimiliert. Neben den Namen mancher Straßen und Gasthäuser erinnern auch Eintragungen in Stadtprotokollbüchern an diesen Abschnitt der fränkischen Bevölkerungsgeschichte. So wird im Hollfelder Protokollbuch von 1764 eine „dürkische Music“ erwähnt, und an anderer Stelle heißt es, dass ein „Prinz aus Arabien ein Almosen“ erhalten habe.

In der Hollfelder „Türkei“ (Hausnummer 1 a) steht ein besonderes Beispiel einer fränkischen Scheune. Das von wildem Wein und Efeu umrankte Fachwerkgebäude entstand bereits um 1750.

sie gebaut wurde: im ausgehenden Barock. Die Ursprünge der Kirche reichen jedoch bis ins 11./12. Jh. zurück. Nachdem sie baufällig geworden war, erfolgte 1778–1781 ein Neubau. Die Kirche, deren Architektur bereits frühklassizistische Merkmale aufweist, wirkt innen weiträumig und schlicht. Neben den üppig ausgestatteten Hochaltären und den vier Seitenaltären fallen besonders die Kanzel sowie die vier Rokokobeichtstühle auf. Alljährlich zum **Patronatsfest am 15. August** wird Hollfeld zum Ziel vieler Christen auf dem Jura. Zum Dank dafür, dass zu Kriegsende eine von Adolf Hitler befohlene Jura-Kampflinie verhindert werden konnte, findet seit 1945 als Gelöbnis des damaligen Pfarrers eine Lichterprozession statt, an der auch meist der Bamberger Erzbischof teilnimmt.

Gangolfs-Turm: Ebenfalls in der Oberstadt steht das Wahrzeichen Hollfelds, ein Kirchenschiff mit einem 38 Meter hohen Wehrturm. Der viereckige Gangolfsturm besitzt einen hölzernen Wehrgang und eine kleine Türmerwohnung. Das Baudenkmal erfuhr in seiner 900-jährigen Geschichte die unterschiedlichsten Umbauten und Nutzungen. Jetzt ist das „Kirchenschiff“ aus dem frühen 18. Jh. ein Kulturzentrum für Theater- und Konzertveranstaltungen. Ende Juli bis Mitte August findet hier sowie im Wehrgang von Schloss Freienfels die renommierte **Hollfelder Kunstausstellung** statt.

Salvatorkirche: An der Straße nach Waischenfeld liegt die unter Johann Leonhard Dientzenhofer (Vater des berühmten Johann Dientzenhofer) 1704 errichtete Wallfahrtskirche mit dem angrenzenden Stadtfriedhof. Das Kirchlein mit seinem originellen schmalen Türmchen auf dem Chor wirkt äußerlich schlicht, umso überraschender das üppige Interieur. Die gesamte Innenausstattung im Barock- und Rokokostil stammt von der Hollfelder Schreiner- und Bildhauerfamilie *Lauter*. Die spätgotische, gut einen Meter hohe Lindenholzplastik des kreuztragenden Erlösers entstand vermutlich Ende des 15. Jh.

Museumsscheune: Die 1993 sanierte Scheune in der Judengasse (beim Marktplatz) zeigt bäuerliche Arbeitskultur und alte Handwerkstradition. Landwirtschaftliche Geräte geben zusammen mit alten Fotos und Informationstexten einen Einblick in die

Karte S. 225

Feld- und Hofarbeit vergangener Tage. Abgerundet wird das Ganze durch die Nachbildung einer Huf- und Wagenschmiede, eine Dokumentation zur Bodenkultur im Weizen- und Roggenanbau und die Präsentation von Geräten zur Flachsverarbeitung. Im Obergeschoss geben Hausrat zum Buttern und Brotbacken sowie Geräte zur Holzverarbeitung einen Einblick in die bäuerliche Arbeitskultur und in die reiche örtliche Handwerkstradition der Stadt im fränkischen Hochjura. Werkstatteinrichtungen und Produkte einer Wagnerei und einer Sattlerei mit wertvollem Kuh- und Pferdegeschirr, ein funktionsfähiger Webstuhl und Geräte des Schusters ergänzen die Dokumentation. Auch das für die Region typische Töpferhandwerk wird vorgestellt.

Die Museumsscheune beherbergt auch einen Bienenschwarm. Zwischen Mai und August kann man die fleißigen Insekten in einem Bienenkorb hinter einer Glasscheibe beobachten. Den produzierten Honig können die Besucher kaufen.

Öffnungszeiten/Eintritt Mai–Okt. Sa/So 14–16 Uhr. Eintritt 2 €, Schüler/Stud. 1 €. Führungen auf Anfrage. ✆/℻ 09274/980-14, www.hollfeld.de.

Kunst & Museum: Im ehemaligen Hollfelder Brauhaus in der Eiergasse am Rand der Altstadt ist ein mächtiges, weitläufiges Gebäude Schauplatz der Künste, die sich auf 360 Quadratmetern tummeln. Als die Initiative im Sommer 2000 ihre Tore öffnete, war die Überraschung groß. Das Ideenhaus mit dem Blauen Turm präsentiert im Obergeschoss Frankens wohl größte Ski-Sammlung. Außerdem eine Zahnarztpraxis, einen Frisörsalon, ein Schneiderzimmer und eine Uhrmacherwerkstatt. An den Wänden und im Treppenhaus hängen Leihgaben von namhaften Künstlern aus der Region. Im grauen und roten Saal im Erdgeschoss gibt es wechselnde Quartalsausstellungen mit Malerei, Grafik, Plastik und Installationen. Das Museum betritt man über das Atelier des äußerst kreativen Künstlers Axel Luther. Er hat auch 2008 die westliche Fassade des Ideenhauses als „Brennende Wand“ mit einem steinzeitlichen Jagdmotiv gestaltet (nachts angestrahlt). Der Blaue Turm ist ein Kunstprojekt von Thomas Brix.

Öffnungszeiten Di und Do 13–17 Uhr, So 14–16 Uhr (auch Atelier Luther) oder n. Vereinb. ✆/℻ 09274/741, www.hollfeld.de.

Wirts- und Kaffeehaus Moritz gegenüber von „Kunst & Museum“. Das künstlerische Ambiente, das auch das 2005 eröffnete Haus und den Wirtsgarten schmückt, hat sich auch auf die kreative Küche übertragen. Freitags werden viele Fischarten angeboten, auch geräuchert. Geöffnet ab 17 Uhr, Sa ab 15 Uhr, So ab 11.30 Uhr. Di Ruhetag. Eigergasse 10, ✆ 909019, www.moritz-hollfeld.de.

Das **Atelier Zielinski** bietet Ausstellungen, einen Kinder-Erlebnisweg in Mengersdorf und Filmproduktionen, geöffnet Mo–Fr von 10–18 Uhr, Atelierbesuche und Malen mit Kindern nach tel. Absprache. ✆ 807590, www.schneider-zielinski.de.

Bildhauer Guido Deeg hält Kreativ-Seminare in Schmieden, Sandsteinbearbeitung und Schweißen. Oberes Tor 5, ✆ 94014.

Wolfgang Pietschmann, Kunsterzieher an der Gesamtschule Hollfeld, hat die örtliche Kunst- und Kulturszene mitbegründet und nachhaltig belebt. Man darf ihn gerne in seinem „Atelier im Biotop“ im Ortsteil Treppendorf besuchen. ✆ 947595, www.atelier-pietschmann.de.

Wandern: Hollfeld bietet ideale Wandermöglichkeiten. Das Fremdenverkehrsamt hat eine vorbildliche Wanderkarte erarbeitet.

Wanderung durchs Kainachtal (Markierung gelbes Kreuz)

Man beginnt in der Oberstadt. Der Wanderweg führt durch das Obere Tor und vorbei an der Gesamtschule bergab zum Kainachtal. Während in den oberen Talabschnitten des Kainachtales die Idylle längst von Asphaltstraßen zerstört ist,

Lohnenswertes Wanderziel: das Felsendorf Krögelstein

ist das etwa 3 km lange Stück zwischen Hollfeld und Kainach der letzte Rest der unzerstörten Talaue, die von Wäldern an den Berghängen begrenzt wird.

Von Kainach aus bietet sich die Möglichkeit, in das hübsch gelegene Felsendörfchen *Krögelstein* zu wandern. Der Weg hat die gleiche Markierung. Nur am Anfang in Kainach ist er etwas steil. Auf der Ebene muss man bei einer Feldscheune nach links abbiegen. Wegstrecke Kainach–Krögelstein ca. 3,5 km.

Umgebung

Neidenstein: Das winzige Dorf liegt nordwestlich von Hollfeld im idyllischen Wiesenttal. In der eher weiträumigen, flachen Landschaft fällt die Burgruine, die die wenigen Häuser überragt, sofort ins Auge. Bis zu 15 m hoch sind die Mauern der ehemaligen Anlage. Die Burg, die ein dreigeschossiges Hauptgebäude besaß, das von einer Ringmauer umgeben war, stand lange unter der Herrschaft des Adelsgeschlechts *von Aufseß*. Im Dreißigjährigen Krieg ließ der Bischof von Bamberg die Wehranlage zerstören. Der damalige Vogt machte die Reste zu Geld. Eine Bedeutung hatte Neidenstein in späteren Jahrhunderten nicht mehr. Das Gelände der 340 Jahre alten Ruine ist wegen Baufälligkeit nicht zu betreten (Privatgrundstück)!

Freienfels: Auf einem 45 m hohen Felsklotz liegt das Schloss des kleinen Dorfes im oberen Wiesenttal. Die weitläufige Anlage mit ihren massiven Türmen ist umgeben von Wohnhäusern. An die Schlossmauer ist auch die heutige Pfarrkirche von Freienfels angebaut. Das malerische Schloss ist derzeit im Besitz einer Bayreuther Familie und nicht zu besichtigen. Die Geschichte des Adelssitzes reicht bis ins Jahr 1114 zurück. Mit dem Bau des heutigen Schlosses wurde 1693 begonnen. 1941 wurde das Schloss von den Nazis als „Gauschule für die Deutsche Arbeitsfront“ beschlagnahmt und nach dem 2. Weltkrieg von der Stadt Nürnberg als Kinderheim genutzt. Von der prachtvollen Innenausstattung des Schlosses ist heute nur noch wenig erhalten.

Karte S. 225

• *Essen/Übernachten* **Waldmühle**, die alte Mühle mit ihrem Gasthof bietet einen wunderschönen Blick auf das Schloss. Biergarten unter Kastanienbäumen am Wiesentufer. Einfache Wirtsstube, kleine Speisekarte. Empfehlenswert: Forelle. DZ ab 36 €. Im Winter Do Ruhetag. 96142 Hollfeld-Freienfels, ✆ 09274/255, www.waldmuehle.net, waldmuehle@aol.com. Zur Gaststätte gehört auch der Campingplatz.

• *Campingplatz* **Freienfels**, zwischen zwei Flussarmen der Wiesent liegt der Campingplatz. Wegen der nahen Talstraße ist es bisweilen recht laut. Der 3000 qm große Platz ist vom 15. April bis 15. Oktober geöffnet. Auch Häuschen sind zu mieten.

Wiesentfels: Das Tal der Wiesent wird immer enger. Zwischen den bewaldeten Berghängen liegt das kleine Bauerndorf Wiesentfels. Der Ort hat seinen Namen zu Recht. Auf einem 40 m hohen Fels ragt das verwinkelte Schloss empor. Im Talgrund liegen die Bauernhöfe und Wohnhäuser. Wiesentfels ist ein guter Ausgangspunkt für Wanderungen. Einen Besuch ist das Paradiestal zwischen **Treunitz** und Steinfeld wert: Es wird von keiner Straße durchschnitten, und ein kleiner Bach schlängelt sich durch die hügelige Landschaft.

Schloss Wiesentfels: Schon vom Tal hat man einen malerischen Blick. Man erkennt den aufragenden Turm mit spitzem Dach, den hohen Giebel des Hauptgebäudes und die angebauten Nebengebäude. Eine Straße führt steil den Berghang hinauf. Oben angekommen, gelangt man über eine malerische Lindenallee zum Schloss, das von einem verwilderten Garten umgeben ist. Hohe Mauern schirmen den Privatbesitz jedoch vor neugierigen Augen ab.

Von 1333 bis 1938 war das Schloss Eigentum der Grafen von *Giech*. Die Adelsherren, mit dem Bamberger Bischof verbündet, hatten im oberen Wiesenttal ein bequemes Leben. Nur in einem Jahrhundert wurde den Untertanen die Knechtschaft zu viel: 1525 brannten die revolutionären Bauern den Adelssitz nieder. Die Bauern mussten die Revolte bitter bezahlen, und der Graf konnte mit einer Entschädigungssumme sein Schloss wieder aufbauen.

Wandern im Paradiestal (Markierung blauer Ring)

Am Rand der Fränkischen Schweiz, 1,5 km nördlich von Treunitz (Richtung Bamberg), beginnt das etwa 5 km lange Paradiestal, ein idyllisches Seitental der Wiesent. Es zählt zu den schönsten der Fränkischen Schweiz. Zwischen den mit Nadelwäldern bestandenen Hängen schlängelt sich ein Bächlein. Die Landschaft wird zunehmend flacher. Mit einem *blauen Ring* ist der Wanderweg von Treunitz gekennzeichnet, der zuerst ein kurzes Stück durchs Wiesenttal und anschließend durch das gesamte Paradiestal führt, das an der B 505 endet. Dort geht man ein paar hundert Meter die Bundesstraße entlang und biegt dann nach Süden ab. Über den *Schultersberg* führt der Pfad zurück nach Treunitz. Gehzeit ca. 2 Stunden.

Sanspareil

„... man wird sehen, dass die Anlagen in ihrer Art einzig sind“, schrieb Markgräfin Wilhelmine von Bayreuth in ihren lesenswerten Memoiren, die sie vor ihren Zeitgenossen versteckte. Recht behielt sie, denn der Felsengarten von Sanspareil war unter den Barock- und Rokoko-Gärten in Deutschland ohnegleichen – genau wie es der französische Name sagt. Die Natur gab den Landschaftsarchitekten die Vorlage zu dem romantischen Park und nicht umgekehrt.

Das Dörflein am nördlichen Rand der Fränkischen Schweiz zählt zweifellos zu den interessantesten Zielen der Region. Neben dem Felsengarten samt Ruinentheater und Schlösschen (Morgenländischer Bau), heute ein Museum, überdauerte die auf einem Felsmassiv gebaute Burg Zwernitz mit ihrem mächtigen Rundturm die Jahrhunderte. Der berühmte Felsengarten, der rund 13 Hektar umfasst, ist ganzjährig frei zugänglich. Ein bequem zu gehender Rundweg führt durch die außergewöhnliche Anlage. Übrigens führt auch ein ausgeschilderter Weg für Rollstuhlfahrer zum Felsentheater, der wichtigsten Sehenswürdigkeit des Gartens.

Die Landschaft rund um Sanspareil ist voller merkwürdiger Felsbildungen, darunter der einer Sanduhr ähnliche *Zschokkefelsen* 300 m südlich vom Felsengarten, der nach dem Schweizer Dichter Heinrich Zschokke benannt wurde. Er entstand durch Schwämme des Jurameeres vor rund 130 Millionen Jahren. Die Besichtigung des Parks ist kostenlos.

Morgenländischer Bau: Maurisch mutet der Morgenländische Bau am Eingang des Felsengartens mit seiner kahlen Außenfassade nicht mehr an. Einst war der Muschelkalkstein prächtig mit bunten Steinen, Bergkristallen und Verzierungen besetzt.

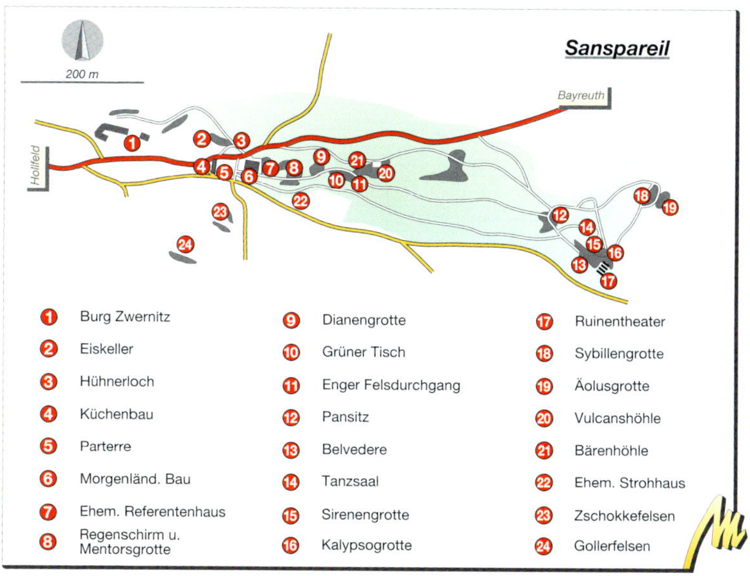

Oberes Wiesenttal
Karte S. 225

C'est sans pareil – ein Felsengarten ohnegleichen

„Ma foi, Monseigneur, c'est sans pareil!" (Meiner Treu, gnädiger Herr, das ist ohnegleichen!), soll die Oberhofmeisterin gegenüber dem markgräflichen Ehepaar bei der ersten Besichtigung gesagt haben. Schon hatte das kleine Dorf seinen exotischen Namen. 1746 wurde es offiziell in Sanspareil alias Ohnegleichen umbenannt. Der Felsengarten entstand (wie das Neue Schloss und die Eremitage in Bayreuth) nach einer Idee der Markgräfin *Wilhelmine* zwischen 1745 und 1748. Die Bauleitung hatte Hofarchitekt Saint Pierre inne, für die Ausstattung war Hofstuckateur Pedrozzi verantwortlich.

Die Anlage von Markgräfin Wilhelmine von Bayreuth geht auf ein literarisches Vorbild zurück. Es handelt sich hierbei um den 1699 in Paris erschienenen Erziehungsroman „Die Abenteuer des Telemach" von Erzbischof Fénelon. In Sanspareil sollte die natürliche Kulisse der homerischen Zauberinsel Ogygia geschaffen werden, auf der Telemach, der Sohn von Odysseus, der Zauberin Kalypso begegnete.

Wilhelmine machte mit der Verwirklichung ihrer Idee die Natur zur Bühne. Der schöne Buchenwald mit seinen eigentümlichen Felsformen war einst mit Skulpturen, Gemälden, Pavillons, Türmen und Häuschen ausgestattet, die die Abenteuer Telemachs zum Thema hatten. In den über zwei Jahrhunderten seines Bestehens ist das meiste davon verfallen oder wurde zerstört, wie beispielsweise das *Strohhaus* am Rande des Hains, das vermutlich die Hütte des Schweinehirten Eumaios auf Ithaka darstellen sollte. Fast unversehrt blieb nur das Ruinentheater unter freiem Himmel, in dem sich die Markgrafen laue Sommernächte vertrieben. Unsicher ist bis heute, ob es je zu einer Theateraufführung in der künstlichen Ruine kam.

Auf alle Fälle gab es einen Zuschauerraum unter der natürlichen Felsenbrücke, und Platz für das Orchester war ebenfalls vorgesehen. Heute wird das Felsentheater für Aufführungen benutzt. Auf verschlungenen Wegen kann der Besucher durch den Landschaftsgarten lustwandeln, die Sybillen- und Äolusgrotte entdecken, auf den Belvederefelsen über dem Ruinentheater klettern oder durch das Hühnerloch kriechen.

Damit sollte ein morgenländischer, illusionärer Eindruck erweckt werden. Das kleine Schloss in Sanspareil, das der französische Architekt Joseph Saint-Pierre zwischen 1746 und 1747 erbaute, war das erste Beispiel für die Verwendung islamischer Formen im Barock in ganz Europa. Der Bau diente als eine ländliche Eremitage. Der Mini-Palast wurde mit kostbaren Möbeln, Teppichen und Porzellan ausgestattet – was heute noch bewundert werden kann. Im Inneren überrascht eine architektonische Spielerei: Das Schlösslein mit seiner ungewöhnlichen Raumkonzeption wurde um die Buche im kleinen Innenhof herum geplant. Der Baum musste allerdings im Laufe der Jahrhunderte ausgetauscht werden; der heutige Baum ist nach Schätzungen rund 90 Jahre alt.

Die Architektur des Morgenländischen Baus huldigt wie auch der Felsengarten in origineller Weise der Natur. Die sparsam stuckierten Innenräume im Stil des Bayreuther Rokoko sind für die damaligen Verhältnisse eher bescheiden. An der sonnigen Südseite hatte der Markgraf seine Zimmer, die vor allem von Jagdmotiven inspiriert sind. An der dunkleren Nordseite hatte sich die Markgräfin Wilhelmine eingerichtet. Beim Parkettboden handelt es sich übrigens um das Original, das noch von Wilhelmine ausgewählt wurde. Ausgestellte Drucke von *Johann Thomas Koeppel* und seinem Sohn zeigen, wie Sanspareil um 1748 ausgesehen hat.

• *Öffnungszeiten/Eintritt* April bis September 9–18 Uhr, 1. bis 15. Okt. 10–16 Uhr. Mo geschl. Erste Führung um 9 Uhr, danach alle 30 Min. Eintritt 2,50 , ermäßigt 2 €. Der Felsengarten ist ganzjährig geöffnet, Eintritt frei. Weitere Auskünfte bei der Schlösserverwaltung unter 09274/1221.

Burg Zwernitz: Schon von weitem ist der fast 35 m hohe Burgturm zu sehen, dessen Mauern zum Teil mehr als zwei Meter dick sind! Von ihm hat man einen weiten Rundblick. Die Burg mit den schönen Fachwerkgiebeln, der Ringmauer, den Schießscharten und den verwinkelten Gebäuden vermittelt den Eindruck, als wäre die Zeit stehen geblieben. Beeindruckend, wie der obere Teil der Burg auf einer länglichen, überhängenden Kalksteinklippe klebt. Durch das äußere Burgtor, der einstigen Vorburg, betritt man heute die Anlage. Über den anschließenden Kapellenhof, vorbei an dem nachmittelalterlichen Fachwerkhaus *(Kapellenbau)*, gelangt der Besucher über Treppen zur Hochburg auf dem bizarren Felsrücken. Sie besitzt noch einen Vorraum, einen Waffengang und drei Kammern mit Waffen, Gemälden und Einrichtungsgegenständen vor allem aus dem 16. und 17. Jh. Am Ende der Räume öffnet sich der hübsche *Schönhof*, dessen Ostseite von der bastionsartigen *Zehentscheune (Archivbau)* begrenzt wird. In den Räumen der Burg sind zahlreiche Waffen aus dem 16. bis 18. Jh. sowie Mobiliar aus dieser Epoche zu sehen.

Die Burg Zwernitz, erstmals 1156 urkundlich erwähnt, war Sitz der *Walpoten*. Die Wehranlage war von 1290 bis 1810 im Besitz der Burggrafen von Nürnberg aus dem Hause Hohenzollern. Zwernitz wurde während des Markgrafen- und des Dreißigjährigen Krieges niedergebrannt. 1430 ist sogar ein Waffenstillstandsvertrag zwischen dem Kurfürsten von Brandenburg, Friedrich I., und dem Hussitenführer Prokop in der Burg geschlossen worden, der Friedrich allerdings eine Stange Geld kostete. Aufgrund der ungewöhnlichen Lage und Architektur des ehemaligen Militärstützpunktes ließen die Bayreuther Markgrafen die Burg Mitte des 18. Jh. herrichten. 1810 wurde die Festung vom Königreich Bayern übernommen.

• *Öffnungszeiten/Eintritt* Die Burg Zwernitz ist 2010 wegen Renovierungsarbeiten geschlossen. Danach wird wieder eine Gesamtkarte für Morgenländischen Bau und Burg Zwernitz angeboten.

• *Essen/Übernachten* **Schlosscafé**, gegenüber dem Morgenländischen Bau. Ein ehemaliges Küchengebäude, das heute als Café dient. Angenehme Inneneinrichtung mit großen Fenstern, idyllische Terrasse mit Blick auf einen gepflegten Garten und den Morgenländischen Bau. Warmes Essen wird von 12–14 Uhr ausgegeben. Geöffnet nur 10–16.30 Uhr (Mo Ruhetag). Nov.–März geschl. ✆ 09274/80177.

Wandern durchs Wacholdertal

Vom Parkplatz beim Felsengarten führt ein mit einer *blauen Diagonale* gekennzeichneter Weg in Richtung Wonsees. Nach ca. 1,5 km geht nach rechts ein Weg ab – jetzt mit *blauem Punkt* markiert –, der durch das romantische Tal führt, an dessen Hängen Wacholder wächst. Er geht vorbei an einer Reiterkoppel zu dem Bauerndörflein Wonsees (Einkehrmöglichkeit). Nach einem Stück auf der Asphaltstraße Richtung Sanspareil biegt der Weg rechts ab und führt zum Ausgangspunkt zurück (Gehzeit ca. 1,5 Std).

Im Schatten der Felsen: Oberailsfeld

Ailsbach-/Ahorntal

Das mittlere der drei Täler, die bei Behringersmühle zusammentreffen, gehört zu den schönsten und beliebtesten der Gegend. Der Landstrich zeigt sich abwechslungsreich: Eng und romantisch zieht sich das Tal nach Norden, bis es sich kurz vor Kirchahorn weitet und in eine sanfte Hügellandschaft übergeht.

So vielfältig sich das Tal präsentiert, so wechselhaft ist auch sein Name: Von der Mündung des Ailsbachs in die Wiesent bei Behringersmühle bis Oberailsfeld heißt es Ailsbachtal. Der Talabschnitt zwischen Oberailsfeld und der Sophienhöhle trägt auch den Namen Rabensteiner Tal, benannt nach der Burg Rabenstein, die mit genannter Sophienhöhle zu den interessantesten Sehenswürdigkeiten der Fränkischen Schweiz gehören. Im sich weitenden Talbereich schließlich wird es Ahorntal genannt, wie auch die gesamte Gemeinde heißt. Ähnlichen Wandlungen unterliegt der Bach, der zunächst Ailsbach, im Ahorntal dann Aßbach heißt.

Unter- und Oberailsfeld

Der älteste Ort der Gemeinde ist wahrscheinlich Oberailsfeld, der im 9. Jh. auf Anordnung des Würzburger Bischofs von einem gewissen Agil gegründet wurde (daher möglicherweise der Name, lesbar als „Agils Bach"). Die kleinen Dörfer Unter- und Oberailsfeld liegen malerisch im engen Ailsbachtal. Die steilen Hänge werden von dichtem Wald oder Wacholderheide bedeckt, im Talgrund liegen entlang des sich windenden Baches schmale Weiden. Sehenswert ist die barocke Pfarrkirche St. Burkhard in Oberailsfeld, die von Küchel-Schülern entworfen wurde und sich an dessen typischer Bauweise orientiert.

• *Essen/Übernachten* **Gasthof Hans Heinlein**, einfaches, sympathisches Wirtshaus, hier gibt es Brotzeiten und sonntags auf Bestellung warme Küche, ausgeschenkt wird Held-Bier aus dem Nachbardorf. Angelmöglichkeit. Di Ruhetag. Für ca. 30 €/2 Pers. werden auch zwei Ferienwohnungen vermietet.. Unterailsfeld 25, ✆ 09242/322 und/1696, 📠 740867, mail@fewo-heinlein.de, www.fewo-heinlein.de.

Brauerei-Gasthof Held, hier lockt nicht nur das selbst gebraute Bier (helles und dunkles, Weizen und Weizenbock im Advent), auch der Biergarten im Hof mitten im idyllischen Ort lädt zum Verweilen ein. Warme Gerichte nur an Sonn- und Feiertagen, sonst gute Brotzeiten. Es gibt auch einfache Zimmer, DZ (DU/WC) 46⁰⁰€, im 6-Bett-Zimmer 19⁰⁰€/Pers. Mi Ruhetag. Oberailsfeld 19, ✆ 09242/295, www.held-braeu.de, kontakt@held-braeu.de.

Auf einer Fläche von 64 Hektar liegt mitten im Ailsbachtal das *Naturparadies Burg Rabenstein*. Dazu gehören neben gleichnamiger, spektakulär gelegener Burg auch die berühmte Sophienhöhle sowie ein Eulen- und Greifvogelpark. Außerdem findet zweimal im Jahr ein spannender Mittelaltermarkt statt. Ob man nun eine oder mehr Sehenswürdigkeiten besichtigt hat oder nur in der herrlichen Gegend spazieren war, eine schöne Schenke mit idyllischem Biergarten oberhalb der Burg lädt in jedem Fall anschließend zum Entspannen ein.

Burg Rabenstein: In wildromantischer Lage auf einem ca. 60 m hohen Felsen über dem Ailsbachtal erhebt sich eine der schönsten Burgen der Gegend. Erbaut wurde Rabenstein wahrscheinlich Ende des 12. Jh. von den Edelfreien von Waischenfeld, die Burg ging aber bald in Schlüsselberger Besitz über. Mehrmals wurde die Burg zerstört und brannte 1635 aus, wurde aber immer wieder aufgebaut. Was heute an Bau substanz zu sehen ist, stammt aus der Zeit um 1829/30. Die letzten adeligen Burgherren waren die Grafen Schönborn, die bis vor einigen Jahrzehnten fast 100 Burgen und Schlösser zu ihrem Besitz zählten. 2002 wurde die Burg komplett renoviert und beherbergt nun ein Mittelaltermuseum, eine Kunstgalerie und ein Tagungs- und Eventhotel mit 22 komfortablen und individuell gestalteten Zimmern (DZ ab 158 €).

Der Eingang zur Burg Rabenstein

Karte S. 244

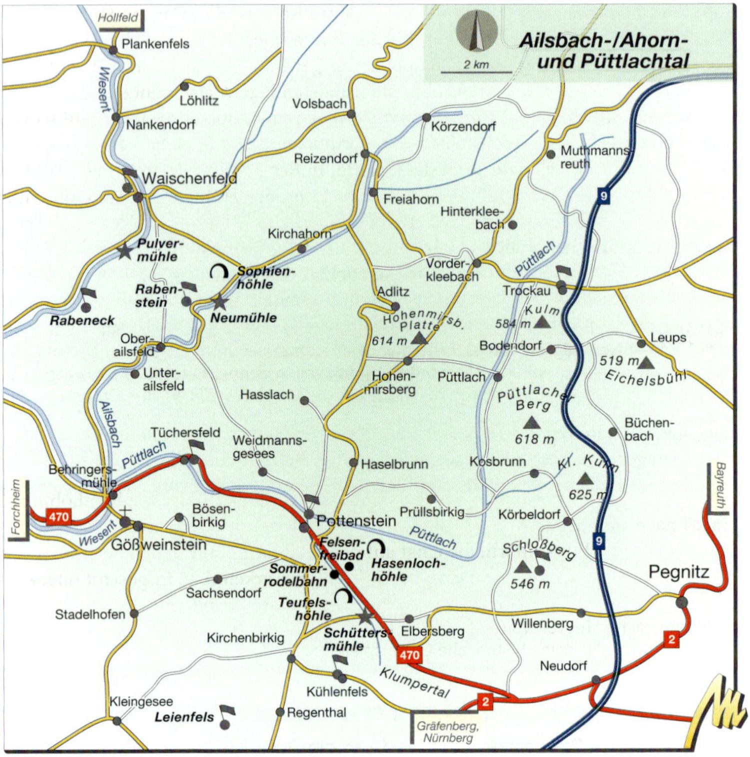

- *Öffnungszeiten/Eintritt* Die Burg ist vom 1. April bis zum 1. Nov. geöffnet, Besuch nur mit Führung, Start Mo–Fr 11 Uhr, 14 Uhr und 16.30 Uhr, Sa/So von 11–17 Uhr durchgehend. Eintritt 3,50 €, Kinder 2,50 €. ✆ 09202/9700440. Öffnungszeiten außerhalb der Saison (z. B. auch zwischen den Jahren) im Internet unter www.burg-rabenstein.de.
- *Essen* Schön sitzt man in der **Gutsschenke der Burg Rabenstein**, entweder im idyllischen Felsengarten oder im gewölbeartigen Gastraum. Es werden fränkische Spezialitäten und Brotzeiten serviert. Empfehlenswertes Krenfleisch. Durchgehend warme Küche von 11–22 Uhr, Mo Ruhetag. Bei Gruppen Voranmeldung unter ✆ 09202/9700440 erwünscht. Biergarten unter alten Bäumen. Vom 9. Nov. bis 26. März wird im Markgrafensaal von 18–21 Uhr (nach Voranmeldung) serviert.

Die aktuellen Veranstaltungstermine (Wildschwein-Essen, Feiern im Keltendorf, Mittelaltermarkt etc.) finden sich unter www.burg-rabenstein.de.

Die **Falknerei** gleich nebenan bietet einen besonderen Anziehungspunkt. Über 80 Vogelarten, Eulen und Falken, Bussarde, Milane und Steinadler sind in großen Volieren zu bestaunen. Während der Vorführungen können bis zu zwölf Greifvögel beim Fliegen und Jagen beobachtet werden (bei Regen, starkem Wind oder Gewitter keine Vorführungen!).

- *Öffnungszeiten/Eintritt* Saison ist vom 1. April bis 1. Nov., in der Nebensaison nur an schönen Wochenenden. Gehege geöffnet von 11–17 Uhr, Flugvorführungen um 15 Uhr, Mo Ruhetag. Eintritt 2,50 €, Kinder 1,50 €, Flugvorführung 6 € bzw. 4 €. Weitere Informationen unter ✆ 09172/7301080, ✆ 9202/970499, www.falknerei-rabenstein.de.

Sophienhöhle: Die ca. 800 m nördlich von Burg Rabenstein gelegene Höhle wurde 1490 erstmals urkundlich erwähnt, als der Bayreuther *Hans Breu* versuchte, hier Salpeter zur Herstellung von Schießpulver zu gewinnen. Wie steinzeitliche Funde zeigen, diente der große Vorraum bereits frühesten Jägern als Schutz. Die dahinter liegende eigentliche Höhle mit den spektakulären Tropfsteingebilden hingegen wurde erst 1833 vom Rabensteiner Burggärtner entdeckt – er ließ eine Felswand durchbrechen und gelangte so in die Galerie. In der Höhle mit drei Hallen gibt es schöne Tropfsteine zu sehen. Bei der Erforschung der Höhle stieß man auf Knochenreste von Bären, aber auch auf frühgeschichtliche Reste vergangener Kulturen. Diese prähistorischen Funde werden heute auf Burg Rabenstein aufbewahrt. Ihren Namen verdankt die Höhle der Schwiegertochter des Grafen *Erwin von Schönborn*, der die Höhle für die Öffentlichkeit zugänglich gemacht hatte.

• *Öffnungszeiten/Eintritt* Die Höhle kann vom 1.April–1.Nov. täglich von 10.30–17 Uhr (Führungen durchgehend) besucht werden. Eintritt 3,50 €, Kinder (5–14 Jahre) 2,50 €. ✆ 09202/9700440. Weitere Öffnungszeiten außerhalb der Saison (z. B. auch um Weihnachten) unter www.burg-rabenstein.de. Ein besonderes Erlebnis ist *Sophie at night*. Lichtinszenierungen setzen die Höhle effektvoll in Szene. Fotografieren erwünscht. Samstag 18 bis 20 Uhr, für Gruppenn. Anmeldung. Eintritt 6,50 €, bzw. 5 €.

Klaussteinkapelle: Das evangelische Kirchlein liegt oberhalb der Sophienhöhle auf einem nach drei Seiten steil abfallenden Dolomitfelsen und war im Mittelalter die Burgkapelle von Burg Ahorn, die einst auf dem Plateau stand. In den Seitenmauern der Kapelle sind zwar noch romanische Stilelemente erkennbar, insgesamt überwiegen jedoch barocke Merkmale vom Umbau in der ersten Hälfte des 18. Jh.

Öffnungszeiten Täglich von 10 bis17 Uhr, Zugang über die Empore. Für 5 € in den Opferstock darf man die kleine historische Orgel spielen.

Wanderung im Oberen Ailsbachtal

Der sogenannte Promenadenweg rund um die Burg Rabenstein ist eine historische Wanderung: Angelegt wurde der Pfad anlässlich eines Besuches des bayerischen Königs Ludwig I. Von den damals ausgebauten Wegen und Treppen ist heute kaum noch etwas zu sehen. Vielmehr bewegt man sich eher abseits des Touristenrummels. Auf Felssteigen und Wurzelpfaden geht es im wildromantischen Tal an einer Vielzahl von Grotten, Höhlen und Felsformationen vorbei zur Burg Rabenstein. Der Weg ist mit einer Schachfigur (Königin auf grünem Grund) markiert. Länge: etwa 7 km; Dauer: 2–3 Stunden; Einkehr: bei der Burg oder im Gasthof Neumühle.

Die Wanderung beginnt am Talparkplatz unterhalb der Sophienhöhle etwa drei Kilometer hinter Oberailsfeld. Vom Parkplatz aus führt ein Holzsteg über den Ailsbach. Auf der anderen Seite gelangt man zur König-Ludwig-Höhle, eine mächtige Halle von 28 Metern Länge, 20 Metern Breite und bis zu 13 Metern Höhe. Die Höhle hieß früher Kühloch, war aber von erwähntem königlichem Besuch geadelt worden. Links zweigt ein zweiter, kleinerer Eingang ab. Der Weg führt durch das tunnelartige Tor, dann noch ein wenig weiter das Tal hinauf, bevor er sich rechts wendet und in kurzem aber steilem Anstieg über die Höhle führt. Nun geht es etwa auf halber Hanghöhe südwärts (alle Abzweigungen ignorieren), an der Neumühlhöhle vorbei bis zur Schneiderkammer. An dieser Felsformation führt links ein steiler Pfad hinauf zum Schneiderloch (eine etwa dreißig Meter lange Höhle) und halbrechts der

Wanderweg durch eine enge Felsspalte. Kurz dahinter zweigt ein weiterer Pfad rechts zur Neumühle hinab. Der Promenadenweg aber (der seinem Namen alle Ehre macht, denn immer wieder eröffnen sich herrliche Blicke ins Tal und auf die Burg Rabenstein) führt weiter geradeaus, fällt leicht ab, bis er im Tal auf die Straße mündet (etwas weiter talabwärts steht der beeindruckende Rennerfels). Auf der Bärenbrücke kann man den Ailsbach und die Straße überqueren und steigt auf der anderen Talseite wieder hinauf. Nach kurzem Aufstieg rechts halten (beschildert). Der Waldpfad schlängelt sich nun durch Felsformationen bis zur Burg Rabenstein. Hier befindet sich im Landgasthof Burg Rabenstein die Möglichkeit zur Einkehr. Der Promenadenweg geht direkt an der Burgbrücke links weiter. Der Pfad führt nun durch ein idyllisches Felsenlabyrinth wieder hinauf auf die Ebene und von dort rechter Hand hinab zur Sophienhöhle (s. o.). Von hier aus sind es nur noch einige Stufen hinab bis zum Ausgangspunkt.

Übernachten/Essen im Oberen Ailsbachtal

Gasthof Neumühle, im Ailsbachtal, unterhalb der Burg Rabenstein. Die Mühle wurde 1908 stillgelegt, aber bereits 1830 hatte der Müller mit der Bierwirtschaft begonnen. Hübsche Lage, empfehlenswert die gebratenen Forellen und das Pfefferrahmschnitzel. Lamm aus eigener Zucht. Einfache, geräumige DZ mit Dusche und teilw. Balkon 60 €. ✆ 09202/228, ℻ 95057.

• *Eichenbirkig* **Restaurant Gut Schönhof**, auf der wöchentlich wechselnden Speisekarte hat man die Qual der Wahl zwischen ausgesuchten Spezialitäten und fränkischen Schmankerln – etwas teurer, aber den Preis wert. Fast alle „Rohstoffe" werden nach den Regeln des biologisch-dynamischen Landbaus selbst erzeugt. Die glücklichen Kühe grasen im Freiland, eine Seltenheit in Franken. Bei schönem Wetter kann man auf der Terrasse Platz nehmen und die Ruhe dieses idyllischen Örtchens genießen. Brot aus Natursauerteig kommt aus dem Backofen, dazu Frisches vom Grill. Das freundliche Personal gehört der Johannischen Kirche an, deren Mitglieder Restaurant, Landwirtschaft, Metzgerei, Käserei und Hofladen des Gutes betreiben. Im DZ zwischen 35 und 50 €, im Heuhotel ab 15 €/Pers., Schlafsack 3 €. Auch Wohnwagenstellplatz. Kein Ruhetag, im Winter Fr, Sa, So und Feiertage geöffnet. ✆ 1228, ℻ 1421, www.gutschoenhof.de.

• *Langenloh* **Gasthof Thiem**, vor dem Gebäude aus den 1970er Jahren große Terrasse für den Sommer. Die typisch fränkische Gaststube ist beliebter Treff der Einheimischen, Fremde sind willkommen, die preisgünstige fränkische Küche zu probieren. Bier von der Weismainer Püls-Bräu. Biergarten hinterm Haus mit Kinderspielplatz. DZ/Bad/Dusche 50 €. Di Ruhetag. ✆ 357, www.gasthof-thiem.de.

Kirchahorn

Kommt man aus dem engen Ailsbachtal, vermag die plötzliche Weite des Ahorntals zu überraschen. Die sanfte Hügellandschaft des Talkessels wird von bewaldeten Hängen begrenzt und selten unterbrochen von ein paar roten Dächern und hohen Kirchtürmen. Kirchahorn ist das Haupt der Gemeinde Ahorntal, was man dem Dorf aber nicht anmerkt. Beschaulich geht es auf den Straßen des Ortes zu.

Namensgeber war das Geschlecht der Edelfreien von Ahorn, die hier ihren Sitz und auch eine Burg hatten, von der heute leider nichts mehr zu sehen ist.

• *Vorwahl* 09202

• *Information* bei der Gemeinde Ahorntal in Kirchahorn. Geöffnet 7.30–12 Uhr, Do auch 13–18 Uhr. ✆ 200, ℻ 1572, www.ahorntal.de.

• *Fahrradverleih* Johann Zeilmann (Landmaschinen Zeilmann) gehört zu einem Netz von Fahrradverleihern im „Radlerparadies. Rund um die Neubürg". Hier können Fahrräder geliehen werden, die man auch an anderer Stelle abgeben kann (weitere Information hier oder in der Gemeinde). Tourenrad 6 €, Trekkingrad 8 €, Kinderfahrrad 5 €. Kirchahorn 37, ✆ 293. Mo–Fr 7.45–12 und 13–18 Uhr, Sa 8–12 Uhr, danach und So nach tel. Vereinb.

• *Essen/Übernachten* Bei der Gemeinde ist ein Verzeichnis der Anbieter von Zimmern, Ferienwohnungen, Pensionen und Gasthöfen erhältlich.

Fränkische Schweiz, sympathischer Dorfgasthof der Familie Hofmann neben der Kirche, fränkische Küche, DZ (DU/WC, manche mit Balkon) 50 €. Kirchahorn 15, ✆ 301, 📠 972375, www.gaststaette-hofmann.de.

Püttlachtal

Das Tal, durch das sich die Püttlach windet, ist manchmal so eng, dass außer dem Bachlauf kaum noch Raum genug für die Straße ist. Dicht verwachsen zeigt sich das Püttlachtal zwischen Behringersmühle und Pottenstein, leider aber auch gut befahren.

Im Püttlachtal finden sich drei der bekanntesten Sehenswürdigkeiten der Fränkischen Schweiz: Das Felsendorf Tüchersfeld und das alte Städtchen Pottenstein mit der berühmten Teufelshöhle locken alljährlich Tausende Erholungssuchende in das Herz der Region.

Tüchersfeld

Felsentürme überragen das kleine Dörfchen im Püttlachtal. Man nennt sie Wachposten, Hubertusfelsen, Bischofsgruppe ...

In wildromantischer Lage wurden hier um die Mitte des 13. Jh. zwei Burgen errichtet – Burg Ober- und Untertüchersfeld. Während die obere Burg nach den Zerstörungen im Hussitenkrieg verfiel, wurde die untere Burg nochmals aufgebaut, bis ihr im Bauernkrieg und im Dreißigjährigen Krieg Gleiches widerfuhr. In den Ruinen der unteren Burg entstand Anfang des 18. Jh. eine jüdische Siedlung. Der markante Fachwerkbau – *Judenhof* genannt – wurde nach einer Feuersbrunst Mitte des 18. Jh. von Bamberger Juden errichtet. Die jüdische Gemeinde löste sich um 1871/72 wegen Überalterung ihrer Mitglieder und deren Wegzug in die Städte bzw. Auswanderung nach Übersee auf. Das mittlerweile sorgfältig renovierte Ensemble des Judenhofes beherbergt heute das Fränkische-Schweiz-Museum und zählt zu den beliebtesten Fotomotiven der Gegend.

• *Essen/Übernachten* Der kleine Ort hat sich mit rund 120 Betten, die von Gasthöfen und Privatvermietern für ca. 15-25 € angeboten werden, bestens für den Tourismus gerüstet.

Zum Püttlachtal, die Gäste erwartet eine typische Auswahl an fränkischen Gerichten,

Brotzeiten und Gebäck. In der rustikalen Gaststube mit der freundlichen Bedienung hat auch der Fanclub des FC Bayern seinen Stammtisch. Nebenan im modernen Anbau ein Saal. Gleichzeitig größter Zimmeranbieter im Ort, DZ 32 €, mit DU/WC 50 €, (Halbpension Zuschlag 9 €). ✆ 09242/291 oder 1593, ℻ 1593, www.puettlachtal-tuechersfeld.de.

Zur Einkehr, Pension am Ortsrand gelegen, einige Zimmer mit Balkon, DZ mit Dusche/WC 50 €, Zustellbett möglich, EZ 25 €. Zum Zeckenstein 11, ✆ 09242/809.

Zur Fränkischen Schweiz, Pension mit eigener Schlachtung, Liegewiese, Zimmer mit Dusche/WC und Balkon, 44 €. Auch Ferienwohnungen für 2–5 Personen, ab 32 € (2 Personen pro Tag, jede weitere Person ab 5 €). Im Tal 12, ✆ 09242/338 oder 740364.

Café Müller, leckere Kuchen aus eigener Konditorei, im Sommer auch Terrassenbetrieb im Cafégarten. ✆ 09242/890.

• *Camping* **Fränkische Schweiz**, an der B 470 gelegener Platz mit Aufenthaltsraum und modernen Sanitäreinrichtungen. Im Tal 13. Durchschnittliches Preisniveau, Näheres unter ✆ 09242/1788 oder 440, ℻ 1040, www.campingplatz-fraenkische-schweiz.de.

• *Feste* Mitte Sept.: Historischer Handwerkermarkt im Fränkische-Schweiz-Museum.

Fränkische-Schweiz-Museum (im Judenhof)

Erst 1985 wurde dieses besuchenswerte Museum eröffnet. In ansprechender Weise werden alle Aspekte des Landschaftsraumes Fränkische Schweiz dargestellt.
In der Eingangshalle wird der Besucher über die **geologischen Verhältnisse** der Region informiert. In weiteren Räumen sind Exponate und Erklärungen zu folgenden Themenschwerpunkten zu sehen:

Archäologie: Angefangen von den frühen Jäger- und Sammlerkulturen der Altsteinzeit können wir die weitere Entwicklung des Menschen verfolgen: Sei es die Sesshaftwerdung während der Jungsteinzeit, die voranschreitenden Kenntnisse der Metallverarbeitung während der Bronze- und Eisenzeit oder die ersten merowingischen Einflüsse nach der Völkerwanderung. Die **historische Abteilung** veranschaulicht die Siedlungstätigkeit der Karolinger und Ottonen ebenso wie die überregionale Bedeutung der Herren von Schlüsselberg oder das Leid der Landbevölkerung während der zahlreichen Kriege.

Eindrucksvoll auch die Abteilung **bäuerliches Wohnen** im 19. Jh. Anhand der sparsamen Einrichtung von Küche, Wohnstube und Schlafzimmer werden die früheren Lebensverhältnisse der Bauern ohne falsche Romantik vermittelt. Der Überblick über die bäuerliche Lebensweise wird abgerundet mit den Besonderheiten fränkischer Trachten, Volksmusik und Religiosität.

Der Bedeutung des **Handwerks** als zweiter Haupterwerbszweig ist ein weiterer Raum gewidmet. In rekonstruierten Werkstätten wird an die Arbeitsweise der Handwerker erinnert: Büttnerei, Seilerei, Schuhmacherei, Schreinerei und Schmiede dokumentieren traditionelle Fertigungstechniken. Die Organisation der Handwerker wird mit den Exponaten zum **Zunftwesen** verdeutlicht.
Eine Vorstellung von der religiösen Gemeinschaft der Juden vermittelt die **Synagoge**, die in den Gebäudekomplex eingegliedert ist. Die seit dem Mittelalter in Franken nachweisbaren jüdischen Siedlungen zeugen von einer langen Epoche weitgehend friedlichen Zusammenlebens zwischen Christen und Juden. Sich des gemeinsamen kulturellen Erbes zu erinnern und es zu bewahren, dazu will diese Ausstellung beitragen.

Öffnungszeiten/Eintritt April bis Ende Oktober Di–So 10–17 Uhr. Im Winter nur sonntags von 13.30–17 Uhr. Eintritt 2,30 €, Kinder 1.50 €. Führungen für Gruppen nach tel. Voranmeldung, ✆ 09242/1640, ℻ 1056, www.fsmt.de.

Kohlstein

Der kleine, malerische Ort liegt auf der Juraebene, nicht weit von Behringersmühle. Besonderen Reiz bietet das Schlösschen, von dem aus sich ein herrlicher Ausblick auf das Püttlachtal bietet, sofern man Einlass bekommt. Es wurde 1486 erbaut und ist seit 1608 im Besitz der Familie Groß von Trockau. Sehenswert ist die Kapelle im Schlossgarten. Sie wurde 1711 erbaut und ist reich an Holzschnitzereien.

Attraktion des Dorfes ist das *Brotbacken* im alten Backhaus. Man kann zuschauen, und wer will, kann ein knusprig gebackenes Brot mit nach Hause nehmen. Jeweils am ersten und dritten Freitag im Monat wird um 11 Uhr das Brot eingeschossen.

Gasthof Zur fröhlichen Runde, in der alten Gaststube preiswerte und reichliche Portionen. Ab Oktober jedoch nur an Wochenenden. Es werden auch einfache Zimmer vermietet, das DZ 28 €. ✆ 09242/803.

Pottenstein

Von Felsen umrahmt liegt Pottenstein am Zusammenfluss der Püttlach und des Weihersbaches. Es ist einer der hübschesten Orte der Fränkischen Schweiz und touristisch gut erschlossen. Knapp 250.000 Übernachtungen pro Jahr werden hier registriert.

Die nur spärlich mit Bäumen bestandenen Talhänge erwecken einen ganz anderen Eindruck, als wir es von den weiter flussabwärts gelegenen Landschaften gewohnt sind. Anheimelnd ein Streifzug durch die schmalen Gassen mit den alten Fachwerkhäusern. Von der 1000-jährigen *Burg* oberhalb des Orts kann man das friedliche Bild am schönsten einfangen.

Als zentraler Ort des Tourismus in der Fränkischen Schweiz glänzt Pottenstein mit vielfältigen Möglichkeiten, den Urlaub oder Wochenendausflug zu gestalten. Von Führungen in der *historischen Altstadt* und geleiteten Wanderungen in die reizvolle Umgebung bis hin zu einem Besuch der Teufelshöhle oder der Sommerrodelbahn reicht die Palette von Pauschalangeboten für Familien bis zum Golfurlaub.

Geschichte

Pottenstein, an der alten Nürnberger Straße gelegen, war im Mittelalter ein wohlhabendes Städtchen (Stadtrecht seit 1323). Kaufleute auf der Durchreise nächtigten gerne hier, um am nächsten Morgen Richtung Pegnitz aufzubrechen. Davon profitierte das sog. Vorspanngewerbe: Für die behäbigen Kaufleute war es bequem, sich auf den unwegsamen Straßen bergauf zusätzlicher Pferdestärken bedienen zu können. Auch das Handwerk blühte, es gab sieben Mühlen, von denen heute nur noch die Weihersmühle, die Neumühle und die Ziersmühle betrieben werden. Erst durch den Bau der Eisenbahnlinie Nürnberg–Pegnitz verlor Pottenstein seine Stellung als Verkehrsort.

*I*nformation/*V*erbindungen/*F*este

- *Vorwahl* 09243
- *Information* **Verkehrsbüro/Kurverwaltung Pottenstein**, Forchheimer Str. 1, Mai–Sept. von Mo–Fr 9–17 Uhr, Sa 10–12 Uhr, Okt.–April Mo–Fr 9–12 und 14–16 Uhr. ✆ 70841 oder 70842, 📠 70840, www.pottenstein.de, verkehrsbuero@pottenstein.de.

Die Touristeninformation ist von der B 470 aus schnell erreichbar. Sie befindet sich in einem gläsernen Trakt gleich neben dem

Rathaus. Thomas Bernard und sein Team beraten freundlich und kompetent über die umfangreichen Angebote für Urlauber und Tagestouristen.

• *Verbindungen* OVF-Busse verkehren stündlich auf der Linie Ebermannstadt–Pottenstein–Pegnitz. Für die Regionalbusse gibt es die OVF-Gästekarte. Seit der Anbindung an den Verkehrsverbund Großraum Nürnberg (VGN) verfügt Pottenstein über bessere Verbindungen nach Nürnberg (VGN-Bus nach Pegnitz, Zug nach Nürnberg).

• *Feste* 6. Januar, 17 Uhr: „Abschluss der ewigen Anbetung" (Lichterfest). Zum Beginn der Prozession werden an den Hängen bis zu 1000 Feuerstellen entzündet.
Mitte Juli: Musikfest in der Altstadt,
1. Advent: Weihnachtsmarkt.

Sport/Freizeit

• *Golf* **Golfanlage Pottenstein**: Zwei Kilometer außerhalb, beim Dorf Weidenloh, entstand 1994 ein 18-Loch-Golfplatz mit Par 71. Geöffnet 9–18 Uhr, Infos unter ✆ 929220, 📠 929222, www.gc-pottenstein.de.

Golfpark „Bärenrough", wer das Golfen ohne Mitgliedschaft und Kleiderordnung ausprobieren möchte, ist auf dem neuen 9-Loch-Platz mit schöner Driving-Range gut aufgehoben. Geöffnet nahezu ganzjährig tägl. 9–18 Uhr. Greenfee 15 €, Driving Range inklusive. Leihschläger 2 €, auch Familienangebote, weitere Infos unter ✆ 929220.

• *Fahrradverleih* am Minigolfplatz, ✆ 812 oder 1607.

• *Minigolf* am Kurzentrum, Mai–Okt. tägl. ab 10 Uhr, außerhalb der Saison auch bei schönem Wetter, Preise 1,50 €, Kinder bis 12 Jahre 1,25 €, ✆ 812 oder 1607.

• *Kletterwald* im Ortsteil Weidenloh, bis in 12 m Höhe mit 7 Parcours und 130 Elementen. Nutzung für Kinder ab 4 (bis 14 Jahre in Begleitung Erwachsener). Tägl. ab 10 Uhr während der Osterferien und ab Ende Mai bis Mitte September. Von April–Mai und September–Anf. November Fr–Mo und Feiertage. ✆ 09243/998965 oder 0174/2434167, www.kletterwald-pottenstein.de.

• *Paragliding* auf der Hohenmirsberger Platte. Auch Tandemflüge. Näheres bei Reinhold Wiegärtner, ✆ 7319, www.gleitschirmclub-fs.de.

• *Kutschenfahrten* Kilian Arnold, OT Soranger. ✆ 09244/7367.

• *Rodeln* **Sommerrodelbahn** und Allwetterrodelbahn **„Frankenbob"** an der B 470, gegenüber dem Felsbad, 20. März–5. Nov. 10–17 Uhr, ansonsten nach Vereinb. oder Telefonansage. Pro Fahrt 2 €, Kinder bis 14 Jahre 1,50 € (6er-Karte 9 € bzw. 7 €). ✆ 92200, außerhalb der Saison 0179/2344456.

• *Bootspartien* Ruder- und Tretboote liegen auf dem idyllischen **Schöngrundsee** zwischen Sommerrodelbahn und Teufelshöhle. Bis zu vier Personen und pro halbe Stunde 6 €. Ostern bis Ende Oktober bei passendem Wetter tägl. ab 10 Uhr, ✆ 813.

• *Baden* **Freizeitbad „Juramar"**, das moderne Hallenbad verwendet im Innenbecken reine Natursole statt Chlorgas zur Wasseraufbereitung und bietet neben Schwimmer- und Außenbecken mit Wasserrutsche auch Wellnessbereich, Saunalandschaft, Dampfbad, Solarium und eine Snackbar. Vom 1.5. bis zum 31.10. Mo 13–18 Uhr, Di–Do und Fr 10–21 Uhr, Mi 10–22 Uhr, Sa 13–19 Uhr, So 10–19 Uhr. Im Winter tägl. ab 13 Uhr, So ab 10 Uhr. Eintritt zw. 2,90 € (1,5 h) und 4,20 € (3,5 h), Kinder (4–17 J.) zw. 1,90 € und 3,20 €. Preise für Sauna-

Felsenbad

Das bereits in den 1920er Jahren eröffnete Freibad gilt als ältestes Bayerns. Nachdem es 1988 wegen Baufälligkeit geschlossen werden musste, dauerte es lange, bis ein Förderverein genug Geld gesammelt hatte, um eine Grundsanierung zu realisieren. Das neue Naturschwimmbecken ohne Chlor (die Wasserreinigung erfolgt durch einen Pflanzengürtel) fügt sich harmonisch in die Felslandschaft ein. Nur die „Sprungtürme" direkt vom Felsen ins Becken sind heute nicht mehr nutzbar. Achtung, das Wasser ist eiskalt! Schöner Biergarten (freier Eintritt).

Lage An der B 470 gegenüber der Sommerrodelbahn. Geöffnet April bis Oktober bei schönem Wetter täglich ab 9.30 Uhr. Tageskarte 3,50 €, Kinder (6–17 Jahre) 2,20 €, ✆ 700592.

Burg Pottenstein – Fluchtburg der heiligen Elisabeth

karten, Wellness-Tage etc. auf Anfrage, ✆ 903166. Link bei www.pottenstein.de.

- *Reiten* Der **Reiterhof Geusmanns**, OT von Pottenstein, bietet auf seinem Bauernhof Halb-, Ganz- und Mehrtagesritte in die herrliche Natur an. Auch Einsteiger und Kinder sind willkommen. Preisbeispiel: 3 Std. 36 €. Geusmanns 4, ✆ 9193, www.fraenkische-schweiz-zu-pferd.de.

- *Sonstiges* Die „Pottensteiner Erlebnismeile" hat sich zu einem Erfolgsmodell entwickelt und 18 Attraktionen und Kuriositäten im Freizeitangebot aufgelistet. So zum Beispiel fachkundig angeleitetes Fossilienklopfen mit Fundgarantie auf der Hohenmirsberger Platte (Mo Ruhetag) oder ein Känguru-Freigehege. Mit dem Kauf eines Erlebnis-Tickets spart man bei den Eintrittsgeldern (Erw. 19,50 €, Ki. 12,50 €). Informationen im Verkehrsbüro.

Essen/Übernachten

Goldene Krone, das alteingesessene Gasthaus am Marktplatz bietet eine gute Auswahl an gut zubereiteten Gerichten. Spezialität: Schäufele in dunkler Soße aus Zwickel-Bier. Forellen gibt es aus eigenem Gewässer, Gäste können sich ihren eigenen Fisch angeln. In der alten Reußenmühle, die nach hinten an den Gasthof anschließt, sind toll ausgestattete Zimmer zu haben, das DZ 76 €, Halbpension möglich (zuzüglich 13 €/Pers.). Marktplatz 2, ✆ 92430, ℻ 934310, www.goldene-krone-pottenstein.de, goldene-krone@t-online.de. Mi Ruhetag.

Nebenan im **Bei Angelo** bietet ein freundlicher italienischer Wirt Pizzen und andere mediterrane Spezialitäten an. Nur abends geöffnet, Mo Ruhetag. ✆ 90254.

Gasthausbrauerei Hufeisen, die neu eingerichtete Brauerei befindet sich, nur durch Glasscheiben abgetrennt, im Lokal. Die Gaststube ist einfach und gemütlich. In der Kellerschänke werden Brotzeiten serviert. Das dunkle Bier besticht durch seinen feinherben Hopfengeschmack. Auch Weizen wird selbst gebraut. Spezialitäten sind der Bierschnaps nach altem Rezept und „Dr. Moo", das nach Angaben des Hauses erste Bier-Molke-Getränk zumindest in Europa. Der Braumeister bietet auch Bierseminare an. Während der Woche empfehlenswerte Mittagsmenüs, an Wochenenden diverse Braten. Biergarten unterhalb der Burg. Hauptstr. 38, ✆ 260, ℻ 7429, Mo. Ruhetag. www.hufeisen-braeu.de, hufeisen-braeu@t-online.de.

Brauereigasthof Mager, empfehlenswert das täglich wechselnde Tagesmenü. Vier Sorten Bier aus eigener Brauerei, zur Kirchweih Ende August wird Bartholomäus-Bier ausgeschenkt. Auch günstige Zimmer, aber nicht alle mit Dusche, DZ 60 €. Hauptstr. 15, ✆ 333, www.brauerei-mager.de, mager-pottenstein@t-online.de.

Forellenhof, das Hotel/Restaurant trägt seinen Namen zurecht: vor der modernen Speisegaststätte schwimmen in einem Teich mit Springbrunnen die schlachtreifen Forellen und Karpfen. Spezialität ist die wacholdergeräucherte Forelle. Nahe dem Kurzentrum Juramar. DZ ab 75 €., HP 13,50 €/Pers., Appartment (ab 4 Übern.) 58 € für 2 Pers., FeWo 60 €/2 Pers. Verwöhnwochenenden (außer in den Ferien) für 95 €/Pers. im DZ und Erlebniswochen für 2 Pers. 540 €. Am Kurzentrum 3, ✆ 92420, ℻ 924280, www.forellenhof-malter.de, forellenhof@t-online.de.

Schwan, dreigeschossiger Hotelneubau mit direktem Zugang ins Bad „Juramar“, luftige Zimmer mit Balkon. Im Erdgeschoss ein taubenblaues Bistro-Café. DZ 80 €. EZ 50 €. Suite für 2 Pers. 95 €.Das Hotel bietet auch Wellnesstage mit Beratung, Anwendungen, Benutzung von Sauna und Juramar. 4 Tage (3xÜ/F) 232 €, 6 Tage 361 €. Im dazugehörigen Gästehaus Bruckmeyer mit seinen komfortabel eingerichteten Zimmern kostet das EZ 44 €, das DZ 68 € und das App. für 2 Pers. 96 €. ✆ 9810, ℻ 7351, www.hotel-bruckmayer.de.

Luisengarten, die Gaststätte und Pension mit 400-jähriger Tradition wurde 2006 in rustikalem Ambiente wiedereröffnet. Mit Biergarten und Sonnenterrasse. Gutbürgerliche Küche von 11 bis 22 Uhr. DZ, 64 €, EZ 34 €. Fischergasse 17, ✆ 701565, www.luisengarten-pottenstein.de.

• *Pensionen und Ferienwohnungen* Als zentraler Fremdenverkehrsort bietet Pottenstein eine Vielzahl von Möglichkeiten. 55 Pensionen bieten 500 Betten von 12 bis 32 € pro Person mit Frühstück an. 130 Vermieter halten 250 Ferienwohnungen bereit. Von 18 bis 80 € für 2 Pers/Tag. Informationen im Verkehrsbüro.

Pension „Zum Unteren Schmied“, vier Zimmer werden in diesem schönen zentral gelegenen Haus vermietet, Wintergarten, Gästeküche, DZ (Dusche/WC) inklusive Frühstück ab 34 €, Nürnberger Str. 8, ✆ 580, pension-kohlmann@onlinehome.de.

Pension Mariental, am Ortsrand gelegen, Unterstellplätze für Fahrräder und Motorräder, Parkplatz vor dem Haus. EZ 31 €, DZ 56 €, Appartment 2 Pers. (max. 3 Pers.) 36 €, Ferienwohnungen ab 39 €. Tiere pro Tag 3 €. ℻ 212, www.pension-mariental.de.

• *Cafés* **Waldcafé**, etwas außerhalb, romantische Lage am Eingang zum Oberen Püttlachtal, überdachte Terrasse mit Korbstühlen, schöner Garten am Bach, nebenan ein Kinderspielplatz. Täglich 12.30–18 Uhr (Ostern bis Ende Okt., Vor- und Nachsaison nur bei schönem Wetter offen). ✆ 903040.

Café Mager, auffälliger Holzbau mit hohem Giebel und viel Platz, direkt an der Durchgangsstraße. ✆ 808.

• *Camping* Einige Kilometer flussabwärts an der **Bärenschlucht**. Hübsche Lage vor dramatischer Felskulisse, wenn auch die B 470 in diesem engen Talabschnitt entlangführt. Auch Blockhütten für Familien werden vermietet. Preise auf Anfr. ✆ 206, ℻ 880, www.baerenschlucht-camping.de.

Campingplatz Jurahöhe in ruhiger Lage in Kleinlesau 9, ✆ 9173, ℻ 9174, www.campingplatz-jurahoehe.de.

Wohnmobilpark Pottenstein, Am Langen Berg, 1 Nacht 7,50 €. ✆ 09242/1788.

Ein weiterer Platz in **Tüchersfeld**: „Fränkische Schweiz“, siehe dort.

• *Jugendherberge* ca. 1 km vom Pottensteiner Zentrum auf der Höhe gelegen. Hübscher verschachtelter Neubau; mit Klettergarten und Indoor-Kletterhalle. Mitte Dez. bis Mitte Januar geschlossen. ✆ 92910, www.pottenstein-jugendherberge.de.

• *Besondere Angebote* **Hotel Steigmühle**, direkt neben dem Erlebnisbad Juramar. **Vollwertkost** ist komplett in die Küche integriert. DZ ab 60 €, EZ ab 38 €. HP ab 8,50 €. Franz-Wittmann-Gasse 24, ℻ 338, hotel-steigmuehle@t-online.de, www.hotel-steigmuehle.de.

„Blockhäuserl am Wald“, ruhige Ferienanlage mit vier verschiedenen Ferienwohnungen für bis zu 6 Pers. ab 35 € pro Tag/2 Pers. ab 7 Übern. Nebensaison-Angebot: 7 Tage wohnen, 6 bezahlen oder 14 Tage wohnen, 10 bezahlen. Fam. Heumann, OT Trägweis, 91278 Pottenstein, ℻ 9140, www.blockhaeuserl.de.

Hummelshof: Ferienspecials für Familien in den Oster-, Pfingst- und Herbstferien eine Woche für 2 Pers. 200–225 € zuzügl. 3 € pro Kind und Tag. In den Sommerferien 14 Tage 400–450 € und 3 € pro Kind und Tag. Golfarrangements: 3 Tage Golfen (3 Übernachtungen Do–So) im Appartement, 3x Greenfee für die Golfplätze Pottenstein-

Weidenloh, Kanndorf und Königstein für 2 Pers. 355 €, 7 Tage golfen (7 Übernachtungen, 6x Greenfee) 650 €. Ferienwohnungen Hummelshof, Weidenloh 19, Pottenstein, ✆ 287, www.hummelshof.de.

Außerhalb

• *Schüttersmühle* **Gasthof Schüttersmühle**, tolle Lage am Eingang des Klumpertals, wenn auch der Verkehr auf der B 470 etwas stört. Berühmt für seine Steaks, die auf einem heißen Stein auf dem Tisch fertig brutzeln. DZ (Du/WC) mit Balkon 60 €, auch Appartements (fünf behindertengerecht), Preis auf Anfr. Mo Ruhetag. ✆ 09243/207, ✆ 7389. www.heiner-schuettersmuehle.de.

• *Elbersberg* **Kapellenhof**, der ehemalige Aussiedlerhof auf dem Höhenrücken der Burg Pottenstein wird gerne von Wanderern besucht, da die im Püttlachtal angebrachten Schilder dem Hungrigen den Weg weisen. Wurstspezialitäten aus eigener Herstellung. DZ (Dusche/WC) 48 €. Mi Ruhetag. ✆ 09243/449, www.kapellenhof-elbersberg.de.

• *Püttlach* **Gasthof Persau,** im hübschen Dorf mit vielen Fachwerkbauten. Hier bekommt man preiswert Wildgerichte, während der Hauptsaison auch unter der Woche. Täglich frische rohe Klöße. Auch Zimmer. DZ mit Dusche/WC 40 €. Do. Ruhetag. ✆ 09246/279.

• *Weidmannsgesees* **Gasthof Schmitt** im kleinen, abseits gelegenen Dorf auf der Juraebene. Gut und billig, eine viertel Ente für ca. 7 €, ein Schäufele für 6,50 €. Immer frische Klöße, oft auch Semmelknödel. DZ mit Dusche ca. 40 €. Di Ruhetag. ✆ 09243/872.

• *Kirchenbirkig* **Landgasthof Bauernschmitt**, die 52 Betten des Hauses sind oft ausgebucht, was für das gute Preis-Leistungs-Verhältnis spricht (DZ ab 68 €). In der Gaststube bekommt man gute fränkische und bayerische Kost, z. B. Pilze aus den heimischen Wäldern. Zum Zeitvertreib sind zwei Kegelbahnen vorhanden. Hausgäste erhalten ein ermäßigtes Greenfee für den 1 km entfernten Golfplatz. ✆ 09243/9890, ✆ 98945, www.landgasthof-bauernschmitt.de.

Gasthof-Pension „Zur Jägerslust", in dem kleinen Gasthof bekommt man den Schweinebraten für 6 €, Hausschlachtung, Spezialität Wild. DZ (Du/WC) 50 €. Mo Ruhetag. ✆ 09243/354, www.gasthof-jaegerlust.de.

• *Leienfels* **Gasthof-Pension „Zur Burgruine"**, ruhig gelegener Gasthof mit familiärer Atmosphäre. Eine Lehmann-Anlage im Freien wird Eisenbahnfreunde erfreuen, Wanderer die Natur ringsum samt Burgruine. DZ ab 50 €. ✆ 09244/366, www.zur.burgruine.de.

Altar der Friedshofskirche von Pottenstein

Sehenswertes

Burg Pottenstein: Sie überragt den Ort auf einem steil ansteigenden Felsen. Eine mit Schindeln überdachte Holztreppe entlang der Felsen führt vom Haus des früheren Steuereintreibers zur Burganlage hinauf. Der *Rote Salon* im Empirestil besticht durch rote Samtmöbel, die Ahnengalerie und herrlich geschnitzte Deckenbalken. Insgesamt eine wirkungsvolle

Raumausstattung, die nicht mit Ausstellungsstücken überladen ist. Der *Rittersaal* birgt geschnitzte Eichenmöbel und Wandmalereien mit Jagdmotiven.

Die Burg wurde 918 unter *König Konrad* als Befestigung gegen die Magyaren und Slawen gebaut. Der Name stammt von Pfalzgraf *Botho von Kärnten* (Bothostein – Bodinstein – Pottenstein), der die Burg Mitte des 11. Jh. weiter ausbauen ließ. Um 1100 gelangte die Burg in Besitz des Fürstbistums Bamberg. 1228 war sie Zufluchtstätte der hl. Elisabeth, woran ein Elisabeth-Gedenkzimmer im ehemaligen Wohnturm und die Dauerausstellung „Krone, Brot und Rosen" erinnern. Nach dem Tod ihres Mannes wurde sie wegen ihrer Großzügigkeit gegenüber den Armen (Rosenwunder) von der Verwandtschaft aus der Eisenacher Wartburg verjagt. 1878 erwarb der Nürnberger Apotheker Kleemann die Burg für 400 Taler. Er war ein Romantiker, der es liebte, in Ritterrüstung umherzulaufen. Bei seinen Zechgelagen mussten sich seine Freunde erst einmal zeitgemäße ritterliche Kleidung aus den Schränken holen, ehe sie zum Krug greifen durften. Obwohl er als Spinner oder Kleefuchs bezeichnet wurde, können ihm die Pottensteiner dafür dankbar sein, dass er die Burg vor dem Verfall rettete. 1918 kaufte sie *Wilhelm Lothar Freiherr von Wintzingerode*, dessen Sohn sie noch heute mit seiner Familie bewohnt. Er bietet Sonderveranstaltungen wie „Romantische Blaue Burgnacht" und Mittelalterspektakel an und stellt im herrschaftlichen Wohngebäude eine Ferienwohnung für maximal 5 Pers. für „Wohnen wie die Burgherren" zur Verfügung (ab 80 € pro Tag für 2 Pers.).

Öffnungszeiten/Eintritt Mai bis Ende Oktober tägl. außer Mo 10–17 Uhr. Vorher und nachher auf Anfrage. Eintritt4,50 €, Kinder (6–14 Jahre) 2,50 €. ✆ 7221, 📠 7332, www.burgpottenstein.de.

Teufelshöhle: Sie besitzt mit einer Höhe von 14 m und einer Breite von 30 m, aus deren Mitte noch eine 8 m hohe Höhlenterrasse hervorspringt, den größten Eingang deutscher Höhlen. Früher nannte man sie auch das „Große Teufelsloch". Man kann sich auf den 1,5 km langen Wegen mit elektrischer Beleuchtung dem Höhlenzauber hingeben. Den schönsten Gebilden gab man Namen wie Barbarossabart, Orgelgrotte oder Kerzensaal (man meint wirklich, viele Kerzen zu sehen). Viele Anhänger einer Höhlentherapie haben sich inzwischen zu Therapiesitzungen gegen Atemwegserkrankungen und Hautallergien in der Höhle eingefunden.
Als erster hat der Höhlenforscher *Adalbert Neischl* 1911 die Teufelshöhle wissenschaftlich erforscht, ohne sich jedoch das Ausmaß ihrer Größe vorstellen zu können. 1922 erkundete sie dann *Hans Brand*, der den Gedanken verfolgte, es handle sich um das Bachbett eines ehemaligen Höhlenflusses, womit er richtig lag. Mit Hilfe von Bohrhämmern fing man langsam an, die Höhlenräume freizulegen, was weitere 30 Jahre in Anspruch nahm. Mit Hans Brand hielten allerdings auch die dunkelsten Seiten der NS-Zeit in Pottenstein Einzug, denn der „unermüdliche Förderer des Fremdenverkehrs in der Fränkischen Schweiz" holte ein Außenlager des Konzentrationslagers Flossenbürg nach Pottenstein und ließ von den 700 Häftlingen den Schöngrundsee ausheben und den Parkplatz vor der Höhle anlegen. 380 von ihnen überlebten nicht.

• *Öffnungszeiten/Eintritt* Ostern bis 1. Nov. tägl. 9–17 Uhr, im Winter nur Di, Sa, So 10–15 Uhr. Führungen alle 20 Minuten (Dauer ca. 45 Minuten). Eintritt 3,80 €, Kinder (4–15 Jahre) 2 €. **Höhlenkuren bei Erkrankungen der Atemwege**: im abgeschlossenen Therapiebereich (März–November, täglich). **Kultur in der Teufelshöhle**: Theater, Konzerte, Kabarett (Juni–Oktober). ✆ 208, www.teufelshoehle.de

Wandern

Elisabethenweg Pottenstein.

Der 6,5 km lange Rundweg wurde zu Ehren der hl. Elisabeth angelegt, die 1228 auf der Burg nach dem Tod ihres Gatten Zuflucht fand. Er eröffnet die schönsten Blicke in die romantischen Fachwerk-Winkel Pottensteins und auf die Stadt, vor allem dann, wenn man den steilen Weg zur Burg erklommen hat.

Oberes Püttlachtal:

Eines der schönsten Täler der Fränkischen Schweiz – eng, mit üppiger, ursprünglicher Vegetation. Besonders an Wochenenden ist deshalb viel los.

Es ist außergewöhnlich, dass hier noch 40 verschiedene Orchideenarten zu Hause sind. Es zeigt, dass wir hier noch ein kleines Stückchen unverbrauchter Natur vorfinden. Selbst der Laie wird sich an den Blumen wie Frauenschuh, Türkenbund, Enzian, Anemone etc. erfreuen können, die er ja meist nur von Naturschutzplakaten her kennt. Auch seltene Käuzchen und Wasservögel sieht man mit etwas Glück (früh aufstehen).

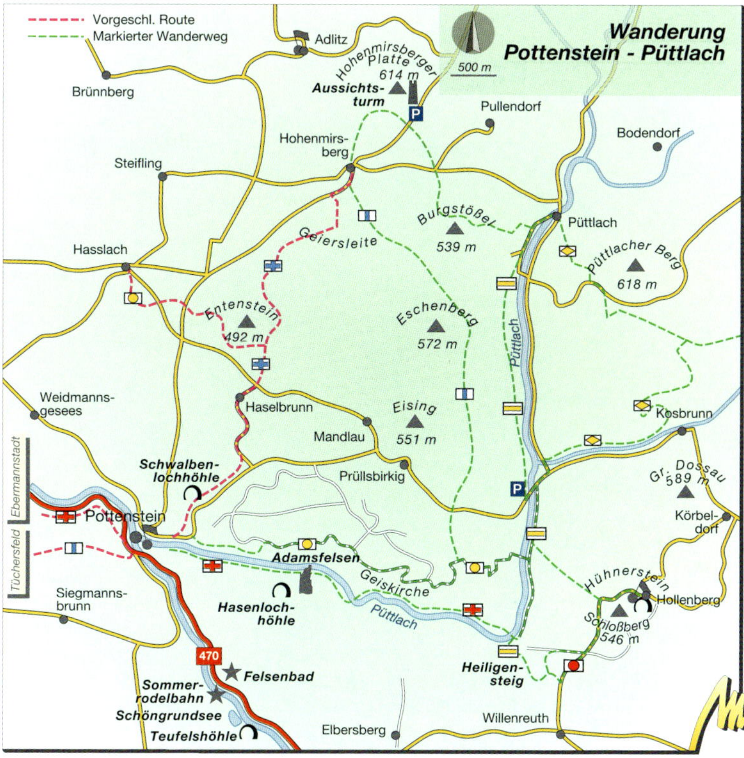

Ailsbach-/Ahorn- und Püttlachtal
Karte S. 244

Um ins Obere Püttlachtal zu gelangen, folgt man von Pottenstein der Oberen Püttlach (entgegengesetzt zu den Markierungen *rotes Kreuz, blauer Punkt*). Eine Zeit lang läuft man noch an Häusern entlang bis zum Waldcafé, in dem man sich noch eine Tasse Kaffee zugute kommen lassen kann. Bald darauf umhüllt einen das ruhige Geplätscher des Bachs. Er ist umsäumt von hohen Felsblöcken und herrlich dichtem Mischwald. Nach ca. 500 m erreicht man den *Adams-Fels*; hier befand sich eine steinzeitliche Wohnsiedlung. Der Fels, der nach Süden offen liegt, diente als Wärmespeicher. Die Felsnischen wurden mit Baumstämmen abgedeckt. Läuft man weiter, erreicht man nach ca. 7 bis 8 km Püttlach, das dem hungrigen Magen Entspannung bietet (siehe weiter oben unter Essen/Außerhalb). Von hier aus lohnt sich noch der Weg über den Heiligen Steg nach *Hollenberg* (ca. 2 km), von dessen Ruine man einen herrlichen Ausblick hat. Wegstrecke Pottenstein–Hollenberg ca. 3 Stunden.

Klumpertal

Schöner Spaziergang ab Schüttersmühle am Weihersbach entlang nach Bronn. Gehzeit ca. 75 Min., Markierung *gelber Strich.* Nach ca. 10 Min. erreicht man die einsam gelegene Mittelmühle, die bereits 1922 ihren Betrieb einstellte. Mit der geringen Wasserkraft des kleinen Baches dauerte das Mahlen eines Sackes Getreide damals zwei Tage. Nach einer weiteren Viertelstunde kommt man zu grün umwucherten Fischteichen, von denen einige hell orange gefärbte Forellen enthalten. Hier sieht man rechts am Weg die von Brennnesseln überwucherten Ruinen der Klumpermühle. Ein kleiner Mahlstein ist in der Hausfassade eingemauert. Die restliche Wegstrecke führt durch ein Trockental nach **Bronn**. Der Ort besitzt eine interessante Dorfkirche mit einem seltenen zackenförmigen Portal aus dem 13. Jh. Sehr reizvoll ist es, beim Zurückwandern den schmalen Jägersteig auf halber Höhe am Nordhang des Tales zu nehmen. Es bieten sich schöne Ausblicke; über den Altenhof wieder zurück zur Mittelmühle.

• *Bronn* **Brauereigasthof Martin**, hinter der Kirche. In den drei kleinen Gasträumen sitzt man gemütlich, an den Wänden alte Holzvertäfelungen und Geweihe. Exzellenter Mittagstisch. Der Sauerbraten gerade richtig (in vielen Gasthöfen mit zu viel Essig). Riesige Portionen einschl. Salat. Pause 14–16.30 Uhr, Di Ruhetag. ✆ 09241/3491.

Halbtageswanderung
über die Teufelshöhle und Schüttersmühle

Für Kinderwagen geeignet. Ausgangspunkt ist der Wanderparkplatz an der B 470.

Der Markierung *blauer Querbalken* folgend, geht es Richtung Südosten, zuerst an den Schöngrundsee, dann zur Teufelshöhle und zur Schüttersmühle (Einkehrmöglichkeit, Mo Ruhetag). Vor oder nach der Schüttersmühle überquert man die B 470 und wandert den mit *rotem Punkt* gekennzeichneten Weg nach hinauf nach Elbersberg. Für Kinderwagen empfiehlt sich der geteerte Weg 200 m nach der Schüttersmühle. In der Ortsmitte links abbiegen zum Gasthof Kapellenhof (Einkehrmöglichkeit, Mi. Ruhetag) und der Elbersberger Kapelle. Dort wieder links, die Markierung *blauer Längsbalken* führt über die Burg Pottenstein zurück nach Pottenstein. Länge ca. 10 km, Gehzeit 3 Std.

Pegnitz

Der staatlich anerkannte Luftkurort ist das östliche Eingangstor zur Fränkischen Schweiz. Pegnitz hat schon vor 650 Jahren die Stadtrechte verliehen bekommen. Die von lieblichen Höhenzügen umgebene Stadt zählt 15.000 Einwohner und ist touristisch viel weniger erschlossen, als es sich die ehrgeizigen Stadtväter wünschen. Sie lockt nun mit neuen Angeboten.

Pegnitz liegt auf ehemals markgräflichem Gebiet. Schon 1844 stellte ein Reisender lobend fest: „Das Städtchen Pegnitz ist sehr gewerbsam und treibt neben dem Ackerbau auch Handel (...). (Es) gehört unter die wohlhabenderen Städtchen des bayerischen Gebietstheiles, die durch Sprache und Sitten das sogenannte Bayreuther Oberland repräsentiren." Der ursprünglich befestigte Ort liegt auf einem Höhenrücken und entwickelte sich entlang eines sich nach Westen verbreiternden Straßenmarktes, wie er sonst für Siedlungen in der Oberpfalz typisch ist. Am malerischen, aber auch hektischen Marktplatz steht das aus dem 16. Jh. stammende Rathaus, umgeben von Bürgerhäusern. Die Landschaft nördlich von Pegnitz ist herber als andere Teile der Fränkischen Schweiz; Wiesen, Felder und Nadelwälder bestimmen das Bild.

Sehenswert: Das mittelalterliche Rathaus (1347) mit Zaußenmühle (1450), das Karstwunder am Wasserberg und die evangelische Kirche.

Wandern: „Bierquellen-Wanderweg", eine Erkundungstour zu vier typischen Kleinbrauereien. Imker- und Wasserlehrpfad. Rund um den Kleinen Kulm, die höchste Erhebung in der Fränkischen Schweiz (626 m).

• *Information* Verkehrsamt im Mehrgenerationenhaus (mit Bücherei), Hauptstr.73, 91527 Pegnitz, sehr freundlicher Service ✆ 09241/723-11, ✆ 723881; www.pegnitz.de.

• *Verbindungen* Pegnitz ist dem VGN Nürnberg angeschlossen. Regelmäßige Zugverbindungen nach Nürnberg, Creußen, Bayreuth und Hof. Busverkehr nach Pottenstein, Gößweinstein und Ebermannstadt.

• *Schwimmen* Im Sommer 2010 wird Pegnitz stolz sein neues Ganzjahresbad mit vier Außenbecken, Schwimmhalle, Sauna u. a. eröffnen. Näheres dazu im Internet.

• *Fahrradverleih* **Radio-Aktiv**, Bayreuther Straße, ✆ 8181.

• *Kunsteisstadion* Badstraße 4, Tel. 1588.

• *Minigolf* ASV Sportanlage, Stadionstraße 6, ✆ 0172/7163468.

Essen/Übernachten

Hotel Restaurant Ratsstube, im Zentrum gleich neben dem Rathaus. Ab 17 Uhr gibt es die klassische deutsche Küche (So Ruhetag). DZ 70 €, EZ 45 €. Hauptstraße 43, ✆ 809084, ✆ 809085, kontakt@ratsstube-pegnitz.de, www.ratsstube-pegnitz.de,.

Ferienwohnungen Böhmerhof, im OT Kosbrunn. Bauernhof in ruhiger Südhanglage mit vielen Tieren, Produkten aus Hausschlachtung, selbst gebackenem Brot und geräucherten Forellen. 30 und 36 € für 2 Pers./Tag. ✆ 3007, www.boehmerhof.de.

Gasthaus Ponfick („Schlappenwirt"), typisch fränkisches Wirtshaus mit deftiger Küche. Durchgehend offen. Mo Ruhetag. Hauptstraße 2, ✆ 2751.

Wirtshaus Zaußenmühle, beliebtes Lokal mit Biergarten und vorwiegend deutscher Küche. Tägl. ab 17 Uhr geöffnet, So und Feiertag auch von 11–14 Uhr. Bayreuther Straße 3, ✆ 6808, zaussen-muehle-pegnitz@gmx.de.

Von April bis Juni hat Pegnitz eine eigene **„5. Jahreszeit": die Flindererzeit**. Die Tradition des Flindern geht auf die Zeit zurück, in der jedes Haus in der Neustadt noch ein Braurecht hatte, aber im Sommer immer nur je drei Bürger von Woche zu Woche Bier ausschenken durften. Sie hängten als Erkennungszeichen einen Buschen vor die Tür. Davon leitet sich vermutlich der Name „Flinderer" ab. Heutzutage gibt es zur Flindererzeit in den Wirtschaften deftiges Essen und eigens gebrautes Flindererbier, ein Bier mit höherer Stammwürze.

Ailsbach-/Ahorn- und Püttlachtal
Karte S. 244

Das Festspielhaus in Bayreuth

Bayreuth

Eine quirlige Universitätsstadt mit vielen kleinen Gassen, gemütlichen Kneipen und zahlreichen historischen Gebäuden aus der Zeit der Markgrafen, beispielsweise das Neue oder das Alte Schloss mit Bayreuths Wahrzeichen, dem achteckigen Turm. In der ganzen Welt bekannt ist Bayreuth als Schauplatz der Wagner-Festspiele.

Die Stadt ist für europäische Verhältnisse relativ jung. 1194 wurde erstmals die Bezeichnung „Baierrute" urkundlich vermerkt. Der Name lässt auf die Rodungstätigkeit (*reuth*) bayerischer Siedler schließen. Seit 1231 hat Bayreuth das Stadtrecht. Der älteste Stadtkern wird heute von der Sophienstraße, der Maximilian- und der Kanzleistraße begrenzt.

Als Markgraf Christian 1603 den Regierungssitz Plassenburg bei Kulmbach aufgab, wurde Bayreuth Residenzstadt, womit sein Aufstieg begann. Den Höhepunkt erreichte die feudale Bautätigkeit in Bayreuth unter *Markgraf Friedrich* und seiner kunstsinnigen Gattin *Wilhelmine* (1709–1758), der Lieblingsschwester Friedrichs des Großen. Nicht wenige Gebäude gehen auf die Initiative der prunkliebenden Markgräfin zurück. So entstand als Verkehrsachse des barocken Bayreuth die *Friedrichstraße*, eine geschlossene Straßenanlage des 18. Jh., die erhalten geblieben ist. Außerdem wurden das *Neue Schloss* (1753), das *Opernhaus* im Rokokostil (1748), das Wagner nach Bayreuth locken sollte, und die *Schlosskirche* mit der Gruftkapelle des Markgrafenpaares (1756) geschaffen. Als Zentrum des höfischen Lebens ließ Wilhelmine außerhalb Bayreuths am Roten Main die einzigartige *Eremitage* erbauen.

Schon 1769 jedoch, nach Jahrzehnten der Blüte, endete die Bayreuther Linie der Hohenzollern mit dem Tod des *Markgrafen Friedrich Christian*. Die Residenzstadt fiel zunächst an die Ansbacher Markgrafen und schließlich 1791 an Preußen. Dort verblieb Bayreuth, bis 1806 Preußen Napoleon unterlag. Es folgte ein kurzes französisches Zwischenspiel, bis das fränkische Bayreuth 1810 bayerisch wurde.

Information/Parken

- *Vorwahl* 0921
- *Information* Kongress- und Tourismuszentrale, Luitpoldplatz 9, 95444 Bayreuth, ✆ 88588, ℻ 88555; Mo–Fr 9–18 Uhr, Sa 9–14 Uhr. www.bayreuth.de. Gibt zusammen mit dem Reisebüro DERPART (✆ 885-0, ebenfalls Luitpoldplatz 9) Auskunft zu Theater- und Konzertveranstaltungen (Theaterkasse info@kurier-tickets.de, ✆ 69001). **Bayreuth-Shop** Mo–Fr 10–18, Sa 10–14 Uhr. Kanzleistr. 6, ✆ 1507797.

Der Gästedienst organisiert auch **Stadtrundgänge** für Gruppen, 65 € plus Eintritte. (Dauer 2 Std. mit Eremitage). Stadtrundgänge werden auch für Einzelreisende angeboten. Die etwa zweistündige Führung zu den wichtigsten Sehenswürdigkeiten kostet 5,50 €, für Schüler/Studenten 3 € (es fallen keine Eintrittsgelder an). Mai–Okt. tägl. um 10.30, im Winterhalbjahr nur Sa. 10.30 Uhr. Treffpunkt: Tourist-Information. **Audio-visueller Stadtrundgang**, Ausleihe 8 € für 3 Std., zusätzlicher Kopfhörer 2,50 €.

Von der **Dachterrasse** des Neuen Rathauses hat man einen schönen Rundumblick auf Bayreuth und die Umgebung. Geöffnet zu den Bürozeiten Montag bis Freitag.

- *Parken* Tiefgarage am Neuen Rathaus.

Freizeit/Sport

- *Fahrradverleih* Zweirad Frenzel, Markgrafenallee 42, ✆ 22472, 5–6 € am Tag.
- *Schwimmen* **Lohengrin Therme**, im idyllischen Rotmaintal gelegen und zweifellos eines der schönsten fränkischen Thermalbäder. Die weitläufige Anlage mit verschiedenen Becken und Whirlpools verfügt auch über ein Freiluftbecken, Sauna und einen Wellnessbereich. Eintritt Thermenwelt 10 €, Tageskarte Sommer 12 €, Ki. 7,50 bzw. 9,50 €. ✆ 792400. Für die Badegäste steht ein poppig eingerichtetes Café zur Verfügung, in dem es leckere Snacks gibt. www.lohengrin-therme.de.

Kreuzsteinbad, beheiztes Freibad mit Riesenrutsche in der Universitätsstr. 20. Mai–September 7–20 Uhr geöffnet, Eintritt 3,50 €, Ki. 2 €. ✆ 600384.

Stadtbad Bayreuth Schwimmbecken mit Wasserfall, Whirlpools, Aromagrotten, Kneipprondell und Saunawelt mit Dampfbad, Mo 15–18 Uhr, Di–Fr 11–21.30, Sa 10–19.30, So und Feiertage 10–18.30 Uhr. Eintritt 3,80 €, Ki. 2 €. Kolpingstr. 7, ✆ 600382.

- *Golf* Der Golfclub oberhalb der Eremitage ist eine 27-Loch-Anlage und damit die größte in Oberfranken. Er gilt als sehr preisgünstig. Auch Studenten spielen hier. Geöffnet 9–12 und 12.30 bis 19 Uhr. Rodersberg 43, ✆ 970704, www.golfclub- bayreuth.de.
- *Kino* **Cineplex**, Hindenburgstr. 2, ✆ 7647 070. Multiplexkino mit 8 Sälen, ✆ 764700.
- *Tiergehege* **Tiergehege am Röhrensee** (Bootsverleih im Sommer), Pottensteiner Str. 251, ✆ 25478. Damwild, Mufflons, Zwergziegen, Flamingos, Laufvögel u. a. Ganzjährig geöffnet. Eintritt frei.

Bayreuth Card: Ein attraktives Angebot für Besucher der Wagnerstadt ist die Bayreuth Card für 11,50 € (ein Erwachsener mit bis zu zwei Kindern unter 15 J. inklusive): Sie ist drei Tage lang gültig, schließt ein Exemplar des Nordbayerischen Kuriers ein und berechtigt zur freien Fahrt mit den Stadtbussen sowie zur Teilnahme an einem geführten Stadtrundgang. Gewährt freien Eintritt in das Historische Museum, Richard-Wagner-Museum, Jean-Paul-Museum, Franz-Liszt-Museum, Kunstmuseum, Deutsche Freimaurermuseum, Urweltmuseum und Maisel's Brauerei- und Büttnereimuseum. Ermäßigten Eintritt gibt es in die Objekte der Bayerischen Schlösserverwaltung – Neues Schloss, Eremitage und Opernhaus – sowie in die Lohengrin-Therme. Erhältlich ist die Bayreuth Card bei der Kongress- und Tourismuszentrale.

Bayreuth Karte S. 261

Essen

Oskar (18), Wirtshaus am Markt im Alten Rathaus, mit Biergarten in der Fußgängerzone. In der mittleren Preisklasse das kulinarische Highlight. Fränkische bodenständige Küche mit regionalen Produkten, auch vegetarisch. Ein Beispiel: Krautsroulade mit Kartoffelstampf für 6,40 €. Mo Sa 8–1 Uhr, So und Feiertage 9–1 Uhr. Maximiliantraße 33, ✆ 5160553, www.oskar-bayreuth.de.

Miamiam-Glouglou (19), dieses absolut empfehlenswerte französische Café-Bistro-Restaurant wird von einem aus Annecy stammenden Franzosen betrieben. Täglich kann man unter drei verschiedenen *plats du jour* wählen. Schmackhafte Salate (paysanne, normande, niçoise) und diverse Lamm-, Geflügel- und Fischspezialitäten runden das Angebot ab. Das Ganze preiswert. Warme Küche durchgehend 11–23 Uhr. Von-Römer-Str. 28, ✆ 65666, www.miamiam-glouglou.de.

Zur Sudpfanne (23), das Restaurant hat sich der kreativen und leichten fränkischen Küche verschrieben. Empfehlenswert sind die Lammgerichte oder der zarte Braten vom Milchzicklein mit Rahmwirsing. Hauptgerichte um die 15 €. Großer Biergarten mit schönem Kinderspielplatz. Oberkonnersreuther Str. 6 (bei der Autobahnausfahrt Bayreuth Süd), ✆ 52883, www.sudpfanne.de.

Wolffenzacher (20), urgemütliches Wirtshaus mit blau getünchter Decke und viel Holz. Serviert wird regionale Küche, Rinderroulade mit Brezenknödel und Salat für 9 €. Große Straßenterrasse. Badstr. 1, ✆ 64552.

Brauereischänke Am Markt (6), reichhaltige Auswahl an schmackhaften fränkischen Gerichten, dazu gibt's Bayreuther Bier. Der Gastraum ist mit Liebe zum Detail eingerichtet: rustikaler Stil mit viel Holz und Rauhputz – der Clou sind die überall drapierten Küchengeräte und -möbel aus Omas Zeiten. Freundliche Atmosphäre. Im Sommer Terrassenbetrieb. Maximilianstr. 56, ✆ 64919. Sonn- und Feiertage ab 18 Uhr geschlossen.

Dötzer's Restauration (19), gilt bei vielen Bayreuthern als die „Nummer eins". Im Restaurant mit mediterranem Flair gibt es Wein- und Menüabende durch viele Regionen Europas. Mittags kann man das Lunch-Menü für 9,90 € auf der Sonnenterrasse oder im toskanischen Kräutergärtchen genießen. Tägl. ab 11 Uhr, Mo ab 17 Uhr. Küche 11.30–14.30 und 17.30–22 Uhr. Sophienstr. 22, ✆ 7867250, www.doetzers.de.

Café Ponte (9), am „Canale grande". So wirbt die Bar für sich, aus der längst ein bei alt und jung beliebtes Restaurant und Café geworden ist. Der Tappert- oder Mühlbach tritt dort für rund 100 m aus seinem unterirdischen Lauf und die Stufen zum Bachbett sind im Sommer immer dicht besetzt. Auch kulturell wird hier viel geboten. Opernstraße 24–26, ✆ 8710503, www.cafeponte.de.

Gottsmannsgrüner (17), hinter dem fränkischen Namen versteckt sich ein Italiener. Das „Gotts" ist beliebt bei Schülern und Studenten. Fast immer voll. Kleine Preise, Gerichte um die 8 €. Rustikal mit großen Tischen eingerichtet. Gute Lasagne und Penne. Biergarten. Nur abends geöffnet, So Ruhetag. Dammallee 21, ✆ 54934.

Schinner Braustuben (25), nur 200 m von der Villa Wahnfried entfernt. In der Gaststätte mit eigener Brauerei wird gehobene fränkische Küche serviert; es gibt aber auch Brotzeiten und ein günstiges Tagesgericht. Ideal gelegen für eine Stärkung nach dem Besuch der Bayreuther „Museumsinsel". Kleine Terrasse hinter dem Haus. Mo Ruhetag. Richard-Wagner-Straße 38, ✆ 67673, www.schinner-braustuben.de.

Weihenstephan (4), das Restaurant nennt sich nach der ältesten noch bestehenden Brauerei der Welt. In der gemütlichen, rustikalen Gaststube wird regionale und überregionale Küche zu gutbürgerlichen Preisen angeboten (fränk. Sauerbraten 9,80 €, Schweinekrustenbraten 8,20 €). Mo Ruhetag (außer Juni/Juli/August). Bahnhofstr. 5, ✆ 82288, www.restaurant-weihenstephan.de.

Bürgerreuth (1), beste italienische Küche in einem Haus mit Tradition und Biergarten in der Nähe des Festspielhauses. DZ ab 70 €. An der Bürgerreuth 20, ✆ 78400, www.minuzzi.com.

Hua Hin (24), ein beliebtes Lokal, das es versteht, Essen als Teil der thailändischen Kultur zu vermitteln. Es werden auch preisgünstige Mittagsmenüs angeboten, abends gibt es Angebote ab 7,90 €. Mo Ruhetag. Ludwigstraße 30, ✆ 64497, www.thai-huahin.de.

Essen & Trinken

1 Bürgerreuth
4 Rest. Weihenstephan
5 Biergarten Herzogkeller
6 Brauereischänke Am Markt
7 Caffè Rossi
9 Café Ponte
10 Café Podium
11 Rosa Rosa
12 Cafe Händel
15 Sinnopoli
16 Kraftraum
17 Rest. Gottsmannsgrüner
18 Rest. Oskar
19 Rest. Miamiam Glouglou und Dötzer s Restauration
20 Wolffenzacher
21 La Folie Douce
23 Zur Sudpfanne
24 Hua Hin
25 Schinner Braustuben

Übernachten

2 Arvena Kongress Hotel
3 Bayerischer Hof
4 Weihenstephan
8 Hotel Goldener Löwe
13 Hotel Goldener Anker
14 Lohmühle
22 Ramada Hotel
26 Pension zum Edlen Hirschen
27 Pension Elbel
28 Hotel Eremitage
29 Schlosshotel Thiergarten
30 Jugendherberge

100 m

Bayreuth

Bayreuth Karte S. 261

Cafés/Kneipen (siehe Karte S. 261)

Kraftraum (16), das „vegetarische Tages- und Nachtcafé" bietet kein fleischloses Einerlei, sondern anspruchsvolle Kost zu recht passablen Preisen. Die in Olivenöl heraus gebratenen Auberginen und Zucchini mit Salat kosten 5 €. Große Straßenterrasse. Sophienstr. 16, ✆ 8002515, www.cafe-kraftraum.de.

Café Händel (12), Bayreuths Treff für Jung und Alt liegt in der Dammallee. Stilvoll ist vor allem die altertümliche Einrichtung der zugehörigen Konditorei. Im Sommer Straßencafé; guter Kuchen. Schließt um 18 Uhr, Di Ruhetag. Dammallee 20, ✆ 69735.

Herzogkeller (5), traditionsreicher Biergarten im roten Backsteinviertel der Stadt, Bayreuths bekannten Bierbrauereien benachbart. Im erst jüngst wiedereröffneten Biergarten wird Gerstensaft der Bayreuther Bierbrauerei AG ausgeschenkt. Mo–So ab 16 Uhr. Im Winter geschlossen. Hindenburgstraße, ✆ 43419, www.herzogkeller.de.

La Folie Douce (21), im Kellergewölbe, abends Studententreff. Preiswerte Salate und Sandwiches. Außer Mo ab 19 Uhr geöffnet. Kämmereigasse 10, ✆ 5072398.

Caffè Rossi (7), original italienische Caffè-Bar mitten in der Fußgängerzone. Antike Einrichtung aus Saronno. Antipasti, Nudeln, Salate, Dolci, hausgemachte Kuchen. Sonnige Terrasse mit südländischem Flair unter Palmen. Maximilianstraße 48, ✆ 6080600. Mo–Sa 8–22 Uhr, So/FT 9–Außer Mo ab 19 Uhr geöffnet. 22 Uhr. www.rossi-bayreuth.de.

Podium (10), einziger Live- und Kulturclub der Stadt, der von Kabarett über Impro-Theater bis zu Jazz mehrere Veranstaltungen in der Woche bietet. Tägl. ab 17 Uhr, So und Mo geschlossen. Gerberplatz 1, ✆ 65383, www.podium-bayreuth.de.

Das **Jazz-Forum Bayreuth** bietet rund 20 Veranstaltungen im Jahr und zusätzlich das Festival „Bayreuther-Jazz-November" an, bei dem sich Top-Jazzer ein Stelldichein geben. Karten unter www.jazz-bayreuth.de.

Rosa Rosa (11), nette kleine Kneipe inmitten der Altstadt. Hier treffen sich Studis und Profs, Berufstätige und Arbeitslose – ein bunt gemischtes Publikum also. Auf der Karte finden sich mehrere günstige Tagesgerichte um die 5 €. Warme Küche bis Mitternacht. Von-Römer-Str. 2, ✆ 68502.

Sinnopoli (15), Café/Pastaria/Bar. Beliebtes Lokal in der Innenstadt. Stilvolle Holzmöbel, helle Farben, sonniger Wintergarten. Im Sommer spenden Bäume Schatten. Große Auswahl an hausgemachten Nudelgerichten. Mediterrane Küche, wechselnde Tagesgerichte. Mo–Do 8–24, Fr–Sa 8–1 Uhr, So und Feiertage 9–24 Uhr. Badstr. 13, ✆ 62017, www.sinnopoli.de.

Übernachten (siehe Karte S. 261)

Während der Festspielzeit vom 20. Juli bis 31. August liegen die Preise etwas höher als im übrigen Jahr. Rechtzeitige Reservierungen sind zu empfehlen.

• *In der Stadt* **Bayerischer Hof (3)**, First-Class-Hotel gleich beim Bahnhof. Zur Festspielzeit High-Society-Treff. Adenauer, Hermann Prey und Boxweltmeister Floyd Patterson waren schon Gäste. Geschmackvoll eingerichtete Zimmer. DZ mit Bad 98–160 €, insgesamt über 100 Betten. Sauna, Hallenbad, Solarium und ein Spitzenrestaurant gehören zum Service. Bahnhofstraße 14, ✆ 78600, 📠 7860560, www.bayerischer-hof.de.

Goldener Anker (13), zentral neben dem Markgräflichen Opernhaus in der Fußgängerzone gelegen. Historisches Gebäude, fein eingerichtet. Erstklassiges Restaurant zu angemessenen Preisen. 3-Gänge-Menü 39 €, 4-Gänge 54 €. Das Restaurant ist außerhalb der Festspielzeit Mo und Di geschlossen. Elegant und großzügig gestaltete Zimmer, DZ 128–248 €. Opernstraße 6, ✆ 7877740, 📠 65500, www.anker-bayreuth.de.

Goldener Löwe (8), 25 Betten. Das Preis-Leistungs-Verhältnis stimmt. Alle Zimmer mit Dusche/Bad. DZ 74–101 €. Der Gasthof bietet auch ein gemütlich eingerichtetes Speiselokal mit bürgerlicher Küche. Das Schäufele kostet 9,90 €. So Ruhetag, Di ab 14 Uhr geschl. Kulmbacher Straße 30, ✆ 746060, 📠 47777, www.goldener-loewe.de.

Gästehaus Goldener Löwe (früher Spiegelmühle), im alten, behutsam umgebauten Mühlraum werden nach original altfränkischen Rezepten zubereitete Gerichte serviert. Ansprechende Menüs Mo und Di kein Mittagstisch. Auch Vermietung moderner Zimmer: EZ 39–52 €, DZ zw. 70–99 € (bis zu 4 pers. möglich). Kulmbacher Str. 28, ✆ 746060, 📠 47777.

Weihenstephan (4), das angesehene Hotel wurde von zwei Wagnersängern eröffnet und zieht seitdem Mitwirkende der Festspiele an. Zum Hotel gehören 7 DZ, in denen man für58–65 € bequem nächtigen kann. Bahnhofstr. 5, ✆ 20203, ℻ 20204.

Pension Zum Edlen Hirschen (26), citynah gelegener Gasthof, komfortable DZ mit Dusche/WC 56–62 €. Richard-Wagner-Str. 75, ✆ 764430, ℻ 7644328.

Pension Elbel (27), einfache DZ mit Etagen-WC44–49 €, EZ ab 25 €. Oberskonnersreuther Str. 18, ✆ 66856, ℻ 52946.

• *Außerhalb* **Hotel Eremitage (28)**, 3 km außerhalb der Stadtgrenze. Etwas für Romantiker. Das Hotel liegt unmittelbar neben dem Alten Schloss und dem Barockgarten der Eremitage. Absolute Ruhe. Nur 13 Betten (reservieren lassen!). DZ/Dusche/Bad zwischen 85 und 145 €, Solarium vorhanden. Nov –Februar geschlossen. Eigene Gaststätte mit Biergarten. Eremitage 6, ✆ 799970, ℻ 7999730, www.eremitage-bayreuth.de.

Schlosshotel Thiergarten (29), im exklusiven Barockschlösschen hat sich schon hochrangige Prominenz verwöhnen lassen. Das ehemalige markgräfliche Jagdschloss gehört der Stadt Bayreuth, die darin Hotel und Gaststätte betreibt. Bei nur 16 Betten herrscht keine unpersönliche Hotelatmosphäre, man muss jedoch rechtzeitig buchen. Gestaffelte Preise für die geschmackvollen DZ von 145–205 €. Oberthiergärtner Str. 36, ✆ 09209/9840, ℻ 98429, www.schlosshotel-thiergarten.de.

Ramada Hotel Residenzschloss Bayreuth, (22) wohnen und speisen (Restaurant „Sudhaus") in historischem Ambiente, exklusive, 2008 neu ausgestattete Zimmer. DZ 97–166 €, Erlanger Str. 37, ✆ 75850, ℻ 7585-601, www.ramada.de/bayreuth.

Arvena Kongress Hotel (2), exklusives Wohnen, Restaurant, Weinstube, Wellness. DZ 95–132 €. Eduard-Bayerlein-Str. 5a, ✆ 727-0, ℻ 727-115, www.arvena-kongress.de.

Lohmühle (14), am Mühlbach, einziges Fachwerkhotel der Stadt mit gehobenem Niveau, inhabergeführt. Die Küche bietet fränkische und internationale Spezialitäten. DZ 102,50–111,50 €. Badstraße 37, ✆ 5306-0, ℻ 5306-469, www.hotel-lohmuehle.de.

• *Jugendherberge* **(30)** Die Alternative für den kleinen Geldbeutel! Für 18,40 € kann man hier nächtigen (mit Frühstück) – vorausgesetzt, man ist jünger als 27 Jahre. Wer älter ist, dem wird bei Vorlage eines Jugendherbergsausweises Quartier für lediglich eine Nacht gewährt, dies erfordert das Jugendherbergsgesetz in Bayern. Zuzahlung dann 4 € pro Nacht. Die Jugendherberge befindet sich in einem modernen Gebäude in der Universitätsstraße 28 und bietet auch Ein- und Zweibettzimmer. Mitte Dezember bis Ende Januar geschlossen. ✆ 764380, ℻ 512805, jhbayreuth@djh-bayern.de.

In der Bayreuther Fußgängerzone

Bayreuth
Karte S. 261

Das Alte Schloss, im Hintergrund der Turm der Schlosskirche, der sogar von einer Kutsche befahren werden konnte

Sehenswertes

Neues Schloss: Augenfälligstes Beispiel für das markgräfliche Bayreuth an der Ludwigstraße. Ein großer Platz mit Brunnen und eine lange Hausfassade schaffen den repräsentativen Rahmen für die Residenz und für die 2007 wiedereröffnete Zweiggalerie der Bayerischen Staatsgemäldesammlungen. Drei Räume im Erdgeschoss sind dem Originalzustand angeglichen worden – ein würdiger Ort für die rund 100 Gemälde des Spätbarocks aus deutscher und niederländischer Malerei.

Nachdem das Alte Schloss teilweise abgebrannt war, wurde um die Mitte des 18. Jh. von *Markgraf Friedrich* der Bau auf sehnlichsten Wunsch der verwöhnten Gemahlin Wilhelmine angeordnet. Wilhelmine wohnte im Nordflügel des Schlosses, der Südflügel war dem Markgrafen vorbehalten. Der sog. *Italienische Bau*, ein an den Südflügel angebautes Schlösschen, wurde nach dem Tod Wilhelmines für Sophie Caroline von Braunschweig-Wolfenbüttel, die zweite Gattin des Markgrafen, errichtet. Die Außenfassade des Neuen Schlosses ist ziemlich schmucklos, die Innenräume dagegen sind prächtig ausgestaltet. Zu besichtigen sind das Rokokozimmer mit kunstvoll verzierten Möbeln und geschnitzten, vergoldeten Palmbäumen auf der Nussholzvertäfelung, das Spiegelscherbenkabinett sowie die Audienzzimmer. Besonders bemerkenswert sind die eingelegten Böden aus verschiedensten Hölzern. Eine außergewöhnliche Sehenswürdigkeit im Neuen Schloss ist der *Gobelin-Saal*. Dort hängen sechs große Wirkteppiche aus flämischen und Brüsseler Manufakturen des 17./18. Jh. Auch die Decken der Zimmer sind kunstvoll mit Spiegeln, Kristallen und Stoffen gestaltet.

Damit die markgräfliche Familie im Sommer nicht ins Schwitzen kam, konnte sie sich im Erdgeschoss des weitläufigen Schlosses in einer prachtvoll mit Bergkristallen und Muscheln aus der Karibik ausgestalteten *Grotte* erfrischen. Im Erdgeschoss befindet sich die Fayencen-Sammlung Rummel aus der Bayreuther Manufaktur.

Öffnungszeiten/Eintritt April–Sept. tägl. 9–18 Uhr, Okt.–März 10–16 Uhr, Eintritt 5 €, erm. 4 €, Jugendliche unter 18 frei.

Hofgarten: Der ehemals geometrisch angelegte Rokokogarten des Schlosses ist heute eine grüne Oase inmitten der Stadt. Vorläufer des Hofgartens gehen bis ins 16. Jh. zurück – beim Bau des Neuen Schlosses wurde die alte Anlage ab 1753 erweitert und künstlerisch umgestaltet. Von der barocken Anlage zeugen noch heute das Wasserbassin mit Wasserkanal und Allee sowie die Statuen, die von den Gebrüdern Räntz geschaffen wurden.

Altes Schloss: Der vierflügelige Gebäudekomplex an der Maximilianstraße geht auf eine Burganlage aus dem 14. Jh. zurück und beherbergt heute das Finanzamt. Der achteckige Turm der Schlosskirche wurde 1565/66 von *Caspar Vischer* erbaut und hat seine weltweit einmalige Besonderheit darin, dass er innen über eine Wendeltreppe erschlossen und außen über eine fast stufenlose Straße befahrbar ist. Markgraf Christian Ernst (1655–1712) schloss die unter Markgraf Christian zu Beginn des 17. Jh. begonnenen Umbaumaßnahmen des Alten Schlosses ab: Rechtzeitig zu seiner Hochzeit im Jahre 1671 wurde der Theaterraum des historischen Gebäudes fertiggestellt. Große Teile des Nord-, West- und Osttraktes fielen dem Brand von 1753 zum Opfer und wurden später durch die Schlosskirche, das Gontardhaus (Gontard war der markgräfliche Hofbaumeister) und das Palais d'Adhemar ersetzt. Nord- und Westflügel fielen dem 2. Weltkrieg zum Opfer und wurden wieder aufgebaut. In der Grabkapelle der Schlosskirche ist das Markgrafenpaar Friedrich und Wilhelmine beigesetzt.

Markgräfliches Opernhaus: Schlicht ist die Fassade des Opernhauses an der Opernstraße. Doch hinter dem schmucklosen Äußeren verbirgt sich eines der besterhaltenen und schönsten Barocktheater Europas. Es wurde von 1745 bis 1748 nach Plänen der Barockbaumeister *Carlo* und *Guiseppe Bibiena* und des Architekten *Joseph Saint-Pierre* erbaut, die bei der Inneneinrichtung nicht sparten. Wappen, Ornamente, Säulen, Balustraden, eine mit zahlreichen Figuren und dem Brandenburgischen Adler verzierte Fürstenloge geben einen anschaulichen Einblick in den ausschweifenden Stil des Barock.

Die gesamte Inneneinrichtung besteht aus Holz. Die Bühne mit einer Tiefe von 27 Metern war eine der größten in Deutschland, das heutige Parkett einst der Platz des Orchesters. Dieses Opernhaus war für Richard Wagner der Anlass, 1870 nach Bayreuth zu kommen, um zu prüfen, ob sich das Haus für seine Zwecke eignete, was aber nicht der Fall war. Dafür dirigierte er dann zur Feier der Grundsteinlegung des Festspielhauses 1872 im Opernhaus Beethovens Neunte Symphonie. Heute wird das Opernhaus u. a. von der Bayerischen Staatsoper genutzt.

Ab 2010 wird das Opernhaus einer mehrjährigen Sanierung unterzogen. Besichtigungen sind aber weiterhin möglich.

Öffnungszeiten/Eintritt Wegen der Sanierung bitte bei der Kongress- und Tourismus-zentrale nachfragen.

Haus Wahnfried: Der Treffpunkt für Wagnerianer aus aller Welt steht zwischen Richard-Wagner-Straße und Hofgarten und wurde von Wagner in den Grundzügen selbst entworfen. 1874 bezog er die Villa und wohnte dort bis zu seinem Tod. Über dem Portal ließ er folgende Inschrift anbringen: *„Hier, wo mein Wähnen Frieden fand / Wahnfried / sei dieses Haus von mir benannt“.*

Bayreuth Karte S. 261

Das Neue Schloß beherbergt prächtige Innenräume

1945 wurde das Haus von einer Bombe schwer zerstört. Zum 100-jährigen Jubiläum der Bayreuther Festspiele 1976 wurde Wahnfried historisch genau wieder - aufgebaut. Heute ist die nobel ausgestattete Villa ein Museum, dessen Besuch sich nicht nur für Wagner-Freunde lohnt. Detailgetreu wurden im Erdgeschoss die haushohe „Halle" und der „Saal", der eigentliche Wohnraum der Familie Wagner (samt Bibliothek), wiederaufgebaut. Daneben befinden sich im Erdgeschoss auch die Räume für Sonderausstellungen, wo in jüngster Zeit Wagners problematisches Verhältnis zu den Juden dokumentiert wurde. Die eigentlichen Museumsräume mit der Dauerausstellung sind im Unter-, Zwischen- und Obergeschoss untergebracht. Einmalig sind die vornehmlich historischen Bühnenbildmodelle (ab 1876), die im Keller zu sehen sind. Aber auch Kuriosa und Kitsch werden in einem ständigen Kabinett ausgestellt. Die pathetische Atmosphäre der Künstlervilla wird durch das Abspielen (10, 12 und 14 Uhr) von Wagner-Kompositionen noch verstärkt. Videovorführungen um 11 und um 15 Uhr.

Öffnungszeiten/Eintritt 1.4.–31.10. 9–17 Uhr, Di und Do 9–20 Uhr.1.11.–31.3. 10–17 Uhr. Eintritt Haus Wahnfried 4 €, ermäßigt 3 €, Schüler 2 €., Kombiticket mit Jean-Paul-Museum und Franz-Liszt-Museum 5 € bzw. 6 € (Juli und August).

Festspielhaus: Der Wallfahrtsort der Wagnerianer ist ein monströses, aber mit schlichter Fassade versehenes Gebäude am Stadtrand auf dem „Grünen Hügel". Es thront inmitten einer gepflegten Parkanlage samt einem Großparkplatz, in der auch ein entschlossen dreinblickender Richard Wagner als Büste steht. 1876 wurde das Festspielhaus eingeweiht. Da die Gelder von *Ludwig II.* nicht so reichhaltig flossen wie erwartet, verzichtete man auf ein prachtvolleres Äußeres. Das Haus mit seiner unvergleichlichen Akustik bietet 1925 Zuhörern Platz. Die Festspiele dauern jeweils vom 25. Juli bis 28. August. Insgesamt gibt es 30 Aufführungen mit Top-Solisten, Musikern und Regisseuren.

Neben dem Backsteingebäude (Festspielhaus) gibt es ein kleines Postamt, das der Festspielzeit regelmäßig Sonderstempel widmet und Sonderpostkarten vertreibt. Für das leibliche Wohl der Festspielbesucher sorgt ein Restaurant mit 1400 Sitzplätzen.

Besichtigt werden kann das Festspielhaus im Sept. und Okt. täglich außer Montag um 10, 11, 14 und 15 Uhr, Dez.–April 10 und 14 Uhr. Eintritt Erw. 5 €, Schüler/Studenten 3 €. Keine Führungen im Nov. und in der Probenzeit sowie während der Festspielzeit 25. Juli–28. August .

Festspielkarten: Wer nicht zur Prominenz zählt, im Journalismus tätig ist oder Beziehungen hat, dem bleibt nur der offizielle Weg. Der Kartenvorverkauf beginnt jeweils Mitte Oktober im Jahr vor den Festspielen. Eintrittskarten müssen *schriftlich* beim Kartenbüro, Postfach 100262, 95402 Bayreuth, bestellt werden. Telefonische Informationen gibt es von Montag bis Freitag unter ✆ 0921/78780. In der Regel – das heißt ohne Beziehungen – beträgt die Wartezeit auf eine Karte rund 10 Jahre; die Anfrage muss jährlich erneuert werden. Mit Glück bekommt man eine zurückgegebene Karte. Das Kartenbüro im Festspielhaus (Portal II) ist zur Festspielzeit vormittags von 10 bis 12 Uhr geöffnet und dann wieder eineinhalb Stunden vor Beginn der Aufführung.
Die Karten kosten bis zu 280 € (1.–6. Reihe im Parkett), für 15 € bekommt man Plätze mit beschränkter Sicht zugewiesen.
www.bayreuther-festspiele.de.

Public Viewing: Wagner fürs Volk – da ist der neuen Festspielleiterin Katharina Wagner 2008 ein echter Coup gelungen. Damals kamen zur Live-Übertragung aus dem Festspielhaus 15.000 Fans, 2009 waren es bis zu 40.000, die auf den Volksfestplatz strömten. Infos über das Internet.

Museen

Die meisten Museen haben zusätzlich zu den genannten Öffnungszeiten während der Fehstspielzeit im Juli und August durchgehend geöffnet.

Jean-Paul-Museum: Gleich links neben dem Haus Wahnfried ist das Dichtermuseum zu finden (im gleichen Haus ist das Wagner-Archiv untergebracht).
Johann Paul Friedrich Richter, der sich später *Jean Paul* nannte, entstammte einer Pfarrer- und Lehrerfamilie, die in ärmlichen Verhältnissen im Fichtelgebirge lebte. Geboren wurde der Dichter 1763 in Wunsiedel. Er studierte in Leipzig, war Hauslehrer in Hof und Schwarzenbach/Saale und siedelte 1805 nach Bayreuth über. Seine bekanntesten Werke sind die Romane *Titan* und *Flegeljahre*, beide in wertvollen Erstausgaben im Museum zu bewundern. 1825 starb Jean Paul in Bayreuth, wo er auf dem Stadtfriedhof begraben liegt. Zuletzt wohnte er in der Friedrichstraße 5 im zweiten Stock.

Neben Erstausgaben finden sich in dem kleinen Museum Bilder, Porträts und handschriftliche Zeugnisse bis hin zu Jean Pauls Nickelbrille, einer Haarlocke und originalen Einrichtungsgegenständen.

Das Museum ist vom 1.9. bis 30.6. täglich von 10 bis 12 Uhr und von 14 bis 17 Uhr, im Juli und August von 10 bis 17 Uhr geöffnet. Eintritt 1,60 €, Schüler/Studenten 0,50 €.

Deutsches Freimaurermuseum: Das Museum, nur einen Steinwurf entfernt von der Villa Wahnfried (direkt am Hofgarten), wurde 1902 gegründet. Es zeigt rund 1700 Bijous (Logenabzeichen) und Utensilien der Freimaurer. In den Vitrinen sind Originalwerkzeuge, Zunftsymbole und Familienwappen zu sehen. Das Museum mit großer Bibliothek dient dem Zweck, die Freimaurerei einer breiten Öffentlichkeit vorzustellen und Vorurteile abzubauen. Namhafte Freimaurer waren Kurt Tucholsky, Gustav Stresemann, Winston Churchill und Carl von Ossietzky. Im Hofgarten 1, ✆ 69824. Di–Fr 10–12 und 14–16, Sa 10–12 Uhr. Eintritt 2 €, erm. 1,50 €.

Ein besonderes Schmankerl gibt es für Jean-Paul-Interessierte in der **„Rollwenzelei"**. In dieser ehemaligen Gastwirtschaft auf dem Weg zur Eremitage (Königsallee 84) hatte Jean Paul seine Dichterstube und genoss das Bayreuther Bier. Die Giebelstube, sein Lieblingsaufenthalt, wird saniert, kann aber besichtigt werden. Wer das kleine sehenswerte Museum besuchen will, wendet sich an Hella Soldan. ✆ 2305580, www.jeanpaulstube.de.

Bayreuth
Karte S. 261

Franz-Liszt-Museum: Am 22. Oktober 1993, just am 182. Geburtstag von Franz Liszt, wurde ein Museum im Erdgeschoss seines Sterbehauses eröffnet. Es informiert mit Bildern, Autografen und Erinnerungsstücken über Leben und Werk des Klaviervirtuosen, Förderers und Schwiegervaters von Richard Wagner. Wahnfriedstraße 9, ✆ 5166 488. Geöffnet tägl. 1.9. –30.6. 10–12 und 14–17 Uhr, Juli–Aug. 10–17 Uhr. Erw. 1,60 €, Schüler 0,50 €.

Historisches Museum Bayreuth: Auf rund 1200 qm Ausstellungsfläche gibt's in der alten Lateinschule viele interessante Informationen zur Stadtgeschichte. Gezeigt werden u. a. historische Stadtmodelle, Fayencen sowie Steingraeber-Flügel. Erschreckend ist, welche gigantische Abrisspläne die Nazis hegten, um Bayreuth zum Gauforum umzubauen. Kirchplatz 6, ✆ 7640111. Tägl. außer Mo 10–17 Uhr, Juli–Aug. tägl. 1,60 €, erm. 0,50 €.

Maisel's Brauerei- und Büttnerei-Museum: Einen Einblick in die Kunst des Bierbrauens bietet das Museum im Stammhaus der Maisel-Brauerei (Gebr. „Maisel's Alte Brauerei"). Bei der Führung sind alte Dampfmaschinen mit riesigen Schwungrädern zu sehen, das Sudhaus und die Büttnerwerkstatt. Endstation ist die *Alte Abfüllerei*, die als Kneipe im Stil der 1920er Jahre eingerichtet ist. Es gibt Freibier. Führungen für Einzelbesucher um 14 Uhr, für Gruppen nach tel. Vereinbarung, Eintritt 4 €, Schüler 2 €. Treffpunkt Eingang Kulmbacher Str. 40. Anmeldung unter ✆ 401234. www.maisel.com.

Aktien Katakomben: Stufen, die vor 400 Jahren in den Stein gehauen wurden, führen von der Aktien Brauerei in labyrinthartige Felsenkeller, wo einst das frische Bier in Fässern reifte. Brauereihistorie, Handwerkstradition, Stadtgeschichte und manch Skurriles präsentiert sich in einer geheimnisvollen Unterwelt. Die Krönung ist ein Zwickl-Bier im Bräustüberl. Führungen für Einzelbesucher Samstag um 16 Uhr, Gruppen ab 12 Pers. jederzeit bei Anmeldung. ✆ 401234, www. bayreuther-bier.de.

Kleines Plakatmuseum: Grundstock der Sammlung ist die etwa 2000 Plakate umfassende Privatsammlung von Franz Joachim Schultz. Jährlich Ausstellungen aus dem Kulturbereich. Für große Resonanz sorgten u. a. „Von Beuys bis Tinguly", „Zeitreiseplakate" (Bayreuth im Jahr 2883 zum 1000. Todestag von Richard Wagner) oder „Die Stadt auf dem Plakat". Außer einem zweiten (größeren) Plakatmuseum in Essen gibt es in Deutschland kein weiteres Museum dieser Art. Trotz enormen ehrenamtlichen Engagements der Mitarbeiter kämpft das kleine Museum ständig ums Überleben. Friedrich-Puchta-Str., Di–Do 15–18 Uhr und nach Vereinbarung, ✆ 82458. Eintritt frei!

Urwelt-Museum Oberfranken: In dem erst 1998 eröffneten Museum wird den Besuchern auf spielerischem Weg und mit Hilfe moderner Medien die Erdgeschichte Oberfrankens erklärt. Höhlenmodelle, Fühlsteine und Infocomputer machen den Museumsbesuch auch für Kinder und Jugendliche interessant. Im Medienraum kann man sich zudem stündlich mit einer Multivisions-Show auf eine Zeitreise durch die Erdgeschichte begeben. Kanzleistr. 1, ✆ 511211. Di–So 10–17 Uhr, Juli–Aug. tägl. Eintritt 2 €, erm. 0,80 €.

Kunstmuseum Bayreuth: Im Alten Rathaus wird seit 1999 Grafik und moderne bildende Kunst aus umfangreichen Sammlungen mit Schwerpunkt im Bereich der druckgrafischen Werke des 20. Jh. sowie die tabakhistorische Sammlung der British-American Tobacco gezeigt. Das restaurierte Haus strahlt eine angenehme Atmosphäre aus und will nicht nur Museum, sondern auch Begegnungsstätte sein. Wer das Museum von der Maximilianstraße aus betritt, kommt durch ein einladendes Café-Restaurant. Altes Rathaus, Maximilianstr. 33. Tägl. außer Mo 10–17 Uhr, Juli—Aug. auch Montag. Eintritt 1,60 €, erm. 0,50 €.

Iwalewa-Haus: Im Afrika-Zentrum der Universität werden neben bemerkenswerten afrikanischen Kunstwerken auch Film- und Theatervorführungen dargeboten sowie eigenwillige Konzerte mit ausgefallenen Rhythmen auf bei uns wenig bekannten Instrumenten. Münzgasse 9, ✆ 553681. Di–So 14–18 Uhr, Eintritt frei! Sonderausstellungen 3 bzw.2 €.

Jüdisches Bayreuth: ein Rundgang vorbei an Synagoge, Friedhof und Gemeindehaus mit Mikwe und Schächterhütte. Führungen auf den Spuren jüdischen Lebens sowie zum Nationalsozialismus über die Tourismuszentrale.
ikgbayreuth@freenet.de.

Porzellanmuseum Walküre: Seit über 100 Jahren fertigt die Firma Walküre Hartporzellan in Bayreuth – das Museum lädt ein zu einem Spaziergang durch ein Jahrhundert Porzellangeschichte und dokumentiert so Zeitgeist und das Design eines mittelständischen Unternehmens, das sich bis heute eigenständig behaupten konnte. Mo–Fr 10–16 Uhr. **Werksverkauf** Mo–Fr 9–17 Uhr, Sa 10–13 Uhr. Gravenreutherstr. 5, ✆ 789300, www.walkuere.de.

Pianofortefabrik Steingraeber & Söhne fertigt seit 1852 in den traditionellen Werkstätten rund 70 Pianos und 80 Flügel pro Jahr für Kunden weltweit. Im Rokoko-Saal steht der Steingraeber Liszt-Flügel. Führungen laut Jahresprogramm und nach Anmeldung Es finden auch offene Schausonntage statt, bei denen man Festspielklaviere in Ruhe spielen kann. Friedrichstraße 2, ✆ 64049, www.steingraeber.de.

Theater und Musik

Da Bayreuth kein eigenes Theaterensemble unterhält, wird das heimische Publikum mit Gastspielen auswärtiger Ensembles bedient. Aus dem Bayreuther Kulturtreiben nicht mehr wegzudenken sind einige Laienspielgruppen und engagierte Ensembles, die beachtliche Erfolge aufweisen können. Diese Theatergruppen sind aus Privatinitiativen hervorgegangen und erfüllen mit ihrem jeweiligen Programm spezielle Publikumsinteressen: anspruchsvolles Theater, Boulevard, Märchen- und Volkstheater.

Brandenburger Kulturstadl: Das solide Laientheater spielt Kriminalstücke, Boulevardkomödien und Mundartstücke. Zusätzlich werden zweimal pro Jahr Kinderstücke einstudiert. Jeweils zwei bis drei Aufführungen pro Woche. Brandenburger Str. 35, Kartenvorverkauf unter ✆ 13663, www.kulturstadl.de.

Freies Theater Bayreuth: Das engagierte kleine Theater bestreitet die Winterspielzeit in der Stadthalle und bietet im Sommer „Klassik unterm Sternenzelt" (Oper, Operette, auch Kinderstücke) im Ehrenhof des Neuen Schlosses (Eingang Hofgarten). Im August gibt das Festival junger Künstler Bayreuth dort mit Gastspielen seine Visitenkarte ab. ✆ 2305123.

Studiobühne Bayreuth: Die viel beachtete Theatergruppe besteht aus Profis, angehenden Theaterleuten und ambitionierten Amateuren – 100 Ensemblemitglieder, die im Jahr 14 Eigenproduktionen in 240 Aufführungen bieten. Unter der Leitung von

Eingang zum Steingraeber Hoftheater

Werner Hildenbrand gingen Schauspieler hervor, die auch für das Fernsehen verpflichtet wurden. Überregionale Beachtung erzielt die Studiobühne mit ihren Wagneradaptionen. Jedes Jahr zur Festspielzeit wird ein neues Stück vorbereitet und in der Eremitage und im SteingraeberHaus aufgeführt. Beim „Ring des Liebesjungen" beispielsweise raubt Räuber Wotan ganze Aktienpakete aus dem Chefbüro des Alberich. Der Gnom unterschreibt gerne den Transfer auf das Konto Wotans, bevor ihm die Ringshand per Skalpell abgetrennt wird. 1989 gelang dem Ensemble die Welt-Uraufführung des frühen Wagnerstückes „Leubald" in der Semper-Oper in Dresden. Das Spektrum der Inszenierungen ist weit gefächert und reicht von Büchner bis

Bayreuth
Karte S. 261

Euripides, von Molière über Shakespeare bis zu Wagner. Röntgenstr. 2, ✆ 764360. Kartenvorbestellungen Theaterkasse Luitpoldplatz 9, ✆ 69001, www.studiobuehne-bayreuth.de.

Steingraeber Hoftheater: Im barocken Gebäude des Pianoherstellers befindet sich eine kleine Galerie für zeitgenössische Kunst. Ein kulturelles Ereignis sind auch die Kammer- und Klavierkonzerte, Liederabende und Lesungen im stilechten Rokokosaal. Friedrichstr. 2, ✆ 64049.

Eremitage

Auf keinen Fall auslassen sollte man bei seinem Bayreuth-Besuch die Eremitage. Die beiden Schlösser, das Alte und das Neue Schloss, liegen ungefähr sechs Kilometer vom Stadtzentrum entfernt und sind leicht mit dem Fahrrad oder Auto zu erreichen.

Die ganze Anlage der Eremitage mit dem Sonnentempel, der künstlichen Grotte, den Kaskaden, dem Ruinentheater und dem herrlichen Landschaftsgarten symbolisiert noch heute barockes Denken, für das ausgelassene Lebensfreude und die Gewissheit des Todes (*memento mori*) keinen Widerspruch darstellten. Am besten kann man sich diese Weltanschauung vergegenwärtigen, wenn man sich die totenkopfähnlichen Grimassen über den Arkaden des dem Licht geweihten Neuen Schlosses anschaut. Licht und Schatten, d. h. Leben und Tod, gehören hier untrennbar zusammen.

Neues Schloss: Schon von weitem glitzert der *Sonnentempel* des Neuen Schlosses, ein achteckiger Kuppelbau mit dem vergoldeten Sonnenwagen des Helios auf dem Dach. Den Sonnentempel flankieren zwei halbkreisförmig gebaute Flügel mit zahlreichen Arkaden. Das Auffälligste sind die unzähligen bunten Glasschlacken und Kristalle, die in mühevoller Arbeit in die Außenwände eingemauert wurden. Bei Sonnenschein glänzt das Neue Schloss in den verschiedensten Farben. Der Bau der Anlage geht auf die *Markgräfin Wilhelmine* zurück. Nach den Plänen des Hofarchitekten *Joseph Saint-Pierre* und *Karl Philipp Christian Gontard* ist es zwischen 1749 und 1753 errichtet worden. Das Neue Schloss umschließt im Halbrund einen groß angelegten *Brunnen* mit zwei großen Tritonengruppen und acht Fabelwesen aus Stein.

Wasserspiele Mai–Okt. Obere Grotte tägl. 10–17 Uhr zu jeder vollen Stunde, Untere Grotte jeweils 15 Minuten später.

Altes Schloss: Es liegt gleich nebenan, ist von außen unscheinbar, doch mit kostbarer Inneneinrichtung ausgestattet. Es wurde im Sommer 2009 zum 300. Geburtstag der Markgräfin Wilhelmine nach umfassender Sanierung und Renovierung wieder für Besucher geöffnet. Ursprünglich nach den Plänen von *Johann David Räntz* als eingeschossige Vierflügelanlage um einen Innenhof gestaltet, wurde es unter Markgräfin Wilhelmine erweitert. 1750 waren die Umbauten abgeschlossen und die Zimmer nach Entwürfen der anspruchsvollen Markgräfin ausgestaltet – in diesem Zustand präsentiert es sich heute dem Besucher. Das *Japanische Kabinett*, das *Musikzimmer*, das *Chinesische Spiegelkabinett* und die *Grotte* mit Glasschlacken und Muscheln geben einen wirkungsvollen Eindruck der Lebensfreude und Verspieltheit des barocken Zeitalters.

Geöffnet April-Sept. tägl 9–18 Uhr, 1.–15. Okt. 10–16 Uhr, 16. Okt.–Ende März geschlossen. Eine Führung durch das Alte Schloss mit der Inneren Grotte ist empfehlenswert. Führungen alle 45 Min. Eintritt 4 €, erm. 3 €. ✆ 7596937.

Der Vorgarten von Schloss Fantaisie mit dem Babylon-Haus

Landschaftsgarten: Ein Erlebnis ist auch ein Spaziergang durch den von schönen Alleen durchzogenen Garten der Eremitage, die von drei Seiten vom Roten Main umgeben ist. Man kommt an der *Drachenhöhle* vorbei (einer kleinen Grotte mit Reliefs, die Schildkröten und Drachen zeigen), man passiert das *Vogelhaus*, einen achteckigen Pavillon aus Tuffstein, und erreicht den Höhepunkt der Gartenarchitektur: die *Untere Grotte* mit ihren herrlichen Wasserspielen (Uhrzeit siehe oben).

Café Orangerie, im Seitenflügel des Neuen Schlosses mit riesigen Fenstern und einem Glasdach. Auf Wunsch kann man sich Weizenbier auch mit Waldmeister oder Himbeersaft servieren lassen. Empfehlenswert die Kaffeespezialität „Philosoph": heißer Bohnenkaffee, Vanillezucker, exotischer Feigenlikör, Sahne. ✆ 980114. In den Wintermonaten geschlossen.

Wer Deftigeres mag, kann die Gaststätte im Park der Eremitage aufsuchen. Auf Wunsch wird dort für Gruppen auch ein ganzes Schwein am Spieß gebraten.

Schloss und Park Fantaisie

Das prächtige Schloss befindet sich etwa fünf Kilometer westlich von Bayreuth und liegt unmittelbar an der Hauptstraße von Donndorf. Von weitem wirkt es wie ein italienischer Palazzo inmitten eines verwunschenen Schlossgartens.

Inspiriert von den Eindrücken ihrer Italienreise ließen *Markgraf Friedrich* und seine Gattin *Wilhelmine* mit dem Bau des Schlosses beginnen. Das Markgrafenpaar erlebte jedoch die Fertigstellung nicht mehr, stattdessen bezog Tochter *Elisabeth Friederike Sophie* den bescheidenen Landsitz. Die „schönste Prinzessin Europas", wie Sophie zu Lebzeiten genannt wurde, lebte nach der Trennung von Herzog *Carl Eugen von Württemberg* bis zu ihrem Tod (1780) in dem Anwesen, das von ihr den

Bayreuth
Karte S. 261

Beinamen *Fantaisie* erhielt. Sein jetziges Aussehen verlieh Schloss und Park Fantaisie um die Mitte des 19. Jh. *Herzog Alexander von Württemberg.* Sowohl die Parkanlage mit Skulpturen und Wasserspielen als auch der Umbau des Schlosses im Renaissancestil stammen aus dieser Zeit. Glücklicherweise hat Herzog Alexander von seinen Erwägungen, im Park Braunkohle abbauen zu lassen, Abstand genommen. Durch die Rekonstruktionen großer Teile sind heute drei verschiedene Gartenstile zu finden, u. a. ein Rokokogarten mit Kaskade und Irrgarten.

Das gleichnamige Hotel neben dem Schloss beherbergte einen berühmten Gast: *Richard Wagner* bezog 1872 hier sein erstes Quartier in Franken. Während der vier Monate, die der Komponist dort logierte, wurde der Grundstein für das Festspielhaus gelegt, und der große Meister vollendete die Orchesterskizze zur Götterdämmerung. Doch seitdem ging es mit der Anlage bergab: Wertvolle Ausstattungsstücke des Schlosses wurden in den nachfolgenden Jahrzehnten von einflussreichen, aber skrupellosen Würdenträgern „entnommen". Der nationalsozialistische Lehrerbund hinterließ seine Spuren mit „einfühlsamen" Umbauten; nach dem 2. Weltkrieg wurde das Schloss von den Besatzungsmächten geplündert. Später diente „Fantaisie" als Lungenheilanstalt und bis 1982 als Schulungszentrum für eine große Fotofirma. 1994 beschloss die bayerische Staatsregierung, im Schloss Fantaisie ein gartengeschichtliches Museum einzurichten – eine glückliche Entscheidung.

Das **Gartenkunstmuseum** zeigt die Entwicklung und die gesellschaftliche Funktion des Gartens von seinen Anfängen bis zum Beginn des 20. Jh. anhand von Bilddarstellungen, Modellen, Dioramen und originalen Parkfiguren. Einzigartige Dokumente, darunter Stiche und Aquarelle, vergegenwärtigen die Geschichte von Schloss und Park Fantaisie. Bei einem Museumsbesuch kann man auch den Weißen Saal mit seiner reichen Stuckdekoration sowie die Nachbildung des bekannten Spindler-Kabinetts besichtigen. Das steil abfallende Parkgelände erinnert im oberen Bereich an die barocke Gartenbaukunst von Versailles; dagegen ist der unterhalb des Schlosses gelegene Teil dem englischen Landschaftsstil angepasst. Der große Park mit altem Baumbestand, kunstvollen Sitzgruppen, Katakombe, Felsengrotte, Kapelle, Gräberstraße, Pavillon, Felsen und kleinen Weihern wurde von Jean Paul literarisch verewigt. Schließlich lockt nach einem abwechslungsreichen Spaziergang das Museumscafé mit Kaffee und Kuchen. (✆ 0921/7563313).

• *Öffnungszeiten/Eintritt* April–Sept. tägl. 9–18 Uhr, 1.–15. Okt. tägl. außer Mo. 10–16 Uhr. Eintritt 3 €, erm. 2,50 €. Eckersdorf-Donndorf, Bamberger Str. 3, ✆ 73140011, www.gartenkunstmuseum.de.

• *Übernachten* **Hotel Fantaisie**, traditionsreiche Unterkunft mit rotbraunem Anstrich und Arkadengängen direkt am Schlossgarten. Im Sommer schöner Blick von der Terrasse. Das Restaurant bietet gute saisonale Küche. Übern. im DZ mit Bad 75–90 €. Bamberger Str. 5, ✆ 75864480, www.fantaisie.de.

Schloss Thiergarten: Wenige Kilometer südlich von Bayreuth ließ sich Markgraf Georg Wilhelm 1715 ein barockes Jagdschloss errichten. Die nüchterne Eleganz des unvollendeten Baus geht auf Pläne von Johann David Räntz zurück, der den Grundriss in der Kreuzform des Roten-Adler-Ordens anlegte. Das von einem schönen Park umgebene ehemalige Jagdschloss ist im Besitz der Stadt Bayreuth, die darin ein kleines, exklusives Hotel und ein Restaurant betreibt.

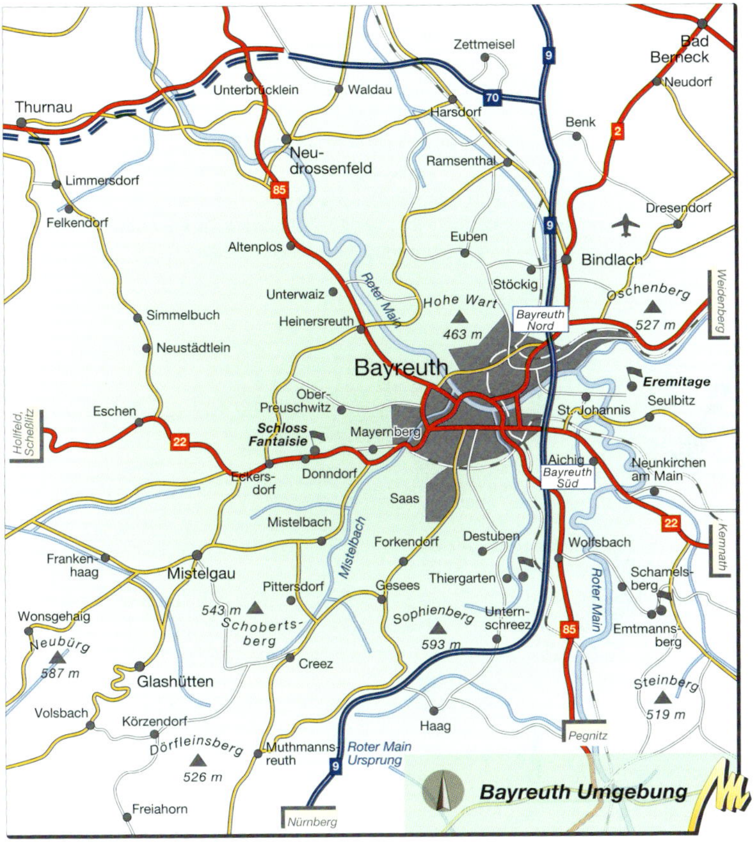

Thurnau

Die Keramik hat Thurnau, ganz im Norden der Fränkischen Schweiz, bundesweit bekannt gemacht. Rund ein halbes Dutzend Töpferwerkstätten pflegen noch die Tradition, die sich bis ins 14. Jh. zurückverfolgen lässt. Einen Überblick über das künstlerische Schaffen und den Produktionsprozess kann sich der Besucher in dem umfangreichen Töpfermuseum und bei einem Werkstattbesuch verschaffen.

Der Töpfermarkt zur Weihnachtszeit (am zweiten Adventswochenende) im malerischen Schlosshof ist ein Publikumsmagnet. Dann stellen mehr als drei Dutzend Keramikwerkstätten ihre Produkte aus – vom ästhetischen Gebrauchsgeschirr bis zu grazilen Kunstwerken aus Ton. Seinen Höhepunkt hatte das Töpferhandwerk Ende des 19. Jh. Ein Besuch in der 4800 Einwohner großen Gemeinde lohnt sich jedoch nicht nur wegen der Keramik. Thurnau mit seiner fast 800-jährigen Vergangenheit

Karte S. 251

besitzt noch einen gut erhaltenen Ortskern mit zahlreichen historischen Gebäuden. Das Zentrum wird noch immer vom mächtigen Schloss geprägt, das durch einen Brückengang mit der sehenswerten St.-Laurentius-Kirche verbunden ist und heute von der Universität Bayreuth genutzt wird. Bei einem Spaziergang lässt sich manche malerische Ecke entdecken, wie der stille Schlossweiher, der Markt mit seinem Neptunbrunnen oder die terrassenförmigen Straßen am Oberen Markt.

In den letzten Jahren hat sich Thurnau zu einem boomenden Wirtschaftsstandort verwandelt. Die Nähe zur Autobahn und zu Bayreuth, aber auch günstiges Bauland und die landschaftliche Schönheit ließen das Unterzentrum expandieren. Im Jahr 2000 war Thurnau sogar externer Bestandteil der Weltausstellung Expo in Hannover.

Information/Freizeit/Einkaufen/Übernachten

• *Vorwahl* 09228

• *Information* **Tourist-Information**, Rathaus, 95349 Thurnau, Mo–Fr 8–12, Do 14–18 Uhr. ✆ 95135 oder 9510, 📠 95151, www.thurnau.de. Es werden auch Gästeführungen angeboten.

Golfclub Oberfranken, anspruchsvoller 18-Loch-Platz in schöner Lage, attraktive Angebote für Einsteiger. Petershof 1, Thurnau, ✆ 319, 📠 7219. Spielgebühren Mo–Fr 60 €, Sa oder So 65 €, Jugend/Studenten 50 % Erm. www.gc-oberfranken.de.

• *Einkaufen* **Wildgehege Ganzleben**, der Hofladen bietet frisches Rotwildfleisch, Wacholderschinken, Wildwurst, Kaninchen oder Forellen. Geöffnet Fr 15–18 Uhr, Sa 8–12 Uhr oder n. Vereinb. Hutschdorf 15, Thurnau, ✆ 1546, www.ganzleben.de/wild.

• *Essen/Übernachten* **Café-Restaurant Schorrmühle**, gut fünf Minuten vom Zentrum zu Fuß sind es zu dem Lokal (beim Freibad und Schlossweiher), das von den Einheimischen wegen seiner fränkischen Küche geschätzt wird. Große, saisonorientierte Auswahl an Gerichten (eigene Schlachtung, Hausgebäck). Kegelbahn im Haus, Biergarten. Kein Ruhetag. ✆ 253, 📠 971971, www.schorrmuehle.de.

Thurnauer Schlossbräu, mit Biergarten direkt am Schloss-See, urgemütliche Gastwirtschaft mit eigens eingebrautem Bier und fränkischen Spezialitäten. Im Winter abends, im Sommer ab nachmittags geöffnet, Mo Ruhetag. Am Schlossplatz 2, ✆ 996599.

Gästehaus Hagen, neben dem Töpfermuseum liegt das Gästehaus in einer 1580 erbauten Herberge. Die Zimmer in dem „Antik-Haus" von Renate und Hans-Jürgen Hagen sind mit Laura-Ashley-Dekoration romantisch ausgestattet. Engagierte Hobby-Küche auf Bestellung für Hausgäste. Weine aus dem Felsenkeller und klassische Musik und Bücher aus dem Antiquariat. DZ (je nach Ausstattung) 58–82 €. Kirchplatz 8, ✆ 1580, 📠 8365, www.antikhaus-hagen.de.

Fränkischer Hof, Hotel und Restaurant, seit über 90 Jahren in Familienbesitz. Das Restaurant bietet gutbürgerliche Küche an (Wurstspezialitäten aus eigener Schlachtung), Di Ruhetag. Moderne Gastzimmer, teilw. mit Balkon, DZ mit WC/Dusche 60 €. Bahnhofstr.19, ✆ 239, 📠 971351, www.fraenkischerhof-thurnau.de.

Keramikwaren

Thurnau ist ein Einkaufsparadies für Keramikwaren (zur Geschichte s. u. Töpfermuseum). Außer in den folgenden Werkstätten und Galerien kann man sich auf dem Weihnachtsmarkt und drei Kirchweihmärkten umschauen. Genaue Termine bei der Tourist-Information.

Töpferei am Museum, 1984 von Marianne Häußinger-Le Dieu gegründete Töpferei. Später von Roger Le Dieu zur jetzigen Größe ausgebaut. Von Steinzeuggeschirr über Gartenkeramik und Brunnenstelen bis zu Kachelöfen. Kirchplatz 9 a, ✆ 97730, www.keramik-ledieu.de.

Töpferei Noe, Keramikermeister Bernhard Noe bietet schlichte, elegante Keramik für den tägl. Gebrauch. Außergewöhnlich sind die mit feinem Pinsel beschrifteten Tassen und Becher mit Zitaten sowie die Ware mit Golddekor. Bahnhofstr. 6, ✆ 8114.

Töpferei Renner, Traditionstöpferei seit 1884. Tonwaren nicht nur zum Anschauen, sondern auch für den Gebrauch. Eckersdorfer Weg 1, ✆ 353, www.renner-keramik.de.

Töpferei Tittmann, ambitionierte Werkstatt mit Skulpturengarten, die 1975 gegründet wurde. Keramische Gefäße, Plastiken aus Keramik und Bronze von Claus Tittmann. Berndorf 43 (Nachbardorf von Thurnau), ✆ 252, www.tittmann-keramik.de.

Keramische Werkstätten Franzi und Stefan Sanke, vom Teegeschirr über Bodenvasen bis hin zu offenen Kaminen wird in den beiden Ateliers so ziemlich alles hergestellt. Am Damm 2, ✆ 1652, und Oberer Markt 23a, ✆ 5623, www.thurnauerkeramik.de/sanke.

Der Weihnachtstöpfermarkt zeigt handwerklichen Anspruch und künstlerisches Niveau. Die ausgewählten Töpfer kommen aus Thurnau, der Region und ganz Deutschland. 2. Adventswochenende Fr–So 11–18 Uhr. Infos unter ✆ 09271/367, www.toepfermarkt.net.

Die Laurentiuskirche mit der Brücke zum Schloss Thurnau

Sehenswertes

Töpfermuseum: In der 1598 erbauten Lateinschule ist seit 1982 das Töpfermuseum untergebracht. Der Grund für die lange Töpfertradition in Thurnau ist einfach: Neben Tonerde gab es hier viele dichte Wälder, so dass auch der große Energiebedarf gedeckt werden konnte. Die Tongruben gingen bis 60 Meter tief in den Berg. Die Arbeiter bauten den Ton mit Pickel und Schaufel ab und transportierten ihn mit einer Lore heraus. Auf Pferdefuhrwerken gelangte er in die Töpfereien. Heute sind alle Stollen geschlossen. Doch im Museum wurde ein Stolleneingang nachgebaut. Im Dokumentationsbereich sind u. a. historische Urkunden, Baupläne und alte Fotografien zu sehen, und in weiteren Räumen kann man die kunsthand-werklichen Arbeiten früherer und aktueller Töpfermeister aus Thurnau bewundern. Die Exponate reichen vom Milchkrug bis hin zu kunstvollen Fayencen, darunter übrigens auch Arbeiten von Günter Studemann, der durch künstlerisch anspruchsvolle Keramikwerke auch überregional bekannt wurde. Zu den Glanzstücken gehören zwei vollständig erhaltene Thurnauer Kachelöfen, einer aus der Biedermeierzeit, der andere aus der Zeit des ausgehenden 19. Jh.

• *Öffnungszeiten/Eintritt* 1. April–30. Sept. Di–Sa 14–17 Uhr, So 11–17 Uhr, 1. Okt.–6. Jan. sowie 1. März–31. März Sa 13–16 Uhr und So 11– 6 Uhr. 7.1.–1.3. geschl. Eintritt 2 €, Schüler/Stud. 1 €. Gruppenführungen (ab 10 Pers. auch außerhalb der Öffnungszeiten, 2,50 € pro Person) nach Absprache. Kirchplatz 12, ✆ 5351, www.toepfermuseum-thurnau.de.

Bayreuth/Umgebung Karte S. 251

Schloss Thurnau: Das weitläufige Schlossgebäude aus fränkischem Sandstein wird Stück für Stück restauriert und zu einem Kulturzentrum umgestaltet. Es ist eine der größten Schlossanlagen der Fränkischen Schweiz und umfasst Bauteile aus der Spätromanik, Gotik, Renaissance und dem Barock. Die Baugeschichte reicht bis in das 13. Jh. zurück. Seit den 1970er Jahren nutzt ein Forschungsinstitut für Musiktheater der Universität Bayreuth einen Teil der Räumlichkeiten. Das Schloss verfügt über 16 Doppelzimmer und Tagungsräume (DZ 79 €) sowie sieben Ferienwohnungen (51 €/2 Pers.). Einige Zimmer haben Blick auf den Schlossweiher. ✆ 954220, 📠 954218. Nur nach Voranmeldung. www.schlossthurnau.de.

Das Schloss wurde einst als Haus der andechsischen Ministerialen, der Förtsche, gebaut und war Mittelpunkt eines Herrschaftsgebietes mit zehn Dörfern und drei Burgen, dem es gelang, sich dem Expansionsstreben der Bayreuther Markgrafen zu widersetzen. Die über den Markt ragende Kemenate, die Wehrmauer und die beiden viereckigen Türme wurden noch unter den Förtschen gebaut. Nach deren Aussterben übernahmen 1564 die reichs-unmittelbaren Herren von Giech und Künßberg die politische Macht. 1731 kauften die Giechs, 1695 in den Reichsgrafenstand erhoben, die Besitzteile der Freiherrn von Künßberg auf. Die Schlossanlage, deren unterer Teil bereits um den Künßbergflügel, einige Treppentürme und den Storchenbau erweitert worden war, wurde noch vergrößert: Im 18. Jh. entstanden der Carl-Maximilian-Bau, das Kutschenhaus und ein Rokoko-Brunnen.

Laurentiuskirche: Die neugotische Brückenkonstruktion, von den Einheimischen „Bogengang" genannt, überspannt bis heute die Hauptstraße in Thurnau und gilt als Wahrzeichen der Gemeinde. Die Grafen Giech ließen diese hölzerne Brücke für sich bauen, um mit trockenen Schuhen in die Kirche gehen zu können, wenn der Trockengraben darunter mit Wasser angefüllt war. Der Bogengang führt genau in den Herrenstand, eine Art Aristokratenloge gegenüber vom Altar. Das auf einem erhöhten Felsterrain zwischen 1701 und 1706 erbaute Gotteshaus ist von dem Italiener *Bernardo Quadri* mit reichen Stuckarbeiten versehen worden. Von ihm stammt auch die außergewöhnliche Kanzel. Besonders wertvoll sind das vergoldete Schnitzwerk der von *Elias Räntz* angefertigten Herrschaftsemporen und die prächtigen Deckenmalereien von *Gabriel Schreyer* (Bayreuth) und *Johannes Adam Raab* (Erlangen). Ungewöhnlich sind die neun Kircheneingänge. Es wird berichtet, dass es den Bediensteten der beiden Geschlechter Giech und Künßberg untersagt gewesen sei, die Portale der jeweils anderen Herrschaft zu benutzen.

Was haben Sie entdeckt?

Wenn Sie Anregungen, Empfehlungen oder Verbesserungsvorschläge haben, dann schreiben Sie uns. Wir freuen uns über jeden Brief!

Schreiben Sie an:

Hans-Peter Siebenhaar – Michael Müller
Michael-Müller-Verlag,
Stichwort: Fränkische Schweiz
Gerberei 19, 91054 Erlangen,
mmv@michael-mueller-verlag.de

Verlagsprogramm

Ägypten
- Ägypten
- Sinai & Rotes Meer

Australien
- Australien – der Osten

Baltische Länder
- Baltische Länder

Belgien
- *MM-City* Brüssel

Bulgarien
- Schwarzmeerküste

China
- *MM-City* Shanghai

Cuba
- Cuba
- *MM-City* Havanna

Dänemark
- *MM-City* Kopenhagen

Deutschland
- Allgäu
- *MM-Wandern* Allgäuer Alpen
- Altmühltal & Fränkisches Seenland
- Bayerischer Wald
- *MM-City* Berlin
- Berlin & Umgebung
- Bodensee
- *MM-City* Dresden
- Fehmarn
- Franken
- Fränkische Schweiz
- *MM-City* Hamburg
- Harz
- *MM-City* Köln
- Mainfranken
- Mecklenburgische Seenplatte
- Mecklenburg-Vorpommern
- *MM-City* München
- *MM-Wandern* Münchner Ausflugsberge
- Nürnberg, Fürth, Erlangen
- Oberbayerische Seen
- Ostfriesland und Ostfriesische Inseln
- Ostseeküste – von Lübeck bis Kiel
- Ostseeküste – Mecklenburg-Vorpommern
- *MM-Wandern* Östliche Allgäuer Alpen
- Pfalz
- Rügen, Stralsund, Hiddensee
- Südschwarzwald
- Schleswig-Holstein Nordseeküste
- Schwäbische Alb
- Sylt
- Usedom
- *MM-Wandern* Westallgäu und Kleinwalsertal
- *MM-Wandern* Zentrale Allgäuer Alpen

Dominikanische Republik
- Dominikanische Republik

Ecuador
- Ecuador

Frankreich
- Bretagne
- Côte d'Azur
- Elsass
- *MM-Wandern* Elsass
- Haute-Provence
- Korsika
- *MM-Wandern* Korsika
- Languedoc-Roussillon
- Normandie
- *MM-City* Paris
- Provence & Côte d'Azur
- *MM-Wandern* Provence
- Südfrankreich
- Südwestfrankreich

Griechenland
- Athen & Attika
- Chalkidiki
- Griechenland
- Griechische Inseln
- Karpathos
- Kefalonia & Ithaka
- Korfu
- Kos
- Kreta
- *MM-Wandern* Kreta
- Kykladen
- Lesbos
- Naxos
- Nord- u. Mittelgriechenland
- Nördl. Sporaden – Skiathos, Skopelos, Alonnisos, Skyros
- Peloponnes
- Rhodos
- Samos
- Santorini
- Thassos, Samothraki
- Zakynthos

Großbritannien
- Cornwall & Devon
- England
- *MM-City* London
- Schottland
- Südengland

Irland
- *MM-City* Dublin
- Irland

Island
- Island

Italien
- Abruzzen
- Apulien
- Adriaküste
- Chianti – Florenz, Siena, San Gimignano
- Cilento
- Dolomiten – Südtirol Ost
- Elba
- Friaul-Julisch Venetien
- Gardasee
- Golf von Neapel
- Italien
- Kalabrien & Basilikata
- Lago Maggiore
- Ligurien – Italienische Riviera, Genua, Cinque Terre
- *MM-Wandern* Ligurien & Cinque Terre
- Liparische Inseln
- Marken
- Mittelitalien
- Oberitalien

- Oberitalienische Seen
- Piemont & Aostatal
- *MM-Wandern* Piemont
- *MM-City* Rom
- Rom & Latium
- Sardinien
- *MM-Wandern* Sardinien
- Sizilien
- *MM-Wandern* Sizilien
- Südtirol
- Südtoscana
- Toscana
- *MM-Wandern* Toscana
- Umbrien
- *MM-City* Venedig
- Venetien

Kanada

- Kanada – der Osten
- Kanada – der Westen

Kroatien

- Istrien
- Kroatische Inseln & Küste
- Mittel- und Süddalmatien
- Nordkroatien – Kvarner Bucht

Malta

- Malta, Gozo, Comino

Marokko

- Südmarokko

Montenegro

- Montenegro

Neuseeland

- Neuseeland

Niederlande

- *MM-City* Amsterdam
- Niederlande

Norwegen

- Norwegen
- Südnorwegen

Österreich

- Salzburg & Salzkammergut
- Wachau, Wald- u. Weinviertel
- *MM-City* Wien

Polen

- *MM-City* Krakau
- Polnische Ostseeküste
- *MM-City* Warschau

Portugal

- Algarve
- Azoren
- *MM-City* Lissabon
- Lissabon & Umgebung
- Madeira
- *MM-Wandern* Madeira
- Nordportugal
- Portugal

Russland

- *MM-City* St. Petersburg

Schweden

- Südschweden

Schweiz

- Genferseeregion
- Graubünden
- Tessin

Slowakei

- Slowakei

Slowenien

- Slowenien

Spanien

- Andalusien
- *MM-Wandern* Andalusien
- *MM-City* Barcelona
- Costa Brava
- Costa de la Luz
- Gomera
- *MM-Wandern* Gomera
- Gran Canaria
- *MM-Touring* Gran Canaria
- Ibiza
- Katalonien
- Lanzarote
- La Palma
- *MM-Wandern* La Palma
- *MM-City* Madrid
- Madrid & Umgebung
- Mallorca
- *MM-Wandern* Mallorca
- Menorca
- Nordspanien
- Spanien
- Teneriffa
- *MM-Wandern* Teneriffa

Tschechien

- *MM-City* Prag
- Südböhmen
- Tschechien
- Westböhmen & Bäderdreieck

Türkei

- *MM-City* Istanbul
- Türkei
- Türkei – Lykische Küste
- Türkei – Mittelmeerküste
- Türkei – Südägäis von İzmir bis Dalyan
- Türkische Riviera – Kappadokien

Tunesien

- Tunesien

Ungarn

- *MM-City* Budapest
- Westungarn, Budapest, Pécs, Plattensee

USA

- *MM-City* New York

Zypern

- Zypern

Aktuelle Informationen zu allen Reiseführern finden Sie im Internet unter

www.michael-mueller-verlag.de

Michael Müller Verlag GmbH, Gerberei 19, 91054 Erlangen
Tel. 0 91 31 / 81 28 08-0; Fax 0 91 31 / 20 75 41; E-Mail: info@michael-mueller-verlag.de

Im oberen Wiesenttal – hier geht alles seinen natürlichen Gang

Register